Insights do
Guia Pathwork®

Também de Phoenesse

DEPOIS DO EGO
Insights do Guia Pathwork®
sobre como se despertar

CEGO PELO MEDO
Insights do Guia Pathwork®
sobre como enfrentar nossos medos

CAMINHANTE
Uma autobiografia

LUZ VIVA
Buscar e encontrar a verdadeira fé

LEIS ESPIRITUAIS
Princípios orientadores para avançar na vida

A série de livros *Real.Claro.* oferece uma nova abordagem a ensinamen-tos espirituais atemporais e transmite ideias profundas através de uma leitura fácil e leve. É a sabedoria do Guia Pathwork nas palavras de Jill Loree.

RESSUSCITANDO O CRISTO NA PRÁTICA DO CAMINHO
A história da dualidade, da escuridão e da ousada salvação

A DESCOBERTA DO OURO
A busca por nosso próprio eu precioso

ABRE-TE SÉSAMO
Decifrando os enigmas da Bíblia

ATRAÇÃO
Relacionamentos e seu significado espiritual

PÉROLAS
Uma coleção para abrir a mente com
17 ensinamentos espirituais refrescantes

PEDRAS FINAS
Uma coleção brilhante e límpida de
16 ensinamentos espirituais

ESQUELETO
A espinha dorsal com
19 ensinamentos espirituais fundamentais

ESSÊNCIA
Excertos de *Pérolas*, *Pedras Finas* e *Esqueleto*

A série de livros *Auto.Conhecimento.* traz uma revisão geral dos ensinamentos do Guia de maneira resumida e dicas práticas sobre como aplicá-los em seu dia a dia.

DESVENDANDO O ROTEIRO
Guia conciso para a jornada do autoconhecimento

CURANDO O FERIDO
Como ajudar usando orientação espiritual

FAZENDO O TRABALHO
Curando nosso corpo, mente e espírito
ao conhecer a si mesmo
Por Jill Loree com Scott Wisler

pt.phoenesse.com

O website *The Guide Speaks* oferece verdades espirituais por meio de milhares de perguntas feitas ao Guia Pathwork® e respondidas com franqueza e discernimento.

O GUIA FALA (The Guide Speaks)
A coleção completa de perguntas e respostas

PALAVRAS-CHAVE
Respostas do Guia Pathwork® às principais perguntas
Por Eva Pierrakos | Organizada por Jill Loree

www.oguiafala.com
pt.theguidespeaks.com

A coletânea inclui:

Cego pelo **Medo**

Insights do Guia Pathwork®
sobre como enfrentar nossos medos
Página 1

Depois do **Ego**

Insights do Guia Pathwork®
sobre como se despertar
Página 98

Publicação
Phoenesse LLC

www.pt.phoenesse.com

Foto da capa: Free-Photos de Pixabay

Tradução de *Cego pelo Medo*
Patrícia Paula
www.patriciapaula.com

Tradução de *Depois do Ego*:
Aline de Souza Harris
Revisão: Gisele dos Santos da Silva
Foto da capa: Rudy and Peter Skitterians de Pixabay

ISBN: 978-1736684344

Do autor de *Depois do Ego: Insights do Guia Pathwork® sobre como se despertar*

Cego pelo **Medo**

INSIGHTS DO GUIA PATHWORK® SOBRE COMO ENFRENTAR NOSSOS MEDOS

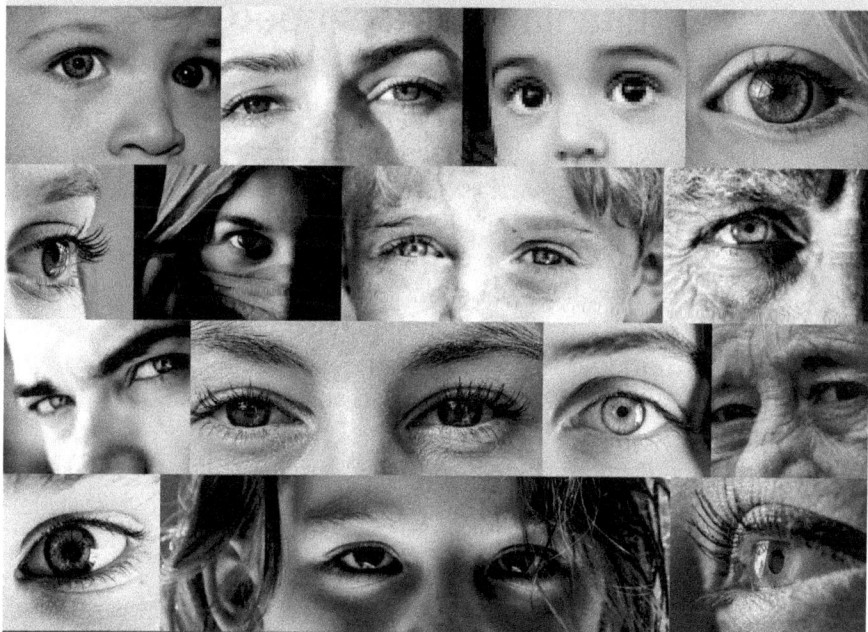

JILL LOREE

TRADUÇÃO DE PATRÍCIA PAULA

Litania contra o medo

Eu não devo temer.
O medo é o assassino da mente.
Medo é a pequena morte que traz obliteração total.
Enfrentarei o meu medo.
Vou permitir que passe sobre mim e através de mim.
E quando ele tiver passado, voltarei o olho interno
para ver seu caminho.
Onde o medo foi, não haverá nada.
Só eu permanecerei.

–Um encantamento usado pelas Bene Gesserit em toda a série de ficção científica *Dune*, escrita por Frank Herbert, para focar suas mentes e se acalmar em tempos de perigo.

Cego pelo Medo

Insights do Guia Pathwork®
sobre como enfrentar nossos medos

Jill Loree

Tradução de Patrícia Paula

Prefácio

Como eu escrevi *Cego pelo Medo*

Desde que escrevi *Atração*, uma coleção de ensinamentos do Guia do Pathwork sobre relacionamentos, fiquei com a sensação incômoda de que tinha deixado algo de fora. Então, cerca de um ano antes de escrever *Cego pelo Medo*, eu pensava na palestra chamada "Medo de Amar" (nr.72), e me perguntei em que trecho da coleção ela tinha sido abordada? Pesquisei na lista "Quais ensinamentos estão em quais livros", e qual não foi a minha surpresa ao descobrir que esta palestra simplesmente não aparecia em lugar algum.

Então, me lembrei que essa palestra passou pela minha mente quando criei *Atração*, mas eu tinha recebido um nítido NÃO interior para incluí-la. Em retrospectiva, isso me parecia um enorme descuido. Foi daí que tive a ideia de criar uma lista de todas as "palestras que passei batido" com o objetivo de postar sobre esses temas no blog.

No outono de 2019, olhei para a lista e a palestra "Medo de Amar" saltou da página. Em seguida, surgiu a idéia de criar um livro composto de palestras que abordassem especificamente o medo. Eu vasculhei a lista das 258 palestras e escolhi nove que tinham "medo" no título. Em seguida, esperei que a onda de energia chegasse pra me guiar através do processo de escrita. Mas ela não veio.

A maneira como as coisas funcionaram para cada um dos 16 livros que criei é a seguinte: eu acordo muito cedo—por volta das 4:30 da manhã—e escrevo intensamente o dia todo, parando por volta das 17:00 ou 18:00. Descanso um pouco, depois durmo e faço isso de novo no dia seguinte até terminar o livro. Às vezes tenho folgas nos fins de semana. Enquanto escrevo, minhas axilas suam como loucas, independentemente da temperatura ambiente, mesmo no inverno.

Para reescrever as palestras do Guia Pathwork, eu lia todas as frases e começava a reescrevê-las de maneira diferente, usando uma linguagem mais fácil de ler. Freqüentemente, quando eu realmente estou no fluxo, começo a ouvir as palavras que devo usar antes mesmo de terminar de ler a próxima frase.

Mas, deixe-me voltar um pouco. Eu sei, desde o início de 2011, que fui chamada para ser o próximo canal do Guia. Quando tudo isso começou, eu canalizei uma pequena mensagem do Guia para a comunidade do Pathwork, mas isso não acabou bem. Fui tão afetada pela reação negativa que simplesmente não havia mais revisado o que o Guia havia dito desde então.

Porém, pouco antes de começar a escrever *Cego pelo Medo: Insights do Guia Pathwork® sobre como enfrentar nossos medos*, reli aquela mensagem que havia canalizado para a comunidade novamente. E a parte que realmente me impressionou foi quando o Guia disse o seguinte: "Será um momento difícil para as pessoas que adotaram o Pathwork no passado e agora são convidadas a considerar novas maneiras de olhar para as mesmas informações... Estou confiante que aqueles que adotaram o Pathwork no passado, descobrirão que as novas informações trarão novas maneiras de ver o material e também fornecerão novos *insights* sobre esse material...

Não posso lhe dizer se você achará ou não esse material adicional como fundamental para promover o Pathwork. Posso lhe dizer que o que os anjos que estão trabalhando neste material esperam realizar é fornecer novas ferramentas para apresentar as mesmas informações de uma maneira mais clara e que as pessoas possam receber com mais facilidade."

Bem, para ser sincera, eu fiquei chocada quando reli isso. Eu sempre soube que tinha a desvantagem de saber como Eva Pierrakos canalizava o Guia e que poderia ser bem diferente para mim. Mas de repente, ficou claro que toda a reescrita de palestras que fiz nos últimos cinco anos foi a minha versão da canalização do Guia. Então, quando comecei a criar *Cego pelo Medo*, eu compreendi o que estava acontecendo com muito mais clareza.

O que percebi é que sou clariaudiente. Eu ouço palavras, e até frases completas, vindas do Mundo Espiritual dentro da minha cabeça. Mais especificamente, o Guia é capaz de falar diretamente no meu ouvido interno. E talvez, o mais importante, ele é capaz de garantir que eu entendi o que li antes de tentar reescrevê-lo. Em seguida, ele oferece palavras e/ou frases para me ajudar no processo de reescrita.

Quando eu estava reescrevendo as cerca de 100 palestras que deram origem aos sete livros que eu chamo de série *Real.Claro.*, minha tarefa era adicionar leveza. Meu tom é muito casual e acrescentei gírias e expressões idiomáticas que podem ou não funcionar tão bem, especialmente para as pessoas que não são nativas da língua inglesa ou para traduções do Google para 108 outros idiomas no site Phoenesse.

Para escrever *Cego pelo Medo*, eu fui orientada a chutar a bola para o meio do campo (entendeu o que eu quero dizer?). Então, voltando ao primeiro dia, la estava eu com os dedos no teclado. Eu estava pronta para a largada, mas minha musa não apareceu e eu não escrevi nada que não tenha saído da minha mente. Eu não tinha intenção de começar assim. Então, sem vento sob minhas asas, procurei outra coisa para preencher o meu tempo.

Eu criei audiolivros/*podcasts* (cada capítulo está disponível como um podcast) para a maioria desses livros e foi uma grande curva de aprendizado assimilar como preparar os arquivos adequadamente. Uma área incrivelmente entediante e demorada é vasculhar os arquivos para limpar os ruídos de gravação. Isso requer muitas horas torturantes para limpar cada podcast, mas fui aumentando minha habilidade nessa tarefa à medida que avançava. Foi assim que resolvi aprimorar as gravações do livro *Pérolas*—o primeiro audiobook que fiz.

O ruído de um pequeno clique, às vezes, se confunde com o som de uma consoante no final de uma palavra. Portanto, embora seja possível ouvir outro audiolivro enquanto faço este trabalho, periodicamente preciso ouvir o arquivo em que estou trabalhando para ver o que está sendo dito. Foi enquanto fazia isso que me ouvi dizer: "nosso maior medo é o medo de nós mesmos".

Ao ouvir isso, eu soube que este ensinamento deveria ser o primeiro capítulo de *Cego Pelo Medo*. Com essa importante informação, iniciei a maratona, acordando no outro dia às 4:30 da manhã para começar a incrível jornada de escrever com o Guia ao meu lado.

Ao escrever cada capítulo deste livro sobre como enfrentar nossos medos, fiquei impressionada com a maneira brilhante como esses ensinamentos se reúnem. Eles iluminam esse tópico desafiador de muitos ângulos diferentes, até que um mosaico incrível seja revelado.

Convido você agora a se abrir e receber essas percepções profundas do Guia sobre como ver e enfrentar todos os nossos medos.

—Jill Loree
Fundador da Phoenesse

Conteúdo

Prefácio: Como eu escrevi *Cego pelo Medo*   4

1 A mãe de todos os medos: o medo de   8
si mesmo

2 Enfrentando totalmente nosso medo de amar   17

3 Encontrando a liberdade e a paz ao superar   30
o medo do desconhecido

4 Encontrando a verdadeira abundância ao   37
atravessar o seu medo

5 Renunciando à batalha cheia de medo para   48
guardar nossos segredos

6 O doloroso conflito entre desejar e temer   57
a intimidade

7 De que maneira o medo de se liberar do ego   66
prejudica a felicidade

8 Três coisas que sustentam a autorrealização   76

9 O medo básico da bem-aventurança   88

18 O que é Pathwork®?   297
19 O que é Phoenesse®?   299
20 O que é O Guia Fala?   300

Sobre a autora   301
Outras obras de Phoenesse   303

Capítulo 1

A mãe de todos os medos:
o medo de si mesmo

A chave para nos tornarmos quem realmente somos é esta: devemos superar o medo de nós mesmos. Este é o pré-requisito fundamental para nos tornarmos tudo o que podemos ser. Na verdade, em última análise, todo tipo de medo equivale a um medo de si mesmo. Pois, se não tivéssemos medo do nosso eu mais íntimo, não temeríamos nada na vida. Não teríamos medo nem da morte.

Mas quando começamos a percorrer um caminho de autoconfrontação, não sabemos que o que realmente tememos é o que se esconde nas nossas profundezas insondáveis. E é assim que muitas vezes projetamos esse medo muito real de nós mesmos em todos os tipos de medos diversos. Dessa forma, passamos a negar que temos esses medos e começamos a encobrí-los.

Até que um dia, acordamos e percebemos que temos um medo enorme de algum aspecto particular da vida sobre o qual este tsunami do medo de nós mesmos desagua. Ou talvez acabemos simplesmente temendo a própria vida e, assim, procuramos evitar vivê-la completamente. Fazemos isso da mesma forma que evitamos conhecer a nós mesmos, na medida em que nos tememos.

Indo além, às vezes projetamos nosso medo da vida sobre o medo da morte. Já que realmente a vida e a morte são duas faces da mesma moeda. Então, na verdade, se tememos uma, também tememos a outra. O medo da vida e da morte, então, é um pacote fechado.

Só quando nossa busca pelo autoconhecimento se aprofunda é que nos damos conta de que aquilo que mais tememos é a nós mesmos. Podemos reconhecer isso pelo retrocesso que fazemos quando se trata de ver qual é a nossa responsabilidade nos conflitos; quando resistimos—de todas as formas mais ou menos óbvias; quando não enfrentamos o terror de abandonar nossas defesas—o que nos permitiria vivenciar nossos sentimentos de maneira espontânea.

Mas o grau de nossa cautela não será claro para nós no início, exatamente, porque nossas defesas se tornaram uma segunda natureza. Nós nem mesmo percebemos, neste ponto, que elas não são naturais. Ainda não sabemos se a vida poderia ser diferente se simplesmente as deixássemos partir. Na verdade, nossa incapacidade de relaxar e de se deixar guiar por forças involuntárias é um sinal chave de quanto desconfiamos de nós mesmos.

E por que evitamos dar a permissão para que os movimentos naturais da alma nos guiem? Porque temos medo deles, é por isso. Temos medo de onde eles nos levarão. O fato de simplesmente tomar consciência desse medo é dar um salto gigante na direção certa. Isso nos levará à autoliberação e à libertação do medo. Pois, se não estivermos cientes do medo que temos de nós mesmos, o problema não pode ser superado.

✵

O Eu Real

Nosso Eu Real não pode ser manipulado rumo à liberdade; não pode ser forçado ou coagido a aparecer e se comportar bem. Nosso Eu Real só pode se manifestar como uma expressão espontânea. Então, se tivermos medo de soltar, ficaremos trancados em uma prisão que nós mesmos criamos.

O que acontece quando o nosso Eu Real age espontaneamente? Sabemos intuitivamente coisas que surgem do nosso interior, não por meio de um processo de aprendizagem externo. Artistas genuínos e cientistas inteligentes trazem novas criações ao mundo por meio desse processo. Mas para que isso aconteça, eles não devem temer seu eu interior. Mas muitas vezes, sem saber, eles bloqueiam o que deseja vir à luz.

Quando tememos o que acontecerá se não nos harmonizamos com o externo, então, vivenciamos mais uma reviravolta no tema Medo de Si Mesmo. Pois pode acontecer que nossa verdadeira realidade interior esteja em conflito com o que está acontecendo em nosso mundo exterior; nossos valores internos podem ser diferentes dos valores que nos foram transmitidos. Quando for assim, nosso trabalho é recusar valores estabelecidos pelos outros. E só podemos fazer isso se não nos apavorarmos com o que for surgir organicamente de dentro da gente. Quer estejam "certos" ou "errados", os valores externos ao nosso coração nos parecerão algemas se não os escolhermos livremente.

Um dos maiores inconvenientes no que diz respeito ao medo de si mesmo é a maneira como ele se encaixa no medo do prazer. Pois, nós, humanos, somos máquinas produtoras de prazer, capazes de experimentar uma alegria intensa. O problema é que muitas pessoas simplesmente não desfrutam de nenhum prazer positivo. E isso é realmente uma pena, porque cada ser humano vem com um chip instalado de fábrica que oferece a capacidade de se render totalmente à força vital e a todas as suas correntes irresistíveis do prazer .

Se estivermos realmente saudáveis e funcionando da forma como fomos projetados, expressaremos espontaneamente essa força poderosa conforme ela nos atravessa. Não teremos medo e, portanto, não a rejeitaremos. Isso nos iluminará como uma árvore de Natal, animando-nos com uma energia deslumbrante, uma força tremenda e um contentamento profundo.

Mas, para aqueles que permanecerem retraídos e defendidos, que estão constantemente se reprimindo por medo de se soltarem, essas forças não poderão brilhar. Quando nos entorpecemos e amortecemos nossos sentimentos, morremos. Essa falta de vitalidade, ou esse estado de desconexão, é galopante no mundo todo, porém, não mais hoje do que em épocas anteriores. Poderíamos nomear isso de autoalienação, e em seu rastro flui uma sensação de falta de sentido e vazio. Tudo porque o nosso ego, excessivamente vigilante e obstinado, não relaxa.

Claro que em média, o João e a Maria vão experimentar algum nível de vitalidade, pelo menos às vezes. Mas é uma ninharia em comparação com o que é possível. Não podemos nem imaginar como as coisas poderiam ser melhores. Muitas vezes rotulamos essa vivacidade como "irreal", ou talvez até pensemos que nosso desejo por um estilo de vida diferente seja uma ilusão. Com isso, nos resignamos a viver uma vida meio morta, assumindo que é assim que as coisas devem ser.

É preciso coragem para agarrar-se a esse desejo—não importa o quão tarde possa parecer—e acreditar que mais pode ser alcançado. Mas para que isso aconteça, devemos estar dispostos a viver. E para fazer isso, precisamos enfrentar o medo de si mesmo.

❖

O grande círculo vicioso

Why are we afraid to let go? Why do we fear that if we don't stay hyperviPor que temos medo de soltar e deixar ir? Por que tememos que, se não permanecermos hipervigilantes, observando constantemente o que pode dar errado, algo de ruim possa acontecer? Qual é o perigo que tememos que possa vir à tona das profundezas do nosso ser espontâneo?

No final das contas, existem basicamente duas coisas que podem acontecer. A primeira, existe a possibilidade de que algum monstro terrível surgirá de nós. Alguma criatura destruidora vai levantar sua cabeça horrenda. A segunda, existe a possibilidade de que algo maravilhosamente criativo e prazeroso venha à tona. Algo criativo e pleno de vida em expansão irá transbordar.

Embora seja fácil imaginar porque tememos a primeira possibilidade, não é verdade que essa seja a única opção que nos assusta. Claro, o medo da nossa negatividade é um bom motivo para fecharmos as escotilhas para os movimentos livres da alma já que as chances são boas de estarmos sentados num barril de pólvora de ódio, hostilidade, raiva, ressentimento e impulsos cruéis enterrados em nosso interior. E é compreensível que fiquemos apavorados com a possibilidade de que tudo isso venha à tona.

E não se engane, porque tudo isso existe em cada ser humano, em diferentes graus. Eles existem na medida em que nossas expressões positivas foram bloqeadas quando éramos jovens. Primeiro, a expressão total de nossa força vital é proibida pelos nossos pais e outras pessoas ao nosso redor, sob a crença equivocada de que é perigoso permitir que nos expressemos. Mais tarde, nos reprimimos a nós mesmos.

Portanto, sejamos claros: quando nos tornamos adultos, nosso passado não nos restringe mais. Em vez disso, continuamos a nos conter ao reinar sobre nossa força vital construtiva que, antes, era interditada por outra pessoa.

Aqui vamos nós, rumo a um dos círculos viciosos mais conhecidos. E é causado por um erro que nos foi imposto pelo mero fato do que significa nascer humano. Pois quando as forças positivas são reprimidas, as forças negativas crescem em seu lugar. O que realmente está acontecendo aqui é que uma força positiva se torna retorcida e distorcida, perturbando sua essência original e convertendo-a em uma força negativa. Essa força agora negativa não é uma força diferente que acabou de surgir. Nossa raiva, por exemplo, não é uma nova corrente de energia ou emoção. Não, nossa raiva é feita da mesma substância original do nosso amor. E se permitirmos, ela pode voltar a ser amor.

Na verdade, isso pode acontecer com bastante facilidade, uma vez que qualquer emoção negativa será facilmente convertida à sua forma natural original. Para fazer isso com nossa raiva, por exemplo, primeiro devemos admitir que ela existe. Em seguida, precisamos vivenciá-lo plenamente, fazendo isso em circunstâncias adequadas, de modo que não machuque ninguém. À medida que permitirmos que a identificação total com sentimentos poderosos como a raiva aconteça, precisaremos manter um senso de proporção a seu respeito. É muito importante que não rejeitemos toda a nossa personalidade porque a raiva existe. Então, e somente então, nossa raiva poderá retornar para o calor dos sentimentos prazerosos e amorosos.

Ao longo do caminho, talvez seja necessário atravessar outras emoções temporárias, incluindo tristeza, autopiedade e dor. Provavelmente, também precisaremos nos reconectar com nossa agressividade e autoafirmação saudáveis. Basicamente, precisaremos reconhecer todas as nossas correntes de energia negativa e vivenciá-las. E também permitir que elas existam enquanto se desenrolarem naturalmente. Essa é a maneira de transformar o que não é natural e destrutivo e reconduzir de volta à sua face original amorosa.

A saída

Vamos voltar a este círculo vicioso por um momento. Pois é nesse cenário que vivemos quando evitamos o procedimento saudável que acabamos de descrever. Conclusão: quanto maior for nossa raiva, maior será o nosso medo dela. E consequentemente, maior serão nossas defesas. E quanto mais cautelosos formos, menos espontâneos seremos. E a espontaneidade faz parte da fórmula para permitir que nossas emoções destrutivas retornem ao seu estado original transformadas em correntes de prazer. Suspiro.

Passamos a temer as forças destrutivas, o que é compreensível, mas muitas vezes também tememos as forças do prazer e do amor, talvez até mais. Temos medo delas porque nos pedem que permaneçamos vulneráveis e confiemos em nossa natureza espontânea interior. Lembre-se, essa é a única maneira das forças do amor permanecerem vivas–quando não temos medo de nós mesmos. Desistir de estar sempre em guarda, porém, parece pedir a aniquilação porque estamos deixando algo diferente do nosso ego vigilante trabalhar em cooperação com o processo de vida.

O que é necessário para desfazer esse círculo vicioso? Ir ao encontro daquilo que tememos. E o que tememos são as forças do amor que exigem que abramos mão de nosso controle rígido, aonde nossos olhos vigilantes esperam controlar e manipular a vida, retirando toda a espontaneidade da equação. Quanto mais bloqueamos nossa vida preciosa, mais vazio e frustração vão se acumulando fazendo com que a raiva e a cólera cresçam. E com isso, o medo de si mesmo também aumente.

Continuaremos presos neste ciclo vicioso enquanto nos recusarmos a dar os passos necessários para superar nossa resistência em enfrentar nosso medo. E geralmente, no topo da lista de coisas que queremos evitar está—tcharam!—lidar com nossos medos. No entanto, se pudermos começar a encarar nossas profundezas—e, lamento ter que dizer mas, isso significa fazer mais do que algum tipo de aceno geral em relação à existência de nossos sentimentos negativos—o alívio e a liberação que sentiremos farão qualquer esforço valer a pena.

Assim que começarmos, veremos que fazer esse trabalho de autodescoberta não é tão perigoso nem tão difícil quanto imaginamos. Nossos passos nesta direção são abençoados e permitirão que nossa vida se abra. Nossas emoções reprimidas devem ser vividas para serem transformadas. Mas tenha em mente que isso não significa que vamos agir de acordo com nossa raiva.

Isso só levará à retaliação. Devemos buscar supervisão terapêutica onde nossas expressões internas não causem danos externos.

Quanto mais assumirmos a responsabilidade por nossos sentimentos destrutivos, reconhecendo-os e expressando-os com segurança, menos nos sentiremos compelidos a expressá-los. Vamos parar de reagir exageradamente às situações, como acontece com tanta frequência em nossa vida diária, e não vamos mais espalhar inadvertidamente e indiretamente nossa raiva sobre os outros. Todos nós fazemos isso mais do que percebemos.

Quanto mais rapidamente concluírmos esse trabalho de autotransformação, mais cedo vivenciaremos experiência de prazer. Mas, enquanto existir o medo de si mesmo, será impossível se sentir realizado. Absolutamente impossível.

Dar e receber

Todos nós precisamos de nutrição vindas do afeto, do aconchego e da aceitação de nossa singularidade para prosperar. Mas quando nossa necessidade de receber tudo isso não é satisfeita, nossa psique sofre um golpe. Pois, assim como nossos corpos precisam de prazer, nossas almas necessitam igualmente. Sem ele, nosso crescimento ficará atrofiado.

Quando crianças, todos dependíamos de ter nossas necessidades atendidas por outras pessoas. Precisávamos receber. Além disso, as crianças têm a necessidade de se doarem. Portanto, na vida adulta, embora reconheçamos prontamente a frustração de não ter recebido o suficiente, tendemos a ignorar a frustração de não ter dado o suficiente.

À medida que crescemos, vai ficando claro que uma criança que não recebeu o suficiente pode ter dificuldade, como adulta, de se doar. Geralmente, nossa investigação para por aí. E é fundamental que, para curar o dano de não ter recebido o suficiente—além de perceber que não somos impotentes em relação ao nosso passado e agora podemos estabelecer um novo equilíbrio—devemos reconhecer a dor muito pior da frustração de não ter dado o que nós tínhamos para oferecer.

Ao focar excessivamente no aspecto da falta de recebimento, foi criada uma geração de pessoas com autopiedade que se sentiram prejudicadas pela vida porque não receberam o suficiente. Eles se tornaram pais emocionalmente incapacitados, e isso os levou a se doarem excessivamente para a geração seguinte. Em vez de sentir a dor da frustração e buscar um equilíbrio saudável, surgiu uma geração de "pais helicópteros".

O continuum de dar e receber é um movimento da alma que deve fluir. E para sermos saudáveis e nos sentirmos realizados, precisamos fazer parte desse processo constante. Fazemos isso permitindo que essas forças fluam, repassando forças positivas para os outros e recebendo dos outros o que eles se permitem doar.

Sempre existe a possibilidade de doarmos de forma saudável. Mas, em vez disso, frequentemente, criamos dores porque reprimimos o que temos para dar. Na verdade, essa dor é muito pior do que a dor de não ter recebido o suficiente.

Pense desta maneira. Quando algo se acumula, uma tensão é criada. E esse excesso não vai ser nada bom. Portanto, se estamos reprimindo nosso Eu Real porque sentimos medo, sentiremos essa tensão. Assim sendo, sofremos tanto pelo fato de não nos doarmos quanto por tudo o que reclamamos de não termos recebido.

Por muito tempo, a religião adotou a abordagem desequilibrada de enfatizar excessivamente a doação: *É mais abençoado dar do que receber.* Por ressaltar constantemente a necessidade de dar amor, misericórdia ou compreensão, amar parece ser uma ordem piedosa que se cumpre por meio do sacrifício. As pessoas desenvolvem a crença oculta de que amar é empobrecer a si mesmo. Se não sofremos quando amamos ou nos enganamos de alguma forma, isso não é considerado amor verdadeiro.

Até hoje, o conceito inconsciente de amor de muitas pessoas inclui certas ações que vão contra seus próprios interesses. Em suma, o amor é visto como um ato sem prazer, sacrificial e privador que nos empobrece por sermos "bons". Não é de admirar que tenhamos medo de amar. As religiões também negaram historicamente os sentimentos de prazer que o amor causa no corpo, acusando-os de serem pecadores. A partir dessa perspectiva, as pessoas devem ceder às suas manifestações espontâneas e se tornar "perversas", ou eliminamos os sentimentos verdadeiros que caracterizam sua força e amor como um dever desagradável. Não admira que o amor seja rejeitado.

Muitas pessoas rejeitaram esse falso conceito de amor e foram para o outro extremo, permanecendo crianças gananciosas e egoístas que insistem em receber exclusivamente recusando-se a se doarem minimamente. Esses são os dois extremos indesejáveis entre os quais a humanidade oscila. Se buscarmos com honestidade por essas duas faces internamente, encontraremos ambas as distorções.

Em qualquer dos casos, existe o medo de si mesmo. Caso contrário, surgiria o desejo natural de dar abundantemente. Daríamos tão abundantemente e generosamente como toda a natureza o faz! Isso aconteceria do nível material até os níveis mais sutis.

Essa equação é correta: quanto maior nossa inclinação natural para doar, menores serão nossas tendências para a autoprivação, contenção masoquista e sofrimento; quanto mais abraçamos a falsa doação por meio do autoempobrecimento e da falta de autoafirmação, menos fluxo espontâneo de verdadeira generosidade existirá.

Podemos nos perguntar: onde estou me agarrando a um velho rancor ou a uma velha perspectiva que deixa os outros de fora devido a um ressentimento ou algum tipo de censura? Estou disposto a permitir que uma nova atitude venha à tona das minhas profundezas para ver as coisas sob uma nova luz? Quando o último acontece, é natural e não à força. Isso abre espaço para ver uma nova realidade sobre outra pessoa que torna o antigo rancor sem sentido. Além disso, a pessoa não sente mais vergonha em abrir mão do orgulho. E não vê mais a capacidade de sentir compaixão e perdoar como falta caráter.

Este é o caminho a seguir—por meio de muitos incidentes aparentemente pequenos—para relaxar o controle de nossa retenção, que é responsável por muito mais dor do que qualquer falta de recebimento. Assim que conseguirmos deixar a bola rolar, será cada vez mais fácil permitir o fluxo natural de sentimentos calorosos. Mas, em algum ponto, teremos que fazer uma escolha: quero continuar com meus velhos hábitos, excluindo, me ressentindo e restringindo, ou quero dar as boas-vindas e seguir uma nova força interior?

Fique atento a tais tomadas de decisão. É desnecessário dizer que precisamos perceber quando o momento da decisão aparecer. Mas fique tranquilo, eles estarão ali na superfície, fáceis de detectar. Eles nunca se perdem em nosso inconsciente, da mesma forma que algum outro material pode se perder. Acontece que, na maioria das vezes, preferimos ignorá-los.

Quando nos encontramos no momento de tomar tal decisão, pode parecer que estamos em um precipício. O novo caminho pode parecer assustador e arriscado. O caminho antigo—o caminho frio da separação—pode parecer seguro. Mas realmente, será que isso pode mesmo ser verdade? Entregar-nos a uma força aparentemente nova será como sair para o grande desconhecido. Talvez possamos sentir a libertação dela, mas ainda assim isso nos fará temer...o que virá a seguir?

Se pudermos soltar e liberar o suficiente para desistir de nossa atitude destrutiva, seja ela qual for, embarcaremos numa maneira totalmente nova de viver: começaremos a viver de dentro para fora. Esta é a cura que procuramos e esperamos. É assim que precisa acontecer. Não pode vir de outra maneira.

Um novo caminho

Não vamos nos enganar, os primeiros passos não serão fáceis. Este é um bom momento para notar como nos excluímos; como reprimimos o fluxo quando nos agarramos com força. Quando nos encontramos ali naquela extremidade, podemos nos dar conta de onde nossas opções nos levarão. Podemos seguir o velho caminho restritivo, com toda a sua rigidez e fórmulas prontas de como as coisas deveriam ser. Ou podemos sentar e observar novas perspectivas se abrindo. Não precisamos nos pressionar. Apenas observar.

Ao relembrar o que cada caminho significa, estaremos prontos para abandonar o velho caminho que recusa a vida, que limita o amor e que renuncia à felicidade, ao desenvolvimento e à doação de nossos tesouros. Começaremos a construir um novo conceito que abre espaço para os outros.

Se não bloquearmos o fluxo, o novo caminho aumentará progressivamente. Este belo movimento fluido contém um mecanismo de autorregulação no qual podemos confiar totalmente. Em qualquer grau que estejamos dispostos a abandonar nossas atitudes autocentradas, autodestrutivas e autocomplacentes, o medo de nós mesmos automaticamente diminuirá. Algo novo começará a surgir no seu interior. Os poderes criativos ganharão vida. Deixaremos de frear nossa própria força vital.

Como resultado, não continuaremos infligindo frustração dolorosa a nós mesmos. Teremos o imenso prazer de seguir nosso movimento interno com naturalidade. Seremos capazes de experimentar a alegria de dar e receber.

Quando uma vasilha é fechada, ela não pode ser reabastecida nem esvaziada. Enquanto permanecermos na velha posição fechada de recusar e de se isolar, não poderemos receber. Enquanto não abrirmos mão de nossas limitações autoimpostas, tornamos a doação impossível. Ao nos mantermos vigilantes e rígidos, não nos protegemos realmente do perigo e, o que é pior, nos isolamos das forças universais saudáveis—aquelas que adorariam fluir para o nosso interior e que, de bom grado, se irradiariam de nós .

Que essas palavras nos ajudem em nossa jornada para alcançarmos a plenitude. Que elas acendam uma faísca que ilumine nosso caminho ao enfrentarmos o momento de decisão entre agarrar com força e soltar suavemente. Devemos abrir mão aos poucos de tudo que nos impede de chegar ao destino final.

"Seja abençoado, esteja em paz, esteja em Deus".
–Guia Pathwork

Capítulo 2

Enfrentando totalmente nosso medo de amar

Provavelmente, já ouvimos muitas vezes que o amor é o maior poder que existe. Todo ensino espiritual ou filosofia, assim como todo religioso ou professor de psicologia, proclama esta verdade: O amor é o único poder. Se você ama, você é poderoso, forte e seguro. Sem ele, você está separado, com medo e pobre. Parece bastante simples. No entanto, esse conhecimento realmente não nos ajuda a menos que tenhamos descoberto onde—bem no fundo—não podemos amar ou não vamos amar. Por que resistimos a amar? Por que temos medo de amar? A menos que resolvamos a resposta a essa pergunta, nenhuma verdade eterna sobre o amor poderá nos ajudar.

Se já fizemos algum progresso em nossa busca pelo conhecimento interior, provavelmente já corremos de cabeça—depois de muito cavar e explorar—em nosso medo de amar. Tornar-se consciente de tal medo é essencial para tomar outras medidas. Não é suficiente ter uma compreensão teórica de que existe esse medo de amar; temos que realmente experimentar esse medo. Para as pessoas que ainda não desejam se conhecer, essa consciência ainda não existirá.

Mas mesmo para aqueles de nós que se conscientizaram desse conflito interno, podemos ainda não compreender totalmente o porquê dele. *Por que tenho tanto medo de amar?* Vamos explorar algumas das facetas desse fenômeno perturbador, um tópico ao qual retornaremos em ensinamentos futuros, quando iluminarmos esse problema básico sob outros ângulos.

Eis o primeiro ponto: Aqueles que não podem amar são imaturos. E quando somos imaturos, não vivemos na realidade. Viver uma vida baseada na irrealidade, então, leva ao conflito e à infelicidade, pois onde há inverdade, há ignorância e escuridão.

Maturidade significa, essencialmente, ser capaz de amar.

Infelizmente, todos nós temos aspectos fragmentados dentro de nós mesmos que ficam presos em estados de imaturidade. E essas partes infantis exigem uma quantidade ilimitada de amor. Pois esses fragmentos da nossa criança são unilaterais, irracionais, exigentes e sem compreensão, como todas as criaturas imaturas. Sua lista de desejos impossíveis inclui: ser amado por todos, ser amado 100%, ser imediatamente satisfeito e ser amado apesar de nossos modos egoístas e irracionais. Em poucas palavras, é por isso que temos medo de amar.

Visto que essa criança dentro de nós exige a entrega total dos outros acreditando que isso significa ser amado, como a criança pode evitar e resistir à entrega? Nossa criança interior deseja reinar sobre aqueles que exigimos que nos amem, o que os transforma em nossos escravos submissos.

Às vezes, descobrimos que nos tornamos aqueles que são escravos emocionais submissos. Isso acontece quando queremos receber amor, aceitação ou aprovação de uma pessoa específica, mas percebemos que talvez não iremos receber. Temendo a rejeição e a derrota, acreditamos que a submissão seja a nossa única chance. E visto que, em um nível superficial, alguns de nossos comportamentos submissos podem se assemelhar ao amor verdadeiro, é fácil nos enganarmos—especialmente quando estamos atolados em um estado tão sombrio e desesperado—acreditando que quando nos submetemos, amamos de verdade.

Em outras palavras, muitas vezes elaboramos inconscientemente nossa própria ideia interior do que seja o amor, que se assemelha vagamente ao que é ensinado em algumas religiões e filosofias. Para nós, parece que quando nos submetemos não estamos sendo egoístas e estamos oferecendo algum tipo de sacrifício. Parece que a outra pessoa agora é o centro do nosso mundo. Embora haja alguma verdade nisso, não é verdade em essência. Na verdade, continuamos nosso centro.

Nosso desejo é convencer o outro a nos amar, de acordo com nosso conceito infantil do que seja o amor. Eles devem nos adorar, seguir todos os nossos caprichos, desistir de sua própria direção e permitir que a criança em nós governe. E sim, esta é a mesma criança em nós que chora interiormente sempre que seus desejos não são atendidos.

É de se admirar que tenhamos medo de amar, quando todas essas demandas inconscientes estão se escondendo em nossa psique? E uma vez que nossos conceitos que equipararam amor à submissão servil são inconscientes, eles são muito mais poderosos do que nossas crenças conscientes. Portanto, não queremos amar. Pois não desejamos seguir a vontade de outra pessoa. Não queremos abrir mão de nossa autonomia, submetendo-nos ao domínio de outrem.

Somente quando reconhecemos nossas próprias idéias distorcidas imaturas sobre o amor é que podemos começar a ver as exigências infantis de outras pessoas pelo que elas são. E somente então, deixaremos de ser influenciados por elas, sem nos sentirmos obrigados a ceder nem culpados se não o fizermos. Começaremos a ver que um outro tipo de amor pode ser ofertado, desapegado, sem carências e exigências.

Além disso, uma vez que descobrimos as demandas injustas da criança interior, começamos a refletir. Perceberemos nosso mal-entendido sobre o amor, que é muito diferente do amor verdadeiro. Depois que percebemos isso, não teremos tanto medo de amar. Compreenderemos que amar não significa abrir mão de nossa dignidade ou autogoverno; amar não significa falta de liberdade.

Se pararmos de fazer exigências infantis, pouco a pouco aprenderemos a amar com maturidade. E então, poderemos esperar o mesmo em troca. Não há perigo em amar assim. Permanecemos livres e não nos tornamos escravos. É realmente tão simples e lógico quanto isso. Quando desistirmos de nossas idéias infantis de como pensamos que os outros deveriam nos amar, não teremos mais medo de amá-los.

❖

Um processo gradual

Aprender a amar é um processo gradual de crescimento e amadurecimento. Não desfrutaremos instantaneamente do amor majestoso e abrangente que nossa alma busca. Pois a criança em nós só conhece os extremos. Isso cria um conflito gigante em nossa alma de anseio por um grande amor e, ao mesmo tempo, nos esconder dele. Ou estamos nas alturas do amor—*Alcançamos o objetivo final!*—ou não temos nada.

Quanto mais tentamos frustrar os instintos saudáveis do lado que luta, mais forte ele clama para ser ouvido. Isso cria um vago sentimento interno de descontentamento, como se estivéssemos perdendo alguma coisa, mas não conseguíssemos colocar o dedo nisso. Uma parte de nossa psique acabará sabotando as demandas legítimas da outra parte. E uma vez que não alcançamos nosso desejo, nos alienamos completamente. Isso é causado pelas tendências ou / ou das partes imaturas de nós mesmos, bem como por nossa tendência para dramatizar. *Se eu não posso ter o que quero, então não quero nada!* E lá vêm as lágrimas de crocodilo.

À medida que nos tornamos mais maduros, perceberemos que só podemos atingir a verdadeira realização do amor começando nos degraus mais baixos da escada. Talvez devêssemos começar permitindo que outras pessoas sintam o que elas quiserem a nosso respeito. Se pudermos fazer isso de maneira autêntica, seremos capazes de desistir de nossas exigências sem hostilidade. Descobriremos que é possível gostar e respeitar verdadeiramente os outros, mesmo que eles não se curvem à nossa vontade. Isso pode não parecer muito. Podemos até pensar que isso não se aplica a nós. Mas temos certeza? De verdade?

Quando as coisas dão errado, é hora de testar nossas emoções. Ao avaliarmos nossos sentimentos, podemos descobrir que a criança ferida em nós está fazendo hora extra. Mas agora temos novas ferramentas para lidar com o que está acontecendo. Quando podemos desistir de nossa corrente sutil de força, sentiremos um tipo inteiramente novo de reação emocional interior. Sentiremos como se um enorme fardo tivesse sido tirado de nós.

O próximo passo será abandonar qualquer hostilidade remanescente, uma vez que nos tornamos cientes dela por meio de nosso processo de trabalho de cura interior. Quando isso ocorrer, encontraremos um novo respeito e carinho por quem não nos concedeu sua "entrega incondicional", que é o que inconscientemente queríamos e não ficávamos felizes quando não o conseguíamos. Será como uma faixa estreita se dissolvendo por dentro. Agora, podemos libertar os outros, gostando e respeitando-os como pessoas, mas sem precisarmos possuir seu amor ou sua admiração.

Amigos, isso provavelmente não parecerá muito visto de fora. Mas este é um passo decisivo que, na realidade, é mais extraordinário do que podemos notar. Isso é um salto nos degraus da escada do relacionamento em direção às alturas que, um dia, poderemos alcançar. Mas não devemos pular essa etapa inicial aparentemente trivial. Sem essa etapa, nunca poderemos alcançar nosso objetivo final. Ao mesmo tempo, ainda não estamos prontos para atingirmos o degrau mais alto.

Quando estamos apenas começando a subir a escada, ainda não somos capazes de nos entregar completamente. Ainda temos alguma vaidade e uma certa dose de egoísmo contra os quais precisamos lutar. Não vamos desanimar porque não podemos saltar com vara até o topo. Nosso objetivo é aprender sobre nossas emoções por meio de etapas meticulosas e análise cuidadosa, permitindo que elas amadureçam gradualmente, organicamente.

Não adianta pular etapas. Se formos pacientes conosco, nosso objetivo amorosos serão alcançados. Mas, antes de poder amar os outros, precisamos aprender a gostar e a respeitá-los, mesmo quando não conseguimos o que queremos. E para que isso aconteça, primeiro devemos descobrir quando e onde, bem no fundo, não fazemos isso.

✺

Desenvolver a intuição

Como podemos distinguir a diferença entre o amor sublime e real e o amor falso—a submissão distorcida e inadequada—que se apresenta como amor? Eles podem parecer tão enganosamente semelhantes! Pois é esse amor falso que nos assusta e não o amor real.

Para começar, temos que descobrir por nós mesmos onde e como nos afastamos do justo e cordial por meio de nossas exigências não-ditas e expectativas irrealistas. Não será suficiente sentir o amor verdadeiro apenas lendo sobre ele. Isso é verdade para todos, sem exceções.

Enquanto a criança em nós continuar pressionando sutilmente para conseguir o que quer, tentando emocionalmente e inconscientemente forçar os outros a se submeterem, estaremos perdidos em pensamentos positivos. Vamos construir castelos irreais em nossas mentes que podem nem mesmo estar no lugar onde queremos morar. Construímos essas situações irreais que são perigosas e, então, fechamos os olhos para não sabermos como estamos fazendo isso. Não vemos o que estamos fazendo porque não queremos. E então, nos perguntamos por que não podemos confiar em nosso próprio julgamento ou intuição?

Nossa psique não é tola. Ela sabe muito bem que nosso radar está desligado, que não estamos vendo as pessoas como elas realmente são em relação a nós, nem percebemos a situação do jeito que ela realmente é. Simplesmente não queremos ver a verdade. Portanto, não é de surpreender que não possamos confiar em nosso julgamento. Além disso, não acreditamos que a outra pessoa corresponderá às nossas expectativas. Nossas expectativas irrealistas, claro.

E usamos isso para justificar o desamor. Pois como podemos amar alguém em quem não podemos confiar? Na verdade, para confiar em alguém, temos que ser capazes de ver se essa pessoa ou situação nos exige isso. E neste caso, talvez seja melhor simplesmente oferecer respeito e afeto e deixar por isso mesmo.

É apenas abrindo mão de um pouco do que queremos—inconscientemente, na maioria das vezes—que seremos capazes de ver aquilo que é. Essa é a maneira de ver a realidade. Com esse novo conjunto de lentes, podemos agora começar a discernir de forma inteligente e seguir nossa intuição. Começaremos a ter respeito por nós mesmos e por nossa capacidade de abrir mão de algo que desejamos, sem nos tornarmos hostis a respeito. Com essa nova clareza, seremos capazes de lidar com situações como adultos.

É assim que aprendemos a confiar: confiando em nós mesmos, confiando em nosso julgamento e confiando nas outras pessoas. Sem a tempestade de vento da correnteza que força a barra, não superestimaremos os outros, mas sim os observaremos para sentir o que é a verdade. Isso é muito melhor do que nosso hábito usual de acreditar apenas no que queremos que seja verdade.

Depois de praticar isso por um tempo amar não parecerá um perigo. Até então, permaneceremos deliberadamente cegos. Pois nossas partes imaturas continuarão a pensar que, desejando algo, nós precisamos fazer exigências. E dessa maneira, nossas escolhas continuarão sendo indignas de confiança. É isso que nos leva a evitar a amar ou a enfiar a cabeça nas nuvens fingindo que não há perigo em sermos amados.

Nosso propósito é nos tornarmos objetivos na maneira como avaliamos os outros e aprendermos a soltar com graça. Tudo o que liberamos são nossas correntes obstinadas que nunca poderão servir ao nosso bem mais elevado. Isso nos permitirá aprender a respeitar alguém, mesmo que ela contrarie a nossa vontade. Vamos parar de construir castelos no céu que obstruam nossa visão daquilo que realmente esteja acontecendo.

Pois quando fazemos isso, não estamos apenas ignorando a realidade, estamos rejeitando-a. Porque se quisermos confiar em nossa intuição, precisaremos ver o que é real, bem na nossa cara. Quando pudermos fazer isso—ver com olhos maduros—seremos capazes de confiar em nós mesmos.

Aceitar a realidade é isso: aceitar que a vida na Terra não é perfeita. É assim que aprendemos a enfrentar a vida e a tirar o melhor proveito dela. Nosso trabalho é pegar o conceito geral de que "a vida não é perfeita" e colocá-lo em uso prático em algum aspecto de nós mesmos. Às vezes, as pessoas não vão gostar de nós e teremos que aceitar essa aparente imperfeição em nossa realidade. Esta é uma maneira segura de caminhar pelo mundo que irá desfazer os círculos viciosos que temos criado com exigências de que todos sintam aquilo que desejamos.

A intuição não é para tolos. É a percepção sensorial mais elevada que nós, humanos, podemos alcançar. Mas nunca a alcançaremos enquanto a criança ferida em nós não for vista e estiver dando as ordens. Para ser claro, enquanto permanecermos humanos, nossa intuição nunca será 100% perfeita. No entanto, simplesmente por estarmos cientes dessa realidade—por estarmos dispostos a dizer: "Não tenho certeza, posso estar errado aqui"—ficamos dispostos a aprender com nossos erros. E de repente nossa ignorância se torna inofensiva.

Ter o pensamento conciso e consciente "Não sei" é poderoso. Dentro dele está o potencial de eventualmente aprender, ver e saber. E nossa intuição nunca se tornará um muro no qual poderemos nos apoiar cegamente com 100% de certeza e total confiança. E é por isso que é tão valioso. É por isso que devemos trabalhar para desenvolvê-la da melhor maneira que pudermos mas, ao mesmo tempo, nos mantendo humildes o suficiente para percebermos que não sabemos tudo.

Quando consultamos nossa própria intuição, sem forçar nenhuma corrente ou sem "pensamentos positivos" que turvam a água, sentiremos certos potenciais e também sentiremos certas limitações. Além disso, a vida é um ponto de interrogação. Com essa abordagem de enquadramento, promovemos uma atitude de abertura e prontidão para observar a vida e as pessoas que nela vivem. Desenvolver esse tipo de percepção nos trará muitos frutos. Além disso, é um sinal de maturidade. Apenas os imaturos precisam ter respostas imediatas. É a criança interior que precisa definir tudo, sem deixar espaço para perguntas sem respostas ou qualquer tipo de dúvidas.

Por meio de nossa disposição em viver com perguntas não respondidas, desenvolveremos a coragem necessária para estar na realidade, para aceitar o que é. Isso nos trará mais respeito próprio, melhor intuição, maior discernimento e maior consciência. Então seremos capazes de confiar e o faremos com sabedoria. O melhor de tudo é que quando a oportunidade se apresentar não teremos medo de amar.

Consegue ver como tudo isso está emaranhado?

☼

Oração e paciência

Temos ideias grandiosas de como é amar. Gostamos de imaginar apenas o tipo mais elevado e perfeito. E ignoramos a realidade de que há muitos estágios de amor que levam ao estado pleno. O amor se apresenta em muitas variedades. Mas, na ignorância de nossa imaturidade, evitaremos o tipo de amor que realmente somos capazes de dar agora e o perderemos completamente quando algo semelhante nos for oferecido.

Então, como devemos fazer? Afinal, sabemos perfeitamente bem que nossas emoções não estão funcionando muito bem e desejamos mudar... mas e daí? Como podemos reeducar essas partes internas imaturas e crescer?

Primeiro, nosso desejo de mudança não deve vir com a pressão de uma carga de caminhão. Não funciona com pressa. Em vez disso, precisamos ter calma em relação a tudo isso porque as emoções, francamente, não mudam rapidamente.

O que precisamos descobrir é onde, como e por que nossas emoções não estão na verdade. Também precisamos nos conscientizar de onde estamos confusos. Quais são exatamente as nossas questões internas sem resposta? E por último, mas não menos importante, temos que abandonar nossa resistência em nos ver como realmente e verdadeiramente estamos agora. Precisamos estar dispostos a sermos honestos conosco.

A oração, se compreendermos como usá-la adequadamente, funciona de maneira semelhante. Quando oramos, podemos pedir ajuda para enfrentar a nós mesmos e compreender nossos problemas atuais. Nossas orações não devem ter objetivos enormes e inatingíveis, mas devem ser direcionadas para que possamos ver o que está acontecendo em nossas aparentemente e pequenas desarmonias diárias. Este é o caminho a seguir para obtermos uma visão mais profunda de nós mesmos.

E para onde devemos direcionar essas orações? Não é para fora, subindo aos céus. Não. Precisamos direcionar nossas orações para o nosso próprio inconsciente. Pois é aqui que Deus mora: bem no fundo de nós. Ao direcionar nossas orações para a centelha divina interior, também estamos alcançando as partes de nós mesmos que estão mais ocultas de nossa percepção consciente.

Nosso objetivo é fortalecer as partes saudáveis de nossa psique e, ao mesmo tempo, enfraquecer as partes imaturas não-saudáveis e resistentes. Portanto, nossas orações devem lidar com o que desejamos descobrir, pedindo para ver onde nos afastamos da verdade devido à nossa falta de compreensão. Quando nos sentamos com a mente calma e quieta, podemos nos livrar de qualquer pressa ou tensão. Lembre-se de que a mudança e o crescimento só podem ocorrer quando formos serenos e constantes.

Afinal, a paciência que aprendemos é uma virtude. Claro que podemos tentar transformar uma falha em virtude. Porém, às vezes, nos enganamos pensando que estamos sendo pacientes quando, na verdade, não estamos fazendo nenhum esforço. Ou podemos ficar impacientes e dizer a nós mesmos que estamos apenas sendo ativos ou enérgicos. O desafio é descobrir o que realmente está acontecendo.

Então, por que a impaciência nos impede de realizar nossas ambições? Porque é mais uma forma de imaturidade. É aquela criança dentro de nós que quer tudo do seu jeito e agora. É a criança que não pode esperar. Eis o problema: a criança vive no agora, mas o faz da maneira errada. Não tem noção de futuro, então ela acredita que tudo o que não acontecer imediatamente nunca acontecerá.

Se formos maduros, porém, saberemos esperar. Uma pessoa madura pode entender que se nosso objetivo desejado não for alcançado agora, deve haver algum motivo para o atraso. Alguns desses motivos podem residir no *self*, e se for esse o caso podemos usar o tempo de espera de forma construtiva, buscando os empecilhos e eliminando-os. Qualquer tempo que tivermos de esperar pode ser usado para obter o *insight*, a habilidade ou a compreensão daquilo que nos falta. Dessa forma, a paciência pode realmente trabalhar a nosso favor.

A verdadeira paciência vem com um discernimento genuíno. Talvez seja melhor apenas esperar. Em outro momento, pode ser melhor agir. Seja como for, saiba de uma coisa: quando estamos profundamente envolvidos em nosso trabalho interior, precisamos ter paciência. Pois a cura interna não se relaciona instantaneamente com a manifestação externa. Às vezes, podemos precisar agir mesmo quando estamos sendo internamente pacientes. Em outras ocasiões, precisaremos ser inativos externamente enquanto mantemos um estado interior de paciência.

Como exatamente estamos definindo paciência aqui? Ser paciente significa saber que nem sempre podemos ter exatamente o que queremos, quando queremos. Não ser prejudicado pela tensão e ansiedade em nossa alma. Pois, quando nos sentimos impacientes, também sentimos uma pressão interna, tensão e ansiedade, todas baseadas no sentimento de inadequação. Há uma sensação de que "não serei capaz de fazer isso", seja o que for "isso". Essa é a sensação de estar impaciente.

A paciência, então, só pode existir em uma pessoa madura que se sinta segura e que conhece suas limitações. Ao mesmo tempo, devemos conhecer nosso potencial e confiar em nós mesmos. Portanto, quando almejamos a maturidade, receberemos muitos ativos adicionais, incluindo paciência.

(Saiba mais em *LUZ VIVA: Buscar e encontrar a verdadeira fé*, Capítulo 2: Mobilidade no relaxamento e Capítulo 10: As cinco fases do amor.)

✲

O inconsciente

Se ignorarmos esses ensinamentos sobre o poder do que está escondido em nosso inconsciente, continuaremos perplexos com os problemas em nossas vidas. Mas se tentarmos trabalhar com esses ensinamentos apenas em um nível superficial, ficaremos frustrados, pois a vida continua produzindo um episódio doloroso após o outro. Como resultado, nossa sensação de inadequação aumentará em vez de desaparecer.

Então, onde exatamente está a linha divisória entre a mente consciente e o inconsciente? E o que regula o que vem à tona e o que submerge? Na verdade, não existe uma linha rígida entre as duas partes. O que notaremos quando começarmos a fazer nosso trabalho de autodescoberta, entretanto, é que esperávamos descobrir coisas que eram completamente desconhecidas para nós. Quando algo novo vem à tona, isso tem uma sensação familiar. Veremos algo sob uma nova luz e teremos uma nova compreensão sobre seu significado, mas isso não será totalmente novo. É que até agora, continuamos desviando o olhar disso. Mas sempre esteve lá.

Foi capturado em algum lugar em uma terra de ninguém entre nossos pensamentos conscientes e nossas noções inconscientes, onde há uma transição que se desvanece, se você quiser. Talvez possamos imaginar toda a nossa psique ou mente como uma grande bola. Quanto mais trabalho de autodesenvolvimento fizermos sobre nós mesmos—isto é, quanto mais evoluídos nos tornamos—mais clara será esta esfera, sem névoa ou neblina.

Para uma pessoa menos desenvolvida, grande parte da bola ficará embaçada. Nesse caso, a parte que funciona em um nível consciente será a área menor dentro da bola. Quando elevamos nosso nível de consciência, o que realmente estamos fazendo é elevar mais de nós mesmos da névoa. Com o tempo, a névoa diminuirá e teremos mais clareza à medida que nos tornarmos mais e mais conscientes.

O universo que precisamos explorar está dentro de nós. E uma vez que somos um verdadeiro universo sobre nós mesmos, a única maneira de alcançarmos a consciência universal é por meio desse processo de autoconhecimento, que é o que nos tira da névoa. Não seremos capazes de adquirir tal consciência aprendendo coisas apenas com nosso cérebro.

Não se engane, nossos cérebros são ferramentas valiosas para realizar o trabalho de autoconhecimento, e é isso que devemos fazer se quisermos que a névoa se desfaça. Mas nosso trabalho mais profundo de autodescoberta é a porta pela qual devemos passar para encontrar a unidade. Nosso autoconhecimento será o denominador comum que unirá tudo: todas as ciências e todas as religiões. Até então, todo o nosso conhecimento humano e conquistas continuarão operando em depósito separados.

Com o tempo, conforme a humanidade se desenvolveu e o despertar continuou, estamos aprendendo cada vez mais a perceber nosso universo interior, com todas as suas possibilidades infinitas. Isso é o que nos permitiu abrir nossa compreensão do universo maior e todas as suas leis, espirituais e materiais. Tanto fora quanto dentro de nós existe um mundo lógico que opera de acordo com leis justas. Somente quando sentimos esta verdade podemos verdadeiramente sentir Deus e a sua criação.

⚙

Medo, verdade e flexibilidade

O nosso medo do desconhecido é o nosso maior empecilho. Mas o desconhecido se tornará conhecido por nós se estivermos dispostos a caminhar no terreno traiçoeiro de nossa própria paisagem interior. Isso significa que teremos que levar muito a sério essa tarefa de autobusca. Não basta ler essas palavras. Elas não podem fazer mais do que incentivar a dar os primeiros passos. Devemos realmente vivenciar nossas emoções imaturas. Quando fazemos isso, o desconhecido se tornará conhecido por nós. Mesmo as partes que continuam a ser desconhecidas não serão mais capazes de nos assustar, uma vez que admitamos: "Eu não sei". Essa pequena mudança fará uma enorme diferença.

À medida que nos familiarizamos com esse processo, deixaremos de ver a autorresponsabilidade e o autogoverno como uma "obrigação" que nossa criança interior rejeita. Não fugiremos mais do perigo aparente de enfrentar o desconhecido. Em vez disso, será um privilégio e uma liberdade nos vermos na verdade.

É nosso medo do desconhecido que nos faz distorcer conceitos verdadeiros em seu oposto rígido. Mas a verdade, em sua essência, é flexível. Nada que seja real pode ser enrijecido ou estático. É sempre fluido. E essa flexibilidade nos parece como uma ameaça. Queremos a pseudo-segurança de uma parede de pedra na qual podemos nos apoiar. Essa tendência, na verdade, é o que levou as religiões a distorcerem belos ensinamentos em dogmas.

A rigidez tem um jeito de satisfazer nossos medos irracionais e infundados. Acreditamos que isso seja seguro e tudo aquilo que é flexível não é seguro. Mas o fato é que a verdade, assim como tudo o que é vivente, deve ser flexível. Como resultado, as pessoas temem a verdade. Tememos a luz. Tememos a vida. A ideia de que a flexibilidade não é estável é uma das maiores ilusões deste mundo.

Quando chegarmos ao ponto em que não tememos mais a autorresponsabilidade porque perdemos nosso autodesprezo e a desconfiança de nós mesmos, não teremos mais medo de viver num universo flexível. Não precisaremos de regras rígidas às quais possamos nos apegar. Leis flexíveis não nos parecerão um perigo. É a criança em nós que não ousa assumir responsabilidade que deseja leis rigorosas e sem flexibilidade.

Nosso medo do desconhecido surge de nossas inseguranças: *Serei capaz de lidar com isso? Meu julgamento é adequado? Terei as reações certas? Vou cometer um erro? Atrevo-me a cometer um erro?* Em outras palavras, nosso medo mais profundo do desconhecido é porque não nos conhecemos. À medida que nos conhecermos por completo, perderemos esse medo, assim como o medo da autorresponsabilidade. E então não temeremos mais a verdade das leis espirituais flexíveis que guiam o universo. Melhor ainda, não temeremos mais a vida que é incrivelmente flexível.

Em última análise, em sua essência, a flexibilidade é imutável. E isso é vida.

✵

Todos os medos são ruins?

Até agora, já usamos a palavra "medo" uma porção de vezes e falamos sobre "medos irracionais". Isso significa que existe algo como um "medo racional?" Sim, existe. Pois se estivermos em algum tipo de perigo, nossa reação ao medo será saudável. Ele age como um sinal, avisando-nos de que precisamos fazer algo para nos salvar do perigo. Nessa situação, nosso medo é construtivo, não destrutivo. Sem esse alerta vermelho interno, seríamos destruídos. Mas isso é decididamente diferente dos medos destrutivos e doentios que povoam nossa psique e dos quais falamos aqui.

Isso está conectado com nossos instintos. Como conseguimos administrar mal nossos instintos naturais no que diz respeito ao medo? Tudo se resume a uma questão de confiança em si mesmo. Se houver idéias e emoções distorcidas em nosso inconsciente que nos façam frustrar nossos instintos, não confiaremos neles. O que pode acontecer é que percebemos que nossos medos são injustificados. E então, paramos de dar atenção a eles, embora possa haver um bom motivo para ouvi-los.

Conseqüentemente, nos sentimos ainda mais consumidos pelo medo, agora sem saber quando podemos confiar em nossos instintos ou intuição, e quando não devemos. Mas depois de resolvermos os motivos infundados os quais nos levam a ficarmos dominados pelo medo, quando o temor surgir, teremos maturidade para questioná-lo com atenção, em vez de fazer o que sempre fizemos: enterrá-lo.

Também ouvimos a palavra "temor" usada em relação a Deus. Por exemplo, lemos nas Escrituras que "o temor do Senhor é o princípio da sabedoria". Este "temor de Deus" não tem absolutamente nada em comum com o medo protetor saudável. Todas essas referências na Bíblia com relação ao temor de Deus aconteceram devido a erros de tradução. Mas não é inteiramente um acidente que tais erros tenham sido cometidos.

A razão mais profunda para esse erro tem a ver com uma combinação da imagem de Deus e o nosso medo do desconhecido. Por um lado, achamos que precisamos de uma autoridade forte que siga regras fixas, porque assim não teremos que assumir qualquer responsabilidade. Mas, por outro lado, isso cria um medo doentio, que é o que acontece inevitavelmente quando não atingimos a maturidade e a autorresponsabilidade. Quer tenhamos medo da vida, de nós mesmos, de outras pessoas ou de um Deus vingador, dá tudo no mesmo.

Além disso, existe um simples mal-entendido aqui com relação a certos momentos da Bíblia. Em suma, naquela época a palavra "medo" significava algo diferente. Hoje, podemos descrever melhor seu significado como "honra" ou "respeito". E o respeito a ser prestado à mais alta inteligência, amor e sabedoria vai além das palavras. Se estivéssemos na presença de tal grandeza ilimitada, qualquer ser ficaria admirado, mas não com medo. Pois tal maravilha ultrapassa todo entendimento. Esse sentimento é o que a palavra "medo" estava tentando transmitir, mas ficou muito aquém.

(Compreenda melhor a Bíblia com os ensinamentos do Guia Pathwork em *ABRE-TE SÉSAMO: Decifrando os enigmas da Bíblia*.

Saiba mais sobre a imagem de Deus em *ESQUELETO: A espinha dorsal com 19 ensinamentos espirituais fundamentais*, Capítulo 14: Expondo a imagem equivocada que temos sobre Deus.)

"Sejam abençoados, todos vocês, meus queridos. Que você encontre o caminho para a maturidade e o amor descobrindo onde, como e por que você não ama agora. Que você encontre a coragem de se libertar desse fardo desnecessário de temer o amor e a vida. Vão em paz, meus queridos amigos, estejam em Deus."

– Guia Pathwork

Capítulo 3

Encontrando a liberdade e a paz ao superar o medo do desconhecido

A vida é uma espécie de armadilha aonde estamos presos nessa luta para superar a dualidade entre a vida e a morte. A partir desse dilema fundamental derivam todos os nossos outros problemas, medos e tensões. Isso se manifesta no medo que temos da morte, assim como, no medo de envelhecer e no medo do desconhecido. Qual é a raiz comum de todos esses medos? A passagem do tempo.

Na tentativa de lidar com esses medos básicos, a humanidade desenvolveu várias filosofias e conceitos espirituais ou religiosos. Mas mesmo que estes conceitos sejam verdadeiros e a partir da iniciativa de alguém tentando transmitir uma experiência autêntica, eles não aliviarão nossa tensão. Verdade seja dita, a única maneira de superar nossos medos—para reconciliar a cisão dessa dualidade gigantesca—é mergulhar fundo no megadesconhecido que tanto tememos: nossa própria psique.

Bem, quão difícil isso poderia ser? Acontece que isso parece mais simples do que realmente é. Para explorar os cantos ocultos da nossa própria mente, teremos que fazer mais do que resolver dualidades. Precisaremos descobrir todas as facetas do nosso eu mais íntimo sem excluir quaisquer tensões e distúrbios que encontrarmos ao longo do caminho.

Nosso estímulo é o seguinte: Na mesma medida que ignoramos o nosso mundo interior, também iremos temer a passagem do tempo; recearemos o grande desconhecido. Quando somos jovens é fácil deixar essas coisas de lado. Porém, mais cedo ou mais tarde, se não nos confrontarmos, estaremos frente a frente com nosso medo da morte. No entanto, na medida em que nos conhecemos, nos sentiremos realizados na vida. E, neste mesmo grau, a morte não será temida. Ao contrário, ocorrerá como um desenvolvimento orgânico e o desconhecido não mais parecerá uma ameaça.

Fazer este trabalho de autodescoberta não é um piquenique, amigos. Além disso, existem saídas de emergência de todos os lados. Se procurarmos por eles, vamos encontrá-los até mesmo dentro da estrutura deste caminho de crescimento e cura. A única maneira de ter sucesso na tarefa de nos unificar é buscar implacavelmente ver, avaliar e compreender a nós mesmos.

Existem muitos obstáculos a enfrentar no caminho de libertação do medo da morte. Um dos principais obstáculos é o nosso medo de abrir mão das barreiras de separação entre nós e o sexo oposto. Enquanto esses obstáculos permanecerem, nosso medo da morte existirá com a mesma intensidade. Há, de fato, uma conexão direta entre três medos específicos:

1) Medo de nós mesmos e do que está escondido em nosso inconsciente.
2) Medo de amar uma pessoa do sexo oposto.
3) Medo da morte.

Talvez a conexão entre os dois primeiros medos esteja começando a ficar clara, mas o terceiro ponto da tríade pode parecer uma ideia nova. Vamos explorar isso um pouco mais para que possamos saber a verdade sendo revelada através destas palavras.

※

Sendo tudo o que podemos ser

Para experimentar a autorrealização, precisaremos nos realizar como homem ou como mulher. Em última análise, para fazer isso, precisaremos superar quaisquer barreiras que existam entre nós e o sexo oposto. Com certeza, esse não é o único aspecto necessário para a autorrealização. Talvez precisemos nos conscientizar de certos talentos que possuímos, ou de alguma boa qualidade, como coragem ou desenvoltura. Talvez precisemos descobrir o quanto temos a mente aberta ou criativa.

Mas nada disso pode realmente florescer, a menos que o homem se torne homem e a mulher se torne mulher. Pois, enquanto existirem obstruções no que diz respeito à união com o outro, qualquer autorrealização que possamos vir a manifestar não será 100% completa. Na verdade, precisamos compreender o seguinte: o que esses bloqueios estão indicando é que existem impedimentos internos que estão bloqueando uma área do eu que evitamos explorar e compreender.

Pense nisso como um sinal de que não estamos totalmente prontos para crescer e que, em vez disso, insiste que alguma parte de nós permaneça presa na infância. Quando toda a resistência em ver essas partes, até então desconhecidas de nós mesmos, se for, não teremos mais medo de nós mesmos. E, uma vez que esse medo tenha desaparecido, não temeremos mais ninguém—sejam do mesmo sexo ou não.

Libertando-nos de atitudes irrealistas, também liberaremos nosso controle feroz que nos impede de nos deixar levar a um estado de ser. Esse mesmo controle rígido impede a passagem do fluxo cósmico da intemporalidade, que é o que experimentamos quando estamos nos mais altos estados de êxtase com um parceiro. E também é o que experimentamos na grande bênção que chamamos de morte.

A morte tem muitas faces. Para aqueles de nós que estão com medo, agarrados firmemente ao nosso pequeno eu, podemos experimentar o isolamento e a separação como uma forma de morte. Por outro lado, se formos vívidos e livres do medo, não mais empenhados em preservar o pequeno eu, iremos experimentar a morte com o mesmo tipo de glória com que vivenciamos a união nesta Terra!

Portanto, podemos encarar o trabalho da autorrealização por três lados. Primeiro, precisamos remover as barreiras que existem entre as áreas consciente e inconsciente de nossa psique. Em segundo lugar, devemos remover as barreiras que surgem entre nós e nossos parceiros, sejam eles quem forem, nesta fase de nossa jornada. Terceiro, precisamos olhar para as barreiras que existem entre nós e a corrente cósmica.

Quando estivermos sendo carregados por esta corrente, parecerá que tudo está bem com o mundo. Quando não confiamos na passagem do tempo, temos medo de nós mesmos, das outras pessoas e do fluxo da vida que nos leva adiante. Assim, nós nos agarramos ao nosso pequeno eu egoísta, criando muros de neblina entre nós e nossa consciência superior.

(Saiba mais sobre a união em *ATRAÇÃO: Relacionamentos e seu significado espiritual*, Capítulo 1: A atração cósmica em direção à união, Capítulo 11: Homem e mulher, e Capítulo 12: A plenitude através da autorrealização como homem ou mulher.

Saiba mais sobre como acessar a corrente cósmica em *PEDRAS FINAS: Uma coleção brilhante e límpida de 16 ensinamentos espirituais*, Capítulo 11: Quatro vias para atingir o nosso centro.)

✺

A grande tríade: o orgulho, a obstinação e o medo

As nuvens que impedem viver plenamente o presente são compostas basicamente por três coisas: orgulho, obstinação e medo. De uma forma ou de outra, todas as nossas falhas e confusões, conflitos e equívocos são derivados desses três erros básicos. E essa mesma tríade bloqueia as três rotas para a autorrealização que acabamos de mencionar. Vamos examinar isso mais de perto.

Qual é a grande barreira entre a consciência e o inconsciente? Orgulho. Ele tranca a porta porque, vamos encarar a real, não ficaremos animados com o que vamos encontrar por lá. Não será nada agradável, digamos assim. Mesmo que o que encontrarmos não seja tão ruim, ainda assim, receamos que possa ser. Afinal de contas, esperávamos que todos nos admirassem o tempo todo. Esta é a razão pela qual, frequentemente, seguimos os valores das pessoas cuja aprovação desejamos. Mas quando fazemos isso, criamos um muro de orgulho, nebuloso, que impede a nossa percepção.

A obstinação nos deixa apreensivos sobre o que descobriremos, porque não queremos ser forçados a fazer algo que nosso pequeno ego não gosta. Além disso, não ficamos empolgados com o fato de desistir de nada que ainda não estejamos dispostos a renunciar. Nossa obstinação quer que nosso ego permaneça no controle para que possamos continuar apegados àquilo que conhecemos.

E, por último, o medo surge para nos fazer acreditar que a realidade não é confiável. *Melhor ficar com o que já conheço.* Na verdade, no mais profundo do nosso inconsciente, existe um fluxo de realidade cósmica, de eventos cósmicos. Se entrarmos nesta corrente, ela nos trará realização, sentido e felicidade. Mas quando não confiamos nesta corrente e, portanto, nos agarramos firmemente ao que conhecemos, acreditando que podemos nos sair melhor do que se nos arriscarmos e nos entregarmos ao desconhecido, então construímos um muro de medo. E esse medo é o que nos impede de alcançar o pleno autorreconhecimento.

Essa tríade onipresente de orgulho, obstinação e medo também surge entre nós e nossos parceiros, criando barreiras. Quer sejamos homem ou mulher, o orgulho levanta a cabeça porque tememos o aparente desamparo—e a vergonha que vem com ele—de nos entregarmos a uma força que é maior do que o nosso pequeno ego. Qualquer pessoa que já teve um relacionamento sabe que amar é uma questão de humildade, tornando-se, assim, inimigo do orgulho.

Do lugar do orgulho, queremos dar as cartas. Queremos direcionar toda a ação e controlar todos os resultados. Não queremos nos entregar a nenhuma força, mesmo que essa força seja incrivelmente desejável. Então, todos nós passamos a vida desejando amar, enquanto estamos ocupados tentando bloquear o amor. Nossa esperança é que possamos chegar num acordo com essas correntes contraditórias que nos atravessam a alma.

Sem dúvida, a força que nos impele em direção ao amor é grande. Vem de nossa natureza mais profunda e mais íntima. Mas os antagonistas orgulho, obstinação e medo conspiram para nos afastar do amor.

A obstinação também se opõe ao amor porque deseja o controle individual. Ela não quer se entregar. Não vai desistir. Parece-nos—erroneamente, é claro—que só estamos seguros quando temos apenas a nós mesmos para obedecer. Relaxar e amar não parece ter sentido. Mas isso é realmente assim?

Ser realista e objetivo e, ao mesmo tempo, ser capaz de renunciar ao controle e se entregar corajosamente ao amor, são forças altamente compatíveis. Na verdade, elas são interdependentes. Mas bloqueamos a experiência do amor por medo de perder nossa dignidade—de que nosso orgulho seja ferido—e pelo medo de que teremos de desistir de nossa individualidade. Em outras palavras, tememos ter que deixar nosso ego que clama por nós. Na realidade, só podemos ganhar a verdadeira dignidade e personalidade quando estivermos dispostos a abrir mão do nosso orgulho e obstinação.

A tríade sobre a morte e o morrer

Morrer é, na verdade, a última renúncia à sua própria trajetória. Então, de uma maneira estranha, render-se à morte pode parecer humilhante. Assim, quando olhamos para nossa atitude em relação à morte, provavelmente seremos mais uma vez influenciados pela tríade de orgulho, obstinação e medo.

Como um meio de evitar a verdade humilhante de que, quando se trata da morte, o ego não tem total poder de decisão, nos apegamos firmemente ao nosso orgulho e à nossa obstinação, o que efetivamente cria ondas de medo cada vez mais fortes.

Então, aqui estamos nós, confrontados com uma aparente dualidade entre desistir de nós mesmos e obter plena posse de nós mesmos. Parece um paradoxo: passamos a vida tentando nos encontrar para que possamos nos entregar na união com outra pessoa e depois morrer? A verdade é que não podemos desistir de algo que não encontramos; não podemos abrir mão de algo que nunca possuímos de verdade.

Então, se a morte e o morrer deveriam ser geniais—uma experiência tão abençoada—por que pensamos que sejam tão sombrios? Por que não temos um instinto de morte tão forte quanto aquele que nos leva a nos perder no amor? Por que temos que nos esforçar tanto para superar o medo da morte? Por que devemos lutar tanto contra este grande desconhecido?

Há uma boa razão para as coisas serem do jeito que são. Já que não seria fácil desejar a morte quando a vida se torna dura, dolorosa e insatisfatória? Verdadeiramente, no estado inacabado em que estamos—ignorantes e muitas vezes em um estado cego de terror—certamente seria tentador escapar para a morte. Mas a morte, infelizmente, não se revela diferente da vida. Ambos são intrinsecamente o mesmo.

E então, para evitar que abandonemos o navio prematuramente, nosso instinto de vida deve ser intenso. E isso só pode funcionar enquanto a morte permanecer um grande mistério, uma desconhecida. Meras palavras não vão nos tirar o medo do desconhecido para que nosso instinto de sobrevivência siga firme e consiga manter nossos pés no planeta para que, em vez de ceder a motivações destrutivas, possamos encontrar energia para tentar outra vez e de novo quando a coisa aperta.

Eventualmente, acabaremos por adquirir a maestria da vida através da compreensão de si mesmo. Dessa forma, faremos as pazes com todo o universo. E quando chegarmos a este ponto, finalmente também nos ocorrerá que a morte não é algo que precisamos temer. Pois, nosso medo só existe na proporção direta ao nosso medo de viver e amar. Dessa forma, perceberemos como se pode transcender a dualidade da vida e da morte. E assim, a ilusão de que elas são antagônicas começa a se desvanecer.

Encontrando paz

Essas palavras só fazem sentido quando não vemos mais a vida como uma ameaça. Então, não precisaremos mais fugir da existência e o nosso instinto de sobrevivência pode se aquietar. Pois, a pulsão da vida não está mais em oposição à pulsão de morte. E conforme elas forem se fundindo, cessaremos a agitação ou a repressão.

Diante disso, se analisarmos de maneira mais detalhada, perceberemos como estamos flutuando continuamente entre a tentativa de deter o tempo, prostrados numa posição de medo, e correndo apressadamente com a cabeça no futuro porque, simplesmente, não podemos suportar o momento presente.

É isso o que significa estar em paz conosco, estar em harmonia com Deus. Não nos freamos tampouco empurramos, mas vamos nos tornando a corrente da vida. Tomamos posse de nós mesmos, sem medo de renunciar ao controle. Esta bela combinação é o que vivenciamos quando somos abençoados por irmos ao encontro do nosso semelhante. E teremos, finalmente, o privilégio de experimentar tal paz à medida que transitarmos para outra forma de consciência.

Qual é a chave que gira a ignição e nos conduz nesta direção? Tudo está na autodescoberta que nos espera em muitos níveis no fundo de nosso ser. O problema é que, frequentemente, projetamos nossos males internos nos outros e no mundo exterior, na esperança de evitar o que parece ser um autoconfronto terrível. Embora isso pareça nos dar uma certa satisfação temporária, ao final nos deixa com um grande vazio.

Se, em vez disso, continuarmos a nos esforçar em direção ao autoconhecimento, um passo de cada vez, um dia dissolveremos as nuvens e barreiras que obstruem nossa visão. Quanto mais mergulharmos no fluxo atemporal de nossa consciência superior, mais ele nos fornecerá a sabedoria, a integridade e a verdade que podem nos ajudar a navegar todos os dias na direção certa. A verdade é que vamos ver tudo isso com clareza e depois esqueceremos novamente. Então, a perseverança é extremamente necessária. Mas, nosso contato com o fluxo de vida nos informará sobre o significado maior de toda a criação.

Podemos comparar a verdade ao sol, ao redor do qual todos os outros planetas giram. Lá no centro, a verdade brilha intensamente, mesmo quando coberta por nuvens. As nuvens, como dissemos, são feitas de nosso orgulho, obstinação e medo, além de nossa ignorância que nos leva a avançar ou lutar contra ele. Mas naquele momento precioso em que percebemos nossa verdade, por mais insignificante que possa parecer em meio a tudo isso, as nuvens se dissipam. Seremos tocados pelo calor que irradia da verdade de nossa consciência superior. Teremos as forças renovadas e a sensação de bem-estar. Estaremos cheios de alegria e paz.

Não desejemos afastar nossos medos, nem nosso orgulho ou obstinação, esperando que o sol interior brilhe independentemente do que façamos. Não funciona assim. A verdade está constantemente pronta para nos aquecer e nos animar, mas primeiro, temos algo a superar. Falar da boca para fora não nos levará muito longe. Não temos que ser perfeitos. Na verdade, já somos perfeitos em certo sentido, sempre que estamos dispostos a chegar a um acordo com nossas imperfeições atuais.

É quando paramos de lutar contra o eu, livrando-nos assim do pesado fardo do orgulho e da pretensão, que nos dispomos a mudar. É quando abandonamos nossa obstinação que nossa coleção de medos começará a evaporar como uma pedra de gelo ao sol.

"Estejam em paz, estejam em si e, portanto, em Deus!"
–Guia Pathwork

Capítulo 4

Encontrando a verdadeira abundância ao atravessar o seu medo

If we boil it down, there are essentially two philosophies about this thing we No fim das contas, essencialmente, existem duas filosofias sobre esta "coisa'" que chamamos de vida, e que nos parecem absolutamente contraditórias. A primeira, transmite a perspectiva de que se formos realmente maduros, tanto espiritual quanto emocionalmente, precisaremos aprender a aceitar a vida como ela é—e, muitas vezes, ela apresenta condições bem difíceis de serem aceitas. Nossa primeira abordagem será aceitar o que não podemos mudar. Quando não aceitamos a vida, segundo esta teoria, criamos ansiedade e desarmonia, e nossa paz de espírito será destruída pela tensão que isto cria. E, assim, nós pioramos a nossa situação. Portanto, o indicador de uma personalidade madura e equilibrada, a partir dessa perspectiva, é quão bem somos capazes de aceitar o inevitável. Será que aceitamos o nosso destino? E o quanto aceitamos a morte?

A outra escola de pensamento defende que não precisamos aceitar nenhuma destas situações desagradáveis. Tudo isso sobre aceitar as dificuldades, inclusive a morte, é totalmente desnecessário. Nosso único destino é aquele que criamos para nós mesmos. E sempre que decidimos, podemos nos moldar a um novo destino. Um destino melhor. Um destino no qual não sofremos mais. O verdadeiro despertar espiritual, prega esta crença, vem com a consciência de que não precisamos aceitar o sofrimento, e que uma abundância insondável pode ser obtida, aqui e agora mesmo.

São como dois lados de uma mesma rua! Quão confuso pode ser isso? Mas se procurarmos por estas duas perspectivas, é provável que as encontremos em quase todos os grandes ensinamentos espirituais, incluindo estes do Guia do Pathwork.

À primeira vista, estas duas filosofias podem parecer mutuamente excludentes. Mas talvez não sejam. Será que podemos encontrar um denominador comum que as aproxime e as unifique? Na verdade, podemos: é o medo.

A coisa funciona assim: se nosso desejo pela felicidade tiver raiz no medo da infelicidade, nunca poderemos ser felizes. Mas se desejarmos a felicidade apenas pelo fato de sermos felizes, nada bloqueará a porta. Pode parecer pequeno, mas há realmente uma enorme diferença entre essas duas abordagens.

Porque é assim que funciona: se tivermos medo, mais cedo ou mais tarde, é muito provável que experimentemos aquilo que tememos para nos livrarmos dele. Se, entretanto, formos capazes de descobrir a verdade por trás do medo—que não há nada a temer em primeiro lugar—e então, poderemos abandonar nosso medo sem ter que experimentá-lo. Mas, infelizmente, somos muito lentos para perceber isso. Nesse caso, precisamos enfrentar as circunstâncias que tememos até que elas percam seu rugido apavorante.

Em outras palavras, enquanto desejarmos algo positivo por medo de seu oposto—o negativo—nosso medo nos impedirá de alcançar o que é positivo. Papo reto, esta verdade é uma realidade implacável aqui nesta esfera dualista que chamamos de lar. Muitas vezes, não buscamos o melhor simplesmente pelo bem, mas sim porque esperamos que ele faça com que o mau desapareça. Vamos analisar isso mais detalhadamente e examinar alguns de nossos desejos mais conhecidos.

Vamos começar com a famosa dualidade: vida e morte—dois lados da mesma moeda. Isto significa que, quando aprendemos como morrer—o que é o que se sente quando aceitamos algo de que não gostamos—descobrimos que não há nada a temer. Descobrimos que esta coisa que todos tememos tanto, a morte, não é real. Simplesmente não existe tal coisa como a morte. Além disso, como morte e vida estão unidas, ao temermos a morte, também temeremos a vida, e vice-versa.

Vamos fazer uma associação extra com relação à morte. É impossível amar—amar verdadeiramente—se temermos a morte. Basta dar uma olhada em como os humanos se comportam. Aqueles que vivem suas vidas com muito gosto e alegria são os que não têm medo de morrer. Mas quanto mais recuamos devido ao nosso medo da morte, mais estaremos agarrados à vida com unhas e dentes, não porque estamos curtindo tanto a vida, mas porque estamos morrendo de medo da morte. Se este for o caso, não estamos realmente vivendo. Mal sobrevivemos, na verdade.

O medo de morrer, então, nos impede de viver. No entanto, é apenas vivendo profundamente que aprendemos que a vida é um processo longo e interminável, e morrer é apenas uma ilusão temporária. Na verdade, o apego à vida nunca vai nos trazer prazer ou uma sensação de significado. Portanto, essas duas coisas também estão ligadas. Quanto mais nos agarramos, menos desfrutamos. É apenas uma questão de grau.

E uma vez que quase ninguém está completamente livre do medo da morte—pois quando for realmente o caso, não teremos mais que encarnar aqui neste carrossel de vida e morte—quase ninguém realmente vive verdadeiramente. Dito isso, existem alguns que estão, em grande parte, livres desse medo da morte. E essas pessoas têm uma vida significativa e cheia de prazer.

Já que tudo isso é tão difícil para uma pessoa comum resolver sozinha—encarar que a morte não é algo que precisamos temer—temos que continuar reencarnando repetidas vezes, uma vida após outra, e continuar aprendendo a morrer até que consigamos fazê-lo naturalmente. Até que, um dia, consigamos que morrer não nos amedronta mais. Glorioso será o dia em que chegaremos à vida eterna, mas isso não acontecerá nem um dia mais cedo. Enquanto tivermos medo da morte, teremos que vivenciá-la muitas vezes.

❋

Medo e controle

Outra maneira de errarmos o alvo na vida é desejar estar sempre no controle. Como resultado, morremos de medo de estar fora de controle. Mas os grandes ensinamentos espirituais não dizem que a morte é uma ilusão e que somos mestres de nosso próprio universo? Que nós, e somente nós, controlamos nosso destino? Muitos de nós lutamos para alcançar essa meta. Mas nunca chegaremos lá se, no mais profundo, recuarmos como loucos, com medo de perder o controle.

A verdade é que, precisamos aprender a nos ajustar com flexibilidade e a afrouxar nosso controle sobre as coisas. Devemos aprender a dançar entre guiar nosso próprio navio pelos rios da vida e sermos capazes de soltar o volante quando for preciso. É um bom equilíbrio. E quanto mais tememos o deixar ir, maior será nosso desequilíbrio interno. Com os movimentos de nossa alma fora de sincronia, perderemos qualquer esperança de controlar nosso destino final.

Então, o que fazemos? Buscamos o pseudo-controle. Mas é claro que isso adiciona mais tensão e ansiedade ao caldeirão. Isso elimina qualquer chance que tínhamos de ter paz e derruba nossa autoconfiança, torpedeando nossa fé na vida e no processo. A única saída—o caminho para a confiança real crescer—é nos entregarmos ao desconhecido. Temos que desistir de nos agarrar firmemente. Se fizermos isso—se deixarmos ir—descobriremos algo maravilhoso: o pleno domínio da vida sem nenhum medo de perder o controle. Em suma, finalmente compreenderemos que nunca houve nada a temer.

Para ser justo, a pessoa comum ainda não é capaz de ter controle total e imediato de si mesma ou de sua vida. Ainda temos que aceitar, pelo menos por um tempo, que temos limitações. E essas limitações dentro de nós vão criar um destino indesejável para nós. Negar que esse seja o caso—que temos limitações devido às nossas próprias imperfeições ainda não curadas—é um sinal claro de que ainda temos medo. E nossa negação, vinda de nossa vontade exterior, só vai piorar as coisas.

Aceitar, por outro lado, nossas limitações temporárias e suas consequências associadas, não significa que nos resignemos a uma vida de tragédia e sofrimento. Não; aceitação significa que percebemos que estamos passando por uma fase difícil, desagradável e que estamos dispostos a assumir a responsabilidade por esse estado. Claro que a expansão não acontecerá por um tempo, e a bem-aventurança não estará presente, mas não precisamos temer. Isso também vai passar. Assumir uma atitude como essa é o que vai nos abrir a porta, em vez de fechá-la e nos deixar no escuro.

Pois, no final, é nosso medo e desconfiança que nos leva a nos agarrarmos, nos recusarmos a renunciar ao controle. E é isso o que impede a liberdade e a bem-aventurança: nosso temor e falta de confiança.

❈

Alcançando nosso destino

Nosso outro propósito é o prazer. Isso está profundamente enraizado em nós, assim como o nosso desejo pelo controle sobre a nossa própria vida está inserido em nossos instintos humanos. Nossa psique sabe instintivamente que tanto o prazer quanto o controle do nosso destino são nosso direito de nascença. Eles são tanto o nosso destino quanto a nossa origem, e nós os queremos de volta.

Mas a questão é a seguinte: ao desejamos prazer porque queremos fugir da dor, o prazer nos escapará. Porém, a ausência do prazer não é um grande abismo de escuridão e, por isso, não precisamos nos encolher. Se conseguirmos compreender essa verdade, não deixaremos que o medo da dor nos desvie para a direção errada.

Este princípio orienta todos os aspectos da vida:
• Se tememos a doença, impedimos a saúde.
• Se tememos envelhecer, impedimos a juventude duradoura.
• Se tememos a pobreza, impedimos a abundância.
• Se tememos a solidão, impedimos o verdadeiro companheirismo.
• Se tememos o companheirismo, impedimos a autonomia.

Nós poderíamos continuar com a lista. Em todos os casos, o grande inimigo é o medo. E a melhor maneira de vencer esse adversário gigantesco é começar admitindo que ele existe. Apenas o fato de dar voz a ele vai tirar muito vento de suas velas. Articular nossos medos também abrirá novas portas para expulsar esse hóspede desagradável.

É muito importante que formulemos nossos anseios, expressando-os claramente em nossos pensamentos e em nossas intenções. No entanto, isto pode ser muito penoso se deixarmos que o medo do nosso medo nos domine. Então, ao invés de tentar combatê-los, por enquanto, admitir e aceitar tranquilamente o que existe é o que nos ajudará a superar os nossos medos.

Lembre-se de que os três principais obstáculos em qualquer alma humana são o orgulho, a obstinação e o medo. Mas quanto mais unificados nos tornarmos, maior será a nossa capacidade de alcançar o lugar de qualquer divisão interna onde as coisas se unem. Assim como nesta tríade, por exemplo. Uma vez que encaramos nosso medo, será muito fácil superar nosso orgulho e a nossa obstinação. Quando não tememos que nossa dignidade nos seja arrancada, não marcharemos no solo instável do orgulho vaidoso. E quando não tivermos mais medo de que nem a vida nem outra pessoa tente nos controlar, abriremos mão da nossa obstinação.

O medo é a grande porta trancada. É o que nos impede de acessar tudo o que já está disponível—aqui e agora. Basta que arranquemos nosso medo do coração e da alma.

No final das contas, amigos, esse é o nome do jogo. É exatamente disso que se trata toda esta escola de vida, com todas as suas muitas encarnações repetidas. E é o que este caminho espiritual está tentando nos ensinar: o medo é desnecessário.

Freqüentemente, escutamos a mensagem, mas não compreendemos sua essência. Por exemplo, quando nos dizem que devemos aprender a aceitar, pensamos que devemos aceitar que a vida é uma longa estrada de privação e sofrimento. Quando ouvimos que devemos aprender a abrir mão do controle, acreditamos que isso significa que temos que nos entregar a um abismo gigante de dor e sofrimento. Esses equívocos apenas aumentam nosso medo e inflamam nossa tensão e resistência teimosa. Tornamo-nos mais rígidos, evitando a liberdade e o prazer numa contração dolorosa.

Mas qual é a verdade sobre o assunto? A aceitação deve nos ajudar a constatar que, em ultima instância, recebemos exatamente aquilo pelo qual ansiamos. A renúncia ao controle do nosso pequeno ego obstinado, ao final, nos mostrará que podemos nos lançar para uma nova liberdade, para algo que é o que realmente desejamos. Portanto, não há necessidade de nos agarrarmos a algo ansiosamente.

Atravessando o medo

Quando finalmente nos convencermos dessa verdade—de que não há nada a temer, a aceitação não parecerá grande coisa. Pois não é realmente um risco aceitar e abraçar todo o universo, uma vez que percebermos que ele é perfeitamente seguro. Nesse ponto, não se tratará mais de passar pelo medo para se elevar acima dele. Então, estaremos preparados para desfrutar de toda a plenitude e abundância, prazer e felicidade que implica viver uma vida eterna de liberdade. Quando ultrapassarmos nossos medos, tudo o que nosso pequeno coração humano deseja pode ser nosso.

Esta é verdade que o nosso espírito está esperando, pois esta é a verdade que nos libertará. E quando enxergarmos, quando pudermos realmente assimilar isso, diremos: "Como eu não vi isso antes? Por que passei por tantas dificuldades desnecessárias?" E então, sairemos da prisão em que vivemos. E o mundo será nosso.

Se ainda não percebemos esta verdade é porque ainda precisamos aprender algumas coisas. Porque, realmente, não há nada a temer. Mas a única maneira de integrar essa lição é vivendo num mundo cheio de ignorância. Em meio ao obscurantismo, desconhecendo a realidade de que não precisamos ter medo de nada, é que atravessaremos as nuvens. Cada um de nós terá que descobrir o seguinte princípio: aquilo que dói quase nunca é o que tememos.

Todos já tivemos a experiência de recear algum evento em particular e então, depois que passamos por ele, percebemos que não foi tão ruim quanto temíamos? Essa experiência permite que compreendamos algo importante. A pior parte do medo não é aquilo que sentimos como indesejável, mas o fato disso ser desconhecido.

Com certeza, é possível temer algo que já vivemos. Mas sempre que experimentamos algo enquanto estamos em estado de medo, todas as nossas faculdades ficam embotadas. A verdade da experiência, então, não pode ser totalmente percebida ou digerida. Nosso medo vai confundir nossa visão das coisas, de modo que não podemos avaliar a situação objetivamente. Portanto, é bem possível passar por uma experiência difícil num estado de espírito tão temeroso que sairemos do outro lado pensando que a experiência foi de alguma forma diferente do que realmente aconteceu. Nossa percepção será de que foi como esperávamos que fosse, e não do que realmente ocorreu.

É por isso que nossas almas precisam de tantas repetições antes de acertarmos e nos livrarmos do medo. Isso é especialmente verdadeiro em relação à experiência de morrer. Podemos ter certeza de que o trauma de nascer é infinitamente mais difícil do que o de morrer. Ainda assim, acreditamos coletivamente que morrer é muito pior, pois isso é o que já está impresso em nossas almas cada vez que chegamos.

Portanto, quando chegar a hora de sairmos desta dimensão, passando pelo evento libertador de nos soltarmos de nossos corpos humanos, essa crença generalizada entrará em ação e produzirá tanto medo que ficaremos ansiosos demais para registrar o que realmente está acontecendo. Não seremos capazes de morrer com plena consciência e apreciar o evento enquanto ele acontece.

Portanto, em vez de encontrar esse elemento desconhecido e experimentar os verdadeiros fatos do processo de morte, nossos pequenos cérebros ficam semi-anestesiados pelo medo e nossa percepção fica distorcida. É por isso que a verdade não pode ser impressa na substância de nossa alma. Em vez disso, terminamos com uma lembrança nebulosa. Além do mais, os fragmentos registrados são rapidamente esquecidos, pois nossas memórias dependem de um estado de espírito livre que não está confuso e embaçado pelo medo e equívocos. O pouco que lembramos é logo apagado pelo poder avassalador dessa crença coletiva.

Freqüentemente, uma pessoa que está morrendo registra algo como: "Nossa, é isso que morrer realmente é? Que fantástico!" Mas para que isso se torne a memória predominante para essa pessoa, ela precisará estar totalmente consciente no momento da transição. Se houver medo, não será possível estar totalmente consciente. Mas cada vez que passamos por esta esfera, há uma oportunidade para um pouco mais de verdade chegar. Um dia, estaremos tão relaxados para fazermos essa transição tanto quanto para o fato de irmos dormir ou iniciar uma nova e ainda desconhecida fase da vida.

Morrer é criação do nosso medo de morrer. Quando o medo desaparece, passar por essas coisas se torna desnecessário e, portanto, não precisa mais acontecer. Então, chega o fim dos ciclos de encarnação.

☼

Atraído pela dualidade

A Terra é uma esfera dualista na qual devemos passar por essa experiência de morte. Felizmente, é o único. Depois disso, passamos para outras esferas onde haverá outras experiências que serão igualmente importantes para a evolução de nossas almas. Mas esta é a única esfera que, aparentemente, exige que morramos.

O que exatamente queremos dizer com "esfera?" Estamos falando aqui sobre uma esfera de consciência. Em tal esfera, entidades com um estado semelhante de consciência se reúnem, seguindo leis espirituais imutáveis.

Seu estado geral de desenvolvimento ou consciência pode ser denominado coletivamente de esfera.

Todos estamos familiarizados com a observação de uma área geográfica ou espaço material, como um planeta, desse ponto de vista. Mas do ponto de vista espiritual, tempo, espaço e movimento são expressões de um estado particular de consciência. Nossas mentes tridimensionais são desafiadas a imaginar uma consciência que tem outras dimensões, e que também unifica todas essas dimensões diferentes em uma consciência maior e singular.

Portanto, quando falamos sobre as esferas espirituais, é bem possível que nossas mentes as simplifiquem em termos de áreas geográficas localizadas em algum lugar, no espaço sideral. No entanto, não é, de forma alguma, falso que todo o universo físico, com todas as suas muitas esferas, viva dentro do eu. E assim como cada planeta é uma realidade que existe dentro e fora, muitos outros mundos ou esferas espirituais existem, tanto dentro como fora. Isso é muito difícil de compreender.

Porém, é preciso que não se interpretar literalmente quando afirmamos que os seres que habitam essas esferas têm um nível de desenvolvimento geral equivalente. Certamente que ao olharmos ao nosso redor, veremos que existem diferenças consideráveis no nível de desenvolvimento das pessoas. E isso também é verdade entre aqueles em outras esferas de consciência. Mas, apesar de suas diferenças—com espíritos mais velhos e mais desenvolvidos, capazes de perceber e compreender mais do que os espíritos mais jovens—todos eles têm certos pontos em comum. E é devido às suas semelhanças que todos eles podem se beneficiar por estarem reunidos. É por isso que todos nós fomos reunidos para formar esta esfera no planeta Terra.

Para ajudar a visualizar isso melhor, considere que as condições na Terra são uma expressão precisa da soma das consciências de todos que vivem aqui e dos indivíduos que não estão encarnados agora, mas que retornarão. Toda a beleza que vemos na natureza e que foi criada por mulheres e homens é a expressão de nossas qualidades interiores que estão em harmonia com o universo. Da mesma forma, todas as lutas que vemos—incluindo pobreza e guerras, doenças e mortes—são uma expressão de nossas confusões e das emoções destrutivas às quais nos agarramos.

Portanto, todas as nossas condições, sejam grandiosas ou mesquinhas, favoráveis ou desfavoráveis, são um resultado direto das pessoas que encarnam aqui. E podemos chamar tudo isso de esfera da consciência. Se, em outra esfera, o nível geral de consciência for superior ao da Terra, as condições serão mais harmoniosas e menos difíceis. Em uma esfera onde os espíritos que a habitam podem perceber um nível superior de verdade, é inevitável que as circunstâncias nessa esfera sejam menos limitantes.

Ótimo, então quando poderemos ir pra lá? Bem, até que tenhamos aprendido como superar os erros e desarmonias que enfrentamos aqui, teremos que retornar a esta esfera. Até que sejamos capazes de perceber um nível superior de verdade, simplesmente não podemos chegar lá a partir daqui. Pois nosso ambiente externo e nosso estado interno de consciência devem ser compatíveis. Não pode ser diferente.

Não somos "enviados" para cá. Ninguém nos "ordenou" que viéssemos aqui. É um processo simples de atração e repulsão que segue as leis espirituais. Essas leis funcionam exatamente da mesma forma que as leis das ligações químicas. Portanto, não é correto pensar que primeiro existe uma esfera, e então somos colocados nela. Funciona exatamento ao contrário. Uma esfera resulta de nosso pensamento, nosso sentimento e nossas atitudes; surge da soma total de quem todos nós somos.

Nossa esfera expressa aquilo que somos coletivamente. Se começássemos a expressar qualidades diferentes—como compaixão, perdão, generosidade e assim por diante—não seríamos mais atraídos para esta esfera, mas, em vez disso, iríamos para onde a maioria dos seres também expressa essas qualidades. Mas, por enquanto, estamos todos aqui.

(Saiba mais sobre as leis espirituais em *LEIS ESPIRITUAIS: Princípios orientadores para avançar na vida.*)

☼

Transcendendo a dualidade

Em nossas mentes, nós, seres humanos, tendemos a traçar uma linha arbitrária rígida e apressada entre o físico e o não-manifesto. Mas, nós, humanos, somos feitos de muitas camadas. E cada camada é composta de matéria que tem sua própria densidade única. Portanto, quanto mais elevada for a consciência de um ser, menos densa será a consistência da matéria de que o ser é feito. Mas isso não significa que tal ser não tenha forma ou seja menos real do que um ser humano.

São nossas crenças que nos atraem para uma esfera como a Terra, onde a matéria é mais densa. Outras esferas têm uma vibração mais sutil. Se todo o nosso pensamento estiver voltado para ser muito superficial e materialista, trazendo-nos a este plano, a matéria que produzimos para nosso veículo—nosso corpo—vibrará de acordo. Em outras palavras, quanto mais nos apegarmos à ignorância, aos nossos erros, equívocos, preconceitos, limitações e trevas, mais densa será a nossa matéria e maior será o nosso sofrimento.

Quando percebemos que nosso Eu Real é mais do que apenas nosso corpo, nossa percepção se amplia. Essa mudança permite que a matéria de todo o nosso ser—toda a nossa alma—se torne muito mais sutil e, portanto, mais sensível à verdade. Teremos um maior senso de realidade.

Por isso, é muito importante que, à medida que formos avançando em nosso caminho espiritual, vamos descobrindo onde tememos algo negativo, fazendo com que nos agarremos a algo positivo. Quando encontrarmos esses bolsões de medo e constatarmos uma motivação negativa para desejar algo positivo, teremos a chave em nossas mãos para nos libertar dessa dimensão dualista.

Ter a compreensão de que "Não sou capaz de me libertar pelo amor à liberdade em si. Desejo a liberdade apenas porque tenho medo de estar preso", nos levará para mais perto da libertação. Então, de cabeça erguida, seremos capazes de aceitar a rica abundância da vida como um ser humano livre. É exatamente esse movimento da alma que faz toda a diferença no mundo.

Como já foi dito, é o medo da morte que nos entrega a passagem de retorno para esta esfera particular. Mas, se temos medo de morrer, então, existem muitas outras confusões em nossa alma também. Porque tudo está interligado. Sempre que temos um medo que nos constrange, não seremos capazes de nos fundir com a corrente cósmica da vida que quer nos envolver em seus braços e nos levar para um passeio suave e glorioso.

Agarrados à ideia do controle tenso, lutaremos contra a força cósmica como se ela fosse nossa inimiga. Mas o único inimigo está assentado em nosso interior. E esse inimigo só existe por causa de nossos falsos medos, nossas conclusões erradas sobre a vida e os limites que criamos desnecessariamente para nós mesmos. São estas limitações que nos impulsionam a dar a volta e atacar a nós mesmos, ainda que exista uma parte interna que queira reivindicar nosso direito de nascença e se autorrealizar. Mas aquela outra parte se esforça para ir na outra direção, caminhando diretamente para a dor e a miséria.

Acreditamos erroneamente que é impossível evitar certo perigo e, de algum modo, nos parece menos ameaçador provocá-lo. Dessa forma, temos uma falsa impressão de controle porque o perigo não será mais desconhecido. Mas o fato de nos precipitarmos em uma experiência negativa totalmente evitável e desnecessária terá um gosto muito amargo. A qualquer momento que cortejarmos uma experiência negativa por medo e engano, será muito mais difícil de suportar do que se tal experiência negativa surgisse organicamente devido a nossas limitações ainda persistentes.

Não faz sentido corrermos para o perigo voluntariamente. E pode ser muito difícil enxergar que estamos fazendo isso. Pois é necessário um profundo conhecimento da mecânica de como nosso mundo interior opera para descobrir esse mecanismo em ação. Porém, somente por meio dessa percepção será possível parar de repetir esse jogo destrutivo.

Há um ritmo natural em nossas vidas que devemos aprender a deixar de atrapalhar, lutando, apressando ou avançando cegamente. Então, podemos nos fundir com os grandes poderes cósmicos com os quais podemos criar. Ao orientar esses poderes usando todo o nosso eu consciente, podemos realmente nos tornar mestres do universo.

"Bênçãos para cada um de vocês, meus amigos. Que estas palavras elevem seus espíritos e os aproximem da luz da verdade, da realidade do amor, da felicidade sem fim da existência espiritual. Estejam em paz, estejam em Deus!"

–Guia Pathwork

Capítulo 5

Renunciando à batalha cheia de medo para guardar nossos segredos

Nossa maior alegria na vida vem da doação, seja lá qual for a dimensão a qual sejamos capazes de fazê-la. A alegria vem do fato de alcançarmos nosso potencial. Por outro lado, nossa maior dor vem de não atingirmos nosso potencial máximo de doação aos outros e à vida. Todas as outras dores e frustrações resultam dessa dor de não oferecer o que temos para dar. Ao reverter isso, todo prazer e satisfação flui da entrega gratuita, sem os "se", "e" ou "mas".

Por que, então, somos tão mesquinhos? Por que nos recusamos a nos doarmos livremente? Isso acontece por causa do medo que temos das nossas partes internas que desconhecemos e que são responsáveis pelos padrões que anestesiam a dor.

E enquanto mantivermos essas partes ocultas, não seremos livres. Nos tornamos impostores em alerta. Isto significa que onde quer que estejamos abrigando distorções dentro de nós, estamos vivendo uma mentira. E nada disto precisa acontecer. É uma fraude desnecessária que estamos vivendo com base num medo de nós mesmos.

Algumas pessoas, quando começam a fazer esse trabalho de autoconhecimento, encontram rapidamente suas partes internas e ocultas. Elas as identificam, conversam e avançam em direção à superação de seus medos, caminhando pelo mundo como uma pessoa livre. Mas existem outras pessoas que, mesmo tendo as melhores intenções externas, contornam a questão e não chegam a lugar algum. Elas têm esta vaga esperança de alcançar o Eu Real sem ter que revelar e lavar até a última peça de roupa suja em seu interior.

A questão é: estamos prontos para parar de viver a "grande mentira?" Estamos prontos para abandonar todo esse fingimento? É uma escolha difícil. É realmente uma batalha e é fundamental que a vençamos. Para este fim, vamos ver de onde vem esse medo ilusório de si mesmo e, tão importante quanto, vamos descobrir o que acontece se, em vez de superá-lo, o acariciarmos.

⚙

Autoalienação

"Só há uma maneira das coisas acabarem se continuarmos a temer a nós mesmos: é na autoalienação. E isso nos rouba o nosso direito de nascença de sermos felizes, satisfeitos e livres, porque provoca um curto-circuito no movimento de dar e receber. E à medida que nossos processos internos orgânicos são abandonados, perdemos o contato com nosso eu mais íntimo. Além disso, o mecanismo interno que unifica descontração e autonomia fica confuso e desestabiliza a nossa capacidade de construir uma vida realista, porém satisfatória."

Uma vez que nos alienamos do nosso Eu Real, perdemos a capacidade de ver como a causa e o efeito funcionam e nos negamos a desvendar o que está se passando no nosso interior. Assim, em vez de nos encontrarmos, ficamos presos entre a cruz e a espada, ou seja, entre duas opções: uma boa e a outra ruim. Eis o que está acontecendo.

Quando temos medo de nós mesmos, é porque, de alguma forma, não podemos ser o que queremos ser. E o que queremos ser é idealizado, que depois fingimos ser. Ser esse eu idealizado é a opção aparentemente "boa", mas é irrealista e irrealizável. Em contraste, a alternativa "má" parece ser exatamente quem realmente somos, neste momento.

Há muita coisa errada aqui. Para começar, nosso conceito do nosso eu atual não é correto. É exagerado e distorcido, especialmente porque ainda nem sequer olhamos claramente para nós mesmos. Mas o objetivo que estabelecemos para nós mesmos, de nos tornarmos ideais, é igualmente distorcido. Por isso, visamos algo irrealista, que é ser melhor do que podemos ser neste momento, e enquanto isso, nos vemos como sendo piores do que realmente somos.

Eis a verdade: o que julgamos em nós mesmos como sendo horrivelmente desprezível, imperdoavelmente repulsivo, não aparecerá dessa forma depois de trazê-lo à tona e conectar os pontos de causa e efeito. Em contraste, quando desistimos desta mentira interior, veremos as tendências negativas em nós mesmos e perceberemos como elas realmente são indesejáveis. Mas nossa consciência desta nova realidade não fará que nos sintamos inferiores.

Só somos esmagados pelas nossas idealizações quando a percepção que temos de nós mesmos é irrealista. Por outro lado, se olharmos mais atentamente a forma como nos idealizamos, muitas vezes isso se revelará menos desejável do que pensávamos. No final, essas duas alternativas nos deixam com a sensação de vazio e sem vida.

Nossa relutância em olhar para todo o nosso *self* estabelece reações negativas em cadeia. O primeiro elo é que muitas outras questões na vida se transformarão em uma escolha estreita de isso ou aquilo. Isto é um problema, porque, como vimos, mesmo a "boa" escolha não acaba bem. Portanto, a partir dessa percepção, as escolhas se tornam impossíveis de serem feitas.

Nossa vida, começando por nós mesmos, parece se dividir ao meio: um lado "bom", rígido e estéril; e do outro, a opção "ruim" e sem sentido. Não amaremos nenhum dos dois. Seja como for, sentiremos uma enorme tensão e a nítida sensação de sermos uma farsa.

Assim, depois que a autoalienação se inicia, o próximo elo da reação negativa em cadeia é que todas as opções vão para a mesma caixinha. Tanto as boas quanto as más alternativas agora parecem igualmente indesejáveis. Sempre que nos deparamos com duas opções desagradáveis é porque já não temos mais o sentido da verdade e da beleza. Tudo, mesmo os aspectos mais desejáveis da vida, se tornam amargos. Ficamos incrivelmente confusos.

(Saiba mais sobre autoalienação em *A DESCOBERTA DO OURO: A busca por nosso próprio eu precioso*, Capítulo 5: Autoalienação e o caminho de volta ao Eu Real.)

※

Desejo e realização

Vejamos o exemplo típico da vida real de desejo e realização. Esses são dois aspectos distintos que se fundem em uma pessoa saudável que não está alienada de seu Eu Real. Esse indivíduo livre não sentirá nenhuma angústia ou conflito por nenhum dos dois. Uma pessoa autoalienada, entretanto, experimentará os dois como algo negativo.

Quando se é saudável, o desejo é buscar novas possibilidades e se tornar realizado. Na distorção, o desejo se transforma em frustração. Então, o desejo e a frustração cairão no mesmo espaço na psique de uma pessoa, o que significa que o desejo não será bem-vindo. De maneira semelhante, quando a satisfação é distorcida, ela se transforma em estagnação, como numa rua sem saída. Uma pessoa autoalienada experimenta um pingue-pongue entre a frustração e a estagnação. Em outras palavras, a pessoa fica entre a cruz e a espada.

Quando não tivermos mais medo de nós mesmos, não temeremos nem o desejo nem a satisfação. Pois saberemos que nossos desejos podem ser satisfeitos, e a satisfação não é um fim, mas apenas outro novo começo. Mas se nos desconectarmos de nosso verdadeiro eu, nossa perspectiva ficará tão distorcida que passamos a crer que a satisfação de nossos desejos nao é possível, muito menos alcançável.

Quando for assim, rejeitaremos até mesmo os nossos desejos saudáveis, assim como deixaremos de desejar qualquer coisa. Para compensar esta carência, a avidez obstinada vai levantar sua cabecinha pavorosa, porque estamos convencidos de que, se quisermos ter alguma coisa, temos que lutar. Passamos a acreditar que a plenitude é um sonho impossível. E o desejo? Esqueça-o.

Resumindo, quando não estamos dispostos a nos encontrar aberta e livremente—mesmo as partes mais ocultas que ainda não conhecemos—também não temos condições de desejar com franqueza e espontaneidade. A frustração, portanto, é inevitável. Mas, espere aí: não é verdade que, às vezes, experimentamos uma satisfação parcial, mesmo que ainda não estejamos brancos e puros como a neve? Então, por que parece que nossa plenitude se desfaz e se transforma em estagnação?

Isso acontece porque a satisfação só pode permanecer vibrante quando nosso ser interior está aberto e livre. Então, o rio cósmico corre claro e limpo, e o prazer é abundante. Mas quando a torneira está, ainda que parcialmente, fechada, as coisas começam a paralisar. Nossa alma se torna rígida e as energias vitais que fluem livremente não conseguem alcançar nosso núcleo.

Então, experimentamos o eu como finito em vez de infinito, de modo que toda atividade deve chegar ao fim. Mas este não é um final feliz. Ao contrário, é uma carga que se sente como um grande estorvo. Sentimos que tudo é fútil, o que provoca confusão: "Para que serve tudo isso?" Afinal de contas, por que se incomodar se mesmo os desejos realizados vão se tornar dolorosos?

Para uma pessoa que é capaz de ser aberta e honesta consigo mesma, a realização será um continuum interminável e profundamente satisfatório. O que temer sobre isso? Mas na distorção, teremos medo do desejo, independentemente de como as coisas aconteçam. Se não for realizado, tememos porque a frustração nos incomoda. E se for cumprido, tememos porque não saberemos o que fazer com ele. Ao todo, nosso medo do desejo e da frustração estará em proporção direta ao medo de nosso próprio eu oculto.

Somente quando não estivermos mais alienados de nós mesmos, a vida será uma experiência vibrante onde o desejo não machuca, então o desejo e a realização podem se tornar um. Assim como nos tornaremos um com nós mesmos.

☼

Ganhando controle

Há outra reação em cadeia que a autoalienação põe em movimento: ficamos perdidos na ilusão de que não somos responsáveis pelo que acontece em nosso interior. Acreditamos que não temos poder sobre nossos sentimentos, nossas atitudes e até mesmo nossos pensamentos e ações. Morremos de medo de que nossas emoções negativas nos controlem e de que não temos a última palavra.

Ignoramos o fato de que nenhum pensamento ou ato pode acontecer se não dermos permissão. A verdade é que nos perdemos na ilusão de que não somos nós que comandamos o show. "Eu sinto isso e aquilo!" exclamamos, como se algum sentimento tornasse impossível encontrar o caminho para sair do nosso mal-estar. O que estamos negligenciando é a simples realidade de que determinamos nossos pensamentos, nossos sentimentos e nossas ações. Nós somos responsáveis por como nós *queremos* nos sentir e reagir.

Esta autodeterminação se torna real quando nos conhecermos plenamente e não nos enganamos sobre como nos sentimos. A partir do momento que sabemos o que realmente estamos sentindo, podemos desejar nos sentir de forma diferente e avançar nesta direção. Tal desejo não é inútil. Terá um efeito. E não precisamos esperar para ver o que vai acontecer.

Agora mesmo, podemos escolher nos entregarmos à nossa resistência e agirmos destrutivamente, ou podemos nos conhecermos e definirmos um caminho melhor. É uma ilusão continuar vivendo com vontade de esmurrar a parede ou de falar algo cruel e acreditar que algo de fora virá destrancar a porta dessa prisão e nos libertar.

Somos nós que temos a chave. Podemos liberar instantaneamente nossa destrutividade desejando algo mais construtivo neste momento específico. Mas para chegar a um desejo construtivo, precisaremos saber quem e o que somos. Precisamos saber o que está escondido nos quartos ocultos da nossa psique. Enquanto mantivermos alguma parte destrutiva de nós mesmos em segredo e isolada, mascarada por trás dos véus nebulosos e vagos, não seremos capazes de saber como é um desejo construtivo fundamental.

Digamos que, se dermos uma olhada e encontrarmos ódio ou hostilidade escondidos. Oh céus! Que tipo de efeito isso pode ter sobre nós ou nossas ações? Podemos, simplesmente e carinhosamente, dizer para o nosso medo: "Vou encarar meus sentimentos destrutivos de frente. Saber o que sinto não me força a agir a partir desse sentimento. Afinal, sou o mestre de mim mesmo. Eu posso decidir quais serão minhas ações. Eu determino o que penso, faço e sinto. Estou pronto para ver o que há em mim. É meu desejo transformar tudo o que encontro em algo verdadeiro e construtivo. Caso eu descubra algo destrutivo o qual eu não queira abrir mão, não preciso negar que é assim que eu me sinto agora. Eu também não preciso ceder a isso. Posso apenas saudar e acolher esta parte. Não é o fim do mundo se eu não gostar dessa parte. Também sei que se essa parte não está em harmonia comigo, isso não é a verdade final. Quero apenas saber a verdade sobre mim e escolher formas mais construtivas de estar no mundo."

Adotar uma abordagem como esta é o primeiro passo para sair da au-toalienação. É a maneira de alcançar o autogoverno sereno e real. Não pre-cisamos nos esforçar ou adotar uma atitude falsa pra ficar bem na fita. E não precisamos receber permissão para fazer isso. Podemos começar agora.

É hora de renunciarmos a esta noção de que não podemos fazer nada sobre como nos sentimos, ou de que não somos responsáveis por nosso mau comportamento. Isso não é verdade. E não se esqueça: nossas ações incluem nossas atitudes, como por exemplo, aquela vontade de soltar as rédeas de nossa resistência ou negatividade. "Mas é assim que eu me sinto", afirma-mos. E colocamos um ponto final como se fosse um caso encerrado e não há nada a ser feito a respeito. Amigos, um milagre não vai descer sobre nós vindo de fora para nos livrar de nossos problemas.

O que esquecemos é que, primeiro, precisamos desejar nos sentirmos de outro jeito antes de nos libertarmos da armadilha em que nos encontramos. E se não quisermos nos sentir de maneira diferente? *Saiba disso* e pare de se enganar. Já passou da hora de abandonarmos esses truques, fingindo que queremos mudar mas não conseguimos. Uma vez que sabemos disso, ou seja, de que *não queremos* nos sentir de outra maneira, podemos começar a questionar o porquê. Por que quero ficar nesse estado negativo e desa-gradável?

※

Guardando segredos

Quando negamos a verdade de que somos nós que escolhemos o que pensar e como iremos nos comportar, abrimos mão de um dos maiores pode-res que temos à nossa disposição: o autocontrole. Não fique confuso. Isto não é a mesma coisa que o falso controle que exercemos sobre nossos guardiões interiores, cuja função é manter nossas partes ocultas em segredo. Freqüen-temente, desperdiçamos toda a energia à nossa disposição para dominar nos-so eu secreto. Quando usamos mal nossa energia desta maneira, não sobra nada para a parte em nós que poderia estar trabalhando para criar uma vida melhor.

Essa noção de que devemos manter uma parte de nós em segredo vem do fato de não acreditar em nós mesmos—na nossa totalidade. No entanto, enquanto evitarmos expor essas partes que tememos, não seremos capazes de nos convencer de que, por trás de nossas distorções e destrutividade, nos-sa essência é absolutamente sábia, totalmente confiável e boa. Se fôssemos capazes de acreditar nisso, perceberíamos que não há nada a temer.

Mas o fato é que tememos que não haja nada de confiável ou rico em nosso núcleo. Suspeitamos que nosso ser interior não seja um centro que possa nos nutrir. Tememos que o máximo que exista em nós seja aquela parte que odiamos; que alimenta desejos destrutivos e más ambições. No começo, queremos esconder essas partes apenas dos outros, mas depois nos perdemos nesse jogo e as escondemos também de nós mesmos. É assim que perdemos contato com o Eu Real.

Esse trabalho de nos tornarmos totalmente honestos conosco é algo muito sério. Precisamos estar totalmente dispostos a assumir *em que ponto estamos agora*. E a partir daí, poderemos descobrir o que há de melhor em nós, aquilo que não teremos que esconder. Ou melhor dizendo, o que não *queremos* mais esconder. Mas enquanto parte de nós estiver oculta, viveremos nos sentindo como impostores. Todos os nossos objetivos, assim como as nossas realizações, são fictícios, nunca inteiros e reais.

Não precisaríamos ter medo de nada se não temêssemos essa parte em nós que mantemos em segredo. Antes que percebamos, começamos a fingir que não acreditamos que esta parte existe. E eis a maior mentira da nossa vida. Mesmo que seja apenas uma mentiririnha, ela permeia a totalidade de forma que tudo nos parecerá uma impostura—até mesmo as coisas sobre as quais somos verdadeiros.

Aqui está a grande promessa: se, a cada dia, declararmos e reafirmarmos nosso desejo de, acima de tudo, desistir de nossos segredos, conheceremos a nós mesmos por inteiro. Se fizermos isso dia após dia—com sinceridade—não nos sentiremos perdidos, estagnados ou em desarmonia conosco ou com os outros. Nossa ansiedade vai passar, juntamente com a sensação de confusão e amargura.

O procedimento é bastante simples. Precisamos conhecer a nossa totalidade. É hora de parar de nos permitir ser governados por nossas defesas irracionais que estão efetivamente nos impedindo de conhecer toda a nossa verdade interior. Devemos cuidar de nossas fugas ardilosas e astutas. Observe como ficamos ocupados com outras questões que nada têm a ver com isso. Precisamos nos firmar em vez de nos deixar controlar por nossa negatividade, que se transforma em medo e, em seguida, em culpa e sentimento de desamparo. Cabe a nós a mudança.

O mundo é um lugar vasto, com inúmeras possibilidades existentes quando deixamos de exercer um controle severo sobre nós mesmos. Na vida mais abrangente, aquela que está além de nosso disfarce, não existem apenas duas alternativas, onde uma é falsamente boa e a outra falsamente ruim. Tampouco existem apenas duas opções ruins. Em nossa nova realidade, podem existir muitas alternativas bonitas. E nessa realidade maior, podemos ter tudo de bom.

(Saiba mais sobre defesas em *ESQUELETO*, Capítulo 7: Amor, poder e serenidade na divindade ou na distorção.)

※

Criando milagres

A meditação pode ser uma ferramenta valiosa para realizar o tipo de mudanças milagrosas de que falamos. Mas o que exatamente queremos dizer com "milagre?" É basicamente uma lei da vida que só agora descobrimos. A lei funciona assim: qualquer conceito que tenhamos—seja consciente ou inconsciente—deve se manifestar em nossa vida.

A verdade é que nesta nova realidade, livre de ilusão, a bondade é ilimitada. Na medida em que aceitarmos isso—mesmo que ainda tenhamos dúvidas sinceras—essa verdade começa a se desdobrar em qualquer área que desejemos aplicá-la. Quando essa bondade se desdobra, parece um milagre para alguém que antes estava mergulhado na negatividade.

Nossas expectativas com relação à vida atuam como barreiras. À medida que descobrirmos possibilidades maiores, consequentemente, as defesas recuam. Quanto maior for a nossa capacidade de perceber as possibilidades de alegria e bem-aventurança, mais elas se manifestam. Pois na realidade, tudo já está aí, disponível em uma abundância inimaginável. E as limitações surgem das idéias distorcidas e falsas em nossas mentes.

Não é possível vivenciar aquilo que não podemos imaginar. Portanto, se acreditarmos realmente que não é possível ser feliz, adivinhe só: nós não seremos felizes mesmo. Isto segue o mesmo tipo de lógica de qualquer lei física. Portanto, vamos imaginar que andamos daqui para ali. Assim, o nosso corpo está onde imaginamos que ele estaria; e não em outro local. Isso não é nem mais e nem menos milagroso do que tudo o que podemos fazer com nossa mente.

Nosso corpo irá até onde nós o movermos. Se nos acharmos num quarto sombrio, pequeno e estreito, não temos que ficar lá. Mas não podemos nos convencer disso a menos que saiamos à luz do sol e descubramos que há lugares muito mais agradáveis para ficarmos. Se resistirmos a qualquer tentativa de sair, talvez com base no argumento de que não há outro quarto ou espaço suficiente para nós, não poderemos sair.

Não importa quanto tempo ainda desejemos discutir sobre isso, a única maneira de mudar é mudando. Se estivernos saudáveis, este milagre acontece. Se deixarmos nossos membros atrofiarem, talvez precisemos, primeiro, de algum tratamento e exercício para curar.

Acontece da mesma forma forma com nossas mentes. Quando descobrirmos que exitse um outro cômodo além daquele em que estamos, vai parecer um milagre. Mas teremos que fazer um esforço para chegar lá. Muitas vezes ficamos presos num abismo mental, quando poderíamos nos esticar e descobrir um mundo lindo que é seguro e satisfatório fora desse pequeno quarto apertado.

É isso o que precisamos fazer com nossa psique caso ela tenha sido mantida por muito tempo num clima de negatividade e isolamento, uma vez que nossos medos mal interpretados nos inibiram tanto. Mas, uma vez que abandonarmos esta limitação, o milagre poderá acontecer. É uma lei lógica que funciona para toda e qualquer criatura no universo.

A realidade da criação é que nossa liberdade é ilimitada e há todas as possibilidades de experimentar o bem. Ninguém fica de fora disso. Mas talvez tenhamos que curar os "membros" de nossa psique para tirar proveito do que já está disponível. No entanto, se continuarmos lutando freneticamente para guardar nossos segredos, não poderemos experimentar as amplas possibilidades oferecidas pela vida.

Esta luta é uma dor inútil que continuamos a infligir a nós mesmos e da qual podemos nos livrar aqui e agora, se assim o desejarmos. Mas para fazer isso, devemos enfrentar a área que mais tememos e que não estivemos dispostos a ver. É lá que precisamos brilhar nossa luz e aonde sentiremos a maior recompensa. A liberdade e a segurança que se seguirão estão além das palavras. Estas não são promessas vazias, meus amigos.

"Fiquem em paz. Saibam quão maravilhosa é a paz que vem da verdade quando não se foge dela. Estejam em Deus!"
–Guia Pathwork

Capítulo 6

O doloroso conflito entre desejar e temer a intimidade

A nossa maior batalha interna é o cabo de guerra do puxa-empurra entre o desejo de superar a solidão e isolamento e o medo da intimidade com uma outra pessoa. São desejos igualmente fortes e que causam uma cisão interna, levando-nos a sentir uma tensão gigantesca.

Tentamos escapar da dor do isolamento através da proximidade com alguém. Quando começamos a ter algum sucesso, nosso medo de intimidade explode e nos leva a recuar e empurrar o outro para longe. E, assim, o ciclo se repete. Primeiro, erguendo barreiras intransponíveis entre nós e os outros, e depois derrubando-nas e reerguendo o muro novamente.

Se estivermos trilhando um caminho espiritual de autorrealização, mais cedo ou mais tarde, perceberemos a situação em que nos encontramos. Existe um mesmo denominador comum para cada desarmonia, perturbação e fragmento de sofrimento: nossa luta entre desejar e temer a intimidade. E mantemos obstinadamente esses dois padrões que criam as barreiras que nos mantêm em estado de separação.

Nossos relacionamentos com outras pessoas só irão melhorar quando formos motivados pelo nosso eu mais íntimo. Pois nosso intelecto e vontade por si só não podem navegar no delicado equilíbrio que é permitir nossa autoexpressão e, ao mesmo tempo, acolher a autoexpressão dos outros. Não existe nenhuma regra que possa ser criada para administrar o ritmo da troca mútua. E nossos cérebros não estão em condições de ajudarem aqui.

A mente-ego não está equipada para lidar com o equilíbrio necessário entre nos afirmarmos e permitir que o outro se afirme, entre dar e receber, entre ser ativo e ser passivo. E não há fórmulas sobre as quais possamos nos apoiar. Isto não significa que nosso intelecto não tenha valor. É um instrumento que pensa mecanicamente, toma decisões e determina regras e leis. Mas por si só, não tem o sentido intuitivo ou a flexibilidade necessária para atender a cada momento como ele se apresenta. A mente não tem a capacidade de responder adequadamente. Para isso, precisamos entrar no núcleo de nosso ser e ativar nosso centro de comando interno que responde com dinamismo. Então, e somente então, a relação com outra pessoa poderá ser espontânea e satisfatória para ambos.

Se não estivermos em contato com nosso núcleo, não seremos capazes de funcionar direito quando a vida exigir uma solução criativa. Também não seremos capazes de alcançar o centro interno de outra pessoa. E é exatamente isso que precisa acontecer se quisermos sair do isolamento. Eis a verdadeira função de uma *real* intimidade e um *real* relacionamento, onde autoexpressões íntimas transcorrem no fluxo da vida e nos levam a um lugar de paz vibrante. Qualquer coisa abaixo disso é esforço, tensão e disciplina cansativa. E nada disso vai ajudar a alcançar a alegria da intimidade.

Como já podemos ter percebido, as pessoas têm medo de si mesmas. Faremos tudo o que pudermos para evitar olhar para nós mesmos. E quando conseguirmos superar dificuldades e resistências específicas, descobriremos que nossos medos não eram justificados. Sentiremos alívio e teremos uma sensação renovada de vida. Só então, neste momento, entraremos em contato com nosso eu mais íntimo. Mas se continuarmos em fuga—e ela pode assumir muitas formas—será impossível ter contato real com outras pessoas.

Por que temos tanto medo de entrar em contato com nossa própria essência ou com a de outra pessoa? Isso acontece por causa da nossa recusa arraigada de nos entregarmos à vida. Acredite ou não, esse é o nosso objetivo: nos conter—o que é totalmente destrutivo. A verdade é que, se estivéssemos dispostos a dar o nosso melhor para a vida, nunca estaríamos em conflito. Mas, em vez disso, todos nós nos sentamos sobre uma pilha de riquezas interiores e não as oferecemos à vida. Freqüentemente, não temos certeza de quais são nossos tesouros. E ainda que tenhamos uma intuição sobre o que eles são, não nos ocorre oferecê-los.

No entanto, uma vez a torneira de nossa riqueza interior for aberta, algo começar realmente a acontecer. Uma grande máquina interior ganhará vida e não teremos motivos para temer. Um movimento interno ocorrerá, operando numa bela ordem e harmonia. Cada um de nós pode deixar de ser uma criatura isolada que guarda seus bens para si, às vezes deixando-os abandonados e sem uso, para tornar-se alguém que dá o seu melhor. A mudança que essa transformação pode criar será tão drástica que é difícil expressar em palavras.

O que antes era sombrio e esforçado, cheio de medo, tensão e solidão, se tornará fácil, seguro, relaxado, brilhante e deliciosamente autoperpetuado. As coisas vão se encaixar automaticamente. Conheceremos um profundo sentimento de unidade com o mundo. Mas até que essa mudança aconteça, nos sentiremos perpetuamente presos num redemoinho de querer e temer a mesma coisa. E isso, amigos, é uma tortura.

✺

Duas abordagens necessárias

Essa luta de querer e temer a intimidade—tanto com os outros quanto conosco—não pode ser resolvida a partir de uma decisão mental em desistir de uma das duas alternativas: intimidade ou isolamento. Não funciona assim. A única saída é renunciar aos nossos objetivos destrutivos. Então, o melhor de quem somos virá à tona. E veremos que a única coisa temível é a nossa própria destrutividade. Desista dessa destrutividade e encontre a chave da vida.

Ajudará se pudermos dedicar alguns minutos por dia a pensamentos como este:

"O que quer que eu seja, eu quero oferecer à vida. Quero fazer o melhor uso de quem eu sou e do que já tenho para oferecer. Ainda que eu não saiba exatamente o que isso significa e que, talvez, o que sei possa não estar muito certo. Mas eu estou receptivo para permitir que uma sabedoria maior surja de dentro de mim e me oriente.

Deixarei a vida decidir como seria uma troca frutífera. Pois tudo o que eu dou à vida, veio da vida. Quero devolver meus presentes ao grande res- ervatório cósmico para que possam ser compartilhados com outras pessoas e trazer benefícios para elas. Sei que isso, por sua vez, também enriquecerá minha própria vida, na mesma medida que estou disposta a dar. Pois verda- deiramente, a vida e eu somos um. Quando me retraio da vida, também me retraio de mim mesmo.

Quando me escondo dos outros, eu também me escondo de mim mes- mo. O que quer que eu seja, o que quer que esteja dentro de mim, deixo isso fluir para a vida. Seja o que for que ainda esteja à espera de ser descoberto, eu desejo colocar isso também em uso construtivo. Eu quero enriquecer o mundo ao meu redor."

Com esta postura de buscar deliberadamente pensamentos como este, com um profundo significado, nossos problemas desaparecerão como neb- lina ao sol. A dor desaparecerá e surgirão soluções, mesmo para problemas que antes pareciam insolúveis. Isto é uma promessa.

Se, no entanto, sentirmos uma tensão interna, uma corrente do "não", quando pronunciamos palavras como estas, então fica claro o que está cau- sando a dor que sentimos em nosso isolamento e em nossa relação com os outros.

E note que estas duas coisas funcionam como um time. Em qualquer

59

grau que soframos com o isolamento, nesse mesmo grau teremos problemas em nossos relacionamentos. Além disso, na mesma proporção em que resistirmos a sair do isolamento, nessa mesma extensão, o isolamento nos será doloroso.

É difícil visualizar os potenciais ocultos dentro de nós quando estamos presos em um isolamento doloroso. A chave está em seguir nosso desejo de oferecer o que temos para dar. Isso é o que libera o bloqueio. Portanto, antes mesmo de experimentarmos totalmente os poderes internos, podemos invocá-los deliberadamente. O simples fato de saber que eles existem os ativará e nos permitirá usá-los de forma construtiva.

Nossa segunda abordagem será enfrentar todas as situações com total honestidade. Não é suficiente olhar para os acontecimentos de maneira superficial. Pois, quando prestamos atenção superficialmente em nós mesmos, é provável que superestimemos nossos objetivos positivos secundários e deixemos de lado nossos objetivos destrutivos mais poderosos. Precisamos prestar atenção a cada aspecto que formos percebendo para que possamos descobrir qual é o nosso verdadeiro comportamento.

Pois se nem tudo está indo bem é porque nem tudo em nós é construtivo. Onde poderíamos ser mais sinceros? Mais justo? Isso colocará nosso exterior em alinhamento com o interior, permitindo-nos cultivar uma conexão mais profunda com os poderes divinos que estão adormecidos.

Precisamos de ambas as abordagens se quisermos mover o medidor, pois ambas têm grande valor. Alguns podem ficar tentados a trabalhar apenas na ativação de seus poderes ocultos. Outros podem se concentrar no autoconhecimento para transformar sua destrutividade. Buscar apenas uma das duas abordagem é uma meio-termo que levará a resultados limitados.

É muito fácil ignorar o que está acontecendo. Precisamos ver nossa negatividade, sim, mas também precisamos melhorar nossa consciência de nossos potenciais positivos. A falta de consciência desses potenciais leva a uma chance limitada de sucesso. Mas se fizermos as duas coisas juntas, ao mesmo tempo que aumentamos nosso desejo de contribuir com a vida de todas as maneiras que pudermos, veremos um tremendo poder ganhar vida. Ativando nosso ser interior, a paz, a segurança e a maravilhosa vivacidade certamente se seguirão.

❖

Nosso erro básico

Temos a crença equivocada de que, se nos doarmos para a vida, vamos nos esvaziar. O problema é que esta visão cria uma barreira que nos impede de oferecermos o nosso melhor. E ainda por cima, temos a convicção errônea de que apenas quando agarramos o que desejamos—preocupados em obter pequenas vantagens—podemos nos desenvolver. Imaginamos, então, que esta é a maneira de fazer juz aos nossos desejos e prazeres.

Essas ideias arraigadas nos motivam a nos comportar da maneira como o fazemos. E aí vem o problema. E frustração. Porque a falsidade por trás dessas convicções nos faz agir, pensar e sentir de maneiras que são prejudiciais a todos, incluindo a nós mesmos. Como não temos consciência de como essa convicção errada pode ser poderosa—muitas vezes nem percebemos que é uma convicção errada—não entendemos porque nossos esforços não estão nos levando a recompensas. Ficamos cada vez mais confusos, desencadeando reações em cadeia dolorosas cuja natureza não podemos compreender.

Eis aqui o erro básico: "eu contra o outro". Nada poderia estar mais longe da verdade. Saber disso pode ajudar se pudermos meditar profundamente de que forma essa crença aparece em nossas vidas. Uma vez que pudermos perceber o quanto esta crença está presente no nível do nosso ego, nosso objetivo é tentar compreender, a partir de outro nível do nosso ser, como o oposto é verdadeiro. Pois esta é a visão verdadeira.

Poderemos experimentar o prazer ao confrontar este conceito equivocado do ego com o conhecimento mais profundo do desejo de se doar à vida, adicionar algo à criação. Não existe prazer algum que precise ser negado. Isso definirá as engrenagens de nossa psique numa direção positiva. Começaremos a nos mover numa direção construtiva de forma que até o maior prazer possa se manifestar—e se manifestará para nós. Ativaremos a nós mesmos, mas não de maneira egoísta. Vamos substituir a atitude incorreta "eu contra o outro", que leva ao isolamento, por "eu e o outro".

Quando nossa psique se torna voltada para "eu e o outro", o conflito aparente entre dar e receber desaparece. Não nos recusaremos a nos doarmos à vida. A tristeza e o sofrimento profundos também cessarão. A culpa e a frustração não existirão mais. Tem fim a terrível gangorra de sofrimento do isolamento, em que estendemos a mão, temos intimidade e depois afastamos as pessoas. Nossa luta acaba.

Continuamos fazendo isso: eliminamos barreiras porque a dor do isolamento se tornou insuportável, apenas para estabelecer novas barreiras porque somos oprimidos por nosso medo da proximidade. De onde vem esse medo da intimidade? Vem dessa convicção errada de que temos que nos salvar de sermos aniquilados. No entanto, só teremos uma percepção de que a natureza da vida é perversa na medida em que nossas próprias intenções forem igualmente nocivas.

Nosso trabalho é quebrar este círculo vicioso que nos leva a crer que a vida é cruel, como se tivéssemos que lutar contra a vida. E isto só pode ser rompido se quisermos oferecer uma contribuição generosa à vida. Então, e somente então, descobriremos que a vida é segura. É benigna. Assim como nosso eu mais íntimo. Nem mais e nem menos.

⚙

Deixando ir

Enquanto nossa psique estiver voltada para uma direção negativa, temeremos o contato íntimo e estar num relacionamento nos parecerá assustador. Quem vai conseguir: eu ou o outro? Quem ganhará? Quem vai conquistar: eu ou o outro? Quem vai vencer? E começamos a ter medo de perseguir nossos objetivos destrutivos porque sabemos, no fundo, que tudo se tornará perigoso. Desse ângulo, é arriscado nos analisarmos ou estabelecermos contato com alguém. E é especialmente perigoso nos entregarmos ao êxtase da união.

Êxtase que passamos a evitar desesperadamente, pois isso ameaça diminuir o nosso controle. E sem nosso controle, nossas tendências destrutivas poderiam tomar conta e nos aniquilar. Portanto, desistir do controle se parece muito com a morte. Desistiremos de nossa segurança se renunciarmos à nossa vontade própria. Isto é o que realmente acontece enquanto nos apegamos a nossos metas destrutivas, oferecendo-lhes um refúgio seguro em nossa psique.

É por isso que a psique imatura vai ter a sensação de que a única coisa inteligente a fazer é construir barreiras em torno de si. Somente as defesas lhe dará a sensação de que a personalidade está protegida. A tragédia subjacente aqui é que, enquanto permitirmos que nossos propósitos destrutivos não sejam revistos, o isolamento será aquilo que nos permitirá ter um senso de identidade. Parecerá ser a melhor opção para preservar nossa individualidade.

Mas a única possibilidade em que a perda de controle provoque morte ou impotência é neste contexto negativo. Em última instância, o ponto final deste conflito é o distúrbio mental.

Quando trocamos a crença "eu contra o outro" para "eu e o outro", e consequentemente, passamos a entregar à vida quem somos e o que temos, não temeremos mais a perda de controle. Porque o abandono do controle do ego levará realmente a ter mais controle, e num sentido mais saudável, a mais plenitude. Pode-se confiar numa psique construtiva para ser espontânea e livre. Ela pode entregar-se a poderes interiores que combinam perfeitamente com a vida. Assim, podemos fluir com a vida e desfrutar da unidade de tudo o que ela é.

Quando pedimos ao pequeno ego que desista do controle, obtemos algo ainda melhor em troca. Pois ativaremos os poderes construtivos que vivem profundamente no âmago de nossa alma. E esses poderes nos tornam infinitamente ainda mais capacitados para determinar nosso próprio destino da melhor maneira possível. Só precisaremos desse controle interior rígido quando nossa psique está repleta de negatividade. Mas tal apreensão impede a união e a livre autoexpressão. Pois uma vida alegre só pode acontecer num estado de descontração. Conseguem ver o x do problema?

Na esperança de evitar um desastre, muitas pessoas se agarram a um controle cada vez mais severo. O grande perigo disso é que, finalmente, a nossa psique ficará esgotada até que ela se perca num longo processo de autoalienação. Agora, podemos começar a entender o paradoxo de que desistir do controle nos levará realmente a um maior controle, ao passo que, se nos agarrarmos rigidamente ao controle, acabaremos por perder o controle.

É assim com todas as grandes verdades espirituais: na superfície das coisas elas parecem contraditórias. Se quisermos perceber a unidade dessas contradições, teremos que usar nossa escuta interior profunda, e não apenas os ouvidos externos ligados diretamente ao nosso cérebro. Pois nosso intelecto só pode nos levar até certo ponto. Se quisermos verificar tais afirmações, teremos que viver sua verdade. E isso só pode ser feito seguindo os passos do nosso caminho espiritual.

O limiar que devemos atravessar para passar da autoalienação à harmonia pode parecer assustador. Mas, na verdade, tornamos isso mais difícil do que precisa ser. Permanecemos ali, querendo deixar nosso canto de isolamento e ganância, e ao mesmo tempo, exigindo de todos os outros. Tememos que as pessoas não nos obedeçam e, por sua vez, que exijam de nós o que nos parece perigoso de ofertar. Se ficarmos presos, esperando nesta porta, nos sentiremos de fato profundamente perturbados.

Qual é o acesso para o outro lado? Temos que pensar profundamente sobre esta situação e estas palavras, usando mais do que nossas mentes racional. Precisamos considerar a verdade do enunciado "eu e o outro" e perceber a loucura na crença de que estamos mais seguros se continuarmos perseguindo propósitos negativos e torcendo para derrotar a todos. Pois esse não é o caminho para a plenitude. Devemos chegar ao ponto em que nossos planos egoístas sejam confrontados.

Só então, veremos como nossa luta tem sido infrutífera. Ficará óbvio que nossa abordagem não tem funcionado e nunca funcionará. Não temos que continuar usando nossos mecanismos de isolamento porque o que somos é bom e não precisamos de barreiras e máscaras. Agora podemos começar a ofertar nossa bondade e, desta forma, começa a surgir este novo entendimento de que é mais seguro ser totalmente quem somos.

Toda a luta humana se baseia nesta crença equivocada do "eu contra o outro". Quando começarmos a compreender esta verdade, então, esta simples verdade nos libertará. Podemos dar o primeiro passo em direção à liberdade meditando nestas palavras:

"Estou pronto para desistir desta noção errônea de que sou 'eu contra o outro'. Não existe tal conflito. Sendo assim, posso dar tudo de mim à vida. Peço ajuda do fundo do meu coração e decido ofertar o meu melhor, sem medo. Qualquer medo que eu tenha é um engano. Eu decido me livrar desta ilusão e me abrir aos poderes divinos que estão esperando para me guiar. Eu quero ver a verdade de que 'eu sou UM com os outros', o que significa que não há conflito entre nós. Eu me rendo. Desejo permitir que forças superiores me conduzam à harmonia, com retidão, sem esforço ou tensão."

Se meditarmos assim, aumentaremos nossa luz interior. Nossas dificuldades desaparecerão na proporção exata da nossa aceitação em relação a esta atitude. Devemos sentir e viver esta chave da vida, e então, tudo o mais virá. Mas, cuidado, palavras superficiais não mudam as coisas.

O denominador comum

Tente aplicar esta fórmula maravilhosa a um problema específico que você está enfrentando. Pois se olharmos de perto, veremos que cada problema pode ser reduzido a um simples denominador comum: temos medo de entregar o nosso melhor e, em vez disso, alimentamos uma atitude destrutiva. É por isso que temos dificuldades. O grande problema é que nossa repressão e nossa crença no "eu versus o outro" provoca reações negativas em cadeia realmente prejudiciais que faz parecer que nossa falsa conclusão de que "sou eu contra o outro" estava certa. O problema é que isso vira uma bola de neve até que nossos erros se transformem em avalanches.

Muitos de nós tem a característica de criar reações positivas autoperpetuadoras em cadeia numa área da vida em que tudo acontece com facilidade, enquanto que outras áreas podem ser bem problemáticas. O que não percebemos é que nestas duas áreas, temos reações completamente diferentes à vida.

É nossa própria postura que é responsável por nossa "boa sorte" ou "má sorte". Somos nós que estamos por trás da cortina que determina a plenitude ou a frustração. É por isso que é tão incrivelmente importante que dediquemos algum tempo para descobrir o que realmente pensamos e sentimos. A autoconfrontação é a porta para o outro lado. Abandonar nossa resistência é a chave.

O bem não pode existir por si só, isoladamente. Essa é a natureza de qualquer coisa boa. Tem que se comunicar. Tem que incluir os outros. Mesmo assim, tememos oferecer o nosso melhor e essa retenção cria tensão e ansiedade em nós. A partir daqui, parece mais seguro permanecer improdutivo e estéril. Sentimo-nos desconfortáveis em receber, mas isso é apenas porque tememos dar de nós mesmos.

Nesse estado imaturo, temos esse objetivo infantil e egoísta de receber o máximo que pudermos e dar o mínimo possível. É claro que isso nunca pode acontecer, não apenas porque é um negócio injusto para todos os outros, mas porque não corresponde à verdade e à lei espiritual. E estas leis não podem ser quebradas porque elas contêm sua própria ordem.

Na verdade, é uma equação matemática simples: não nos sentiremos mais enganados pela vida quando não mais trapacearmos a vida nos negando a ela. Podemos usar essa fórmula a nosso favor. Devemos usá-la tanto quanto pudermos. Mas precisamos desejar usá-la! Essa fórmula possui poder de cura para transformar uma vida monótona numa vida dinâmica. Isso nos levará da solidão para a abundância em todos os aspectos. Teste a veracidade destas palavras, meus amigos, e a vida lhes revelará suas possibilidades ilimitadas.

"Esteja em paz, esteja em você mesmo, em Deus!"
–Guia Pathwork

Capítulo 7

De que maneira o medo de se liberar do ego prejudica a felicidade

Sob o nosso pensamento equivocado, neurótico, inconsciente e comum, existe um conflito difícil, inserido em toda a humanidade: um profundo desejo arraigado de sermos felizes e, ao mesmo tempo, tememos a felicidade. E este medo está diretamente relacionado ao nosso pavor de renunciar. Da mesma forma, nosso desejo de ser feliz precisa estar embasado num profundo anseio de se soltar das garras do ego. Porque ambos estão conectados. Vamos agora mergulhar num nível mais profundo deste tópico para que possamos chegar a um novo entendimento.

Absolutamente tudo existe não somente na sua maneira justa, mas também no seu oposto, na sua forma distorcida. Soltar o ego não é uma exceção. Logo, é possível renunciá-lo de forma desequilibrada e desvirtuada, o que nos seria prejudicial. Mas, então, do que se trata quando falamos em "soltar o ego"? Afinal de contas, o pensamento e a vontade são as faculdades a que temos acesso direto e com as quais nós temos o poder de dirigir.

Aqui está um exemplo simples da diferença entre a vontade direta e a indireta no nível do corpo físico. Com nossa vontade direta, podemos decidir mover nossa mão, determinando como ela se moverá e o que pegaremos com ela. Mas para o nosso batimento cardíaco ou circulação, não temos controle direto. No entanto, podemos regular os batimentos cardíacos e a circulação controlando o movimento do nosso corpo.

Nossa vontade também funciona da mesma maneira nos níveis mental e emocional. Nós temos a capacidade de mudar sentimentos desagradáveis, mas é inútil tentar fazer isso de forma direta ou rapidamente. Além do mais, quando direcionamos nossa vontade da maneira errada, podemos causar uma desordem na nossa psique.

Quando exercemos nossa vontade em demasia, ao tentarmos exercê-la em áreas que ela não pode controlar diretamente, desperdiçamos energia e nos enfraquecemos. É o equivalente a gastar todas as nossas forças para mudar nosso batimento cardíaco usando apenas a nossa vontade externa. Caso isso funcione, seria apenas para piorar nossa condição. Na verdade, temos muitas maneiras de melhorar nossa circulação sanguínea, mas forçar—usando nossa vontade externa—não é uma delas.

Usar a abordagem errada. Nós, seres humanos, fazemos isso com muita frequência. Forçamos nossa vontade onde não convém e depois negligenciamos seu uso onde ela é fundamental em nosso desenvolvimento pessoal. Quando não usamos a vontade suficientemente e da maneira correta, nosso ego se torna fraco. Quando usamos demasiadamente, nosso ego se torna tão exausto que tenta fugir de si mesmo. Renunciar a partir de motivações frágeis—em vez de um lugar de força interior—é uma fuga que pode se tornar bastante prejudicial para o ego.

※

O ego saudável

Se quisermos vivenviar o desapego adequadamente, precisamos de um ego saudável e equilibrado, que não esteja cheio de idéias equivocadas, medos infundados e atitudes destrutivas. Esta é a maneira de desistir de nosso controle direto e excessivo. Então, o desprendimento não só será possível, mas também desejável. Todas as grandes experiências humanas surgem desta liberação de nosso controle excessivamente rígido até certo ponto. Bem no fundo, todos nós sabemos disso.

A criatividade é resultado direto de uma sabedoria e inteligência interiores que ultrapassam em muito a mente racional do ego. Portanto, precisamos usar nossa inteligência do ego consciente para ativar deliberadamente a sabedoria interior, que parece ter uma mente própria. E de certa forma, tem sim. No início, muitas vezes, não temos consciência de que existe uma inteligência interior tão poderosa. Então, começamos a experimentá-la ocasionalmente, como uma entidade que nem mesmo está conectada com nosso eu consciente. Finalmente, iremos integrar essas duas partes de nós mesmos.

Para realizar essa integração, precisaremos aprender a usar nosso ego consciente com o propósito de despertar nosso eu interior. Para isso, devemos também aprender o fino equilíbrio entre quando precisamos acelerar e usar nosso ego externo, e quando frear e deixar que o nosso ego se retire.

Todos os atos de criação, seja nas ciências ou nas artes, surgem do eu interno, não-idealizado. Todas as grandes invenções, todos os valores duradouros e todas as experiências espirituais profundas vêm do eu interior integrado e nunca do ego externo.

O equívoco

Por mais estranho que pareça, tememos vivenciar uma grande experiência espiritual da mesma forma que tememos a morte, que consideramos horrível. Também exageramos tanto nosso medo da morte que o transformamos num medo aparentemente racional. Além disso, tememos o grande ato de amar e o abandono do pequeno eu durante o êxtase da união. No final, temos medo de reunir a coragem necessária para deixar nosso eu interior se manifestar, revelando sua sabedoria e verdade.

Estamos sob o equívoco de que só podemos preservar a vida quando a agarramos com firmeza. É por isso que temos medo de nos soltar. Neste sentido, o que significa "vida"? Significa que não queremos perder nossa identidade. Não queremos deixar de ser um indivíduo com uma existência única, uma vida definida. Infelizmente, o que geralmente pensamos como nossa identidade é a capacidade de nosso ego externo de dirigir nosso pensamento e nossa vontade.

Esta identificação equivocada nos faz temer a perda de nós mesmos. Pois quem seríamos nós sem nossos pensamentos e ações voluntariosas? Se nos soltarmos, perderemos nosso ego e acreditamos que isso significa a morte, porque nos sentiríamos inexistentes. Diante do "eu não sou", permanecemos agarrados firmemente, tentando nos manter coesos.

À medida que a humanidade evoluiu espiritualmente, chegamos a este estado temporário de nos apegarmos com muita força aos nossos egos. Agora é hora de aprender a restabelecer o equilíbrio. Em nossa evolução mais recente, nos concentramos excessivamente em usar apenas as faculdades do nosso ego, de modo que não podemos ver além da parede de matéria aparentemente sólida à nossa frente. Na visão do ego, essa parede nos separa da vida. É por isso que associamos nossa separação física com nossa individualidade.

Sim, é verdade que ter um ego fraco e ineficaz diminui nosso senso de identidade. Ironicamente, essa é a razão pela qual precisamos fortalecer nossos egos, para que, em seguida, possamos soltá-lo novamente. E a partir daí, poderemos integrar nosso ego com aquilo que nos é indiretamente acessível, mas que é infinitamente mais profundo e sábio.

Quando nos identificamos exclusivamente com nosso ego, temos medo de renunciá-lo. Pois fazer isso nos dá a sensação de aniquilação e perda da própria existência. Nosso estado de separação, na verdade, resulta dessa aparente ameaça. É a raiz mais profunda do nosso medo de deixar ir. Mas, enquanto não afrouxarmos esse controle, não podemos ter a verdadeira felicidade.

Pois todas as experiências verdadeiramente belas e significativas surgem de um equilíbrio perfeito entre nosso ego externo volitivo e nosso eu interior. Experiências válidas e construtivas se manifestarão espontaneamente apenas enquanto não houver esforço excessivo do ego. E são essas experiências que nos fazem sentir em unidade com o mundo.

O fato de que ansiamos constantemente por essa unidade—e independentemente de estarmos cientes desse desejo, ele está lá—é totalmente compreensível. Pois é para lá que todos estamos indo. É nosso estado natural. A evolução está empurrando todos nós na direção da unidade. É para onde devemos ir. Mas não podemos chegar lá se nos apegarmos ao nosso ego, recusando-nos a estabelecer a conexão e a integração com nosso eu mais profundo.

Quando inadvertidamente nos bloqueamos de nosso destino tentando escapar da vida e permitindo que nossos medos e equívocos nos levem à autoalienação, criamos um conflito profundo em nossa psique. Então, nosso maior desejo—alcançar a unidade—torna-se nosso medo mais profundo. Essa dicotomia entre desejo e medo será mais forte nas áreas de nossas vidas onde nosso controle estrito não permite que nosso ego se afaste e deixe que nosso eu interior venha à tona.

Nas áreas em que esse controle excessivo já existe há algum tempo, ficaremos exaustos. É quando recorremos a meios falsos para nos libertar. Temos dificuldade de suportar a maneira como o fardo de nosso controle rígido sobrecarregou nossas faculdades e nos isolou de nosso eu interior— que está infinitamente melhor equipado para nos servir—então, começamos a procurar alívio.

Nm esforço para experimentar a maravilha e a riqueza do universo, agarraremos todos os meios falsos—mesmo os perigosos—que nos ajudarão a fugir de nossos egos excessivamente funcionais. Existem inúmeras maneiras pelas quais inconscientemente tentamos escapar de nós mesmos. O alcoolismo e o vício em drogas são formas mais extremas; dissociar é uma forma menos extrema. Então, quando isso traz resultados desagradáveis, ficamos ainda mais convencidos de como é perigoso relaxar o controle. Portanto, caímos de volta no outro extremo de nos apegarmos com muita força ao ego, que é o que causou o desequilíbrio inicialmente.

Somente um ego saudável e integrado pode se permitir vivenciar o desprendimento. Um ego forte pode se desapegar e se conectar com o eu maior. Deixar ir, então, é a história do ego humano que tem um final feliz.

☼

Processos de autoperpetuação

Quando consideramos a história de nossa vida, podemos descobrir que existem áreas que funcionam perfeitamente bem. Talvez, tenhamos chegado a esta vida com saúde e liberdade em certos aspectos. Ou, talvez, já tenhamos feito trabalho de cura espiritual suficiente numa área específica para estabelecer padrões saudáveis. Seja como for, o princípio positivo da autoperpetuação está funcionando.

Todos os processos que se autoperpetuam são como campos magnéticos com nova energia surgindo constantemente de seu núcleo. Portanto, cada atitude que nutrimos sobre uma área de nossas vidas—composta de todas as nossas impressões e ações—forma um núcleo de energia que cria reações e interações. Para cada um de nós, várias experiências básicas de vida se combinam para formar esses campos de força.

Alguns dos princípios fundamentais que se aplicam a todos nós são: nossa atitude em relação ao trabalho, nossos relacionamentos em geral, nossos valores sobre as coisas materiais, nossa saúde física e nossa aparência externa e atividades. Um campo magnético também é criado através da nossa atitude em relação à natureza, lazer, arte, prazer, à nossa visão da realidade espiritual, ao autodesenvolvimento e à assimilação de novas informações. Tudo isso forma campos de energia separados que se atraem.

Em todas as vidas humanas, alguns dos campos de autoperpetuação que geramos serão positivos e, outros, negativos. Onde eles são positivos, as coisas correm bem. Não fazemos esforços e, ainda assim, os resultados desejáveis surgem em nosso caminho como que por si próprios, sem grandes problemas, sem lutas e com harmonia. Agimos de maneira acertada na hora certa, tanto interna quanto externamente. Dizemos e fazemos o que é apropriado no momento certo. Nada se interpõe em nosso caminho. As coisas se encaixam.

Somos guiados por nossa própria inspiração e desenvoltura, que funcionam bem. Nessas áreas, estamos propensos a considerar o funcionamento suave como garantido, desconhecendo a mecânica do que está acontecendo nos bastidores. Mas se começarmos a prestar atenção, veremos que nosso ego está fazendo sua parte, mas não está exclusivamente no comando. Pois estaria fora de seu alcance reunir tantos fatores para que tudo funcione tão bem. Essa é uma descrição típica de um campo magnético que funciona positivamente.

Como é a nossa experiência de vida quando há um campo magnético negativo em operação? Não é apenas que haverá fracasso e dificuldade, mas também haverá pressão, frustração e falta de ritmo com o tempo (perda do timing). As coisas não vão dar certo. Se observarmos bem de perto, notaremos que o ego está pressionando, pressupondo o que é necessário para superar uma obstrução. Em vez disso, o que acontece é dor e decepção.

Desculpe informar, mas controlar diretamente o resultado em si não funciona. Desperdiçamos nossa energia quando tentamos fazer isso, pensando que podemos transformar um campo negativo num campo positivo. Pois não é isso que podemos controlar. Podemos, entretanto, controlar diretamente todas as coisas que compõem um campo negativo.

Quer dizer, podemos nos examinar. Podemos descobrir nossos pensamentos, sentimentos e atitudes ocultos. Uma vez que estamos cientes deles, podemos decidir se queremos continuar na mesma linha ou mudar. Nós estamos no comando. Vamos preferir ficarmos presos num clima de desamparo e desesperança, ou estamos dispostos a purificar nosso interior e a criar uma atitude positiva? Esta é a nossa decisão.

(Saiba mais sobre os ciclos de autoperpetuação em *ESQUELETO*, Capítulo 16: Como o prazer se transforma em ciclos de dor que se autoperpetuam.

Saiba mais sobre como lidar com a mudança em *PEDRAS FINAS*, Capítulo 7: Relaxando com a mudança e superando o medo da morte.)

Desenterrando campos magnéticos

Ninguém é mais fatalista do que uma pessoa cega pelo mundo material, que ignora as realidades espirituais. Essas pessoas costumam ser supersticiosas, acreditando na "boa sorte" e na "má sorte" porque não conseguem ver o que está acontecendo sob a superfície do que é visto com seus olhos. Em nossa miopia, chamamos os resultados de um campo de energia positiva de "boa sorte" e os negativos de "má sorte". Como resultado, esquecemos o fato de que podemos influenciar essas áreas infelizes.

Mas as áreas infortunadas não mudarão sem um autoconfronto honesto. E isso deve começar pela percepção que a mudança é possível. Mas não podemos simplesmente pressionar por transformação. Precisamos usar nossa vontade para descobrir quais são as porcas e os parafusos da máquina de autoperpetuação negativa que nós mesmos criamos. Temos que fazer um esforço para nos reorientar. Então, podemos colocar novos campos positivos em movimento. Esta é a maneira de mudar as coisas.

Como descobrimos se temos algum material destrutivo interno que esteja gerando campos de força negativos? É muito simples: como nos sentimos quando precisamos abrir mão do controle do ego? Se isso desperta medo, temos trabalho a fazer. Mas espere um segundo. Se nossa capacidade destrutiva está sendo gerada por um campo magnético negativo que estimula a nossa destrutividade, será que soltar o controle significa entregar as rédeas a essa força incontrolável? Deste ponto de vista, fica explicado porque nos recusamos em desapegar do controle. Pode até parecer uma autoproteção saudável.

Na verdade, assim que começamos usar nossa vontade intencional para desenterrar a raiz de nossos problemas, nosso medo de soltar surgirá. Simples assim. Então, como podemos evitar que isso nos oprima? Precisamos ser específicos: "Em que áreas específicas da minha vida os campos de força negativa estão operando?" Precisamos vê-los claramente, talvez até anotá-los. Seja minucioso nas anotações. Mas também veja os campos positivos. Coloque-os lado a lado. Isso é muito importante porque ninguém tem apenas campos magnéticos negativos.

Ver como os dois modos estão operando nos ajudará a relaxar. Pois as partes negativas nunca são a totalidade. Isso é o que tememos ser verdade, mas não é. E esses campos magnéticos negativos já começarão a enfraquecer apenas pelo fato de serem observados e compreendidos. A autoperpetuação positiva está logo aí, debaixo do nosso nariz.

Quando os campos positivos estão funcionando—estejamos conscientes deles ou não—haverá confiança. Quanto maior for a proporção de campos positivos para negativos em nossa psique, maior confiaremos no fluxo natural da vida. Quanto mais confiarmos, mais desapegado seremos. Essa é a única maneira de estabelecer confiança na vida, confiança em nós mesmos e confiança em Deus.

Dizer a alguém para confiar num Deus distante é uma ordem sem sentido que muitas vezes se transforma numa exigência impossível. Em vez disso, corrigindo nossos campos negativos que produzem padrões dolorosos sem fim, descobriremos que a vida—e, portanto, Deus—são confiáveis. Ao entender como e porque nossos campos negativos funcionam e porque eles existem, ficará evidente que não precisam existir. Então nossa confiança será justificada, mesmo antes que todas as nossas distorções internas tenham se transformado.

Então, por baixo de cada campo magnético negativo, há algo que pode ser confiável e ativado. Quanto mais entrarmos em contato com este vasto poder, até agora oculto, mais fácil será mudar todos os nossos circuitos, em todas as áreas de nossas vidas, convertendo canais destrutivos em construtivos.

Devemos fortalecer os músculos de nossos egos para que se tornem fortes e saudáveis. Essa é a única maneira de nos integrarmos com nossa parte totalmente confiável que opera de forma independente. Não somos um espectador passivo, esperando que as coisas nos aconteçam. Não; elas precisam acontecer *através* de nós. Temos um papel a cumprir. Deixar nosso ego fora deste processo não é melhor do que permitir que ele assuma o controle excessivo das rédeas. Assim como não queremos sobrecarregar nossos egos, não queremos deixá-los de lado.

Amigos, não alcançaremos nosso destino—que é o de ativar o poderoso ser interior existente em cada um de nós—exigindo que nossos egos façam tarefas para as quais eles não estão equipados para executar; ou fugindo de nós mesmos e cortando a conexão interna. Na verdade, apenas ao ativar o nosso ser interior é que podereremos viver em harmonia com nosso ego. Somente então, confiança e relaxamento surgirão e nosso mundo se ampliará.

O processo de autodescoberta delineado nos ensinamentos do Pathwork fornece um mapa para fazer esse trabalho de integração. É um processo de reconhecimento que parece fácil, mas pode ser bem difícil. Pois estamos prontos para afastar nossos impulsos e motivações sem nos preocuparmos em entender sua real natureza. Reconhecer-se profundamente é um longo caminho que requer coragem e honestidade. Sem estas coisas, não conseguiremos chegar lá a partir daqui.

Quando tentamos nos observar de perto pela primeira vez, podemos ficar ansiosos; ou podemos nos sentir impacientes ou irritados. Em vez de tentar explicar esses sentimentos, é mais útil anotar algumas palavras-chave. Caso contrário, eles nos escaparão facilmente. Quais são exatamente os momentos em que esses sentimentos nos incomodam? Quando isso aconteceu antes? Que pensamento fugaz passou quando essa ansiedade surgiu? Tente identificá-lo. Segure-se nisso. Após um período de dias ou semanas, uma lista de palavras-chave será formada. A partir disso, um padrão claro ou um denominador comum surgirá. Esta pode ser uma maneira comparativamente fácil de sentir um campo maior de energia negativa que não era evidente anteriormente.

Nossas desculpas nos causam muito sofrimento desnecessário. Sentimos o medo surgir e fugimos. Porém, enfrentando a nós mesmos, o alívio e o crescimento são possíveis. Talvez possamos ver que o que tememos é a verdade. Então podemos dizer a nós mesmos: "Não preciso temer a verdade. Este não é um medo racional. Não é baseado na realidade. É ilusório. Não vou ceder a esse medo. Estou tomando a decisão de enfrentar o que quer que seja. Desejo saber a verdade e peço toda a ajuda disponível para fazer isso."

※

Medo nos relacionamentos

Digamos que estejamos começando um novo relacionamento e as coisas parecem promissoras. Como podemos seguir em frente sabendo que os nossos problemas existentes podem impedir o relacionamento e, por fim, arruiná-lo? Reflita sobre como é provável que isso aconteça repetidamente, nos distraindo e nos deixando cegos para o que realmente está acontecendo, até que nos tornemos tão amargos que nos isolamos e nos afastamos totalmente da vida.

Medite em como é muito mais doloroso culpar razões falsas e em como a vida pode ser mais construtiva quando aprendemos com tudo o que vivenciamos. Pois não se engane: absolutamente todo mundo destrói algumas chances ao longo da vida. Afinal, cada alma encarnada tem alguns problemas e bloqueios a serem resolvidos.

Saiba também que: não podemos ser atraídos por ninguém que não tenha problemas iguais e complementares aos nossos. Nem mais nem menos. Portanto, ambas as partes em qualquer relacionamento são igualmente responsáveis quando as coisas não funcionam. Se tivermos a impressão errada de que os outros não podem errar, e se nos sentirmos culpados por não sermos "como os outros", nos sentiremos excessivamente ansiosos e compulsivos.

Mas quando percebermos que a perfeição não existe neste plano e que todos estão apenas fazendo o seu melhor, onde quer que estejam em sua jornada, podemos relaxar. O importante é que nos aceitemos onde estamos agora, com todas as nossas limitações atuais e as consequências que elas criam. É assim que você começa a eliminar a limitação e a obter mais e mais alegria a cada encontro.

Eventualmente, a cada novo contato, teremos menos medo das pessoas, do amor e de nós mesmos. Por meio de nossa crescente abertura, contribuiremos mais com os outros, o que, por sua vez, aumentará nossa segurança. Com tal atitude, não viveremos em ilusão ou distorção. Veremos a realidade e cresceremos a partir do que vemos. Não podemos esperar que todos os nossos bloqueios desapareçam de uma só vez.

Não caiam na armadilha de pensar que do outro lado do muro estão todos os outros seres humanos que não têm problemas e com relacionamentos plenamente funcionais. Não acreditemos que ninguém destrói nada, enquanto estamos aqui sentados sozinhos deste lado do muro. Não pense que se pudéssemos nos livrar rapidamente de todos os nossos bloqueios, nós também estaríamos ali do outro lado, entre os "privilegiados".

A verdade é que todas as pessoas destroem imprudentemente algumas de suas chances na vida. Isso faz parte da condição humana. Mas errar não é o fim do mundo. Se conseguirmos compreender isso, nosso medo irá diminuir.

Cada relacionamento que estabelecemos tem um propósito mútuo. Se o relacionamento será bom ou não vai depender de todas as partes envolvidas. As relações nunca são um caso isolado. Quando sabemos disso, podemos recuperar nosso poder. É a criança imatura e egocêntrica em nós que vê as coisas como unilaterais e só espera receber. Num estranho paradoxo, quanto mais fraca e indefesa é essa pessoa egocêntrica, mais ela tende a se culpar sozinha quando um relacionamento falha. Pois quando só podemos ver nossas próprias necessidades e desejos, pensamos que somos os únicos que contam. Assim, não podemos compartilhar o fardo do fracasso quando um relacionamento se desfaz. Ao mesmo tempo, uma pessoa assim não pode acessar seu poder interior para que possa se doar para a outra pessoa.

Por outro lado, quando amadurecemos, superamos nossa egocentricidade e nos sentimos no mesmo nível da outra pessoa. Portanto, nossa preocupação com a outra pessoa também deve crescer. Perceberemos que temos o poder de fazer a outra pessoa feliz ou infeliz, algo que antes pensávamos que só a outra pessoa poderia nos fazer. Isto nos fará sentir muito mais seguros.

À medida que essa mudança ocorre, é provável que oscilemos entre culpar a nós mesmos e culpar a outra pessoa. Nossa meta é não ser como uma criança que implora para que possamos conhecer nossa própria força e nosso potencial para se doar. Nossa inteligência, observação e intuição serão importantes, assim como nossa capacidade de equilibrar nossas contribuições ativas e passivas para o relacionamento.

Como será libertador perceber que ambas as pessoas estão envolvidas. Pois se a outra pessoa não tivesse problemas, seu estado saudável superaria todas as dificuldades no relacionamento. Esse é o poder da verdadeira saúde espiritual. Nunca se esqueça de que todos os campos negativos podem ser revertidos se realmente desejarmos isso e estivermos prontos para fazer o trabalho.

"Sejam abençoados, meus queridos. Fiquem na paz. Estejam em Deus."
–Guia Pathwork

Capítulo 8

Três coisas que sustentam a autorrealização

Para alcançar a autorrealização, precisamos estar em harmonia conosco e com a vida. Para isso, existem três coisas que formam uma base para se alcançar esse equilíbrio:

1) Ter um conceito positivo da vida que te leve a perceber o universo como algo seguro.
2) Ser livre e destemido para amar.
3) Manter um equilíbrio saudável entre as forças da atividade e da passividade.

Agora, vamos entrelaçar esses três aspectos para perceber como eles criam um todo abrangente. Pois todos eles dependem do despertar do nosso eu mais íntimo e da ativação do núcleo que podemos chamar de Eu Real. Sem isso, é o nosso ego comandando o show. E enquanto nosso ego for nosso único motivador na vida, será impossível ter confiança no fato de que a vida é segura. Será impossível não ter medo de amar. E também encontrar aquele delicado equilíbrio entre ser ativo e ser passivo. Vamos olhar para isso mais de perto.

Ter um conceito de vida saudável é ter um conceito verdadeiro de vida, ou seja, que a vida é totalmente benigna e segura. Quando nos desviamos do conhecimento desta verdade, experimentamos a vida como hostil e sentimos a necessidade de nos defendermos dela. Em nosso caminho espiritual, à medida que vasculhamos as camadas de nossa psique num esforço para desvendar qualquer desarmonia, sempre descobrimos que estamos assentados sobre um conceito negativo da vida, o que não é benigno porque interage diretamente com nossas falhas.

E essa interação é uma via de mão dupla. Primeiro, porque somos movidos pelas forças destrutivas derivadas do nosso conceito negativo. Isso expande nossas crenças negativas, mesmo que mal tenhamos consciência delas. Em segundo lugar, nossas crenças negativas nos levam a assumir uma postura defensiva em relação à vida, e isso perpetua nossa destrutividade.

Examinando nossas falhas, podemos começar a desfazer tudo isso. O primeiro passo será tomar consciência de nossas falhas. Embora não seja fácil, não é tão difícil se abordarmos a tarefa da maneira certa.

Assim que tivermos uma lista de nossas falhas, o segundo passo é entender porque elas existem. Por que nos agarramos a elas? Se olharmos de perto, veremos que nossos defeitos têm como objetivo evitar algo ruim que temíamos que nos acontecesse. Portanto, elas se assentam numa suposição negativa que consideramos natural.

Tendo detectado isso, estamos prontos para a terceira etapa. Precisamos questionar essa suposição. É verdade? O que aconteceria sem essa falha? É possível que essa suposição esteja errada? E como essa falha está afetando os outros? Pois, quer nossos defeitos sejam encenados ou apenas pensados e sentidos, eles têm um efeito.

Nosso objetivo é expandir a nossa visão das coisas e ver o significado maior da falha com a qual estamos lidando. Pois, para querermos nos livrar realmente de uma falha, temos que compreender como isso afeta os outros e considerarmos se ela está realmente cumprindo com o seu papel. Quando não temos mais certeza de que um defeito está realmente funcionando para nos proteger, e quando somos capazes de ver que possivelmente estamos sendo prejudicados por isso, e quando vemos que nossa culpa está prejudicando os outros, então, e somente então, desejaremos colocar nossa energia em algo mais positivo. Estaremos prontos para substituir nossa velha falha habitual por uma atitude nova e construtiva.

Se quisermos transformar nossas vidas para melhor, este é o caminho que devemos seguir. Quase nunca podemos chegar lá de outra maneira. Simplesmente não é possível transformar algo que não conhecemos. E é impossível transformar alguma atitude a que nos apegamos se não soubermos porque a mantemos. Temos que entender e ver como isso afeta as pessoas. Não podemos ignorar essas coisas ou esperar que algum vago reconhecimento seja suficiente. A transformação não pode acontecer diante de tal ignorância.

Sabe o que mais vamos precisar? Do nosso Eu Real; que poderemos contatar e ativar a partir dos nossos egos. Sem esta união, não teremos fôlego para irmos muito longe. Este é o circuito que requer conexão para nos dar a luz de que precisamos para ver o que está oculto no escuro.

(Saiba mais sobre como encontrar falhas em *ESQUELETO*, Capítulo 12: Descobrindo a verdade sobre nós mesmos, incluindo nossas falhas.)

✦

Amor livre e sem medo

Agora vamos ver como não ter medo é uma pré-condição para amar. Se já estamos no caminho espiritual há algum tempo, provavelmente já vimos como o medo de amar está na base da maioria de nossas dificuldades humanas. Isso pode assumir diferentes formas em diferentes conflitos ou com diferentes pessoas, pois o medo de amar pode aparecer de diferentes formas.

O mundo inteiro tem percebido como o amor é importante. Qualquer ensinamento verdadeiro nos dirá que amor significa liberdade, paz e vida. A falta de amor, então, é igual a conflito, escravidão e morte. Estar sem amor é estar inquieto, ansioso e infeliz. Nesse quesito, todos dividem o mesmo barco, incluindo psicólogos e psiquiatras.

E ainda assim, as pessoas costumam achar muito difícil se entregar sem medo a esta corrente eterna que flui de dentro. Por quê? Afinal, nosso estado natural de existência é ser amoroso. Ainda assim, conseguimos encobrir isso e distorcer o amor em formas não-naturais. Essas voltas e mais voltas nos mantêm alienados de nosso próprio centro, onde o amor é uma corrente natural que flui com facilidade e sem esforço. O amor é um fenômeno natural que vem pré-instalado em todo ser humano. Nós impedimos o amor apenas porque o tememos.

Infelizmente, muitas vezes acreditamos que é preciso ser capaz de definir o amor para tê-lo. Portanto, procuramos essas definições com nossas mentes, supondo que, se comprendermos o amor intelectualmente, ele pode chegar até nós. O erro está em acreditar que o amor vem de fora. Na realidade, o amor existe em sua forma perfeita, bem no nosso âmago.

Mas se realmente insistirmos que precisamos de uma definição de amor, seria esta: Amor é tudo o que promove a unidade, a inclusão e a expansão; amor é tudo o que permite que a segurança do universo se desenvolva. Qualquer coisa que ignore a natureza bela e benigna da vida vai na direção da exclusão e da separação, e isso seria a definição oposta do amor.

O oposto do amor também pode ser chamado de oposto da vida ou não-vida. Em outras palavras, o oposto do amor é algum grau de morte. Pois assim como existem muitos graus de vida, existem muitos graus de morte. E, no entanto, aqui estamos, temendo o amor, o que significa que tememos a vida, a paz e a liberdade que só o amor pode trazer. Enquanto isso, nos apegamos às forças separatistas de não sermos amorosos, como se, de alguma forma, isso fosse nos proteger.

Portanto, não vamos nos iludir achando que amamos, quando há lugares onde nos recusamos a estender a mão e nos conectar. Em qualquer lugar que tenhamos problemas, seja dentro ou fora, existe o desamor. Com certeza, Isso não é a nossa totalidade mas, com certeza, é uma parte de cada um, em todos nós. É fundamental que tenhamos consciência de onde nos recusamos a amar para que possamos comparar com as áreas onde não temos muita dificuldade em amar.

Se nos sentimos determinados a não amar, essa resistência sempre vem acompanhada—causada, na verdade—pelo medo de amar. É crucial que comecemos a fazer essa conexão. Importante que não se pule ou negligencie isso durante o autoconfronto: "Aqui é onde eu não amo, e a razão pela qual eu não quero amar é porque tenho medo de amar".

Neste ponto, ainda não sabemos o porquê. Podemos chegar a algumas teorias clichês ou respostas simplistas do tipo: "Se eu amar, ficarei mais vulnerável a ser ferido". Mas isso é realmente convincente? Pense nisso. Vamos reconhecer que isso não é realmente verdade.

Talvez possamos começar a ver que gostamos de ser vingativos. No fundo, temos uma sensação boa ao atacar os outros. Provavelmente, isso está mais perto do ponto que precisamos encontrar. É muito importante descobrir esses sentimentos, aceitá-los e tentar compreendê-los. Mas essa ainda não é toda a história. E não seremos capazes de resolver isso completamente até que abordemos o terceiro tópico.

�֍

Amor e o ego

Mas antes de saltarmos pra lá, vamos voltar um pouquinho num ponto importante: é impossível transformar o medo de amar do nosso ego, assim como é impossível transformar uma atitude ou conceito negativo em positivo usando exclusivamente o ego. Simplesmente, não é assim que as coisas acontecem. Isso ocorre porque o amor não habita no ego, mas no Eu Real. O ego tem outras funções, como discernir e agir, mas, infelizmente, não possui a capacidade de amar.

O amor é um sentimento que surge totalmente do eu interior. É por isso que não podemos entender o amor intelectualmente, como muitos tentam. Não podemos conceituar o amor porque ele não é um conceito da mente do ego. É um sentimento que devemos permitir. E para nos darmos permissão total para amar, devemos consumar nosso eu interior e ter um conceito positivo da vida.

Bem, se fosse verdade que a vida é hostil e tem a intenção de nos privar, então seria realmente perigoso amar. Mas se a vida é segura, graciosa e generosa—se a vida é *por* nós e não *contra* nós—então, não só é seguro amar, mas amar é a única maneira possível de estar em paz e viver em harmonia com o mundo.

Portanto, é fundamental que consigamos fazer a conexão entre o nosso medo de amar e o conceito negativo da vida. O que significa que podemos nos livrar do medo de amar se adotarmos um conceito positivo da vida. Mesmo que estejamos em total harmonia em certas áreas de nossas vidas, amando e confiando na vida, precisamos estar dispostos a comparar isso com as áreas em que nossas experiências de vida não são felizes. Descobriremos que o oposto exato é verdadeiro.

Se testarmos cada parte de nossas vidas, nos convenceremos da importância de ter um conceito positivo da vida. Então, poderemos abandonar nosso ódio e medo, nossa separação e reclusão. Precisamos nos dar a chance de testar se é verdade que a vida é segura nos abrindo, pelo menos um pouco.

Forças ativas e passivas

Agora, vamos nos voltar para o terceiro membro dessa tríade: o equilíbrio saudável entre ser ativo e passivo. Talvez tenhamos notado em nós mesmos uma aversão estranha e difícil de explicar por ser ativo e um desejo igualmente estranho de ser passivo. Isso aparece mais fortemente em algumas pessoas do que em outras, mas em qualquer extensão em que isso se manifeste, é necessário que comprendamos o que está em jogo.

Se desejamos a passividade, isso significa que sentimos que ser passivos é melhor. Parece prometer uma tranquilidade que muitos confundem, inconscientemente, com o estado de ser. O estado de atividade, então, é visto como uma tarefa árdua, algo que percebemos como dificuldade e tememos não conseguir cumprir e, portanto, gostaríamos de evitar. Porque isto é assim?

Primeiro, precisamos entender que essa ideia distorcida vem da dualidade. O erro está em pegar um fragmento da unidade e separá-lo do seu fragmento complementar. Desse ponto de vista, a atividade é considerada o oposto da passividade. Na realidade, nos estados mais elevados de consciência, esses dois se mesclam de modo que o estado saudável de atividade também é, ao mesmo tempo, passivo e vice-versa. No nível da dualidade, isso soa como uma contradição.

Podemos comprovar a verdade sobre esse tema em nossa vida cotidiana, vendo como as atividades saudáveis são fáceis e sem esforço. Realizar atividades com uma abordagem relaxada parece passivo, certo? Nesse tipo de relaxamento saudável, nos movemos sem forçar, para que nossa ação tenha um ritmo tranquilo. Se fragmentássemos esse ritmo de paz e o experimentássemos como uma partícula, poderia parecer passividade.

Vamos examinar esse conceito por outro ângulo. Quando entramos num ritmo sereno, não estamos inertes. Nesse estado de ser—quando estamos numa passividade saudável—a ação do movimento flui no ritmo do universo. Ele opera com o mesmo movimento integral da paz.

Para que um processo criativo aconteça, deve haver sempre um equilíbrio entre os princípios de atividade e passividade. Dito de outra forma, sem a harmonia dessas duas forças se complementando, o processo criativo é impensável. Isso se aplica a todas as atividades saudáveis neste planeta, sem exceção. Mesmo o equilíbrio entre trabalho e lazer é regulado por este princípio.

O trabalho, numa pessoa saudável, flui sem esforço, enquanto o lazer não pode ser revitalizante se for estático e parado. Se estivermos totalmente inertes, estaremos mortos e isso não é nada animador. Somente a vida nos revigora, e a vida deve se movimentar.

Na distorção da dualidade, vemos a atividade como movimento e a passividade como inércia. Acreditamos que a atividade nos exige esforço, enquanto que a passividade promete aliviar o esforço. Em outras palavras, vemos tudo como sendo basicamente bom ou ruim. Portanto, se um lado parece desejável, logo, o outro deverá ser indesejável.

Por que vemos a atividade como uma faceta indesejável? Porque requer senso de responsabilidade. Pede-nos que cresçamos para lidar com as dificuldades da vida, para que as limitações da vida desapareçam gradualmente. Portanto, se estivermos totalmente identificados com nosso ego, a ação parecerá assustadora. Pois o ego não foi projetado para agir sem ser guiado pelo Eu Real. Ele simplesmente não vem pré-configurado com as propriedades certas para isso.

Portanto, sempre que não estivermos em contato com nosso Eu Real, vamos temer todas as demandas que ser ativo impõe a uma pessoa. E todo o esforço do mundo não vai preencher este espaço. Assim, ser passivo parece terrivelmente tentador já que, por sua natureza, não vai ser exigente. A passividade vem sem quaisquer obrigações ou expectativas assustadoras.

E quando nos identificamos exclusivamente com nossos egos e negligenciamos a presença de nosso lado ativo—o que é uma parte natural de quem somos—a passividade vai parecer igualmente assustadora. Pois, na distorção, ser passivo é semelhante a ser desamparado. De certa forma, isto faz sentido. Porque se não agirmos de forma intencional—se estivermos rejeitando e evitando atividades por medo—não estamos vivendo em alinhamento com as leis universais dentro de nós que sempre estão a serviço do nosso bem estar. Como resultado disto, estamos à mercê de circunstâncias externas a nós mesmos, que estão além de nosso controle.

Conseqüentemente, num nível evitamos a atividade, com medo de não sermos capazes de realizar qualquer ação necessária, enquanto que noutro nível, temos medo de parar e descansar. O problema é que, quando o nosso ego não consegue distinguir entre passividade saudável e estagnação, ele tende a se exceder. Então, nos tornamos hiperativos e cada vez mais alienados do nosso Eu Real.

Portanto, há uma correlação direta entre ter um conceito negativo de vida—o que implica que não estamos em contato próximo com nosso eu mais íntimo—e estar fora de equilíbrio em nossa atividade e passividade. As duas coisas, na verdade, são idênticas. Se vivermos com medo de nosso eu mais íntimo, por que iríamos desejar entrar em contato com ele? Parece, então, que nossa única solução é concentrar toda a nossa energia em nosso ego externo. E isso, com certeza, nos desconecta ainda mais de nosso Eu Real e dos poderes vivificantes que fluem do seu interior.

✦

Soluções falsas

A partir deste ponto, começamos a forçar um estado de amor. Não apenas porque aprendemos que é isso que a sociedade espera de nós mas, também, porque desejamos obedecer à nossa consciência mais íntima—nossa voz interior—que nunca foi completamente apagada. Além disso, ansiamos pelo fato de que isso nos traga amor, carinho, aprovação, respeito e aceitação que desejamos, sem os quais não podemos viver.

Assim sendo, nos forçamos a amar a partir do nosso ego—o que nunca vai funcionar. O ego simplesmente não possui a capacidade de amar. Por isso, estamos condenados ao fracasso. Mas, se por acaso, tivermos algumas correntes de amor genuínas fluindo de nós, elas surgiram do nosso ser mais íntimo. Portanto, ao reconhecermos que tal lugar existe em nós, perceberemos que essas correntes adentram nossa personalidade pela porta dos fundos, por assim dizer.

Se tivermos a porta dos fundos bem fechada e trancada, será impossível que o amor se esgueire por uma fresta. Seremos isolados da corrente da vida e do amor, e isso se manifestará em nossos sentimentos como vazio e desamparo, desespero e isolamento. Naturalmente, estes sentimentos não são muito benéficos e, por isso, tentamos arduamente superá-los amando a partir do nosso ego. Mas isso é totalmente desgastante, e quanto mais exaustos nos tornamos, mais nos afastamos da atividade, o que só acrescenta tensão ao nosso ego já esgotado.

Este parece ser um bom momento para fugir, por isso, escapamos para o alívio da passividade. Assim, ser passivo parece incrivelmente conveniente.

Mas este tipo de passividade nunca é gratificante. Ela nos deixa ainda mais vazios, cada vez mais insatisfeitos, e mais assustados, pois este é o caminho de todas as falsas soluções. Quanto mais nos afastamos, mais apáticos nos tornamos, pois naturalmente, neste ponto, a passividade saudável escorregou para a distorção da apatia.

E é assim que nos encontramos vivendo no poço da vida, sem nenhum estímulo para o movimento revigorante. E este estado de inércia está repleto de um terror maior do que qualquer dor ou infelicidade.

Talvez, agora, estejamos prontos para ver que realmente precisamos entrar em contato com nosso Eu Real. Precisamos permitir que ele aja, não importa o quanto nos sintamos resistentes ou assustados. Podemos duvidar que isso funcione, mas e quanto à outra opção? A idéia central aqui é trabalhar para consolidar todas as nossas dificuldades num simples movimento interior. Caso contrário, sem nosso Real Eu, não será possível encontrar abundância e viver nas inúmeras possibilidades de expansão da vida.

✹

Iniciando

Se não ativarmos o Eu Real, o amor não poderá surgir em nós. Isto nos faz sentir isolados e desconfiados, mas nossa consciência não vai nos deixar pousar neste ponto. Mesmo que grande parte de nossa personalidade esteja aberta e amorosa, se ainda houver uma manchinha de falta de amor, nossa consciência não vai permitir que isso fique assim. Isto pode tomar qualquer uma das mais variadas formas, o que nos fará perder a capacidade de viver o melhor de nossas vidas.

Mas quando estivermos prontos para estabelecer contato com nossa verdadeira base de origem, nossas ações tornam-se serenas e nossa passividade torna-se revigorante. Com o verdadeiro Eu no comando, a atividade e a passividade estarão em harmonia. Nossas reações serão flexíveis e relevantes e nossas ações serão agradáveis em si mesmas. Nossa passividade não conterá nenhuma ameaça de desamparo. Seremos capazes de confiar na vida e em nós mesmos. Tudo isto depende da ativação intencional do nosso Eu Real, o nosso ser mais íntimo.

Talvez você ouça uma voz interior que diga: "Ah ta, se ao menos eu pudesse fazer isso. Que pena que eu não seja capaz de entrar em contato com meu Eu Real". Se essa for a nossa atitude, é provável que estejamos esperando que um milagre aconteça para que, de repente, queiramos fazer a coisa certa. Estamos esperando como se algo diferente de nós interviesse e nos inspirasse a agir. Se este for o caso, pode ser que esperemos para sempre.

Considere a possibilidade de que exista um núcleo de poder e inteligência em seu interior que não é preciso temer. Pense em dar-lhe uma chance. Podemos nos comprometer com esta possibilidade, mesmo que neste momento seja apenas uma possibilidade. O que temos a perder? E de que outra forma isso poderia ganhar vida?

Porque isso não surgirá com base na teoria ou porque algo acontecerá vindo de fora. Somos nós que devemos fazer isso acontecer. Se começarmos, mesmo que seja de maneira breve e insegura no início, nosso Eu Real gradualmente nos revelará sua realidade. Nossa ação é nos comprometermos em ir ao seu encontro.

※

Encontrando o Eu Real

Então, onde se localiza exatamente este centro vital que estamos nos comprometendo a encontrar? Ele está localizado em nossos corpos sutis, ou em nossos órgãos físicos, ou onde? Na verdade, está em todos esses lugares. Pois é a própria vida, transcendendo tudo e adentrando onde quer que haja uma abertura. Por causa da sua própria natureza, o Eu real não pode estar mais num lugar e menos em outro. Não é um ponto fixo.

Dito isso, olhando através de nossas lentes ilusórias de tempo, espaço e movimento, o centro vital parece estar localizado bem no fundo do nosso plexo solar, onde sentimos que está a boca do estômago. Isso não é completamente uma ilusão, visto que é aqui que mais o percebemos. Isso porque é aqui que somos mais receptivos e abertos e também mais vulneráveis.

Quando nosso Eu Real é ativado e não obstruído, ele flui por todas as camadas do nosso ser. Na medida em que não é ativado, não pode atingir as camadas externas de nossa personalidade. Quando estamos fisicamente doentes, nosso corpo permanece inativo nas áreas afetadas pela doença, e isso corresponde aos bloqueios mentais e emocionais—nossas idéias distorcidas e sentimentos desarmônicos—que estão envolvidos.

Quando nossa perspectiva é doentia—em outras palavras, quando temos uma atitude destrutiva—o Eu Real é bloqueado. Portanto, suas emanações não podem penetrar em certas áreas de nossa psique. Quando for esse o caso, nosso Eu Real não aparece em nossa personalidade externa, mas permanece escondido nas profundezas de nossa alma. É por isso que nossa primeira tarefa é desmontar nosso Eu-Máscara, penetrando além dele para que possamos ver as atitudes destrutivas que estamos escondendo.

Temos medo de fazer isso porque pensamos que nossa destrutividade é, em última análise, quem realmente somos. Achamos que nossa bondade só existe em nossa fachada externa. Somente depois de vencermos esta primeira batalha, nossas correntes destrutivas podem ser liberadas adequadamente para que possam se reconverter à sua forma original. Então, nosso Eu Real, até então escondido, pode começar a se manifestar.

Esta é a única maneira do Eu Real se manifestar em nossa consciência e em nossa realidade. Uma vez liberado—assim que pararmos de bloqueá-lo—ele pode ressurgir em todos os níveis de nossa personalidade e curar nossas distorções. Esta é a maneira de se tornar uma pessoa totalmente autorrealizada que está viva em todos os níveis, tanto físico quanto mental e emocional.

Este estado de ativação e vivificação não acontecerá da noite para o dia. Não podemos nos esquecer há quanto tempo vivemos com nossos medos—não apenas nesta vida. Nós nos condicionamos a padrões de reação que não podem ser interrompidos repentinamente. Isso é mais profundo do que sabemos. Essas primeiras percepções de consciência são um passo maravilhoso e chegarmos até aqui já é uma tremenda vitória em nossa caminhada espiritual.

Mas precisamos perceber como o medo está profundamente enraizado e cientes de todas as razões específicas para cada um dos nossos medos. É indispensável que se deseje compreender o que já sabemos num nível mais profundo. Então, pouco a pouco, o muro espesso de névoa se dissolverá. Todos os labirintos confusos que ocultam o Eu Real—com seus sentimentos intensos e belos—virão abaixo. Nossos *insights* preliminares continuarão a se desenvolver quando observarmos nossas reações e expressarmos o desejo de sentir amor em todo o nosso ser, incluindo o nosso corpo físico.

(Saiba mais sobre nossas máscaras em *DESVENDANDO O ROTEIRO: Guia conciso para a jornada do autoconhecimento*, Capítula CORRENDO PARA COBERTURA | As Máscaras e as Defesas.)

Evoluindo

Amar é viver. É ter uma atitude de abertura e inclusão e caminhar em direção ao outro. Quando não existe tal movimento, então, não é amor. Isso não é viver, e portanto, é a morte. Quando tememos que a vida seja perigosa e hostil, nós nos defendemos contra ela. Isso é um erro em nossa compreensão da vida, e a dualidade é o resultado de conceitos errôneos. A morte, portanto, incluindo a morte física é, precisamente, o resultado da dualidade.

Se estamos aqui, vivendo na dualidade, é porque existe um engano em alguma parte. E o erro equivale a desamor, que se opõe diretamente à vida como ela realmente é. E como é a vida de verdade? É potencialidade; um movimento de pausa e disposto a se desdobrar, sempre que for consentido, onde quer que conceitos verdadeiros e apropriados estejam, de modo que nada esteja bloqueando seu caminho. Esta vida que estamos vivendo é uma continuidade que flui num processo em constante movimento. Somos capazes de sentir isto somente quando nossa psique pessoal está seguindo seu próprio movimento de vida. Esta fórmula é tão confiável quanto qualquer equação matemática.

Então, se alcançarmos nosso Eu Real e formos capazes de amar, nunca morreremos, certo? Na verdade, é tudo uma questão de grau. A vida inorgânica é a coisa mais próxima que conhecemos de um estado de vida onde não há amor. Amor total, na outra extremidade do espectro, é quando não temos mais divisões internas devido a conceitos falsos. É quando a consciência universal—unidade, integração—pode ser completamente realizada. Então, não haverá mais dualidade; não haverá mais vida e morte. Para chegar neste ponto, cada um de nós tem que caminhar muito lentamente por todos os vários estágios de evolução. No momento, estamos trabalhando para superar esse estágio intermediário de ser humano.

Digamos que, depois de lermos esses ensinamentos ou fazermos nosso trabalho pessoal, consigamos perceber que nunca realmente amamos nada ou ninguém. E nos decidimos pela tarefa de ir ao encontro do nosso Eu Real. O lugar para começar é nos perguntando até que ponto acreditamos que a vida está contra nós, levando-nos a não amar. Precisamos anotar nossas idéias específicas: em que aspecto particular presumo que a vida está contra mim?

Se nossa resposta for: "Em todos os sentidos", não fomos longe o suficiente. Não é suficiente fazer admissões gerais, pois isso não é muito preciso. Temos que ser específicos. Então, quando nossa lista estiver completa, podemos começar a nos dizer: "Talvez não seja assim, finalmente". É provável que tenhamos que fazer concessões para a possibilidade de que, talvez, apenas talvez, estejamos enganados.

Neste caminho, freqüentemente, criamos um gargalo no progresso do nosso trabalho quando não abrimos mão de uma conclusão errada. Uma crença errônea cria desarmonia. Então, encontramos uma crença errônea oculta—e sabemos, em princípio, que estamos equivocados—mas nos acomodamos e afirmamos: "Sim, mas é assim que me sinto." Em seguida, sentamos e esperamos que comecemos a sentir de maneira diferente, sem fazer nenhum esforço para que isso mude.

A maneira de resolver nossos problemas é questionar seriamente nossas conclusões e admitir que talvez as coisas pudessem ser diferentes. Devemos abrir espaço para a verdade. E a verdade não pode entrar num quarto escuro e fechado, cheio de concepções errôneas sobre a vida e sobre a natureza de quem realmente somos.

Conectividade universal

Quando estivermos em unidade com o centro do nosso ser, estaremos unidos com o núcleo universal de todos os outros. A partir daí, poderemos estender a mão com amor e tocar os outros, estejam eles atualmente num corpo humano ou não. Tudo se encaixará e se unificará.

É assim que poderemos alcançar nossos entes queridos que já faleceram. Não por estar em contato com um indivíduo específico no mundo não-físico, mas por nos conectarmos com todos os seres, onde quer que estejam. Pois, tentar estabelecer contato individual com alguém que morreu não ajuda realmente ninguém porque isso muda a ênfase do que é realmente importante aqui—ou seja, limpar o que está nos impedindo de entrar em contato com o nosso eu mais íntimo—para algo que é menos importante.

No final, é muito mais verdadeiro e amoroso colocar ênfase no que realmente importa: a autorrealização. Então, o amor com outras pessoas encarnadas acontecerá da melhor maneira possível. Em contraste, fazer contato com pessoas desencarnadas nunca pode ser satisfatório, nunca. Porque isso acaba levando a uma fuga daquilo que realmente é mais importante enfatizar.

Pessoas que buscam o conforto de contatar um ente querido falecido o fazem para aliviar suas dúvidas e suas dores. Mas esse alívio não é genuíno e nem duradouro. Somente ao fazer o trabalho pessoal de autodesenvolvimento é que poderemos encontrar uma paz duradoura. Porém, se não estivermos dispostos a fazer esse trabalho e a desfazer nossos conceitos errôneos, ninguém mais poderá nos ajudar.

No momento em que quisermos ir além de nossas limitações atuais, entretanto, a ajuda chegará até nós de todos os lados. Então, seremos capazes de nos abrir para receber o amor, a força e a verdade que está no ar e ao nosso redor. Nosso olhar se ajustará e nossas percepções mudarão, na medida em que o amor, a força e a verdade forem ativados em nosso âmago e nos unirmos aos outros.

"Fique em paz. Seja verdadeiro. Esteja em você!"
–Guia Pathwork

Capítulo 9

O medo básico da bem-aventurança

Toda pessoa na Terra tem um medo descabido da felicidade em diferentes graus. Mesmo que não faça sentido, isso existe, e esse medo aparece lado a lado com o nosso desejo de bem-aventurança. No entanto, a felicidade é nosso direito inato. Temos todo o direito de viver num estado de felicidade suprema e alegria sublime, que são qualidades que lutamos para descrever adequadamente em qualquer idioma.

Por mais infelizes que estejamos, lá bem fundo, nos lembramos que este medo não é natural. Se não fosse assim, seria muito mais fácil aceitar nossas frustrações na vida. Pois o que significa ser infeliz se não ficar frustrado por não termos o que queremos? Incorporada em nossa infelicidade, então, está a promessa de que o oposto pode ser verdade: podemos ser felizes. Como ambos estão presentes, nos sentimos ambivalentes sobre como deveríamos estar experimentando a vida. A partir daí, segue-se outra ambivalência: Nos é permitido desejar o prazer ou devemos temê-lo?

Para alguns de nós, existe mais desejo do que medo. Se este for o caso, nos sentimos relativamente realizados e nossas vidas são ricas e alegres. Temos uma profunda capacidade de experimentar o prazer e temos uma atitude de confiança em relação à vida. Como nosso conceito de vida é positivo, a vida se expande. Para nós, não é tão difícil superar nossas defesas e medos remanescentes que se transformam em êxtase.

A maioria das pessoas, entretanto, teme mais a felicidade do que a deseja. Se este for o caso, seremos basicamente infelizes, sentindo que a vida está passando ao lado. A vida parecerá sem sentido e como se, de alguma forma, nós a tivéssemos perdido. Nossa capacidade de experimentar o prazer será muito limitada. Ficaremos entorpecidos e atolados em apatia. Nesse estado de inércia, não confiaremos, seremos privados da vida e resistiremos a procurar, dentro de nós mesmos, a causa de nosso sofrimento.

Quando temos uma grande proporção de medo em relação ao desejo, nosso conceito negativo da vida parece justificar nossas defesas, e tememos expandir para um estado de consciência diferente. Nossos medos fazem com que nos apeguemos desesperadamente ao próprio estado que é responsável por nossa situação na vida. Essa é a lamentável situação em que muitos de nós nos encontramos.

Existe ainda um outro grupo de pessoas que tem um equilíbrio harmonioso entre o medo e o desejo de felicidade. Quando este for o caso, temos áreas de nossas vidas que são abundantes, bem-sucedidas e gratificantes. Mas, também, temos áreas onde experimentamos o oposto. Quanto mais examinarmos nossa psique, mais facilmente perceberemos onde somos felizes, destemidos, livres e nos sentimos realizados. E também, onde temos medo do melhor que a vida pode oferecer e não nos sentimos realizados. Esta é uma equação matemática que sempre se revela ao final.

✺

Conscientização

Claro que, geralmente, não temos consciência de que tememos o que mais desejamos. Além disso, quanto mais distante estiver aquilo que queremos, mais fácil será ignorar o nosso medo. Mas, à medida que o que desejamos se aproxima e questionamos sinceramente nossas reações, descobriremos que estivemos fechando a porta pelo lado de dentro. Nosso encolhimento pode ser tão sutil que é fácil passar despercebido. Mas é exatamente isso o que precisamos trazer à tona.

Esta parte pode não ser fácil de encontrar. Para alguns, especialmente aqueles que ainda não estão familiarizados com a natureza do inconsciente humano, esse conceito—de que tememos o que mais desejamos—pode ser difícil de engolir. E, no entanto, é verdade: aquilo pelo que mais ansiamos é o que mais tememos. Mas se conseguirmos perceber aqueles lugares onde correr o menor risco parece muito, então temos uma pista. Pois tendemos a nos esquivar daquilo que queremos. Preferimos continuar a salvo e permanecemos agarrados a uma vida cinzenta.

Uma vez que encontramos esta tendência em nós mesmos, estamos começando a fazer progressos em direção à liberdade. Agora, estamos percebendo que são nossos próprios pensamentos, emoções e atitudes ocultas que criam nosso destino. Isso e nada mais. Esta descoberta tem o potencial de abalar nosso mundo. Antes disso, nossa tensão e sofrimento eram muito maiores, porque não entendíamos o que estava causando tudo isso.

Quando nos sentimos vítimas de um mundo perigoso e pensamos que devemos nos defender, nos afastamos cada vez mais do centro da verdade. Quanto mais alienados nos tornamos, mais culpamos o mundo por causar nossa alienação—o que nos traz cada vez menos alívio. Não importa quão errado o outro possa estar, responsabilizá-los por isso nunca eliminará o nosso sofrimento. Não importa o quanto dobremos o outro para satisfazer nossos desejos, isto nunca irá alterar o nosso sentimento de vazio.

E continuaremos sofrendo enquanto permanecermos inconscientes de que os bloqueios que nos impedem de fazer o que mais queremos estão em nós. Sentiremos que a vida é fútil. Sentiremos desamparo e nada do que fizermos diminuirá nossa dor de insatisfação. Vamos oscilar entre a amargura e o vitimismo, entre a autoculpa distorcida e a projeção de todos os nossos infortúnios na vida e nos outros. E não sentiremos que merecemos o melhor que a vida tem a oferecer.

※

Nosso não interno

Então, qual é o primeiro passo pra sair desse labirinto? Precisamos saber e vivenciar de que maneira rejeitamos o prazer. No início, somos capazes de lutar contra essa verdade com unhas e dentes. Muitos de nós irão preferir permanecer dependentes das circunstâncias externas—embora aceitar a grande verdade de que temos a chave da liberdade em nossas mãos seja a descoberta mais alegre que faremos neste caminho.

Assim que enxergarmos o impacto total dessa verdade, veremos que, de fato, só há uma saída. Mas nunca perceberemos a beleza desta realidade se ainda estivermos lutando contra ela. A verdadeira independência, então, continuará a nos escapar.

Freqüentemente, o que acontece é que, quando sentimos que poderíamos estar vivendo mais coisas na vida do que o que experenciamos agora, nos tornamos cínicos e nos resignamos com o que temos. Mas aqueles que estão corajosamente trilhando um caminho espiritual de autodescoberta decidiram tomar uma rumo diferente: estão dispostos a enxergam onde dizem "Não" para a vida. Compreendemos que quanto mais tensos e compulsivos nos sentimos, e quanto mais urgente e impaciente é nosso esforço para o desenvolvimento, mais certo podemos estar de que, inconscientemente, existe um "Não" tão rígido quanto na superfície existe um "Sim" urgente.

O desejo superficial não ajuda em nada. Na verdade, é um obstáculo tão grande quanto nosso "Não" subterrâneo, porque nosso "Sim" superficial é feito de medo e distorção. Nosso "Sim" afobado nasce do saber inconsciente de que, no fundo, estamos bloqueando um "Sim" verdadeiro. Agora, isto não significa que se não houver um "Sim" insistente, não existe um "Não" escondido embaixo. Algumas pessoas simplesmente se comportam de maneira muito diferente uma das outras. Ou seja, isso pode significar apenas que desistimos. Qualquer que seja a situação, não seremos capazes de acalmar um desejo doloroso e ansioso até encontrarmos de maneira pessoal e específica a forma como dizemos "Não" ao que mais buscamos.

(Saiba mais sobre a falta de corrente em *ESQUELETO*, Capítulo 15: Aprendendo a falar a linguagem do inconsciente.)

⚙

Permanecendo na verdade

Através dos ensinamentos do Guia Pathwork, estamos aprendendo sobre a condição humana. Por exemplo, quando ignoramos de que maneira negamos nossa própria satisfação, estamos criando dificuldades para nós mesmos. Quando projetamos o que nos falta como algo fora de nós mesmos— colocando a culpa nas circunstâncias ou em outras pessoas—criamos mais atritos e pressões. Criamos confusões, mais complicações e nos tornamos ainda mais dependentes.

Se continuarmos a desviar o olhar de nossos bloqueios internos, preferindo acreditar que os outros ou o destino são a causa de todos os nossos problemas, continuaremos vivendo sob tensão e medo. Portanto, a consciência— de nossas próprias obstruções—determina tudo. Com esse entendimento, podemos compreender o verdadeiro significado da autorresponsabilidade.

Agora vamos conectar essas idéias a uma compreensão mais profunda deste mistério fundamental: por que dizemos "não" ao nosso desejo mais profundo pela felicidade mais intensa a qual se possa imaginar? O que faz a felicidade parecer perigosa e, portanto, indesejável? Vamos focar nossa luz nesta direção.

Na mesma medida em que nos rejeitamos também não seremos capazes de suportar a felicidade ou sustentar o prazer. E por que nos rejeitamos? Na verdade, toda autorrejeição tem conexão com uma destas duas opções.

Primeiro, há um tipo de autorrejeição que tem como base um dispositivo preciso dentro de nós que pode medir onde e de que maneira exata violamos as leis espirituais. Este mecanismo detecta onde tentamos enganar a vida na tentativa de receber mais do que queremos dar. Ele sabe tudo sobre nossos pequenos jogos ocultos de trapaças, e vê como dramatizamos e fingimos ser melhores do que somos, não ousando ser quem e como realmente somos neste momento.

Quando fazemos isso, realmente não amamos. Apenas fingimos amar na esperança de receber algo em troca. Mas a chave do universo é o amor verdadeiro e não o amor falso, cheio de apego e negociatas. O amor genuíno vive e deixa que os outros vivam em liberdade; aceita um "não" como resposta. O falso amor funciona mais como um laçada que quer dominar e segurar firme.

Pode parecer que podemos enganar os outros com nosso falso amor, mas nosso verdadeiro eu interior não pode ser enganado.

Onde nos falta a generosidade? Temos um critério diferente de como os outros devem se comportar em relação a nós mesmos? Todas essas violações acontecem o tempo todo e nosso Eu Real está registrando tudo. Enquanto isso, nossa mente consciente está ocupada em apagar a verdade e, desta forma, cometemos a mais grave violação de todas elas. Uma coisa é violar as leis naturais. Mas a outra coisa, muito pior, é mentir para encobrir que violamos essas leis.

Em nossa arrogância, negamos e tentamos adulterar o passado, criando uma dupla violação. E isto leva a um estado mental e emocional mais doloroso. Ficamos presos a este duplo vínculo do qual parece não haver saída. Até que, finalmente, começamos a ver com clareza o que temos feito. Devemos desmascarar nossas violações, assumir nossas mentiras mais profundas e soltar tudo isso.

Como é essa limpeza que todos nós precisamos fazer? Suponhamos que sejamos egoístas. Se fingimos que nosso egoísmo é realmente apenas o fato de sermos autoassertivos, estamos racionalizando e isso cria uma camada de falsidade. Ou, talvez, sejamos cruéis ou odiemos. Se só sentirmos crueldade e ódio em segredo, e só agirmos indiretamente para que pareça o contrário, podemos acrescentar hipocrisia à nossa lista de crimes contra a humanidade.

Nossa hipocrisia pode estar escancarada para que todos a vejam ou bem escondida. Tanto faz porque ela é igualmente venenosa. Mas se, por outro lado, tivermos a coragem de admitir o que quer qe seja que estivermos fazendo, e pudermos olhar para nós mesmos e assumir de forma direta e honesta, já teremos dado grandes passos para superar nossa transgressão.

Ao aceitar a verdade sobre nós mesmos, caminhamos para um estado geral de autenticidade. Neste momento, nos encontramos em uma posição a partir da qual talvez consigamos nos livrar de nossos comportamentos nocivos. Com certeza, ainda teremos dificuldades com relação a isso. Mas, agora, é possível compreender a realidade. Ao meditar para conseguir ajuda e orientação, nossos sentimentos poderão mudar espontaneamente.

Afinal, agora que estamos operando em alinhamento com as leis espirituais, podemos experimentar uma transformação no nosso coração. Além disso, ao aceitar nosso estado atual, estamos estabelecendo condições internas compatíveis com a felicidade. Talvez tenhamos que admitir: "Não posso deixar de me sentir assim, apesar de não gostar e saber que é destrutivo". Pelo menos agora estamos sendo verdadeiros, e estamos abrindo espaço para a mudança.

Qualquer coisa em nós que vá contra o grão da verdade e do amor torna nosso ser incapaz de sustentar a felicidade, pois a felicidade é uma poderosa energia positiva. É preciso mais força para ser feliz do que para ser infeliz, e conquistamos essa força encarando a verdade e abandonando nossas ilusões sobre a vida.

❀

Perfeccionismo

A segunda razão pela qual nos rejeitamos é por causa de nossas violações imaginárias, quando não vivemos de acordo com nossos padrões irrealistas de perfeição. O perfeccionismo, como todos sabemos, tem ideais extremamente exigentes e rígidos. Nossos esforços para aderir a esses ideais surgem de mais uma violação da lei espiritual, e não porque estamos tendo uma overdose de descência.

O perfeccionismo brota do nosso orgulho e vaidade, da nossa necessidade de estar no controle, do nosso fingimento e do nosso medo de nos defendermos. Em suma, equivale a ser falsos conosco por causa da avidez por aprovação e admiração. Portanto, sempre que não podemos aceitar nossa própria humanidade, incluindo nossas limitações momentâneas, estamos violando a lei universal. Então, o estado da nossa psique se torna incompatível com a bem-aventurança que todos ansiamos.

Parece simples? Na verdade, não é. Pois, quando embarcamos num caminho de investigação interior, a autorrejeição pode ser difícil de ser encontrada, e os motivos que a originam podem ser ainda mais ocultas. Normalmente, só estamos cientes daquilo que estamos fingindo *para nós mesmos*. Por exemplo, se trancamos certas emoções porque não podemos suportar senti-las, acreditamos genuinamente que elas se foram. Então, nos enganamos, achando que já sabemos tudo sobre nós mesmos.

Portanto, não é tão fácil descobrir como funcionamos realmente. Precisaremos definir uma nova direção para desenvolver uma nova consciência sobre as reações emocionais que costumamos ter. Mas nossa consciência de como violamos a lei espiritual revelará, em igual medida, uma consciência de como estamos rejeitando a felicidade.

Não importa se estamos apenas começando um caminho espiritual, se ainda não começamos, ou já fizemos um grande progresso, o conselho é o mesmo: encontre o lugar na vida onde algo parece estar faltando, onde você quer experimentar mais sentimentos ou experiências mais intensas, e vá nessa direção. Encontre o que você não aceita em si mesmo. Feche seus olhos e veja o que você não gosta. Procure a reação obscura, mas tangível, que afasta o prazer. Torne-se disposto a ver o que você nunca viu antes.

Com esta abordagem, vamos perceber, um passo de cada vez, onde nos pressionamos. Com o tempo, à medida que deixarmos de fazer isso, poderemos desfrutar da felicidade. É preciso uma sensibilidade fina para captar os movimentos sutis da alma que se retraem quando algo bom surge. Quando descobrirmos isso, a raiva que sentimos, ao culparmos os outros, a vida ou as circunstâncias, diminuirá.

Com isso, as nuvens tóxicas que pairam em nossa psique se levantarão, tornando nossa morada interior compatível com a felicidade que temos todo o direito de desfrutar. Aceitar a nossa verdade momentânea, então, torna-se sinônimo de aceitar a felicidade. Não podemos ter uma sem a outra.

Existe uma terceira perna neste tripé interior: o reconhecimento da essência criativa que está moldando nossas vidas. Pois nada do que acontece é por acaso. Não há poder externo que decida o grau de satisfação que teremos. Não há força que nos envie dor ou sofrimento. Não há frustração que sejamos obrigados a suportar.

Na verdade, a insatisfação não é tanto autopunição e, sim, a poluição interior que esmaga a felicidade e a alegria. Ignoramos a verdade sobre o que somos e fazemos e não percebemos que é isso que cria os males. A única maneira de eliminar tais obstruções é a autorresponsabilidade. Precisamos nos encarar de frente.

(Saiba mais sobre o perfeccionismo em *PÉROLAS: Uma coleção para abrir a mente com 17 ensinamentos espirituais refrescantes*, Capítulo 9: Por que a falta de perfeição é a maneira de encontrar a alegria.)

❖

Pedindo ajuda

A verdade cria segurança interior, confiança e destemor; a ignorância cria o medo. E o medo leva a nos fecharmos. Então, nossa mente não usará a poderosa substância criativa—o material que usamos para moldar nossas vidas—para criar expansão. Em vez disso, fortaleceremos nossos muros com mais defesas.

Assim como a estagnação e a frustração andam juntas, a expansão e a bem-aventurança também são pares. Isso significa que não expandiremos—não poderemos trazer todo o nosso potencial para o mundo—a menos que estejamos num estado de alegria. Simplificando, a bem-aventurança é necessária para a expansão.

O processo de expansão é autoativador e funde os princípios masculino e feminino—também conhecidos como atividade e passividade—em perfeita harmonia. Mas quando tememos a expansão—em outras palavras, tememos o êxtase—também teremos receio de crescer e mudar. Portanto, na realidade, o que tememos são os nossos próprios poderes internos de criação.

Assim como a felicidade, as virtudes do prazer, da prosperidade e da plenitude exigem muita firmeza interior e força. Lembre-se, ser infeliz requer menos força do que ser feliz. Como gerar essa força? Invocando intencionalmente os poderes divinos dentro de nós mesmos. Em resposta, eles nos ajudarão a sustentar a felicidade, guiando-nos para não nos fecharmos inconscientemente diante da felicidade.

Tais orações por apoio não devem ser feitas somente em situações de crise. Pois quando estamos felizes, estamos em um bom lugar para nos tornarmos ainda mais compatíveis com os poderes criativos que nos tornarão mais preparados e capacitados para sustentar a bem-aventurança. Então, quando estamos infelizes, é importante que vejamos isso como uma lição significativa que pode nos ajudar a crescer ainda mais. Para fazer isso, será necessário o contato com a sabedoria inata que reside nestas forças superiores. Portanto, qualquer dia da semana é um bom dia para se pedir ajuda e orientação.

Talvez já estejamos acessando toda a ajuda, força e inspiração que podemos receber por meio da meditação. Talvez já saibamos quão eficaz é o contato divino, quão infalível é sua resposta e quão inimaginável é sua sabedoria. Ainda assim, em tempos de turbulência, quando estamos envolvidos em conflitos profundos, simplesmente "esquecemos". Mas chegará um ponto em que não será tão difícil lembrar de fazer contato e nos tornaremos mais hábeis em usá-lo em tempos difíceis. Esta é, de fato, a chave para mobilizar esses poderes o tempo todo.

✺

Os centros de energia

Muitas pessoas estão conscientes de que todos os seres humanos têm determinados centros de energia, conhecidos como chakras. Cada um desses centros de energia está relacionado a uma atitude mental. Portanto, quando passamos de ignorantes, temerosos, autoalienados, hostis e desconfiados para abertos, verdadeiros, confiantes e amorosos, nossos centros de energia se abrem.

Visto que existe uma conexão íntima entre nosso espírito, mente e corpo, tal abertura—ou despertar—resultará em uma experiência distinta no corpo. É por isso que nossa abordagem neste caminho de autorrealização deve incluir toda a personalidade.

À medida que aprendemos a verificar quando um centro está aberto, seremos capazes de usar sua energia para encontrar a atitude mental associada a ele. Da mesma forma, veremos que há uma conexão entre nosso medo do prazer e nossos centros de energia. Pois quando estamos com medo, esses centros estão fechados e contraídos. Assim sendo, a força vital não pode entrar.

Mas quando nos abrimos para a alegria, o prazer e a felicidade em todos os níveis do nosso ser, nossa atitude relaxada de "deixe estar" acabará por abrir esses centros. Nosso trabalho para desenvolver a autoconsciência, encarando a verdade e criando uma conexão interna com as forças universais da vida, animará todo o nosso ser, ativando estes centros.

A maioria das pessoas vive num estado de perpétuo cansaço, com centros de energia obstruídos. No entanto, todos nós encarnamos precisamente para descobrir a verdade das leis espirituais e para ver como estamos desalinhados com elas. Quando deixarmos de nos enganar, relaxaremos profundamente e, neste estado indefeso, toda nossa personalidade ganhará vitalidade e será docemente sintonizada com a vida.

☼

O eu universal

Podemos comparar uma personalidade funcional a um grande centro, como um planeta, por exemplo. Então, imagine que há também um outro núcleo que é atemporal e sem espaço. Este é o núcleo de absolutamente tudo o que já viveu, está vivendo e viverá. Este centro universal é tão grande que é o mesmo para todos e para tudo.

Os planetas de personalidades em plenitude encontram-se na órbita desse centro espiritual universal. Eles estão abertos a isso e, portanto, totalmente expostos a isso. Eles nunca estão fora de vista e sempre são influenciados por ele. Seus movimentos estão totalmente em sincronia com ele.

Mas os planetas de personalidades que não estão em plenitude, ou seja, a maioria, encontram-se mais ou menos fora de sintonia com o centro. De alguma forma, conseguimos sair do campo de visão do centro universal, de modo que não estamos expostos a ele. Embora o centro universal nunca abandone, às vezes, nos fechamos a ele, saindo de seu campo de visão, por assim dizer.

Às vezes entramos totalmente no campo universal; outras vezes saímos. Estar dentro ou fora de sintonia com a fonte universal determina nosso nível de vivacidade e alinhamento com a verdade. Quando atitudes positivas conduzem o dia—incluindo autoconsciência e autoaceitação—estamos nos sintonizando com o amor e a confiança. Em resumo, estamos nos tornando mais como o centro da vida universal. Estamos convergindo. Nosso centro de personalidade se tornará carregado e animado pelo centro universal, até que sejamos absorvidos por ele.

Quando isso acontecer, nossa personalidade não será aniquilada. O eu não será destruído. Pois tudo na vida realmente já existe no centro espiritual, que anima tudo. A morte significa simplesmente que nos separamos do centro, de modo que sua luz não pode brilhar em nossa personalidade e infundi-la com energia.

Nunca perca de vista o fato de que a vida é intrinsecamente segura. Este é um fato imutável que nenhum grau de separação do centro espiritual pode negar. Em última análise, à medida que prosseguirmos, veremos a verdade desta realidade maior e nos reuniremos com tudo o que é.

"Seja Deus!"
–Guia Pathwork

Depois do Ego

INSIGHTS DO GUIA PATHWORK®
SOBRE COMO SE DESPERTAR

JILL LOREE
TRADUÇÃO DE
ALINE DE SOUZA HARRIS

Depois do Ego

Insights do Guia Pathwork®
sobre como se despertar

Jill Loree

Tradução de Aline de Souza Harris

Conteúdo

Introdução   101

1 A função do ego em relação ao Eu Real   104
2 O que bloqueia o ego de se conectar com o Eu Real   109
3 A cooperação do ego com ou a obstrução do Eu Real   121
4 Como a negatividade inconsciente impede o ego de   132
  se entregar

5 Vivendo com opostos polares e descobrindo o bem   144
  em ser egoísta
6 A autoidentificação através dos estágios do despertar   155
  da consciência
7 Experiência interior e exterior   168
8 Compromisso: causa e efeito   182
9 Movendo a mente para levar a centelha da luz divina   194
  para as regiões externas

10 Os três estados de consciência   207
11 A era da nova consciência   218
12 Criando a partir do vazio   228
13 Mudança das leis externas para leis internas   241
   nesta nova era

14 O pulsar da vida em todos os níveis   254
15 Causa e efeito nos vários níveis de consciência   263
16 Os três aspectos do novo influxo divino   272
17 Espaço interior, vazio focado   285

18 O que é Pathwork®?   297
19 O que é Phoenesse®?   299
20 O que é O Guia Fala?   300

   Sobre a autora   301
   Outras obras de Phoenesse   303

Introdução

Há tantas informações fenomenais contidas neste livro. Para ajudá-lo a ter o melhor proveito desses ensinamentos, gostaria de oferecer uma orientação sobre algumas das escolhas de palavras feitas pelo Guia Pathwork. De acordo com o Guia, o ser humano tem tendência a se acostumar com palavras específicas. Com o passar do tempo, certas palavras podem se tornar tão abusadas e mal-compreendidas que se tornam carregadas negativamente. Como resultado, desenvolvemos uma alergia a elas. "Pecado" e "mal" são duas dessas palavras.

Outras vezes, ouvimos uma palavra com tanta frequência que passamos a achar que sabemos seu significado e então não pensamos mais em tudo o que ela representa. A palavra "ego" está nessa categoria. Assim, à medida que você for lendo, o Guia mudará regularmente o termo que usa, embora ele ainda esteja apontando essencialmente para a mesma coisa. Aqui estão outras palavras que o Guia utiliza para se referir ao nosso ego:

Eu egóico
Mente egóica
Mente consciente
Consciência
Consciência dualista
Consciência imediata
Consciência limitada
Mente limitada
Mente
Mente exterior
Mente sobreposta
Observador Objetivo

Nesta coleção de ensinamentos, o Guia apresentará ideias a respeito do estado desperto—sobre como despertar—que é algo com que seu ego ainda não está familiarizado. Na verdade, todos os seres encarnados neste planeta têm o mesmo objetivo a longo prazo: despertar. Portanto, compreender mais sobre isso é extremamente importante.

Aqui estão algumas das palavras que o Guia usa para indicar a parte do nosso ser que se relaciona com o estado desperto:

Eu Real (Eu Superior e Eu Inferior)
Eu verdadeiro (Eu Superior)
Eu interior
Mente interior
Universo interior
Consciência unitiva
Inteligência universal
Eu universal
Força universal
Vida universal
Força universal da vida
Consciência universal
Consciência universal absoluta
Consciência absoluta
Poder maior universal
Eu maior cósmico
Eu-Deus
Consciência de Deus
Mente maior
Divindade interior
Mente profunda
Mente ilimitada
Mente infinita
Consciência infinita
Consciência expandida
Consciência divina
Consciência desperta

À medida que esses ensinamentos se revelam, você notará como essa estratégia de mudança de palavras nos ajuda a quebrar estruturas rígidas em nossa mente—para que nossa mente possa se expandir além de si mesma. Pois a mente egóica tende a acreditar que sabe. Mas há muito que a mente limitada do ego ainda não sabe, especialmente se ainda não experienciamos o aspecto mais amplo de nós mesmos.

Em muitas palestras, o Guia se refere às crenças fortemente mantidas pela mente como "imagens". É como se tivéssemos tirado a foto de um pensamento e, em seguida, enquadrado e colocado na estante da nossa mente. Até agora, já olhamos para ele por tanto tempo que nem percebemos que está lá.

Em nosso trabalho, devemos conseguir ver nossas imagens e retirá-las das preciosas molduras que as colocamos. Pois elas contêm equívocos e, por serem falsas, levam-nos a armadilhas e situações dolorosas em nossa vida. Mas vou deixar o Guia lhe contar mais sobre esse assunto. Por enquanto, apenas saiba que o Guia apontará para nossas imagens de diversos modos, e quando ele nos mostrá-las, precisamos ficar atentos. Aqui estão palavras alternativas usadas para imagens:

Concepções equivocadas
Mal-entendidos
Crenças equivocadas
Crenças limitadas
Crenças limitadoras
Crenças fixas
Convicções fortemente mantidas
Conclusões erradas
Pensamento errado
Pensamento equivocado

Encontrar nossas imagens é a chave para destravar nosso mundo limitado e nos libertar. Não se engane, nós somos prisioneiros agora—não de um mundo injusto, mas da nossa própria mente. E ainda há muito mais na vida que podemos vivenciar, uma vez que nos abrirmos para as verdades presentes neste livro. Há muito mais para descobrir sobre a vida—depois do ego.

–Jill Loree

P.S. Em sua primeira leitura, talvez você queira pular todos os links do "aprenda mais". Apenas receber as mensagens do Guia—apreciando a perspectiva única de cada capítulo—já o levará longe. Então, considere ler este livro novamente. Eu garanto que você obterá ainda mais dos ensinamentos na segunda vez. Nesse ponto, permita-se acessar os links que chamam sua atenção. Eles encaminham para mais ensinamentos nos livros que criei—todos inspirados e também assistidos pelo Guia—planejados para tornar esses ensinamentos profundos mais fáceis de acessar.

Capítulo 1

A função do ego em relação ao Eu Realf

Qual é o fim do jogo de ser humano? Para onde todos estamos indo? Qual é o sentido da vida? Nosso objetivo é sempre um: se tornar nosso Eu Real. Todos os muitos ensinamentos do Guia Pathwork tratam deste mesmo tema, cada um abordando um ângulo diferente.

Ao trabalharmos nessa direção, será útil entendermos como nosso eu interior, ou Eu Real, difere do nosso eu exterior, ou ego. Qual é a relação entre eles? Muitos de nós ouvimos várias teorias conflitivas e estamos confusos sobre a função do ego. Alguns afirmam que o ego é essencialmente negativo e, portanto, indesejável. Por isso, o objetivo da espiritualidade é se livrar dele, certo? Outras teorias—particularmente do ponto de vista psicológico—dizem que o ego é importante, pois não podemos ser mentalmente saudáveis sem um ego.

Qual desses pontos de vista é correto? Vamos descobrir. Pois, se nossa visão sobre o ego não for clara, será difícil alcançar nosso objetivo tão importante de autorrealização.

Primeiro, vamos esclarecer o Eu Real e sua essência. Este é o nosso eu interior e é um aspecto integrado a natureza. Desse modo, estamos sujeitos às leis da natureza. E a natureza é algo em que podemos confiar. Sendo assim, não existe razão em não confiarmos em nós mesmos—não confiar em nosso eu *interior*. Se nos parece que a natureza é nossa inimiga, é porque não compreendemos as leis naturais que ela segue.

Portanto, nosso eu interior *é* natureza. Nosso Eu Real *é* vida. Nós somos criação. Esta é uma maneira melhor de falar, ao invés de que somos "uma parte" da natureza, ou parte da criação. Nosso Eu Real e a natureza são um e são a mesma coisa.

Sempre quando agimos a partir nosso Eu Real, estamos pautados na verdade e somos felizes. Nossas contribuições mais construtivas e criativas para a vida vêm do nosso eu interior. Assim, tudo que emana vida—tudo que for sábio, belo e generoso—origina-se aqui. Nunca é muito enfatizar que vale a pena refletir sobre isso. É essencial que entendamos essa verdade, não somente com nossa mente—mas precisamos senti-la.

Sendo assim, qual é a função da nossa personalidade exterior—nosso ego? Essa é a parte de nós que atua em um nível ao qual temos acesso direto. Uma vez que estamos diretamente, ou conscientemente, cientes do nosso ego, esta é nossa consciência. Esta é a parte de nós que pensa, age, seleciona e toma decisões.

Se tivermos um ego fraco, teremos dificuldades em lidar com a vida. Se tivermos um ego muito grande, estaremos perdidos do nosso Eu Real. Em outras palavras, ambos os extremos de fraqueza do ego e ego excessivo resultarão no afastamento da nossa essência interior. E este é, essencialmente, o nosso problema. Todos os nossos conflitos na vida resultam de ter um ego muito grande ou muito pequeno.

Geralmente, não é que uma pessoa tenha um ego grande e outra, um ego muito pequeno, mas sim que ambas estão desequilibradas internamente. Somos subdesenvolvidos em uma área da nossa personalidade e superdesenvolvidos em outra. Assim, a natureza seguirá seu curso e tentará reestabelecer o equilíbrio. O superdesenvolvimento de nosso ego, então, pode ser a maneira da natureza de corrigir a perturbação causada por ter um ego fraco em outra área de nossas vidas.

Somente depois de desenvolvermos suficientemente o nosso ego é que podemos eliminá-lo. Isto talvez pareça uma contradição, mas não é. Pois, se nosso ego não estiver bem desenvolvido, todo os nossos esforços para compensá-lo resultarão em mais fraqueza. Sendo assim, estamos nos enganando se acharmos que poderemos descartar nosso ego antes de aprendermos a andar corretamente no mundo. Pois, enquanto não tivermos um ego forte o suficiente, não teremos a capacidade de pensar, selecionar, decidir e agir apropriadamente em qualquer situação que aparecer.

Se esperamos alcançar o santo graal do nosso Eu Real ignorando o esforço necessário para desenvolver um ego saudável, estamos agindo com pobreza. O modo correto para seguirmos adiante é primeiro tomar posse e ter comando total do nosso eu exterior. Se desejamos escapar de criar um ego saudável—talvez porque somos muito preguiçosos—estamos errados. E isso nos custará caro, como acontece com todos os erros. Não se engane, desenvolver um ego saudável não é algo fácil. Porém, esse trabalho simplesmente não pode ser evitado. Evitá-lo somente atrasa o alcance dos nossos objetivos.

Em outras palavras: somente quando estamos em plena posse do nosso eu egóico exterior, podemos liberá-lo e, assim, alcançar nosso eu interior. Esta não é uma teoria; esta é uma lei espiritual. E, na verdade, é uma lei lógica que nos leva a agir com força e abundância, ao invés de agir com carência e pobreza. Sendo assim, quando atingirmos o topo desta pequena montanha—quando estivermos em plena posse do nosso ego exterior—teremos a perspectiva tão necessária de que, ei, essa não é a resposta final. Esse não é o elemento mais importante que constitui quem nós somos. Agora, com o uso de um ego que não é nem subdesenvolvido nem superenfatizado, podemos começar a transcender a nós mesmos e alcançar um estado superior de consciência. Mas não antes disso.

Portanto, à medida que avançamos em nosso caminho espiritual, começaremos—talvez através de meditação—a aplicar as faculdades do nosso ego. Em termos práticos, usaremos nossa mente egóica para absorver o que está acontecendo em nossa vida e constatar a verdade da situação. Somente depois compreenderemos as coisas em um nível mais profundo do nosso ser, em nossa consciência absoluta.

Muitas pessoas nem mesmo percebem que existe algo além de seu ego. Elas acham que o objetivo da vida é cultivar um ego forte—embora não pensem sobre isso nesses termos. E é assim que um ego superdesenvolvido entra em jogo. Mas essa é uma rua sem saída. Perde-se o sentido. Em vez de alcançar o nível de ter um ego poderoso que pode ser transcendido, a pessoa engrandece-o ainda mais. Porém, a intenção do ego é tão limitada e as possibilidades tão insignificantes que não há nada de grandioso acontecendo aqui.

É muito importante entender a lei espiritual regente aqui. É a lei que declara que devemos atingir um certo estado de ser antes de poder renunciá-lo por algo melhor. Com frequência, ignoramos totalmente essa lei. Nosso Eu Real sabe que o universo é ilimitado e que existe perfeição absoluta—que temos a capacidade de finalmente expandir e alcançar o céu. E quando lá chegarmos—quando estivermos vivendo plenamente a partir do nosso verdadeiro eu interior—tornaremo-nos o mestre de todas as leis naturais.

Todos nós desejamos profundamente viver nesta realidade final e alcançar todo nosso potencial. Entretanto, se ouvirmos o chamado desta mensagem do nosso eu interior mais profundo sem o benefício de um ego saudável, o significado será distorcido. Então, lutaremos infantilmente pela perfeição.

Pense em um bebê ao nascer. Ele não possui ego. Ele só quer uma coisa: prazer total. Os bebês buscam onipotência, sem frustração ou falta de satisfação. Porém, para continuar com tal busca sem o desenvolvimento de um ego, é algo irrealista e também destrutivo. Isto posto, é em um caminho espiritual onde aprendemos que devemos abandonar nossas exigências forçadas antes de chegarmos aos nossos desejos, puros e novos, e efetivamente realizá-los.

Em síntese: devemos aceitar nossas limitações como seres humanos antes de podermos acessar a fonte ilimitada de poder que se encontra em nosso ser, esperando que a encontremos. Devemos aceitar nossas imperfeições, bem como as imperfeições da vida na Terra, antes que possamos alcançar nosso destino, que é repleto de perfeição absoluta.

E o que dificulta a maioria de nós chegar lá é o seguinte: devemos abandonar a ideia infantil de que podemos ter tudo isso sem trabalhar para tal— que podemos chegar lá sem a ajuda de um ego bem desenvolvido. Precisamos descartar nosso desejo antigo pelo prazer supremo e descobrir como nos contentar com o prazer limitado, antes de descobrirmos tudo o que pode ser nosso. Aceitar menos é aceitar a vida como ela é agora, nesta realidade terrena. E para fazer isso, precisaremos ter um ego.

Uma vez que nosso ego estiver bem equipado para lidar adequadamente com o que esse plano terreno oferece—que é onde nosso corpo e alma vivem agora—podemos compreender a fundo nossas faculdades supremas. Porém, devemos andar antes de podermos correr. Então, sim, nosso objetivo final é a perfeição, o poder ilimitado e o prazer total, e não devemos esperá-los em um futuro distante, depois que deixarmos nosso corpo. A medida não é o tempo, mas a qualidade. E essas qualidades podem existir a qualquer momento. Particularmente, eles vão existir no momento em que acordarmos para a verdade—o momento em que despertarmos. No entanto, só podemos despertar para a verdade quando encontramos e abandonamos nossas exigências infantis por perfeição absoluta, poder absoluto e prazer absoluto.

Enquanto ainda tivermos um ego fraco, esses desejos egoístas também são destrutivos. Portanto, nosso trabalho—se quisermos concretizar nossos desejos—é de nos livrarmos deles. Esta é a mesma lei espiritual básica que diz: se trabalharmos a partir da abundância, criaremos mais abundância; se trabalharmos a partir da pobreza e carência, criaremos mais pobreza e carência.

Quando temos um ego forte e saudável, podemos relaxar em nossa realidade atual sem ficarmos decepcionados por não podermos experimentar a satisfação agora. Percebemos que deve haver bloqueios dentro de nós que precisam ser abandonados para que a recompensa possa chegar. Porém, quando temos um ego fraco, não conseguimos esperar. Achamos que vamos morrer se nosso desejo de governar o mundo não acontecer. Nosso desejo, então, é negativo. E nos apegaremos às leis e condições limitadoras do pequeno ego, e isso distorcerá as leis supremas.

Por causa de nossa fraqueza e carência, nosso ego subdesenvolvido evitará o trabalho necessário de criar força e totalidade. Em vez de lidar adequadamente com o que está diante de nós, tentaremos desviar dele. Entretanto, quando sentirmos o nosso Eu Real, não teremos mais medo dele e iremos parar de engrandecer nosso ego. Não negaremos mais o importante trabalho de desenvolver as faculdades do nosso ego, que muitas vezes estão adormecidas, sem receber atenção.

O melhor de tudo é que confiaremos na vida, porque começaremos a confiar em nós. Confiança, afinal de contas, é uma chave essencial para viver uma boa vida.

A descrição do trabalho do ego

Ideias falsas e obstinação direcionada pelo ego são uma parte natural do mundo do ego. Eles não são, entretanto, aspectos naturais do nosso Eu Real. Felizmente, todos os egos vêm equipados com a habilidade inata de eliminar ambas, as falsas ideias e a obstinação. De fato, *somente* o ego tem o poder de realizar isso. Também é dado ao ego a importante tarefa de mudar sua própria mente e intenção.

Ele desempenha um papel necessário de perceber que está se segurando a uma ideia falsa e que parece abrigar uma quantidade surpreendente de obstinação. Então, cabe ao ego decidir se continua no caminho onde está ou se tenta um novo caminho e abandona esses dois fardos.

Somente o ego aprecia o trabalho de trocar uma ideia falsa por uma verdadeira. Para fazer isso, geralmente envolve abandonar a obstinação tensa e ansiosa e trocá-la por uma vontade relaxada, que seja flexível e fluída. Com certeza, esse trabalho crítico exigirá o uso dos poderes de raciocínio bem desenvolvidos do ego, juntamente com a disposição de recorrer aos níveis de intuição do *self*—do Eu—para uma orientação superior interna.

"Todas as bênçãos se estendem a cada um de vocês. Essas bênçãos são uma realidade que transcende e envolve todos vocês. Elas são o amor universal, respondendo aos seus esforços corajosos de autoexpansão. Estejam em paz, estejam em Deus!"

–O Guia Pathwork

(Aprenda mais em *PÉROLAS: Uma coleção para abrir a mente com 17 ensinamentos espirituais refrescantes*, Capítulo 9: Por que a falta de perfeição é a maneira de encontrar a alegria, e Capítulo 17: Descobrindo a chave para deixar ir e deixar Deus.)

Capítulo 2

O que bloqueia o ego de se conectar com o Eu Real

Nossas tentativas de nos encontrarmos—entender quem somos, onde pertencemos no mundo e como podemos nos sentir realizados—requerem uma certa quantia de entendimento e força. Se levamos vidas significativas e satisfatórias, também depende inteiramente da relação entre nosso ego e nosso Eu Real. Se esse relacionamento estiver em equilíbrio, tudo se encaixará em seu devido lugar. Todos os ensinamentos do Guia Pathwork estão apontando para esse mesmo tema, olhando para ele de múltiplas direções, para nos ajudar a nos abrirmos para esta verdade como nossa experiência pessoal.

Nosso Eu Real também pode ser chamado de princípio universal de vida, o qual se manifesta em cada um de nós. É a própria vida. No sentido mais profundo e mais superior, é uma consciência eterna. É o prazer supremo e o movimento infinito, reunidos em um. E já que *é* vida, ele nunca pode morrer. É a essência de tudo que se move e respira. É vibração eterna. Tem conhecimento de tudo e, uma vez que só pode ser verdadeiro à sua própria natureza, está em constante criação e desenvolvimento.

Cada pessoa—cada consciência individual—*é* essa consciência universal. Não somos somente parte dela, pois isso implicaria a ideia de que somos apenas uma pequena gota dela. Não, na verdade, nós *somos* consciência universal. E essa consciência original, ou princípio criativo de vida, pode assumir muitas formas. Quando cada um de nós encarna, nessas várias formas, esquecemos nossa conexão com a origem. Naquele momento, acontece uma desconexão. Continuamos a existir e ainda contemos a consciência universal, mas nos tornamos inconscientes à nossa própria natureza. Perdemos a noção das leis espirituais básicas e do nosso potencial. Isso, em poucas palavras, descreve o estado geral da consciência humana.

Quando começamos a nos tornar conscientes desse Eu Real, percebemos que, na verdade, ele sempre esteve lá. Só não o havíamos notado pois tínhamos a impressão de ter sido separados dele. Portanto, não está certo dizer que nosso Eu Real "se manifesta". Mais corretamente, começamos a notá-lo. Podemos até sentir sua energia ou sua consciência auto-orientada. É claro que nosso ego separado também vem envolto de energia e consciência, mas a inteligência do ego sozinho é muito inferior à inteligência universal à nossa disposição. O mesmo é verdade para a energia.

Esses dois elementos—consciência e energia—não são aspectos separados do Eu Real. Eles são um só. Mas alguns de nós têm a tendência em ser mais receptivos à consciência, enquanto outros são mais receptivos à energia. No entanto, ambos são parte da experiência de autorrealização.

Uma das características fundamentais do nosso Eu Real—como ele se expressa através da consciência e da energia—é a espontaneidade. Portanto, não é possível ele se revelar através de um processo laborioso ou de um estado limitado de concentração. E ele sempre se apresenta indiretamente como o subproduto de um esforço. Em resumo: ele aparece quando menos se espera.

À medida que avançamos em nosso caminho espiritual, nosso trabalho é ir fundo e reunir toda a coragem e força que pudermos encontrar para superar nossa própria resistência de nos defrontarmos na verdade. Faremos isso ao admitirmos nossas limitações, ao assumirmos nossos problemas e ao trabalharmos nossas ilusões. E não vamos nos iludir, fazer isso exigirá uma quantidade significativa de esforço.

Devemos trabalhar duro e não podemos perder de vista o nosso objetivo: ver a verdade sobre nós mesmos. Precisamos ver as ilusões específicas do passado e precisamos quebrar nossas barreiras para sermos construtivos— para que possamos deixar de ser tão destrutivos. Nossa visão, entretanto, não deve focar na autorrealização em si e em algumas promessas teóricas para nos sentirmos bem. Pois se forçarmos arduamente nossa busca para encontrar nosso Eu Real, ele não virá. Ele não consegue. Ele só pode chegar indiretamente, mesmo que nosso Eu Real e toda a sua agradável bondade contenha tudo o que poderíamos desejar.

(Aprenda mais em *LEIS ESPIRITUAIS: Princípios orientadores para avançar na vida*.)

✳

Como o medo nos desorienta

Cada passo que damos em direção à verdade é um passo em direção à liberdade. Sendo assim, se temos um desejo sincero de ser construtivos e de participar do processo criativo da vida, este é o caminho que devemos seguir. O que nos atrapalha é nosso medo do desconhecido e nossa relutância em nos desprendermos. E quanto menos abertos estivermos para enxergar e conhecer a verdade, menor será a possibilidade de experienciar nosso Eu Real espontaneamente.

Vamos voltar um passo. Como poderia ser o aparecimento deste princípio universal de vida? Podemos, de repente, receber sabedoria para resolver um problema pessoal, que ainda não havíamos pensado. Ou talvez, experienci-aremos a vida de uma maneira nova e vibrante que não conhecíamos antes, adicionando sabor ao que estamos fazendo e vendo.

Isso não é um truque. O Eu Real está sempre seguro e sempre oferece uma esperança verdadeira de que não vamos nos decepcionar. Não há razão para temer esse novo jeito de experienciar a vida, e também não é algo que podemos empurrar, forçar ou manipular. Acontecerá por si só, exatamente no mesmo grau em que não sentirmos mais medo dos processos involuntários.

A humanidade se encontra agora em uma batalha entre desejar muito os frutos do Eu Real e seus processos involuntários e, ao mesmo tempo, temê-los e lutar contra eles. Estar preso nesse conflito terrível é muito trágico. A única maneira de resolver isso é nos libertando do nosso medo. E tudo na vida está nos movendo em direção a essa resolução.

Nosso trabalho começa por encontrar e entender o que está por trás das nossas dificuldades pessoais. Quais são as ideias falsas que temos e quais foram as experiências na infância que as causaram? Devemos ver e aceitar o que é real em nós, agora mesmo, bem como nos outros e na vida. A hones-tidade será o melhor fundamento, pois iluminará as muitas maneiras, sutis e não tão sutis, com que esperamos enganar a vida.

Precisamos encarar e reconstruir nossos defeitos de caráter. Fazemos isso quando os observamos, e não quando entramos em desespero ao vê-los, negando que nunca fizemos nada de errado. Reconhecer totalmente nossas falhas é um jeito infinitamente mais efetivo de removê-las do que qualquer outro método. E note, não é uma questão de removê-las para que, então, algo de bom possa acontecer. É realmente uma questão de sermos capazes de silenciosamente nos observarmos *no* defeito. Nesse momento, perceberemos o conflito existencial entre nosso ego e nosso Eu Real.

Nosso Eu Real, que se manifesta espontaneamente, não tem relação al-guma com um conceito religioso ou com um Deus de cabelos brancos que vive fora de nós. Também não tem relação com uma vida celestial além des-sa vida terrena. Essas são interpretações equivocadas que surgiram porque sentimos nosso Eu Real—a consciência universal ou princípio de vida—e buscamos uma explicação no nível do ego. Pois, enquanto o ego ainda está em conflito com o princípio criativo de vida, interpretações erradas estão fadadas a ocorrer. Consequentemente, essas falsas descrições nos alienam ainda mais do nosso Eu Real imediato e, assim, não o sentimos em nossa vida prática diária.

Portanto, podemos ter uma percepção profunda de que há mais possibilidades disponíveis para nós, mas achamos que não conseguimos alcançá-las. Pior ainda, em nossa alienação, tornamo-nos amedrontados do nosso Eu Real. E com o passar do tempo, as pessoas criaram teorias vagas que tentam preencher o espaço entre seus desejos e seus medos. Se olharmos para qualquer organização religiosa que retire Deus do Eu—do *self*—e da experiência diária da vida, descobriremos que existe um consenso que divide a natureza humana entre ser físico e ser espiritual. Desse modo, a realização plena é retirada do *agora* e é empurrada para a vida após a morte. Qualquer visão como essa, no entanto, nada mais é do que um consenso infeliz entre o que sentimos que poderia existir e o que tememos.

Esse medo vai além dos medos individuais que surgem a partir das nossas crenças errôneas e dos nossos traumas pessoais de infância. Então, o que está realmente acontecendo por trás desse medo generalizado que todos temos de nos desapegar do nosso ego e, então, permitir que nosso Eu Real se revele e nos conduza adiante? É a incompreensão de que abdicar do nosso ego é abdicar da existência.

(Aprenda mais em *CEGO PELO MEDO: Insights do Guia Pathwork®* *sobre como enfrentar nossos medos.*)

A ilusão da separação

Para entendermos melhor a situação, vamos observar como o ego se formou a partir do Eu Real. Para começar, a criação de indivíduos vem da própria natureza do Eu Real, ou força criativa de vida. Afinal, a vida está sempre em movimento e expansão, ampliando-se e contraindo-se, encontrando novas maneiras de se estender a um novo terreno. A criatividade tem que criar. Portanto, a vida está sempre descobrindo novas possibilidades de como pode experienciar a si mesma.

Mas depois de um tempo, após uma consciência individual ter se afastado cada vez mais da sua fonte de origem, ela "esquece" sua conexão e aparenta ser uma entidade totalmente separada. Eventualmente, ela perde o contato com as leis que a governam e os princípios criativos que a animam. É assim que passamos a ter uma existência individual, que agora é associada somente em ser separada. Nesse caso, abandonar o ego pode parecer assustadoramente como uma aniquilação dessa pessoa única.

É aqui que nos encontramos hoje. Estamos sob a ilusão que "eu" somente posso ser encontrado em minha existência "separada". Essa é exatamente a ilusão que tem causando a morte humana. Pois a morte, como a conhecemos, nada mais é do que a extensão dessa ilusão até a sua final—e realmente absurda—conclusão.

Essa não é uma teoria para considerarmos mentalmente. Não, isso é o que podemos perceber, aqui e agora, olhando para nós mesmos na verdade. Quando abandornamos as ilusões que temos sobre nós e acessarmos o nosso Eu Real, permitindo a consciência universal tomar conta e se integrar com as funções do nosso ego, descobriremos que não desistimos da nossa individualidade. Pois, na verdade, tornamo-nos mais quem realmente somos.

Quando vivemos a partir do nosso Eu Real, sentimos uma renovação de energia e, paradoxalmente, descobrimos que quanto mais nos doamos, mais energizados nos sentimos. Pois essa é a lei do princípio universal de vida. Ao contrário, quando agimos a partir do nosso ego e separados do nosso Eu Real, estamos presos em um lugar de dualidade. Nesse nível, parece totalmente lógico que quanto mais doarmos, menos teremos e mais esgotados ficaremos. Isso decorre da ilusão de que nosso ego exterior é tudo que existe para nós, o que está enraizado em nosso medo de se libertar das defesas rígidas do nosso ego.

Para esclarecer, não é apenas energia que encontramos. Quando acessamos esses poderes universais, também sentiremos um fluxo de inspirações e ideias provenientes de uma inteligência que é muito mais vasta do que qualquer coisa que conhecemos antes. Nosso intelecto exterior não está ao nível dessa sabedoria interior. *Este* é o nosso "melhor *self*". E embora possa parecer estranho para nós no início, não é. É que esses canais estão obstruídos há muito tempo. Isso se deve em partes à nossa falta de conhecimento de que eles existiam, junto com todas as pequenas mentiras pessoais que temos contado para nós mesmos e aos outros.

Essa inteligência mais vasta apresentar-se-á na forma de orientação, intuição e inspiração. Isso acontecerá não como um sentimento vago, mas através de palavras concisas e entendimentos úteis, os quais podemos compreender e aplicar prontamente em nossa vida diária.

Ao descobrir essa nova vida interior, a suposta oposição entre ser um indivíduo e ser uma parte integrante do todo será reconciliada. Ser uma pessoa individual, bem como uma pessoa em conjunto com tudo que existe não parecerá mais ser opostos, mas fatos interdependentes. Essa é a primeira de muitas alternativas que aparentemente não podem existir aos mesmo tempo, e que nos causam tanto sofrimento, mas que serão resolvidas quando o ego se conectar com o Eu Real.

Encontrando a verdadeira segurança

O abandono do ego não deve ser mal interpretado para significar que ele é desconsiderado em sua importância ou deixado de lado. E, certamente, não deve ser aniquilado. Pois o ego se formou como uma parte separada do Eu Real—o qual é o nosso ser maior, encontrado em nosso interior. Sempre que o ego estiver pronto para se reconectar com sua fonte original, o Eu Real pode ser acessado imediatamente, se assim o desejarmos. Isso significa que quando o ego se tornar forte o suficiente para se arriscar a confiar nas faculdades do Eu Real, que são maiores que o ego—especialmente pela capacidade de consciência muito limitada dele—o ego encontrará uma recompensa na forma de uma nova segurança que nunca havíamos sonhado antes.

O que nos impede de dar este passo é o medo de sermos destruídos. Temos medo de que vamos cair no vazio e desaparecer. E para ajudar a acalmar esse medo, seguramo-nos e nos prendemos nas partes petrificadas e imóveis da nossa psique. Pois, já que essa parte não está se movendo, deve ser um lugar seguro para nos ancorar, certo? Achamos que, o que está se movendo deve ser perigoso. Embora, na verdade, é o oposto. A vida está em constante movimento e é o desejo de se prender que faz a vida assustadora.

Se um dia nos soltarmos, descobriremos que o movimento é o que é seguro. Quando o movimento nos levar—quando a *vida* nos levar—teremos encontrado a única e verdadeira segurança que existe. Qualquer outra falsa segurança—como se agarrar em qualquer para salvar a vida—é pura ilusão, e não gera nada além de mais medo.

Se pudéssemos espiar por trás da cortina dos nossos próprios pensamentos, poderíamos descobrir uma voz que diz: "Se eu não me segurar em mim mesmo, eu não estou seguro". Se começarmos a notar um sentimento como esse, estaremos agora com uma chave importante nas mãos. Pois agora podemos considerar a possibilidade de que isso seja um erro. Na verdade, não temos nada a temer. Não vamos ser aniquilados ou destruídos. Seremos somente levados e carregados.

O mundo em que vivemos é criado por nosso estado atual de consciência, e não ao contrário. Acredite ou não, isso também é verdade para as leis físicas. Mas estamos todos tão acostumados a colocar o efeito antes e a causa depois. Isso vem do nosso estado dualista de pensamento, no qual não somos capazes de ver a imagem por inteira e tendemos a pensar de uma maneira restrita.

Mas que a verdade seja dita, não fomos designados aleatoriamente para viver aqui. Em vez disso, esta esfera dualista é uma expressão de onde a humanidade está em seu desenvolvimento. Tudo o que está contido aqui é uma representação do que está dentro de nós. Por exemplo, temos a lei física da gravidade no planeta Terra. Essa lei é compatível com nossa consciência dualista. Ela expressa, no nível físico, nossa reação e preocupação em cair no vazio e sermos destruídos quando desconsideramos nosso ego como a única forma da nossa existência. Dessa forma, a lei da gravidade está em um perfeito sincronismo com nossas condições interiores.

Há outras esferas de consciência que contêm leis físicas diferentes, pois a consciência geral daqueles indivíduos transcenderam a dualidade que existe aqui. Nossa realidade não é a última e a única que existe. Podemos refletir sobre isso como um jeito de ampliar nossos horizontes em como pensamos sobre os limites da realidade. Ao sentir que uma experiência diferente no interior é real, nosso medo pode diminuir e nossa ilusão do ego ter uma existência isolada também pode diminuir.

⁕

Trabalhando através das camadas de consciência

Como aplicamos essa informação em nossa busca para encontrar nosso Eu Real? Considere que uma busca como essa levará, inevitavelmente, à tarefa de organizar as várias camadas da nossa consciência. Nosso trabalho envolverá fazer os materiais que antes estavam inconscientes em conscientes, assim, podemos reorientar nossas falhas e pensamentos errados. E quanto mais fizermos isso, mais perto estaremos do nosso Eu Real.

À medida que nosso Eu Real se tornar livre para se revelar, seremos cada vez mais libertos de nossos medos, vergonhas e preconceitos. E isso nos torna mais disponíveis para nosso Eu Real. Qualquer pessoa que tenha feito isso pode testemunhar esta verdade: quanto mais coragem reunimos para olhar com bravura a verdade do que está dentro de nós, mais fácil se tornará para se conectar com essa vida vasta, segura e maravilhosa em nosso interior. E quanto mais nos conectarmos com a parte de nós mesmos que remove qualquer incerteza e todo conflito, mais seguros nos sentiremos em nossa capacidade de atuar no mundo. A vida prática diária fica mais fácil, não por mágica, mas pelo aumento da nossa capacidade de cooperar. E o melhor de tudo, abrimo-nos para nossa capacidade de sentir muito prazer, assim como somos destinados a sentir. Se nos tornamos desconectados desse modo de viver, é claro que vamos ansiar por ele!

Se dividirmos a personalidade humana, existem três níveis fundamentais. Primeiro, há o nosso Eu Superior, o qual contém o maior potencial de cada pessoa. Essa é a força universal de vida que se encontra na essência de cada ser humano. Cobrindo o Eu Superior está o Eu Inferior, o qual é composto por todas as nossas falhas e ilusões, nossa destrutividade, negatividade e crueldade. Acobertando tudo isso, há um terceiro componente que podemos chamar de nossa Máscara, ou nossa Autoimagem Idealizada. Essa camada é baseada em nossa pretensão de ser o que desejamos ser, ou o que sentimos que devemos ser, para que todos gostem de nós e nos aprovem.

Há muitos aspectos para explorar em relação a essas partes distintas do *self*, mas há um fenômeno em particular que merece ser mencionado sobre esse tópico do ego e o Eu Real. Por mais estranho que possa parecer, muitas vezes temos vergonha de nosso Eu Superior—do melhor que há em nós. Particularmente, para aquelas pessoas que são do Tipo Vontade, parece vergonhoso permitir que os outros vejam nossos melhores, mais amorosos e generosos impulsos. De alguma forma, achamos mais fácil e não tão constrangedor mostrar nosso pior lado.

Vamos explorar isso um pouco mais a fundo, pois está conectado com nosso medo de expor nosso Eu Real. Retornando para o Tipo Vontade, essa personalidade pode sentir vergonha principalmente por ser amorosa ou generosa. Eles acreditam que se cederem às exigencias da sociedade para serem bons, perderão o senso de si mesmos como um indivíduo. Eles temem se submeter à opinião dos outros, o que pode torná-los, de alguma forma, dependentes de outra pessoa. E por isso, sentem-se envergonhados de qualquer impulso que possam ter para agradar alguém. Consequentemente, uma pessoa do Tipo Vontade pode se sentir mais "ela mesma" quando está sendo maldosa ou agressiva.

Na verdade, muitos de nós temos uma reação semelhante ao nosso Eu Real e aos nossos sentimentos verdadeiros de gentileza, de bondade e de generosidade. Essa vergonha estranha se apresenta como constrangimento e um sentimento de estarmos expostos por sermos quem e como realmente somos. Essa não é a vergonha que sentimos por sermos desonestos ou destrutivos, ou por cedermos às exigências de alguém. Essa é uma vergonha em um nível totalmente diferente, e é de uma qualidade muito diferente. É uma sensação de que o que somos se sente vergonhosamente despido, independente do que pensamos ou sentimos, ou como nos comportamos.

É importante entender isso, pois explica a razão pela qual criamos todas essas camadas artificiais. Geralmente pensamos nessas máscaras, ou defesas, à medida que surgem das nossas ideias erradas sobre a vida. Nesse caso, quando começamos a revelar nosso núcleo central nu e nosso medo do perigo diminuir, começamos, então, a nos sentir mais envergonhados. Os alarmes de perigo disparam quando nosso ego se entrega aos processos involuntários do Eu Real. A vergonha, por outro lado, vem à tona intensamente quando começamos a ser quem realmente somos no momento.

Quando essa vergonha aparece, começamos a fingir. Essa pretensão em particular é diferente da nossa máscara "normal"—máscara de poder, máscara de amor ou máscara de serenidade—que tenta encobrir nossa destrutividade, crueldade e falta geral de integridade. Esse fingimento diferente é, na verdade, mais profundo e mais sutil. Nesse caso, iremos fingir coisas que realmente sentimos.

Então, por exemplo, em um caso em que já sentimos amor, podemos esconder nosso verdadeiro amor porque ele nos faz sentir nus e, em vez disso, criamos um amor falso. Ou podemos sentir raiva de verdade, como estamos hoje, mas como essa raiva parece tão nua, construímos uma raiva falsa. O mesmo acontece com a tristeza. Podemos nos sentir mortificados por reconhecer nossa própria tristeza, até para nós mesmos, então criamos uma falsa tristeza, a qual podemos facilmente mostrar aos outros. Talvez estejamos realmente sentindo prazer, mas como é humilhante expor isso, criamos um prazer falso. Também iremos fingir sentimentos como confusão e dúvida. Seja qual for a nossa verdadeira emoção, encontraremos uma maneira de intensificá-la e dramatizá-la, fingindo-a efetivamente.

Ao andarmos por aí usando essa roupa de proteção feita de sentimentos falsos, escondemos nosso Eu Real, e somos os únicos—geralmente no fundo do nosso inconsciente—que sabem que estamos fazendo isso. Essa nossa "roupa de proteção" também atua como uma anestesia, adormecendo a vibração da vida. Pois, o que fizemos foi construir uma barreira entre nós e nosso Eu Real. Isso efetivamente nos separa da realidade do nosso próprio ser interior, que não podemos suportar e, assim, sentimo-nos forçados a imitá-lo. Estamos falsificando nossa própria existência.

Enfim, como o fluxo de vida em movimento parece muito perigoso para nós, agimos de maneiras que afetam nossa dignidade pessoal. Que trágica ilusão! Pois a verdade nua e crua é esta: nós só poderemos estar verdadeiramente seguros quando nos reunirmos com a fonte de tudo o que a vida é, e então encontraremos a verdadeira dignidade. Pois, dessa forma, superaremos a vergonha que sentimos de sermos reais, embora seja isso que está se apresentando neste momento.

Frequentemente, preferimos ser aniquilados ao invés de suportar essa sensação estranha de vergonha que surge ao expor nosso verdadeiro ser. Amigos, é extremamente importante olhar para isso e não afastá-la quando surgir. Isso não é uma coisa trivial e encará-la diretamente nos levará longe no caminho. Ela contém a chave para destravar nossa dormência, a qual gera desespero e frustração. E essa dormência contribui para a autoalienação e para sentir uma maneira particular de desconexão desagradável.

É difícil identificar essa falsidade sutil, pois não é fácil identificar o verdadeiro sentimento do sentimento falso. Não seremos capazes de apontá-lo com meras palavras. Em vez disso, devemos notar como o sabor e a qualidade das nossas experiências não estão bons. E, muitas vezes, temos feito isso por tanto tempo que agora já se tornou natural. Então, precisamos fazer alguns desapegos muito sensíveis, enquanto nos permitirmos ser e sentir, e observar de perto o que descobrirmos.

Agora não é hora de se apressar. Teremos de diminuir o ritmo e ficar perfeitamente cientes do que acontece quando expomos nossos sentimentos nus. Poderemos notar também que nossas imitações sutis produzem sentimentos opostos, somando-se aos idênticos. E nossa intensificação das coisas faz o falso parecer real.

Portanto, se nosso objetivo é nos tornarmos mais autênticos, este é o caminho que teremos que percorrer para chegar lá. Não podemos chegar lá por outro caminho. Teremos que fazer as pazes com a vergonha de nos sentirmos nus. E, então, quando nos conectarmos com nosso Eu Real momentâneo, não será "perfeito". Muito longe disso. Todos nós temos trabalho a fazer-er. No entanto, o que somos agora é perfeito na forma como contém todas as sementes de que precisamos para viver uma vida profundamente vibrante.

Nós já somos essa força universal de vida, o qual contém tudo o que é melhor possível. E o que somos neste momento não é vergonhoso porque temos algumas falhas. Do mesmo modo, nosso Eu Real nu não é algo de que se envergonhar. Quando reunimos coragem para nos tornarmos nosso Eu Real, podemos começar a abordar a vida de uma maneira totalmente nova, deixando todo o nosso fingimento dissipar. Isso inclui as máscaras, fáceis de serem identificadas, que todos nós andamos por aí usando—bom, fácil de enxergar nos outros e normalmente mais difíceis de identificar em nós mesmos—bem como essas capas mais sutis.

Mas elas são exatamente o que estão entre nosso ego e nosso Eu Real. Elas criam uma barreira que bloqueia a força de vida e nos afasta do nosso melhor *self*. Elas criam um abismo que parece perigoso de atravessar. Elas são a causa dos nossos sentimentos ilusórios de medo e vergonha. Essa vergonha se origina de alguns dos nossos medos e leva à criação de outros. Essa vergonha é a base responsável, bem como os medos também são, por nossas ideias erradas sobre a vida e nossas divisões. Eles todos são fios no mesmo novelo de ilusão.

Podemos ver o simbolismo da vergonha pela nossa nudez refletido na história de Adão e Eva. Estar nu, na realidade, é estar no paraíso. Quando paramos de negar nossa nudez, podemos começar a viver uma vida nova e bem-aventurada. E isso pode começar aqui mesmo, agora, e não em outra vida no além. Claro, não chegaremos aqui em um dia. Teremos de nos acostumar com essa maneira de caminhar no mundo, nus, como modo de dizer, e livres de vergonha.

À medida que seguirmos o nosso caminho espiritual no mundo exterior, também teremos que percorrer outro caminho em nosso interior. Um caminho dentro de um caminho, digamos assim. Essa é a estrada que devemos percorrer para nos tornar conscientes do nosso hábito de encobrir a nossa nudez interior. E esse não será um hábito fácil de quebrar! Mas assim que começarmos a prestar atenção em tudo isso e invocar os poderes disponíveis a nós— sempre e sempre, precisamos pedir por ajuda e orientação—começaremos a perceber nossa vergonha e nosso esconderijo.

Pouco a pouco, vamos aprender a tirar nossa capa e sair da nossa concha de proteção. Cada dia que fizermos isso, nos tornaremos mais reais. Não melhores. Não piores. E não diferentes de como somos. Sem os sentimentos falsos, seremos apenas mais reais, aventurando-nos pelo mundo como estamos neste momento.

(Aprenda mais em *LUZ VIVA: Buscar e encontrar a verdadeira fé,* Capítulo 15: Vergonha do Eu Superior: Temos vergonha de nosso melhor eu. Louco, certo?)

Começando

Podemos começar considerando a possibilidade de que nossos sentimentos não são verdadeiros. Não precisamos ter medo dessa ideia, mas muitas pessoas têm pavor dessa noção de que seus sentimentos podem ser falsos. Temos medo de que não tenhamos sentimentos se nossos sentimentos não forem reais. Tememos nosso próprio vazio. E ficamos devastados por esse medo. Esse medo nos estimulará a continuar fingindo.

Se continuarmos retirando as camadas, eventualmente chegaremos a um ponto em que diremos: "Não. Eu não quero sentir." Isso pode ter sido gerado pelo o que estamos discutindo aqui ou por traumas de infância. Não importa. A questão é, sempre deve haver uma decisão interna de não sentir. Frequentemente, perdemos nossa conexão com essa resolução, o que significa que ela já se transferiu para nosso inconsciente. E, por consequência, nosso eu consciente fica impotente quanto ao resultado, ou seja, não temos sentimentos.

O que sentimos é o terror de não sermos capazes de sentir, e esse terror é muito pior quando nosso consciente não sabe o que está acontecendo em nosso inconsciente, onde tememos os sentimentos. Ajuda-nos compreender que ninguém está realmente sem sentimentos e que sentimentos não podem morrer permanentemente. A vida e os sentimentos são um, então, se há vida, há sentimentos, mesmo que tenham sido silenciados. Agora, ao saber disso, podemos perguntar interiormente: "Em qual parte eu tomei a decisão de não sentir?" Percebeu o medo de ter sentimentos aparecer? Agora estamos no caminho certo.

O próximo passo é reativar nossos sentimentos utilizando nossa mente racional—aqui é onde o ego entra e pede ajuda ao nosso Eu Superior—realizando uma avaliação racional da circunstância. Esse é o trabalho. O que aparecer não nos matará, como acreditam as partes de nós que ainda vivem na consciência infantil. Mas não sentir... isso seria como parar de viver.

"Sejam abençoados, cada um de vocês. Que seus esforços sejam bem-sucedidos para se tornarem reais, para encontrar a coragem de ser nuamente real, sem nenhuma falsa cobertura. Se vocês realmente quiserem, vocês só têm a vencer. Aqueles que não se moverem, não crescerem e se não se libertarem, não querem ser bem-sucedidos—e é importante que saibam isso—e encontrar em vocês a voz interior que se recusa partir. Que todas as sua camadas falsas caiam, pois isso é o que vocês realmente querem e decidem. Vocês, então, descobrirão a glória de viver. Estejam em paz, estejam em Deus!"

–O Guia Pathwork

(Aprenda mais em *DESVENDANDO O ROTEIRO: Guia conciso para a jornada do autoconhecimento*, Capítulo CORRENDO PARA COBERTURA | As Máscaras e as Defesas; em *ESQUELETO: A espinha dorsal com 19 ensinamentos espirituais fundamentais*, Capítulo 4: Três tipos básicos de personalidade: Razão, Vontade e Emoção.)

Capítulo 3

A cooperação do ego com ou a obstrução do Eu Real

À medida que avançamos em nosso caminho de autorrealização, essas palavras podem agir como uma escavadeira espiritual para cada obstrução que encontramos em nossa psique. Pois, em algum momento, chegaremos a uma encruzilhada. O que estamos encarando agora é uma paisagem interna muito antiga que está cheia dos nossos medos: medo da morte, medo da vida, medo do prazer, medo dos sentimentos, medo de abrir mão do controle, medo de ser real e assim por diante. Já foi necessário coragem genuína para chegar tão longe e ver o que estamos ocultando. Esses medos estavam escondidos todo este tempo na escuridão da nossa psique.

Para nossa surpresa e desânimo, é nesse lugar que nos encontramos. E agora que estamos mais conscientes dos vários medos que temos, automaticamente começamos a sentir o efeito que eles causam em nossa vida: o que eles nos levam a fazer e como eles nos fazem recuar na vida. Não é por acaso que temos essa vaga sensação de que estamos perdendo algo na vida. Nós estamos. Literalmente tememos o processo criativo da vida e, portanto, o perdemos.

Está na hora de encontrar o denominador comum por trás de todos os nossos medos, para que, assim, possamos começar a desfazer os ciclos desnecessários de medo, frustração e dor. Se embarcamos em um caminho de autodescoberta, mas ainda não encontramos nossos medos, não se preocupem, isso vai acontecer. Deve acontecer. E então, quando vemos como temos nos escondido da vida por causa dos nossos medos, estas palavras podem ser aplicadas de modo retroativo e deixar o caminho mais fácil. Deixe-os plantar uma semente agora que dará frutos quando todo o seu ser estiver pronto para ver e resolver os problemas em sua vida. E não se engane, lidar com nossos medos é o problema principal que todos enfrentamos na vida.

A natureza de todos os nossos medos está na compreensão errada sobre a função do nosso ego e como ele se relaciona com nosso Eu Real. O relacionamento entre eles é extremamente sutil, e este é o problema que enfrentamos ao esclarecê-lo, pois o torna difícil de colocar em palavras. Além disso, como acontece com todas as verdades da vida, o relacionamento entre eles é repleto de supostas contradições. Isto é, pelo menos enquanto estivermos mergulhados na dualidade. Depois de superarmos a dificuldade de pensar e viver de modo dualista, dois opostos podem se tornar igualmente verdadeiros. E como veremos, isso se aplica ao ego e seu relacionamento com o Eu Real.

Por exemplo, é verdade que a força exagerada do ego é o maior obstáculo para uma vida produtiva. Também é verdade que um ego fraco não pode criar uma vida saudável. Elas não são opostas, pessoal. Ambas são verdadeiras.

Antes de continuarmos, é importante enfatizar que a condição da humanidade de infelicidade se deve primeiramente à nossa ignorância sobre nosso Eu Real. Saber que existe, como muitas das pessoas mais iluminadas sabem, não é o mesmo que experienciá-lo—viver a partir dele. Se tivéssemos sido educados para perceber que o objetivo da vida é alcançar o lugar mais profundo no interior—o qual é infinitamente melhor do que o ego— poderíamos explorar, experimentar e buscar comunicação com nosso núcleo central. E, *voilà*, encontraríamos nosso Eu Real.

Mas, infelizmente, esse não é o caso. Ao invés, passamos a vida tornando-nos cada vez mais limitados em nossos entendimentos e objetivos. Ignoramos a ideia de que há mais em nós do que nosso ego. E mesmo quando conseguimos reconhecer que algo assim existe, esquecemos durante noventa e cinco por cento do nosso dia a dia que esse ser vive e se move em nós, e que nós vivemos e nos movemos nele. Esquecemos completamente que ele existe!

Em nossa ignorância, falhamos em buscar sua sabedoria. Em vez disso, escoramos toda a nossa vida em nosso ego exterior limitado, nunca nos abrindo para as verdades e sentimentos do nosso profundo eu interior. Vivemos alegremente como se não houvesse nada além da mente consciente do nosso ego, com sua vontade própria controladora e seus pensamentos imediatamente disponíveis. Com essa atitude, nós inconscientemente nos enganamos muito.

Neste terreno de causa e efeito, existem muitas consequências para o nosso esquecimento. Primeiro, há uma questão de identificação. Quando nos identificamos apenas com nosso ego—ou personalidade exterior consciente—ficamos desequilibrados e nossas vidas, sem sentido. E já que nosso ego não pode chegar perto da desenvoltura do nosso Eu Real, é inevitável que nos sintamos amedrontados e inseguros. Essa condição descreve a maioria dos seres humanos.

Se estivermos vivendo somente a partir do nosso ego, a vida parecerá sem gosto e sem inspiração. Então, para onde nos voltamos freneticamente? Para a substituição de prazeres. Mas eles são vazios e nos deixam exaustos e insatisfeitos. O ego simplesmente não pode adicionar sabor ou sentimentos profundos à vida. Nem pode adicionar nada significativo, criativo ou sábio. Então, o que o ego pode fazer? Ele só pode aprender, coletar e memorizar o conhecimento criativo de outras pessoas. Ah, e também pode copiar e repetir. Ele também é bom em lembrar, classificar, selecionar e decidir se vai em uma certa direção, como para o interior ou para o exterior.

Essas são as funções do ego. Porém os sentimentos não são função do ego. Também não é função do ego experimentar ou conhecer profundamente, e ambos são necessários para ser criativo. Aqui, a palavra "criativo" engloba mais do que apenas arte. Pois quando somos ativados pelo nosso Eu Real, cada ato simples envolvido na vida pode ser criativo. Quando estamos separados do nosso Eu Real, por outro lado, todo ato será sem criatividade, não importa quanto esforço façamos.

Na verdade, agir a partir do Eu Real não demanda esforço. Onde quer que apareça, o esforço faz parte da equação, mas é sempre um esforço que não demanda esforço. Se isso parece ser uma contradição, bem, não é.

***

Medo da morte

Vamos voltar para os medos que mencionamos. Como dissemos, eles surgem quando permanecemos ignorantes, vivendo com ideias falsas e separados do nosso Eu Real. Vamos examinar o medo da morte mais de perto, já que isso cria uma situação desagradável na vida de todos. Se estivermos mais identificados com nosso ego, nosso medo da morte faz sentido. Afinal, o ego realmente morre. Se ainda não experimentamos a verdade do nosso ser interior, o simples fato de fazer essa afirmação pode causar um sentimento de medo em nós.

É assustador pelo fato de que o senso de *self* de muitas pessoas para no limite do seu ego. No entanto, para aqueles que já ativaram seu Eu Real e fizeram dele uma realidade diária, eles não sentem mais medo da morte. Essa pessoa sente e conhece sua natureza imortal. Tornamo-nos preenchidos com a realidade de que só pode haver uma longa continuidade. Afinal, essa é a natureza inerente do Eu Real. A lógica limitada do ego não é capaz de explicar e nem mesmo de compreender isso.

O que acontece quando damos ao ego uma importância indevida no nosso senso de estarmos vivos? Ele fica com medo e aciona um círculo vicioso. Pois, se não podemos compreender uma realidade além do nosso ego limitado, ouvir que nossas faculdades do ego podem acabar nos assustará. Somente quando tivermos vivenciado a forte realidade do nosso Eu Real, perceberemos como o ego é insuficiente. Então, saberemos perfeitamente bem que o ego é inferior e transitório, e ficaremos bem com isso. O medo da morte, dessa forma, só deve existir quando nosso senso de *self* é ligado exclusivamente ao nosso ego.

Neste estágio, poderemos ainda não sermos capazes de experienciar a verdade do nosso Eu Real. E embora o entendimento intelectual seja um bom começo, somente saber de sua existência não fará diferença para aliviar nosso medo. Devemos ir mais fundo se desejamos acabar com nosso medo da morte. Precisaremos ativar nosso Eu Real, e isso requer passar certos estágios de autodesenvolvimento pessoal. Dizer palavras ao vento não fará o trabalho.

Medo da vida

O próximo medo que trataremos é o medo da vida. É uma verdade que não podemos escapar, o medo da morte e o medo da vida são os lados da mesma moeda. Desse modo, quem sente medo da morte, também sente medo da vida. E quem sente medo da vida, deve sentir medo da morte. É somente a experiência do Eu Real que pode reconciliar esse dois lados aparentemente opostos. Então, seremos capazes de ver que vida e morte são os lados iluminados e sombrios da nossa forma particular de consciência. Nada mais e nada menos.

Se conectamos nosso senso de identidade ao nosso ego, o medo da vida é justificado. Pois a capacidade do ego de lidar com a vida é péssima. De fato, o ego é totalmente insuficiente na área de ter uma vida produtiva, deixando-nos incertos, inseguros e altamente inadequados. O Eu Real, ao contrário, sempre tem respostas. Esse eu universal é uma máquina de soluções, não importa o problema que enfrentemos. Qualquer experiência antiga, por mais fútil que possa parecer a princípio, pode se tornar um ponto de partida significativo que leva à expansão. O Eu Real se baseia em nossos potenciais inerentes, fazendo-nos sentir mais vivos, profundamente realizados e cada vez mais fortes.

Esses são fatos que ninguém pode dizer sobre o ego. O ego tropeça facilmente em problemas e conflitos que supostamente não tem solução. Ele está totalmente adaptado ao nível de dualidade, onde tudo é isso contra aquilo, o certo contra o errado, o preto contra o branco, o bem contra o mal. E essa é uma maneira realmente ruim de abordar a maioria dos problemas da vida. Além do fato de que a verdade não pode ser encontrada olhando para um lado como o preto e o outro como branco, pois estariam sendo ignoradas muitas outras considerações.

O ego está preso no nível da dualidade e não pode ir além, então ele não é capaz de trazer em harmonia a verdade que vive em ambos os lados de qualquer oposto. Sendo assim, o ego é horrível em encontrar soluções, isso o faz sentir-se eternamente preso e ansioso. Contudo, identificar-se apenas com o ego automaticamente criará uma pilha de medo em nosso despertar.

✳

Medo do prazer

Agora vamos nos voltar para o medo do prazer. Se estamos apenas começando e ainda dando pequenos passos em nosso caminho espiritual, esta frase "medo do prazer" vai soar absolutamente incrível, do mesmo modo que "medo da felicidade" soa loucura. Neste momento, provavelmente você irá dizer: "Bem, felizmente isso não se aplica a mim." Mas, aqui está a verdadeira situação: em qualquer grau que nos sintamos infelizes, insatisfeitos ou vazios, devemos temer a felicidade, a realização e o prazer. Não importa o quanto ansiamos por eles com nossa mente consciente, se não os tivermos, em algum lugar escondido, em nosso inconsciente, nós os tememos. Não pode ser de outra maneira. Essa equação sempre resulta assim.

Nossas vidas demonstram, de fato, que sofremos as causas do que *nós mesmos* colocamos em ação. Nossas vidas nunca são um produto das circunstâncias que estão além do nosso controle. O que vivemos vem da nossa própria consciência interior. Quanto mais autodescobertas fizermos no decorrer do nosso caminho espiritual, mais vivenciaremos esta verdade por nós mesmos: criamos tudo o que está errado. É importante nunca perdermos de vista essa verdade.

Agora, se somos humanos, temos medo do prazer, da felicidade e da satisfação. Isto vale para todas as pessoas. O primeiro passo é nos tornarmos conscientes de que temos esse medo. Assim que o fizermos, não nos parecerá mais um grande enigma o porquê de a nossa vida não estar nos presenteando como queremos.

Quanto mais o ego se esforça tentando obter o que ele conscientemente quer—tendo esquecido que ele sozinho não pode obter as coisas boas—a menor satisfação é possível. Não é tanto que o ego obstrua a felicidade, mas ele é cegamente conduzido a agir, como a parte inconsciente e medrosa ordena-o a fazer. Nesse sentido, o ego está apenas sendo um agente obediente, mas seguindo direções destrutivas vindas do nosso inconsciente que não estão alinhadas com a verdade. Quando confrontados com a falta de satisfação, em vez de trabalharmos para realinharmos nossas partes erradas e escondidas com a verdade, perdemos tempo racionalizando nosso comportamento improdutivo.

O trabalho de desistir do nosso ego—*da perspectiva do ego*—vai parecer terrivelmente assustador. E bem aqui, neste momento, é quando muitos são pegos. Do ponto de vista do ego, este é um quebra-cabeças sem resolução, e continuará a criar o seguinte conflito enquanto permanecermos presos aqui: nossas vidas somente podem se manifestar com gosto, prazer e criatividade quando não estivermos mais conectados exclusivamente com nosso ego. E, para isso, é preciso ativar nosso Eu Real.

Para fazer isso, precisaremos abandonar os controles direcionados pelo ego. Os movimentos internos do nosso Eu Real não se renderão ao nosso ego e seus pensamentos e vontades externos, não importa o quanto tentemos. Devemos encontrar coragem e confiança para nos entregarmos ao movimento interno.

Lembrem-se de um momento elevado na vida que foi prazeroso, inspirado, criativo, sem esforço. Essa experiência foi profundamente alegre, precisamente porque estávamos dispostos a nos desprender. Por um período, fomos animados por algo diferente do nosso ego. A felicidade é o subproduto natural nesse momento. Não podemos ser nosso Eu Real sem sermos felizes. E não podemos ser felizes, a menos que estejamos conectados com nosso Eu Real e animados por ele. Essa felicidade está livre do medo de que os bons momentos precisam ter um fim. Isso nos estimula e nos entusiasma, fazendo-nos sentir vibrantemente vivos e em paz.

Os conceitos de paz e entusiasmo não são mais divididos, como acontece com o ego envolto em dualidade.   A posição do ego é de que a paz exclui o entusiasmo, tornando-a entediante. O entusiasmo exclui a paz, criando tensão e ansiedade. Viver a partir do nosso Eu Real é estar livre dessas escolhas desnecessárias.

E agora, aqui estamos, presos neste dilema: como eu posso abraçar sem medo um estado que pede para abandonar as faculdades do meu ego, quando tudo que eu conheço é meu ego? A menos que nós comecemos a ver nosso medo da felicidade sob essa luz, não encontraremos a saída dessa armadilha. Até que o façamos, ficaremos oscilando entre o terror de se desapegar e o desespero. Sentir-nos-emos assombrados por essa sensação de que não estamos vivendo completamente, pois algo essencial está faltando. E, enquanto estivermos apegados ao nosso ego, isso será verdade. Estaremos deixando de sentir a essência de quem nós somos.

✳

Medo de se desapegar

Agora vamos lidar com o medo de se desapegar. Como dissemos muitas vezes, se obtemos nossa percepção de *self* exclusivamente do nosso ego, desapegar-nos vai parecer como uma aniquilação. Mas quando já tivermos feito alguns avanços, aqui e ali, pouco a pouco, logo perceberemos que o desapego não traz perigo, traz a própria vida.

Lentamente nos ajustaremos a estas novas vibrações. Pois não há nenhum conflito entre estar em um corpo e viver com essas novas condições. Nenhum mesmo. O ego é perfeitamente capaz de interagir harmoniosamente com o Eu Real. Além disso, o ego ainda tem suas funções, bem como suas limitações e seu próprio poder.

Retornaremos para esse tópico em breve. Primeiro, vamos notar que quando sentimos medo do nosso Eu Real, não temeremos somente a vida, a morte, o prazer e uma série de outras coisas, temeremos nossos sentimentos. Segundo, é claro que os sentimentos não podem ser controlados pelo ego. Se pensarmos que é o contrário, estamos nos enganando. A tentativa de fazer isso mata a liberdade e a espontaneidade do nosso Eu Real.

Os sentimentos não respondem a ordens, seja do nosso ego ou de outra pessoa. Em vez disso, eles têm vida própria, surgindo indiretamente e independentemente. Eles seguem suas próprias leis, sua própria lógica e sua própria sabedoria. Estaremos muito mais adiantados se trabalharmos para entender como eles agem ao invés de negá-los ou de impor as leis insignificantes e a lógica do nosso ego sobre eles.

Os sentimentos são uma expressão do processo criativo emanado pelo nosso Eu Real. E não podemos forçar esse processo. Isto posto, podemos encorajar ou desencorajar os sentimentos do mesmo jeito que podemos encorajar ou desencorajar o processo criativo. Ambos são movimentos internos, que também podem ser chamados de movimentos da alma, e eles nos transmitem mensagens que faríamos bem em ouvir. Sinais como esses nos direcionam para a autorrealização e nos ajudam a estabelecer contato com nosso Eu Real.

Nosso Eu Real emana um fluxo vital de energia que consiste de uma variedade de correntes diferentes. Chamamos esse fenômeno de transmissão de força vital. É uma força e consciência tremenda. Ela contém sabedoria profunda e segue leis espirituais eternas e imutáveis. Explorar e entender essas leis pode enriquecer nossas vidas imensamente.

A negação do intenso êxtase dessa força vital—que se manifesta em todos os níveis da existência, em algumas áreas mais intensamente do que em outras—é cortejar a morte em vários graus. Abraçar essa força vital é viver sem morte. Então, a negação do prazer da vida *é* morte.

A morte veio à existência porque o ego veio à existência. O ego é uma partícula separada da consciência universal, esta que se encontra em todos os seres humanos. Se essa parte separada, o ego, não estiver integrado com sua origem, ele morre. Sendo assim, a separação e a morte andam de mãos dadas. Do mesmo modo, a reconexão e a vida andam juntas. Logo, a existência do ego, a morte e a vida sem prazer são intimamente conectados, bem como a vida, o prazer supremo e o Eu Real.

Portanto, quem teme se desapegar do ego—quem também teme e nega o prazer—está dançando com a morte. Este é, na realidade, o verdadeiro significado da morte: negar o núcleo original e verdadeiro da vida. Não é difícil perceber o porquê de muitos ensinamentos espirituais chegarem à conclusão errada de que o ego precisa ser eliminado. Como resultado, muitas pessoas ficam confusas sobre o ego e o que fazer com ele. Desprezá-lo? Descartá-lo? Destruí-lo? Nada poderia estar mais longe da verdade. Fazer isso apenas nos leva ao extremo oposto e os extremos são sempre prejudiciais, errados e perigosos.

Vida após vida, as pessoas têm engrandecido o ego, acreditando erroneamente que essa é a única segurança que existe. Muitos acreditam que o ego é a própria segurança e, por isso, ficam muito cansados. Pois os movimentos da alma baseados no erro são exaustivos. As pessoas também têm agem com esforço na tentativa de se segurar desesperadamente ao ego. E então, elas recorrem a uma variedade de meios falsos, na esperança de obter alívio. Porém, esses meios falsos enfraquecem o ego.

Se por um lado o ego é muito forte, por outro lado, ele sempre será fraco. Esse é realmente um ensinamento muito prático para trabalhar: em qualquer grau que sintamos medo de nos desapegar do controle do nosso ego—porque pensamos que isso nos fará perder as forças—nessa mesma medida teremos medo de nos impor. Na medida que somos capazes de nos entregarmos—aos nossos sentimentos, ao processo criativo, aos aspectos desconhecidos da vida, ao nosso companheiro—mais fortes devemos nos tornarmos.

Quando nos desapegarmos, não teremos medo de cometer erros, tomar decisões ou encontrar dificuldades. Poderemos contar com nossos próprios recursos e estaremos dispostos a pagar o preço para ter autonomia própria. Teremos a integridade das nossas próprias perspectivas e seremos capazes de afirmar nossos direitos, ao cumprirmos nossas obrigações de forma livre e voluntária. Não agiremos porque sentimos medo da autoridade ou porque tememos as consequências de alguém não nos aprovar.

Quando temos um ego forte e saudável e podemos nos afirmarmos dessa forma, entregar-se será possível. Porém, se tivermos um ego tão fraco que temermos a autorresponsabilidade, ambos o entregar-se e o prazer serão impossíveis. Se formos alguém que habitualmente trabalha em excesso e esgota as faculdades do ego, então, somos um bom candidato para encontrar uma solução falsa. Embora essa fuga possa assumir muitas formas, uma das formas mais grosseiras é a insanidade, em que o ego perde toda a capacidade de atuar.

Em formas menos grosseiras, desenvolvemos tendências neuróticas que nos impedem de assumir a autorresponsabilidade. Para outros, as drogas e o álcool são os meios artificiais usados para aliviar um ego excessivamente tenso, o qual está privado de prazer e muito amedrontado de se entregar para o Eu Real.

O trabalho do ego

É importante compreendermos o que o ego consegue e não consegue fazer. Precisamos conhecer seus limites. Mais importante ainda, precisamos compreender isso: o ego é apenas um servo do ser maior que está em nós. Sua função principal é buscar intencionalmente o contato com nosso eu maior cósmico. O ego precisa saber seu lugar. Sua força está em decidir fazer contato e pedir ajuda ao nosso Eu Superior. O objetivo é que o ego estabeleça contato permanente.

Além disso, o ego recebe a tarefa de descobrir quaisquer bloqueios que existam entre ele e o eu maior cósmico. Aqui, também, a tarefa é limitada. A autorrealização sempre surge do interior, do Eu Real, mas vem em resposta ao desejo do ego de descobrir os erros e a destrutividade, e restaurar a falsidade à sua natureza verdadeira. Em outras palavras, o ego tem um trabalho a fazer no processo de autodesenvolvimento: formular nossos pensamentos, intenções, desejos e decisões. Mas há um limite de quão longe ele pode chegar.

Depois que o ego tenha decidido pela verdade, integridade, honestidade, esforçando-se e trabalhando com boa vontade, ele precisa se afastar e permitir que o Eu Real se expresse. Essa força universal de vida trará intuição e inspiração para guiar a pessoa em seu caminho. Mas o trabalho do ego não é apenas um. Continuamente, o ego deve selecionar, decidir e saber a nossa intenção se queremos nos manter fiéis ao nosso caminho do autodesenvolvimento pessoal.

O ego tem a capacidade de aprender, por isso deve estar disposto a aprender interiormente, compreendendo a linguagem mais profunda do inconsciente. No início, tudo pode parecer confuso e obscuro. À medida que avançamos, tudo se tornará cada vez mais óbvio. Nosso ego precisa aprender a interpretar as mensagens destrutivas que vêm do nosso inconsciente e distingui-las das mensagens emanadas pelo Eu Real, que está ainda mais no profundo do inconsciente. Pois, é daqui que brota a criatividade e construtividade magníficas.

Para fazer nosso trabalho interior, o ego precisa ter esforço concentrado, uma boa atitude e prestar muita atenção. Ele precisa saber seus limites em relação à sabedoria profunda e conectar-se com o ritmo e o tempo do trabalhado. Ele tem que reunir forças para perseverar quando a trajetória ficar difícil e também estar disposto a recorrer aos recursos ilimitados do Eu Real.

Com o passar do tempo, o ego deve desenvolver a sutileza de sentir quando precisa estar mais alerta e quando precisa recuar para que o Eu Real possa brilhar. Deve aprender a lidar com a interação sutil entre ser forte e assertivo—para superar a resistência e descobrir desculpas e pensamentos racionais—e se retirar para ouvir e aprender. O ego, então, é como mãos que se movem em direção à fonte de vida e quando sua função é receber da fonte, ele se abre e para de se movimentar.

Pagando o preço

Estes ensinamentos são ricos e poderosos. Vale a pena estudá-los profundamente, frase por frase, e meditar sobre eles. Devemos pensar em como fazer uso esse material, não apenas entendendo-o teoricamente, mas também procurando a parte de nós que é eterna.

O conhecimento dessa parte maravilhosa e verdadeiramente adequada de nós mesmos é nosso direito inato. E dada a importância dessa conexão, faz sentido que não seja fácil ou barata de alcançar. O preço que devemos pagar vem na forma de nos esforçarmos para superar nossa resistência e preguiça e desistirmos dos nossos meios artificiais de fuga.

A outra coisa que devemos fazer é explorar as condições que tornam possível nos conectarmos com nosso Eu Real. Em resumo, nosso ego precisa se tornar compatível com nosso Eu Real. Devemos ter a coragem de encontrar nossa própria verdade, pois o Eu Real não está sujeito às leis externas da moralidade. Precisamos encontrar nossa própria bússola interior, em vez de simplesmente obedecer à opinião pública, à sociedade ou a uma autoridade exterior.

Dessa forma, o ego não está sendo solicitado se submeter, pois a submissão vem de um lugar covarde de medo e ganância. E também, não estamos condenando a moralidade exterior. Estamos apenas dizendo que a moralidade exterior não conduz para a moralidade interior verdadeira. O Eu

Real mantém padrões exigentes de moralidade verdadeira que são de uma natureza muito mais profunda.

É necessário investigar onde estamos sendo egoístas, cruéis, egocêntricos, gananciosos e desonestos. Mesmo que exista apenas uma pequena partícula em nossa alma, devemos achá-la. Cada uma dessas partículas, não importa o quanto seja amenizada com generosidade ou bondade genuína, atrapalha nosso caminho—especialmente quando tentamos varrê-la para debaixo de um tapete.

Se trapacearmos a nós mesmos tentando trapacear a vida de alguma forma, estaremos nos tornando incompatíveis com nosso Eu Real. Portanto, nosso trabalho deve ser descobrir onde e como trapaceamos. Essas áreas podem estar bem escondidas, mas se estivermos descontentes de alguma forma, sabemos que elas existem. E elas estão nos separando do nosso Eu Real.

"Estejam em paz, sejam abençoados, estejam em Deus!"
–O Guia Pathwork

(Aprenda mais em *ESQUELETO*, Capítulo 15: Aprendendo a falar a linguagem da mente inconsciente.)

Capítulo 4

Como a negatividade inconsciente impede o ego de se entregar

Estamos analisando a relação entre nossa consciência do ego e a inteligência universal. Quando atuamos essencialmente a partir do nosso ego, ficamos desequilibrados e cheios de problemas. Podemos olhar de uma outra forma e afirmar que se tivermos problemas interiores, inevitavelmente ficaremos desequilibrados e emaranhados em conflitos exteriores. Não importa de qual direção viermos, pois o resultado é sempre o mesmo: o ego tem que aprender a desapegar-se de si mesmo.

Muito conhecimento intelectual sobre o papel que o ego limitado exerce em relação ao Eu Real não nos ajudará muito. Precisamos encontrar uma nova abordagem dentro de nós que possibilite o desapego acontecer de uma maneira saudável e harmoniosa. Vamos esclarecer mais sobre esse importante tópico na sequência.

Quando o ego opera em um vácuo, sem se reabastecer na fonte interior, na qual nossa força vital flui livremente, ele seca, definha e murcha. Literalmente, se ele fosse deixado para viver sem o benefício da ajuda do Eu Real, o ego morreria. Olhando sob esse ponto de vista, o processo da morte é iluminado por uma nova luz.

Essa fonte de vida é o eu universal que habita no coração de cada alma. Quando encarnamos, nosso ser espiritual se condensa na matéria densa que constitui o mundo material. Essa condensação na matéria acontece porque uma parte separada da consciência geral—a parte que chamamos de ego— está desconectada do todo, do eu universal. Essa desconexão causa o estado do ego, que por sua vez resulta nesta vida material. E é assim que viemos a ter esta experiência dos ciclos de vida e morte.

Se algum de nós supera a separação, é libertado do processo de morte. Quando não temos mais medo de desapegarmos de nós mesmos—do nosso ego—uma reconexão com as forças universais se torna possível. Isso não é algo para se esperar que aconteça em outra vida. Isso pode acontecer a qualquer momento, em qualquer lugar, já que é uma questão do nosso estado de consciência.

※

Três estados de reabastecimento

Uma das maneiras que nos reabastecemos regularmente é ao entrar no estado que chamamos de sono. Se não conseguirmos dormir—se tivermos insônia—é um sinal de que estamos emaranhados em nosso ego e, portanto, profundamente perturbados. Como o ego é muito predominante, não podemos nos entregar às forças involuntárias da vida. Somos prejudicados pelo ego que não quer largar a direção.

Podemos até não estar cientes de que é isso que estamos fazendo, mas, mesmo assim, é o que estamos fazendo. Se tememos e rejeitamos as forças do Eu Real, os meios automáticos e temporários que nos conectam com ele são bloqueados. O sono, pois, é um estado que permite o ego descansar de suas tensões e tarefas. Há uma força especial que ganhamos com essa imersão neste oceano divino do ser. Mas se nosso ego está hiperativo, o sono não pode vir e deixamos de usufruir desta forma mais primitiva e universal de rejuvenescimento.

Outro estado que nos reabastece é o amor mútuo. Quando nos desapegamos através do autoesquecimento intenso e saudável, mergulhamos no mar vasto de beleza e poder universal. Isso acontece quando aceitamos e nos fundimos com outra "esfera" ou pessoa. Ao nos fundirmos em outro ser, fazemo-nos compatíveis com a força universal de vida e temos uma experiência que preenche todos os níveis do nosso ser: mental, físico, emocional e espiritual. Assim sendo, uma conexão sexual amorosa é a experiência espiritual mais completa que podemos ter.

Ao participar do nosso Eu Real, somos nutridos por essa substância criativa em todo o seu esplendor. Ao desapegarmos do ego, ele fica temporariamente imerso e isso resulta em uma folga temporária das suas obrigações. No entanto, ele ressurge mais forte e melhor que antes! Na verdade, o ego se torna mais sábio, mais flexível e repleto de prazer. Uma vez que tenha mergulhado nesse oceano celestial, o ego mudará para sempre.

O ego não é somente enriquecido, mas sua capacidade de se entregar e permanecer submerso na bem-aventurança—por estar no amor e na verdade—expande proporcionalmente. Essa fusão intensa do ego com um outro é o modo mais eficaz de esquecermos e transcendermos a nós mesmos.

Outro estado de reabastecimento é a meditação. Esse não é um exercício mental, mas sim uma entrega total de nós mesmos para a divina inteligência. Devemos fazer isso para resolver problemas específicos, e não de uma maneira geralizada. Seja onde for que nossos obstáculos pessoais—os quais sempre inclui o medo—fechem a porta para nosso Eu Real, meditar sobre eles pode ajudar. Se for muito fácil, provavelmente estaremos nos enganando.

Quando somos capazes de superar esses obstáculos—pois nosso amor pela verdade é maior que nosso apego aos nossos erros—podemos nos entregar ao mar de sabedoria que irá nos revitalizar e nos animar. Ao bebermos da verdade, a nova sabedoria também pode abrir muitas outras portas interiores.

Em cada um desses casos, o ego renuncia a si próprio e passa a participar de algo muito maior no interior. Quando se leva uma vida saudável, idealmente, somos capazes de buscar e desfrutar de todas essas experiências regularmente. Criamos a possibilidade para que isso aconteça através da nossa prontidão, atitude correta e compromisso com a vida. Quando isso acontecer, eventualmente, toda a nossa vida será ativada por nosso Eu Real cósmico, até que ele e nosso ego sejam um.

Nesse ponto, essa inteligência maior assume o controle de nossas vidas, permitindo que o ego flua e torne-se flexível. Então, podemos relaxar, permeados pelo conhecimento, prazer e poder do nosso verdadeiro ser espiritual. Tudo o que fazemos, não importa o quão mundano for, pode agora ser inspirado pelo Eu Real, o qual age livremente e por conta própria. Não precisaremos fazer nenhum esforço para entrar em contato com nosso Eu Real, pois não haverá mais medo ou resistência a superar. Quanto mais fizermos isso—desapegarmo-nos e nos fundirmos com nosso Eu Real—mais nos sentiremos reabastecidos.

O que impede que tudo isso aconteça são as obstruções interiores que nosso ego não está disposto a remover. Qualquer que seja o caso, a vida seca e a morte se infiltra. Quando nos tornamos completamente secos, a morte física é o resultado final e natural. Então, qual é a causa da morte? A separação do nosso próprio ego do nosso eu mais profundo e maior.

※

Maneiras doentias de se desapegar

Prontos para dar um passo adiante? Vamos examinar mais de perto as razões pelas quais temos tanto medo daquilo que nos dá vida. Por que nós reagimos assim, acreditando que a conexão com a fonte de toda a vida nos destruirá? O que nos faz insistir em acreditar—conscientemente ou cegamente—que os tipos de experiências vivificantes de que estamos falando são perigosas? Por que nos recusamos a abandonar o controle através do nosso ego e mergulhar em um mar vasto de consciência eterna e leis divinas? Por que nós nos bloqueamos e evitamos tudo isso?

Não importa o quanto nos esforçamos na superfície, por baixo nós somos os bloqueadores da vida. *Possivelmente*, nós achamos que: *eu não sou assim*. Mas somos. O desejo de ter esse contato nunca pode ser eliminado do coração humano, independentemente de quanto conflito, confusão e medo exista. Então, o que leva a nos prendermos nessas atitudes que destroem nossas chances de nos reabastecermos na fonte, visto que isso seca a psique e causa a morte, ao mesmo tempo que torna a vida desagradável e sombria? De onde tiramos a ideia de que uma vida liderada pelo ego é segura e preferível?

É intrigante, certo? Em muitas outras palestras, já abordamos um pouco sobre isso e descobrimos algumas das razões—na verdade, razões falsas—de por que achamos que precisamos nos proteger desta mesma coisa que nos faz vivos e preenchidos com bem-estar. Nós já olhamos para as conclusões erradas e distorcidas, bem como para o pessimismo que torna as pessoas tão destrutivas e que as fazem preferir desistir de suas vidas ao invés de "se entregar". Ao menos isso é o que aparenta ser para nós.

Mas agora chegamos ao ponto em que todos devem chegar eventualmente em sua viagem espiritual, onde nos deparamos com um patamar muito importante que devemos atravessar em nossa jornada evolutiva.

Antes de começarmos, há mais uma coisa para ser enfatizada novamente sobre isso. Nossa necessidade de nos desapegar do nosso ego é tão grande que, quando a parte amedrontada e distorcida da nossa personalidade se defrontar com esse processo natural, ela irá procurar por um caminho que não é natural. É por isso que tantas pessoas procuram o consolo das drogas. E é por isso que uma pessoa que não consegue dormir toma remédios ao invés de fazer a tarefa mais difícil de remover o que está bloqueando o seu ego e, assim, vencer o problema verdadeiro.

O medo e as distorções interiores também são o motivo pelo qual uma pessoa cujo ego tem o controle predominante—e, portanto, não está sendo reabastecido suficientemente—de procurar meios autodestrutivos. Engajar-se em atos autodestrutivos é como caminhar com a morte. Estamos cortejando-a e apressando o passo para alcançá-la. Pois quando todas as outras maneiras de obter alívio falham, a morte se torna a grande libertação que procuramos. Preferimos morrer ao invés de desistir de nossas ideias falsas.

Nossa teimosia em recusar-se a descobrir a verdade e todos os hábitos autodestrutivos aos quais recorremos são essencialmente formas lentas de suicídio. Na mesma medida que tememos a morte, também devemos inconscientemente desejá-la. E esse desejo surge pois é tão insuportável para o ego isolado estar sempre acordado, mas não totalmente vivo. Portanto, estamos em uma situação de ambivalência.

Por um lado, tememos desapegarmo-nos do nosso ego de uma maneira saudável, e por outro, estamos recorrendo desenfreadamente às maneiras doentias para conseguir abandoná-lo. Esta é uma das dualidades com a qual devemos viver se insistimos em permanecer separados.

Agora é hora de examinarmos a razão fundamental pela qual tememos o modo saudável de nos desapegarmos e permitir que nosso Eu Real "viva em nós". Por que não conseguimos confiar nessa sabedoria superior e nesse ser divino interior tão bem organizado? Vamos levantar esses motivos lá das profundezas do nosso inconsciente, onde, para muitos de nós, eles estão descansando. Pois devemos ver o que está acontecendo sob a luz clara do dia. Caso contrário, vamos acabar tentando nos forçar a mudar antes que tenhamos certeza do que está acontecendo com nossas atitudes destrutivas. E nada real pode ser conquistado dessa forma. A mudança somente pode acontecer removendo as obstruções e nunca abrindo caminho por cima delas.

A causa principal de não desapegar

Aqui está a causa principal desta condição em que muitos estão, onde o ego tem o controle primário: *há uma lei espiritual que torna perigoso para o ego se desapegar, se ele estiver se prendendo em atitudes incompatíveis com as leis do Eu Real*. Essa é a chave. Portanto, seja qual for a área na qual insistimos em utilizar nossos meios destrutivos, será simplesmente impossível se desprender do ego de uma maneira segura e saudável.

E quais são as atitudes saudáveis que o ego precisa adotar? Ele deve ser amoroso, generoso e aberto, bem como ele precisa ser confiante, realista e capaz de se afirmar. Essas são as qualidades que encontramos na realidade cósmica e nas leis divinas sobre as quais o universo trabalha. Violar nosso Eu Real é odiar e ser fraco, alimentando nossa separação, ilusões e falta de confiança. Teremos uma tendência de nos prejudicarmos, ao invés de nos cuidarmos, e de agir contra os nossos melhores interesses.

Viver com um ego tão doentio é lutar pelo oposto do que significa ser divino. Não estaremos preparados para nos cuidarmos, e assim a vida será repleta de medo. A insegurança se tornará nossa companhia constante. Sem ser apoiado por nada de substância verdadeira, o ego desejará fugir da tensão e da falta de prazer perpétuo e, se isso se tornar ruim o suficiente, ele poderá escolher se libertar através da insanidade.

Como é ser destrutivo? Não desejamos ser positivos, dar o nosso melhor nas áreas onde estamos descontentes e em conflito. Negamo-nos a ver que somos nós que bloqueamos a satisfação. E nossa falta de consciência faz ser impossível atravessar as barreiras.

Portanto, é necessário que comecemos a ver como estamos sendo destrutivos. Para isso, podemos adotar a posição de um observador objetivo.

Observando-nos por um tempo, de uma maneira neutra. Uma autoavaliação assim requer uma certa quantia de autoaceitação e a determinação de abandonar nossas ilusões. Também, precisaremos parar com toda a autoglorificação, fingindo ser mais do que realmente somos.

Embora grande parte do ego seja consciente—estamos conscientes dos nossos comportamentos—o ego também tem um lado inconsciente. Se a parte inconsciente do ego está conectada a uma atitude destrutiva, essa parte não é compatível com as forças do Eu Real. Portanto, quando esse ego se desapega, não há mais uma rede de conexões. Ele não é apoiado mais. Ele não consegue encontrar mais nada em que se segurar e se torna completamente desorganizado.

Desse modo, um ego que não é guiado e inspirado pelo Eu Real não consegue lidar com mais nada. Ele se torna completamente desassociado de qualquer inteligência. Pode-se até dizer que tal ego estava "certo" em não se desapegar. Pois não há mais como viver.

Enquanto nos recusarmos a abdicar da nossa destrutividade, o ego precisará se segurar em algo se quisermos ter um pouco de sanidade. É melhor, apesar de tudo, ter uma percepção exagerada de *self*, causado por um ego inflado, do que se desintegrar. Se não houver confiança no Eu Real, o ego que se desprende não tem mais nada no que se apoiar. Portanto, se não confiarmos na inteligência universal, ficaremos com a inteligência limitada, a lógica limitada e as leis limitadas da esfera do ego. E isso já é algo. Não importa quão limitada seja a mente do ego separado em comparação com o eu maior cósmico, ele ainda tem alguma capacidade de raciocínio e compreensão limitada da realidade. E, convenhamos, sem a força de vontade do ego, a força de vontade divina—mesmo que seja de um estado superior—também não pode operar.

Então, aí está a razão por que temos tanto medo de nos desapegarmos. Com esse entendimento, podemos olhar para as nossas vidas de uma perspectiva diferente. Ou seja, se sentimos que não podemos nos desapegarmos, significa que temos algumas forças destrutivas correndo soltas dentro de nós. Em algum lugar no interior, temos uma força de vontade que quer ser destrutiva. Essa vontade é algo sério. Não há uma força aleatória nos fazendo ser destrutivos contra nossa própria vontade. Não, nós mesmos somos os destruidores.

Iremos parecer vítimas somente enquanto nos recusarmos a admitir nossas tendências destrutivas, o que vai contra a nossa bela autoimagem. E é, na verdade, essa destrutividade que nos deixa com medo e inseguros, já que não queremos vê-la, muito menos nos separar dela. Olhar a situação sob essa perspectiva nos ajudará a eliminar a ilusão própria. E isso nos ajudará muito a diminuirmos nossa destrutividade. Certamente, ainda vamos querer ser destrutivos em algumas áreas, mas é bom poder reivindicar um pouco de progresso onde pudermos.

※

A verdade sobre a destrutividade

Como é ser destrutivo? Pode não ser tão claro e óbvio como achamos. Geralmente, isso acontece da maneira sutil com que o ego se agarra para permanecer separado. Talvez, não queremos nos expandir e ser amorosos ou bondosos. Talvez, somos vingativos, punindo aos outros com nosso próprio sofrimento. A doença pode ser uma maneira de fazer isso. Essas atitudes vagas e fugazes podem ser difíceis de notar. Elas podem ser tão obscuras, quase parece que não existem. Até que um dia temos um vislumbre e, então, fica difícil não as ver mais. Elas, então, tornam-se tão distintas, como um mapa em relevo que se ergue e nos mostra a verdadeira configuração do terreno.

Talvez nós pensemos, nas áreas destrutivas da nossa mente, que ninguém realmente sabe o que pensamos e sentimos. Portanto, isso não conta realmente. Não é? Essa é uma atitude comum em relação às nossas tendências menos desejáveis. Gostamos de ocultá-las, acreditando que ao manter-mo-nas escondidas, elas se tornam inválidas.

Indo além, achamos que é uma grande injustiça se nossas atitudes destrutivas, escondidas em nossos armários interiores, produzirem qualquer efeito exterior. "Ninguém sabia o que eu senti, só o que fingi sentir! E se eu realmente tivesse sentido o que fingi sentir, seria injusto porque as pessoas reagem ao que senti e não ao que fingi sentir." Nesse pensamento está a ilusão de que a vida pode ser trapaceada.

Isso reflete a atitude que muitas pessoas têm em relação à vida. Ela conta a história de como muitas vezes não nos entregamos honestamente para a vida, mas inventamos aparências pelas quais desejamos e esperamos ser julgados e consequentemente colher boas recompensas. Sob essas circunstâncias, iludindo-nos que a vida realmente poderia ser assim, torna-se impossível para nós confiarmos nela.

Precisamos perceber o que estamos fazendo e ver onde não levamos a vida a sério, como não damos o nosso melhor à vida e a tudo o que fazemos. Pegar-nos em ação assim—revelar nossas pequenas desonestidades escondidas—é uma atividade construtiva compatível com nosso Eu Real. E podemos começar no minuto em que dissermos interiormente: "Eu quero dar o meu melhor a esse processo de viver. Eu quero contribuir com as melhores forças que estão dentro de mim. Onde eu não estiver fazendo isso e estiver muito cego para ver o que estou fazendo, quero que meu Eu Real me guie—ajude-me a me tornar consciente. Desejo prestar atenção no que estou realmente fazendo." Com uma atitude sincera como essa, colocamos algo novo em movimento, exatamente no momento em que afirmarmos esses pensamentos positivos

Os lugares que precisamos olhar são as áreas problemáticas da nossa vida. Nosso trabalho está nas nossas dificuldades diárias e essa abordagem é a chave para destravar nossos problemas. Quanto mais cultivamos uma atitude como essa, mais nosso ego se torna compatível com nosso Eu Real. O nosso medo de nos desapegar reduzirá proporcionalmente na medida que formos sendo sinceros. E isso nos fornece algo maior e mais seguro de confiar.

Ao invocarmos a vontade do divino, iremos nos convencer de que o divino realmente existe, pois vivenciaremos pessoalmente sua sabedoria e bondade absoluta. Se acessamos nosso Eu Real, só temos a descobrir seu abraço acolhedor de bondade amorosa e desconhecedor de qualquer conflito. A vontade divina trabalha para o bem de todos, criando a realização e satisfação de todos. Essa inteligência sem divisões é profundamente segura e confiável.

Mas enquanto os objetivos do nosso ego forem diretamente opostos à vontade divina e às leis espirituais, como podemos confiar nele? Como podemos nos aliar com o que nos opomos? Portanto, quando nos sentimos balançados e inseguros, amedrontados e ansiosos por dentro—quando acreditamos que não temos importância—precisamos ter uma atitude destrutiva. Há uma negatividade em nós que ainda não estamos dispostos a desistir.

Sempre que nos sentimos ansiosos podemos nos perguntar: "Onde está minha destrutividade? Onde está minha negatividade? Onde eu me recuso a dar da divindade que está dentro de mim?"

※

O amor não é a resposta?

Em última análise, as virtudes básicas ensinadas em tantas religiões deveriam resultar em felicidade. Pois, na verdade, se reduzirmos tudo até o último ponto central, é sempre uma questão de amor. No entanto, com isso sendo pregado há milhões de anos, poucas pessoas chegaram a algum lugar. Saber que o amor é a chave para o universo nunca ajudou ninguém. Geralmente, só tem deixado as pessoas mais hipócritas.

Em vez de fazer o trabalho transformativo de desvendar sua destrutividade, as pessoas se iludem acreditando que são amorosas, enquanto por baixo da superfície elas não são. Elas cobriram qualquer sentimento que seja o oposto do amor e se enfeitaram com uma camada superficial que dá a aparência de amor. Esses disfarces não são nada mais que autodecepção e na maioria das vezes as outras pessoas não são enganadas.

Quantas vezes afirmamos que nossa maior fraqueza é que amamos muito? Enquanto isso, fervemos por dentro com indignação e rancor. Declaramos que a razão de sermos tão possessivos e dominantes é porque nós amamos. Mas, interiormente, queremos controle total para que possamos vencer e ter a nossa própria direção. Alegamos que nosso orgulho arrogante e doentio é o amor próprio, contudo realmente só queremos ser melhores do que os outros e não ter que ceder a eles.

Essas são as autoilusões que devemos desmascarar. Mesmo depois de termos feito um progresso significativo em nosso caminho espiritual, podemos ainda não enxergar estas áreas em nós. Sempre que nos seguramos cegamente nessas autoilusões, é um sinal que não queremos nos doar. E essa é uma violação flagrante da lei do amor. É essa violação que sempre aflige qualquer pessoa que esteja com problemas.

Precisamos procurar por ela se estivermos sofrendo de infelicidade. "Onde eu violo a lei do amor? Onde eu me suprimo e permaneço separado? Onde eu falto com integridade, seja com mentiras muito visíveis ou mentiras mais sutis de omissão? Onde eu estou me iludindo? Onde eu me recuso a dar e me recuso a ceder?" Essas são perguntas importantes que devemos fazer e devemos responder. E a resposta pode estar em outra direção do que esperamos. O que é verdade pode ser diferente do que pensávamos.

Viver a partir do nosso ego é estar preso em insegurança, criando uma vida insuficiente que é dolorosamente limitada. Que realidade assustadora. Ninguém realmente quer que sua vida termine. Mas, infelizmente, o ego separado tem que ter um fim. Somente batalhando para encontrar nosso caminho de volta para o nosso Eu Real, onde estamos mais uma vez em alinhamento com a lei do amor e também com a lei da verdade, nosso ego pode se desapegar com segurança e se tornar um com o divino.

Como nos tornar livres

Cabe a nós fazer a escolha de continuarmos alinhados com a negatividade. Queremos continuar nos satisfazendo em nossos ressentimentos e autopiedade, criando casos contra os outros e nos iludindo que somos nós a parte lesada? Tudo isso nos dá um certo prazer que relutamos em ficar sem, ainda que o preço que pagamos por esses luxos sejam realmente altos.

Enquanto escolhermos *este* tipo de prazer—e toda a dor, culpa e insegurança que vem com ele—deixamos de nos sentirmos bem. E nos sentirmos bem é nosso direito. Porém, enquanto gostarmos de nos sentirmos mal, sentirmo-nos bem aparentará ser assustador. Entretanto, se abrirmos mão da nossa alegação de que somos a vítima—o que alimenta nossa autopiedade, ressentimentos e nossa acusação contra todos que fazemos responsáveis pelas áreas podres na nossa vida—não sentiremos mais medo dos bons sentimentos.

Se retirarmos nossa negatividade, automaticamente nossa confiança será restaurada. Funciona como uma gangorra. Vejamos a aversão a si mesmo, por exemplo. Não adianta apenas dizer que não sentimos mais autoaversão. Com certeza, tentativas como essa irão falhar. Mas na medida que retiramos as desculpas porque não nos gostamos, a autoaversão irá parar por si mesma.

O mesmo acontece com a confiança. Automaticamente começaremos a confiar quando descobrirmos as razões justificadas para não confiarmos em nós mesmos. A força universal de vida está trabalhando continuamente para reestabelescer o equilíbrio.

A melhor coisa a fazer é nos fortalecermos diariamente em meditação. Podemos dizer em nosso interior: "Eu quero me livrar da minha destrutividade. Se eu ainda não posso fazer isso, peço ao meu Eu Real para me ajudar a ver onde estou preso e me ajudar a sair deste atoleiro. Isso é o que realmente quero." Agora, se sentirmos que de fato que não queremos mais isso, não vamos encobri-lo mais. Pois é crucial ver e entender esse obstáculo.

Esse, então, torna-se nosso novo ponto de partida. A partir daqui podemos dizer: "Eu quero descobrir o porquê não quero o bem. O que está me impedindo de querer bons sentimentos?" Em qualquer área que encontrarmos bloqueios, podemos dizer: "Eu gostaria de poder querer isso. O que está me impedindo? Quero dar o meu melhor para ver onde e por que estou emperrado."

Esta é a saída da nossa estagnação. O caminho só se torna desesperador se desviarmos o olhar do ponto em que estamos emperrados.

Talvez percebamos que não gostamos de ninguém. Qual é o caminho a seguir nesta situação? Em primeiro lugar, devemos perceber que essa aversão pelas outras pessoas—a qual está inevitavelmente conectada com uma aversão básica a nós mesmos—também é uma questão de falta de confiança. Uma área possível de ser explorada é nossa tendência à dramatização e ao exagero demasiado. Às vezes assumimos que o que está acontecendo conosco é tão ruim que não há uma alternativa possível de resolução. Mas, na verdade, nós exageramos essa situação ruim e a distorcemos centenas de vezes.

Agora precisamos olhar para tudo que nos machucou no passado—desde quando podemos nos lembrar—bem como no presente, e vê-los sob uma nova perspectiva. Talvez, haja um novo significado além daquele que assumimos automaticamente. Vemos tudo como se estivesse bloqueado e imutável, sem uma saída possível que não seja devastadora.

É a nossa atitude que precisa mudar, junto com o nosso desejo de ver uma realidade melhor. Achamos qua estamos vendo toda a situação, mas da perspectiva do nosso ego estamos olhando para uma fatia muito limitada. Então, podemos perguntar: "Essa é toda a verdade? Poderia haver outros aspectos que estou ignorando porque me fechei?"

Também podemos nos perguntar: "Eu quero gostar das pessoas?" Talvez nossa mente diga que nós *precisamos* gostar das pessoas, mas nós resistimos. O simples fato de nos conscientizarmos desse conflito interno nos ajudará a prosseguir muito em nossa jornada espiritual. E a consciência é um pré-requisito obrigatório para sair do sofrimento. Estar consciente, então, é necessário para ver a parte que diz Não.

Com essa compreensão do nosso Não interior, podemos perguntar: "Por que não?" Em vez de propor uma teoria generalizada, será muito mais útil se pudermos propor uma resposta específica que realmente se aplique a nós. Considere tomar uma nova abordagem para compreender o *porquê* não queremos gostar das outras pessoas. Deixe as respostas infantis, ilógicas e irracionais surgirem. Dê permissão e espaço para qualquer coisa que surgir. Essa é a maneira de descobrir a verdade real sobre o nosso Não interior.

É o mesmo para todas as pessoas: antes que possamos desenvolver nossa capacidade de amar, devemos primeiro estar dispostos a amar. Pois, se não tivermos essa vontade essencial, não há nada que possa ser feito. A vontade é realmente o ponto crucial da questão e deve existir em todos os níveis para que nosso amor seja completo. Se ela existir apenas na superfície, nossos relacionamentos também terão apenas um centímetro de profundidade.

Ao invés, nós geralmente ignoramos o fato de que não estamos dispostos a amar—não temos consciência do nosso Não interior oculto—e depois reclamamos impiedosamente dos resultados. *Nós somos vítimas*, nós gritamos! Desperdiçamos toneladas de energia reclamando e nos sentindo uma vítima. Essa energia poderia ser usada para procurar o porquê não queremos amar. Estamos em um círculo vicioso, projetando nossas doenças para o mundo e não percebendo que somos nós que seguramos a chave.

Com essa chave, entretanto, podemos começar a entender nossa solidão e abandonar nossa crença de que o destino está pregando uma peça horrível em nós. Que alívio maravilhoso. Mas ninguém pode nos dar as respostas vindas de fora. A verdade pode vir somente de dentro. Felizmente, isso é perfeitamento possível.

Nossa destrutividade e mal-entendidos sobre a vida prendem-se a nós somente porque nos prendemos a eles. Uma vez expostos, é relativamente fácil de vencê-los. Uma transição como essa é a coisa mais significativa que poderia acontecer em nossas vidas. Não há absolutamente nada que possa se igualar a esse processo.

Aqueles de nós que não têm coragem de olhar para si mesmos em verdade—para abandonar nossas ilusões—não podem alcançar essa transição. Não podemos abandonar algo que não sabemos que temos. Não podemos abandonar uma destrutividade que negamos que exista em nós.

A verdade nos levará a amar, e o amor sem a verdade não é possível. Eles são realmente um.

Há um poder enorme à nossa disposição e quanto mais nos conectarmos com ele, mais disponível ele se tornará. Ele não é dependente de mais ninguém, pois flui do centro do nosso ser. Esse poder fluirá e nos nutrirá onde quer que nos libertemos das amarras da dominação do ego.

"Sejam abençoados em corpo, alma e mente. Sejam todos penetrados com o amor e a verdade do universo, para que eles possam ajudar a libertá-los. Estejam em paz, estejam em Deus!"
–O Guia Pathwork

(Aprenda mais em *ESQUELETO*, Capítulo 17: Superando nossa intenção negativa ao identificarmo-nos com nosso eu espiritual.)

Capítulo 5

Vivendo com opostos polares e descobrindo o bem em ser egoísta

A infelicidade é uma indicação de doença. Frequentemente, interpretamos a infelicidade da maneira errada, e isso nos leva a lutar contra o que achamos que nos deixa tristes. Em nosso pensamento distorcido, pensamos que tudo o que está se manifestando é a própria doença. No entanto, se estivéssemos vivendo em completa harmonia com o nosso Eu Real e suas forças universais, não estaríamos doentes ou infelizes. Portanto, desarmonia e doença—qualquer descontentamento, na verdade—são um indicador da nossa saúde interior.

Quando estamos infelizes, é o nosso Eu Real—nosso ser espiritual—que está falando conosco, enviando ao ego, ou personalidade exterior, a mensagem de que algo precisa ser mudado. Estamos fazendo as coisas da maneira errada. Essa mensagem surge de um desejo de retornar à saúde, onde estaremos felizes e em um estado de bem-estar.

Ser verdadeiro na vida é o mesmo que se sentir profundamente bem e da melhor maneira possível, sem reservas, com segurança e autoestima. Se estivermos caminhando pela da vida de modo consistente com esse estado, nosso eu mais íntimo ficará contente. Portanto, qualquer neurose—qualquer estresse, depressão, ansiedade, comportamentos obsessivos—ou infelicidade é um sinal importante que aponta para o reestabelecimento da saúde.

Quanto mais livre for o nosso Eu Real, mais claramente essa mensagem será registrada no ego. Algumas pessoas chamam essa experiência de "ter consciência". Em uma pessoa menos desenvolvida, cujo Eu Real está escondido e encoberto, esses sinais serão menos registrados. Esses indivíduos podem passar muito tempo—talvez muitas encarnações—sem sentir o seu descontentamento interior.

Suas preocupações, ansiedades, dúvidas e dores sobre como eles se desviam da verdade de seu núcleo central não chegam até a superfície. Quando violam sua própria integridade, não registram nenhuma infelicidade. Eles po-

144

dem até sentir uma certa satisfação por terem se rendido à sua destrutividade.

Dessa forma, a neurose não é um problema, mas um sinal vindo de um espírito sadio que está se rebelando contra o mau gerenciamento da alma daquela pessoa. Em nossa confusão, combatemos a linguagem não verbal do espírito saudável, achando que isso que é doentio. Então, tentamos nos ajustar a uma condição de vida doentia, assumindo que se rebelar contra a "realidade" é ser imaturo, irrealista e neurótico.

As pessoas que vivem dessa maneira tão irrealista também tendem a fugir da responsabilidade própria. Elas negam qualquer tipo de frustração e esperam não dar nada, mas conseguir tudo. Essas são as decisões que uma pessoa tomou e suas escolhas precisam ser enfrentadas e mudadas.

O engraçado é que quanto mais as pessoas ignoram seu direito de ser feliz, mais elas ignoram essas mensagens interiores que estão tentando corrigi-las e mais querem burlar e escapar sem dar nada. Há uma conexão lógica aqui. Quanto mais acreditarmos que temos que sacrificar a nossa felicidade básica porque isso que é "bom," "certo," ou "maduro", mais necessitados ficamos. Inevitavelmente, quanto mais isso acontece, mais cruelmente egoístas nos tornamos. Com isso, iremos desenvolver uma destrutividade secreta no subterrâneo.

A qualquer momento, essas emoções que estão pressurizadas podem explodir. Quanto mais elas forem reprimidas, maior será a probabilidade de um colapso, já que o contraste entre elas e a versão falsa que estamos apresentando é muito grande. Logo mais, voltaremos para esse tema.

Neste momento, vamos ver um exemplo do que pode acontecer com uma pessoa que negligencia o seu autodesenvolvimento pessoal. Não é uma surpresa que será seguido pela infelicidade. Mas a mente consciente do ego pode interpretar mal aquela mensagem e fazer um diagnóstico errado. Além disso, a ajuda profissional pode tentar fazer a pessoa aceitar a sua condição, acreditando que as suas dificuldades descontroladas são causadas por rebelião à autoridade ou algum tipo de comportamento autodestrutivo que está sabotando uma vida segura e protegida. Nossa própria resistência em procurar a causa verdadeira colabora para nos desviarmos.

O que tememos são as consequências de nos comprometermos totalmente com nosso crescimento pessoal. Parece mais fácil permanecer apenas uma criança rebelde. Tudo isso é difícil de corrigir, porque, na verdade, é provável que também haja rebelião imatura e autodestrutividade acontecendo. Mas elas são apenas um efeito e não a causa do problema.

Consequentemente, é fácil ficar confuso sobre o que é sadio e o que não é. A neurose é um sinal de saúde—está nos apontando à saúde—e também é uma doença. É uma mensagem que nos leva a nos sentirmos bem novamente, depois de nos perdermos. Mais uma vez, vemos como a dualidade aparece e precisa ser transcendida.

A partir de uma perspectiva dualista, ou estamos doentes ou estamos saudáveis. Portanto, olhamos para nossas tendências neuróticas como se fossem exclusivamente a doença. Por mais verdadeiro que isso seja, também é igualmente verdadeiro que elas vêm da saúde e nos conduzem em direção a ela. Se pudermos abordar tudo o que pensamos e sentimos com essa perspectiva, isso nos beneficiará muito mais.

Lidando com a dualidade

A dualidade é a causa de todas as nossas tensões, confusões, sofrimentos e medos. Na dualidade, tudo é dividido ao meio, em duas metades. Uma metade é julgada como boa e desejável, enquanto a outra metade é vista como má e indesejada. Mas essa forma de ver e experienciar o mundo não é correta.

Os opostos não devem ser divididos dessa maneira. Na verdade, somente reconciliando os opostos podemos alcançar o estado de unidade. Para chegar lá, precisaremos transcender a dualidade, o que significa que precisaremos enfrentar e aceitar ambos os lados. Felizmente, ao fazer isso as nossas tensões internas serão acalmadas.

Existem algumas dualidades que nós—como humanos neste plano particular de consciência—fizemos um bom progresso ao transcendê-las. Nós enxergamos a polaridade, mas não consideramos mais um oposto como sendo bom e o outro como ruim. Logo, a partir de uma perspectiva evolutiva, estamos fazendo progresso. Nós existimos em estados anteriores de consciência em que não éramos tão evoluídos.

Por exemplo, podemos olhar para os princípios feminino e masculino. Somente uma pessoa muito confusa e disturbada considerará um como sendo positivo e o outro como negativo. Embora a psique profunda de algumas pessoas ainda contenha obstruções que precisam ser superadas, a pessoa comum não vê a divisão como uma representação de opostos. Ambos são vistos como sendo bons e belos. Eles têm uma maneira maravilhosa de complementar um ao outro, formando uma unidade, ou todo. Ambos contêm aspectos do universo divino e criativo.

Tomemos outro exemplo onde, na mente saudável, os opostos foram transcendidos e são vistos como facetas complementares: as forças de atividade e passividade, que também se relacionam com os princípios de expansão e restrição, ou início e receptividade. Então, mesmo neste estado amplamente dualista, muitas mais dualidades são vistas como mutuamente complementares, em vez de mutuamente excludentes. Por exemplo, a maioria das pessoas concordam que a noite e o dia têm seu próprio valor, função e encanto. Somente para uma pessoa altamente disturbada, um seria considerado como bom e lutar contra o outro, considerando ser ruim.

Talvez esses exemplos nos ajudem a nos abrirmos para a verdade de que, na realidade, é assim com todos os opostos, mesmo aqueles que achamos difíceis de compreender. Mas, como já vimos, até a suposta oposição entre saúde e doença, na verdade, não representa algo bom e algo ruim. Pois, cada um contém ambos, o bom e o mau.

Para o caso em questão, se permanecemos saudáveis enquanto violamos nossas necessidades espirituais de crescimento pessoal—ter sentimentos de amor e experiências profundas de prazer e união com os outros—e permanecemos saudáveis enquanto nosso ego se isolada e é incapaz de sentir, isso não é bom. Por outro lado, se estamos doentes e consideramos isso como um sintoma que pode nos levar novamente à saúde, isso é bom.

Desse modo, o bom e o mau não podem ser divididos ao meio. Ambos os lados de qualquer polaridade são bons em seu estado natural sem distorção. Ambos os lados são maus quando ocorrem erros e distorções.

Vida e morte

Nós batalhamos muito para reconciliar os opostos quando nos deparamos com a maior polaridade de todas: vida e morte. Mas, na verdade, nem aqui pode ser diferente. Ambos podem ser bons e ambos podem ser ruins. Quanto mais sucesso tivermos em superar as dualidades menores, mais capazes seremos de compreender até mesmo essa dualidade. Os dois podem ser bons e não precisam ser temidos ou combatidos.

Quando começamos a ver que qualquer polaridade, ou dualidade, pode ser unificada, podemos descobrir o significado e a beleza de tudo. Mas até atingirmos esse estágio em nosso próprio desenvolvimento pessoal, não conseguimos deixar de experienciar vários opostos como sendo bons e maus. Na medida que refinamos o nosso desenvolvimento e percepção da nossa própria natureza divina, nessa mesma medida deixaremos de experienciar a vida dessa forma dividida. Somente então, a nossa alma encontrará paz e os movimentos dela nos trará prazer.

A tensão gera desprazer. Ela torna a felicidade ser impossível. Mas enquanto sofrermos com a ilusão de que há coisas contra as quais lutar, a tensão não vai parar. Se acreditarmos que nossa alma está em perigo, as correntes da alma se contraem e se fecham para o bem da vida. E já que estamos rodeados por opostos, acabamos vivendo em um estado de tensão constante, assumindo que somente uma metade seja boa.

A consequência de buscar continuamente o bem é dor e frustração. E, no entanto, isso é tão confuso. Afinal, não estávamos fazendo o que é certo lutando contra o que é ruim e apenas procurando o que é bom? Por que, então, estamos tão infelizes? O que nos deixa tão descontentes? Por que nossa vida é tão vazia e sem alegria?

Geralmente, nossas confusões não são muito conscientes e claras. Se fossem, seria muito mais fácil desafiar a premissa que levou a esse modo distorcido de estar no mundo. Mesmo que as nossas dificuldades sejam uma ilusão, assim como a noção de que o mundo é dividido entre o bom e o mau. Eles certamente parecem reais, dado todo o desconforto que criam.

Deus e o diabo

Estamos sendo preparados por séculos após séculos para enxergar o mundo através das lentes do bom e do mau. É compreensível que agora estejamos perdidos em nossa confusão. Continuamos tentando resolver todos os nossos problemas pessoais com base nisso, mas eles nunca são eliminados. Não conseguimos encontrar soluções verdadeiras que nos tragam paz, pois a base em que nos pautamos é a ilusão e, portanto, é claro que ficamos cada vez mais emaranhados no erro. Uma tensão tremenda prevalece.

Somente com a percepção verdadeira, aceitamos os dois opostos, permitindo que se ajudem mutuamente. Na distorção, eles causam um curto-circuito um ao outro. Ainda assim, na escuridão da nossa confusão precisamos fazer uma escolha. Mas como podemos fazer isso com sucesso? E se as coisas se tornarem muito desequilibradas? Então, uma erupção, como uma crise, pode acontecer. Porém, se a distribuição entre os dois lados for mais equilibrada, todas as correntes de energia serão desativadas. Quando isso acontece, os dois lados opostos se anulam e ambas as opções parecem ruins.

A partir daqui, entramos em um estado de dormência. Nós amortecemos nossos sentimentos e ficamos sem vida. Sempre podemos apontar o medo dos sentimentos como a causa subjacente do nosso estado de morte, mas, realmente, esse medo não está baseado precisamente em uma luta dualista? Estamos lutando contra as forças polares em nossa vida interior.

Talvez possamos compreender isso melhor ao observarmos as correntes básicas positivas e negativas em nossa alma. A corrente positiva é o princípio que afirma a vida. Ela se expande, abre, abraça e recebe vida. A corrente negativa representa o princípio que nega a vida. Ela retrai, nega e se encolhe dentro dela mesma. Geralmente presumimos—talvez até temos uma convicção profunda—que somente a corrente positiva é boa, enquanto a corrente negativa é doentia e ruim e, portanto, indesejável.

A própria religião promoveu essa divisão, tornando Deus bom e o Diabo mau. Isso é, na melhor das hipóteses, uma meia verdade. Aceitar cegamente isso é trazer confusão e dor incalculáveis para nós mesmos. Pois, no momento em que acreditarmos nisso, já estamos envolvidos em um erro. E todo erro pode levar apenas a mais erro e má interpretação da vida. Eventualmente, ficamos incrivelmente perdidos neste labirinto.

Vamos tentar demonstrar isso da maneira mais simples possível. Não é verdade que é indesejável dizer sim para ser destrutivo e dizer não para algo positivo? Se nos convencermos de que é sempre bom dizer sim, quando dissermos não teremos dores de dúvida, hesitação, incerteza e culpa. Isso acontecerá mesmo que seja da nossa melhor intenção dizer não.

Essas dores podem ser bastante sutis e são filtradas pela nossa mente inconsciente ou semiconsciente. O próximo elo nesta reação em cadeia é que teremos problemas para nos afirmarmos. Teremos dificuldade em reivindicar os nossos próprios direitos e será difícil expressar agressões saudáveis.

Uma pessoa assim sempre se sentirá obrigada a se submeter. Eles nunca podem dizer não para nenhuma demanda, não importa o quanto forem explorados. Esta não é a bondade verdadeira.

A bondade verdadeira se baseia em dar amor livremente com um espírito generoso que deseja doar. Em vez disso, existe um medo sutil de que não podemos reivindicar nada de bom para nós mesmos. Essa é uma falta de liberdade que reduz nossa capacidade de amar. Abaixo da superfície, há uma sensação maior de separação e egoísmo, e ambos são destrutivos.

Portanto, mesmo com a suposta noção do bom contra o mau, das correntes positivas e negativas, as coisas não são tão preto e branco. Nunca é um contra o outro. Estaríamos completamente errados se decidíssemos adotar o princípio positivo e desistir da corrente negativa em todas as situações.

Do ponto de vista do ego, o qual apenas pode ver em preto e branco, essa visão dualista do mundo leva ao erro, à confusão, ao sofrimento e à tensão. Nenhuma dessas coisas leva a soluções verdadeiras. A única forma de aliviar a tensão é procurar o bem em ambos os lados de todos os opostos. Só isso leva à verdade, à saúde e à expansão de consciência.

Todos os ensinamentos do Guia são baseados neste tema. Quanto mais avançamos em nosso caminho espiritual, viajando cada vez mais profundo para dentro de nós mesmos, precisamos continuar nos reorientando gradualmente para nos alinharmos com o princípio de unidade. Primeiro, isso se aplica ao nosso processo de pensamento; depois podemos aplicá-lo às nossas reações emocionais e sutis. Lentamente, as nossas percepções mudarão.

Com o passar do tempo, chegaremos ao ponto em que podemos abraçar os opostos com facilidade. Veremos como ambos os lados podem ser verdadeiros e ambos podem ser distorcidos. Cada vez mais, seremos capazes de reconhecer qual é qual. Seremos capazes de sentir, ao invés de julgar, a diferença.

※

O egoísmo

Vamos nos voltar, agora, para o tópico do egoísmo, o qual é incrivelmente importante para todos, pois se aplica a cada psique humana. Consequentemente, ele aparece na vida de cada pessoa. É um assunto complicado, pois pode facilmente ser mal interpretado por pessoas infantis e egocêntricas que desejam proclamar que suas vidas separadas e egoísmo destrutivo são um sinal de autoafirmação e saúde.

Felizmente, se lemos até aqui, já progredimos o suficiente em nosso autodesenvolvimento para poder distinguir entre o egoísmo saudável e o destrutivo. Tente evitar a armadilha de fingir que um na verdade é o outro. Se ficarmos fora dessa armadilha, poderemos encontrar uma grande libertação nessas palavras.

De modo geral, as pessoas aceitam universalmente que é errado ser egoísta—é ruim e indesejável—enquanto todo e qualquer tipo de altruísmo é bom e correto e, portanto, deve ser louvado. Raramente fazemos a distinção de que alguns tipos de egoísmos são certos e intrinsecamente saudáveis. Esses tipos guardam o nosso direito intransferível de ser feliz e protegem nossa capacidade de prosperar e crescer.

Ao mesmo tempo, raramente percebemos que ser altruísta tem o potencial de ser autodestrutivo, explorando os outros com o modo que nos escravizamos. Quando fazemos isso, não estamos genuinamente preocupados com os direitos dos outros. Pois somente quando podemos ser egoístas de maneira saudável, somos capazes de ter uma preocupação genuína pelos direitos dos outros.

A origem de ser egoísta é, na verdade, saudável. Ela diz: "Eu sou importante. Eu sou um aspecto de Deus, e como tal, em meu estado saudável e livre, eu sou feliz. Pois apenas uma pessoa feliz pode espalhar felicidade. Apenas uma pessoa que está crescendo de acordo com seu potencial e seu plano de vida é feliz. Então, ser feliz e cumprir meu destino é a mesma coisa. Eu não posso ter um sem o outro.

"Eu sou responsável pela minha própria vida e a forma que ela assume. Ninguém pode determinar meu crescimento por mim, então ninguém mais é responsável pela minha felicidade. Não vou fingir que sou bondoso para poder "comprá-los" e sutilmente atribuir minha própria responsabilidade a eles. Não vou desistir dos meu direitos, escravizando-me e fingindo que sou altruísta."

É importante que compreendamos isso o mais profundamente possível.

Não é possível assimilar muito. Medite sobre essas palavras. Precisamos procurar as maneiras que nos afastam involuntariamente dessas atitudes. Pois, quanto mais vivemos de um modo autorresponsável e sadio, mais seguros nos sentiremos. Porque segurança é o que nós sentimos quando estamos ancorados em nós mesmos. Quando estamos na verdade, o núcleo divino pode germinar dentro de nós e suas raízes se tornam nossa âncora.

Quando nosso egoísmo é falso, perdemos nosso centro. Então, ancoramo-nos em outra pessoa por quem nos sacrificamos. Esse tipo de sacrifício não é feito com amor genuíno. Não há doação gratuita e espontânea acontecendo. Na verdade, quando há amor genuíno presente, a ideia de sacrifício não existe. E assim, o ato de dar é tão prazeroso, é egoísta como também é altruísta. Ser altruísta é egoísta e vice-versa.

Em comparação, existe uma negociação interna acontecendo no altruísmo de sacrifício. Há um excesso de sensibilidade no exterior e um desejo secreto interno de se dar bem. Mas essa bondade é sem amor e não nos ajuda de forma alguma a crescer.

Quando nossa segurança é ancorada na aprovação das outras pessoas, ao invés de ser no nosso Eu Real, contamos que isso nos trará respeito próprio e felicidade. Mas não conseguimos compreender as mensagens enviadas pela nossa alma. Estamos desconectados do nosso centro vital, então nos debatemos oscilando entre alternativas contraditórias. Ficamos confusos sobre o que é certo e o que é errado, para nós mesmos e para as pessoas em nossas vidas.

Nesse modo de ser descentralizado, seguimos um caminho em que ser altruísta é associado à infelicidade, que está associado com ser bom. E isso é apenas o começo. Esse erro vai ficando pior, ganhando velocidade à medida que avança. Muitas reações em cadeia ocorrem e elas são conectadas a emoções destrutivas. Aqui estão apenas alguns dos nossos erros: enganamo-nos sobre o que significa "ser bom". Confundimos dependência com preocupação pela pessoa que somos dependentes. Nossa impotência e falsa humildade se transformam em raiva, ódio e rebelião. Quanto mais nos esforçarmos para manter *esses sentimentos* cobertos—para não atrapalhar o castelo de cartas que construímos—maior será a diferença entre as emoções superficiais e aquelas que ardem no subsolo.

Quanto mais assumimos um altruísmo exterior que é falso, mais a agressividade gerada cria um egoísmo oculto que é totalmente destrutivo. Agora, emocionalmente, não nos importamos nem um pouco com as pessoas que gostaríamos de tirar de seu caminho e de todos os seus direitos. Os outros não têm realidade para nós, pois nós mesmos não damos realidade para nós mesmos.

De onde vem nosso desejo secreto de ser egoísta? Vem do nosso medo e da nossa culpa—eles formam uma obstrução dentro de nós que parece ser invencível—causados pela grande diferença entre a imagem exterior e o que está acontecendo por dentro.

Se não soubermos ser egoístas de uma maneira adequada e saudável, não teremos uma percepção de nós mesmos na realidade. E então, a vida se torna um jogo para ver quem pode atravessar com mais facilidade, ganhando o máximo enquanto faz o menor investimento possível. Pois, se não nos levarmos a sério, se não considerarmos o nosso crescimento e felicidade, como podemos considerar as outras pessoas como reais? E se os outros não são reais para nós, como podemos nos importar com eles e seu verdadeiro ser?

Quando estamos perdidos na ilusão de que é sempre ruim ser egoísta e sempre bom ser altruísta, a dualidade e o erro ficam descontrolados. Inevitavelmente, haverá conflito entre o que é melhor para nós e o que é melhor para os outros. E isso irá parecer, de fato, um conflito real. Mas, nesse nível de incertezas, é mesmo um conflito.

Mas, uma vez que transcendemos a dualidade, esses conflitos desaparecem. Pois o que é bom para o nosso Eu Real deve—absolutamente e inevitavelmente—ser bom para o Eu Real da outra pessoa. A felicidade e o crescimento finais serão para todos. No reino da verdade universal, que se encontrada nas profundezas da realidade interior, nunca pode haver qualquer conflito entre o que é bom para as pessoas. Os conflitos apenas existem quando impomos falsidade, egoísmo destrutivo e exigências que exploram outras pessoas. E somente as coisas que bloqueiam o desenvolvimento da verdade e da felicidade ficam em nosso caminho.

Quando a dualidade considera o egoísmo de uma maneira que o torna destrutivo, causando destruição do crescimento, até parece correto se sentir feliz. Para aquele que se sacrifica, isso gera uma humildade falsa e, portanto, um orgulho falso. Aquele que aceita o sacrifício se torna um explorador, embora ele o faça com o disfarce de estar correto. Mas, nem aquele que se sacrifica falsamente e nem aquele que aceita e explora estão se ajudando para a revelação da verdade e da beleza.

Mesmo que, superficialmente, pareça ser uma situação correta, ela realmente pode ser? O que está acontecendo na psique das pessoas envolvidas? Aquele que aceita o sacrifício deve sentir muita culpa. Mas ele não se permite olhar para ela, pois essa estrutura frágil que foi construída pode entrar em colapso. E eles não querem ficar sem ela. Como já mencionamos, a raiva e a rebelião começam a ferver na pessoa que se sacrifica, encoberta por uma sensação falsa de bondade e uma sensação na psique de que é uma vítima.

O porquê precisamos de coragem

Quando reconciliamos a polaridade entre egoísmo e altruísmo, aceitamos a nós mesmos como o centro da existência. Não fazemos isso considerando que somos mais importante do que qualquer outra pessoa, mas sabendo que nosso ego é responsável por nossa vida. É o veículo, o capitão que determina qual caminho devemos seguir.

Apenas, então, podemos compreender que somos um com os outros *interiormente*. Teremos a experiência e a percepção de que nosso interesse próprio nunca interfere no interesse de outra pessoa, não onde realmente conta, nos níveis mais profundos. Mas nosso interesse próprio saudável quase sempre interfere nos interesses egoístas de outra pessoa. É por essa razão que sempre há a necessidade de muita coragem e muito esforço para seguir nosso verdadeiro interesse próprio.

Ironicamente, estamos cercados por um mundo que luta exatamente contra isso, enganando-se ao afirmar que quando seguimos o nosso interesse próprio verdadeiro estamos sendo egocêntricos e egoístas destrutivos. É por isso que precisamos ser fortes o suficiente para enfrentar a desaprovação do mundo quando decidimos seguir nosso próprio caminho espiritual. Se estivermos realmente seguindo nosso próprio caminho espiritual, só poderá trazer felicidade. Mas como o mundo está preparado a acreditar que qualquer coisa feliz deve ser egoísta e errada, vamos precisar de uma dose de independência para não sermos influenciados por isso, ou nos sentirmos falsamente culpados ao fazer algo que não merece culpa nenhuma.

É claro que a felicidade extasiante não será a primeira coisa que vamos vivenciar. Sinto muito dizer, mas precisaremos vencer alguns obstáculos e resistências antes de sentirmos que trilhar um caminho de crescimento não é trabalhoso e nem infeliz. E, aliás, pode realmente ser a experiência mais feliz que se possa imaginar. Porém, antes que essa verdade possa se revelar para nós, precisaremos eliminar todos os nossos enganos.

Se compreendermos isso e estivermos prontos para prosseguir daqui, fazendo o trabalho de autodescoberta, estaremos prestes a experienciar um novo e maravilhoso despertar. Podemos começar perguntando: "O que me deixa mais feliz?" Se formos investigar profundamente para responder essa questão, descobriremos que o que nos faz realmente felizes deve ser construtivo e trazer crescimento. Seja o que for, nos conectará mais com a vida e, portanto, também com Deus.

Além disso, se continuarmos com nossa investigação, sem hesitação, descobriremos que o que é de nosso melhor interesse, não pode ir contra o interesse verdadeiro de ninguém. Na realidade, ele auxilia o desenvolvimento das pessoas cujos interesses egoístas e doentios afetam nosso *self* dependente e medroso. Essa é a parte de nós que não quer se responsabilizar. Também é possível que o que for melhor para nós vá contra o interesse da estagnação para nós e para os outros.

Quando olharmos isso claramente e sem sentimentalismo, encontraremos a coragem de ser quem realmente somos. Ela virá da nossa visão verdadeira. As falsidades desaparecerão e com isso, muito sofrimento e tensão vão se dissipar. O núcleo central em sua simplicidade é tudo que irá permanecer. Ele é a semente do crescimento e do desenvolvimento da alma. Ele contém os frutos da felicidade, prazer e estimulação vibrante, os quais compõe a bondade do mundo de Deus. É uma distorção do mundo de Deus fazer algo ser louvável, quando não auxilia a evolução da alma.

"Sejam todos abençoados, meus amigos, estejam profundamente na verdade do seu ser divino. Permitam-se tornar cada vez mais o que vocês realmente são—Deus."
–O Guia Pathwork

Capítulo 6

A autoidentificação através dos estágios do despertar da consciência

Vamos olhar agora para a consciência a partir de um ângulo diferente. Nós, humanos, temos dificuldade em entender que a consciência é algo que permeia toda a criação. Nossas mentes humanas estão projetadas para pensar que a consciência é exclusivamente relacionada à forma humana, associada ao cérebro e a um subproduto da nossa personalidade. Mas isso não é assim.

A consciência não precisa estar ligada a uma forma fixa, portanto, está em todos os lugares. Também está em todas as coisas, incluindo, é claro, todas as partículas de matéria. Na matéria inanimada, a consciência está solidificada, do mesmo modo que a energia está petrificada em um objeto inanimado. Essas duas coisas—consciência e energia—não são a mesma coisa, mas são aspectos relacionados de manifestação de vida.

À medida que a evolução segue seu curso, a energia e a consciência se tornam cada vez mais móveis e vibrantes, dessa forma as coisas se movem mais rápido. No caso da consciência, ela ganha discernimento. E no caso da energia, ela ganha maior criatividade para tomar formas e ter movimento.

Por um longo tempo, a consciência passou por uma fase de separação. É impossível explicar com palavras o processo de como isso aconteceu. O resultado, porém, é que agora aspectos da consciência flutuam no universo, por assim dizer. Todas as características que podemos pensar, todas as atitudes conhecidas pela humanidade, todos os traços de personalidade que podemos imaginar é uma manifestação da consciência. E cada partícula de consciência que ainda não está integrada no todo precisa ser sintetizada e unificada com tudo o que existe para, assim, criar um todo harmonioso.

Precisamos usar nossa imaginação, neste momento, para conseguir compreender. Por exemplo, podemos imaginar que alguma característica de personalidade familiar possa existir separada de uma pessoa? Que a característica não é a pessoa *em si*, mas uma partícula livre e flutuante da consciência geral?

Não importa se a característica é boa ou má. Ela pode ser qualquer um destes: amor, perserverança, preguiça, impaciência, inatividade, teimosia, bondade ou malícia. Cada um deles deve ser incorporado à manifestação de personalidades. Pois essa é a única maneira de cada um deles ser harmonizado e purificado, enriquecendo a consciência que está manifestando e criando as condições para a unificação da consciência conforme a evolução se desenvolve.

Acerca da unificação. É importante perceber que, se um aspecto da consciência for destrutivo ou desarmonioso, ele deve permanecer separado. Qualquer pessoa que tenha feito seu próprio trabalho pessoal pode comprovar isso. Os traços positivos, os quais são as partes construtivas da consciência, são uma parte harmonioso do bolo. Eles enriquecem o todo e expandem o campo de unificação por inteiro. A linguagem humana é muito limitada para tentar explicar isso mas, de qualquer forma, esse ensino nos beneficiará mais se a informação for prática e não abstrata.

Cada aspecto da consciência tem suas próprias características únicas, como vibrar em uma determinada velocidade, de acordo com sua natureza. Isso é verdadeiro para as coisas que podemos detectar com nossos cinco sentidos, bem como para muitas outras expressões sensoriais que não somos capazes de perceber. Pois existem infinitamente mais cores, aromas e tons do que conhecemos.

Os seres humanos são um conglomerado de muitos e muitos aspectos da consciência. Alguns estão puros desde o início, outros já foram purificados e outros aspectos ainda estão negativos e destrutivos e, portanto, estão separados, como apêndices. Nossa tarefa, quando encarnamos, é transformar esses aspectos isolados e fundi-los com vários aspectos da consciência. Que maneira nova de explicar a existência humana!

Isso se aplica à humanidade e também a outros níveis superiores de consciência, onde as dificuldades não são tão dolorosas e severas. Tornar-se consciente que existem estados superiores pode nos ajudar no trabalho que precisamos fazer *aqui*. O nosso dilema é que geralmente não entendemos o que está acontecendo aqui. Estamos cegos em relação as dificuldades a que estamos presos e isso faz com que pioremos ainda mais a situação.

Em qualquer grau que haja tensão e dificuldade em uma pessoa, nesse mesmo grau os vários aspectos da consciência estão em conflito uns com os outros. Nós nos debatemos, tentando nos identificarmos com esse ou aquele aspecto, sem saber o motivo dessa dificuldade. Seguindo cegamente neste labirinto, também não temos consciência do que é nosso Eu Real, onde está localizado e como encontrá-lo em meio a essa confusão.

Não temos certeza se somos nossas melhores qualidades, ou se talvez sejamos a consciência rigorosa que nos repreende por nossos traços negativos. Ou talvez sejamos o demônio destrutivo que está escondido no interior? Onde está a nossa melhor parte? Temos raiva desse demônio? Ou fingimos que o demônio não existe? Se conhecemos as respostas ou não, esse tipo de busca está acontecendo dentro de nós, e é melhor se pudermos nos tornarmos mais conscientes de que essa dificuldade existe. Qualquer caminho de autoconhecimento precisará abordar essas questões, mais cedo ou mais tarde, pois, essencialmente, é um problema de identidade própria. Quem nós somos realmente?

Quem sou eu?

É um problema que os humanos se identificam com qualquer um dos aspectos que mencionamos. Pois não somos nossos traços negativos e também não somos a consciência que nos pune por eles. Não somos nem mesmo nossos traços positivos. Apesar de termos conseguido integrar as partes positivas na totalidade do nosso ser, não é a mesma coisa de nos identificarmos com elas. Seria mais correto dizer: eu sou a parte que conseguiu essa integração ao selecionar, decidir, pensar, agir e querer. Isso é o que me permitiu absorver em meu ser os aspectos que antes eram apenas um apêndice.

Cada aspecto da consciência que trabalhamos para curar e absorver tem uma vontade própria. Se já iniciamos o caminho de autocura, provavelmente já estamos cientes disso. Se estivermos lutando cegamente e nos perdendo, seremos controlados por cada um desses vários aspectos porque ainda não encontramos nosso Eu Real. Uma vez que nos identificarmos de maneira diferente com nosso Eu Real, encontraremos nosso poder. Nossa falta de senso de identidade nos leva a sentimentos de desespero.

Se, em nossa cegueira, acreditamos erroneamente que somos apenas nossas partes destrutivas, ficamos emaranhados em um tipo especial de batalha interior. Por um lado, vamos reagir com ódio contra nós mesmos, autopunição e autodestruição violentos. Por outro lado, visto que acreditamos que somos esses traços negativos, como podemos querer eliminá-los? Por que enfrentá-los e tentar compreendê-los?

Debatemo-nos entre: "Eu devo permanecer como eu sou, sem mudar e sem me aperfeiçoar, porque assim é quem eu sou e não quero deixar de existir", e "Eu sou tão terrível, não tenho direito nenhum de existir; Eu deveria me punir deixando de existir." Se acreditamos que esse conflito é real, como podemos suportar enfrentá-lo? Então, colocamos toda essa confusão para dormir.

E assim, prosseguimos a vida, vivendo "como se". Ao fingir, mudamos a nossa identidade para nossa máscara. Agora, nossa luta é para não expor a mentira que estamos vivendo. E deixar de fingir? Nunca. Pois a alternativa seria mergulhar novamente nessa luta dolorosa. Não é de se admirar que tenhamos tanta resistência! E, no entanto, isso tudo é um grande desperdício. Pois nada disso é sequer a verdadeira realidade. Porém, efetivamente, *existe* um Eu Real que não é nem nossos piores aspectos, nem nosso medo de existir e nem a capa que tenta encobrir tudo isso. Nossa maior preocupação: precisamos encontrar esse Eu Real.

Trabalhe com o que já temos

Antes que nosso Eu Real possa se manifestar completamente, já existe uma parte dele disponível para nós neste exato momento: o nosso eu consciente no seu melhor estado, como ele está agora. Pode ser apenas uma parte limitada do nosso ser maior, mas é quem nós somos. Esse é o "Eu" que precisa começar a organizar toda a nossa confusão. Na verdade, ele já se apresenta em muitas áreas da nossa vida, mas não o notamos. E, até hoje, ainda não o colocamos para auxiliar nessa situação, em que somos cegamente controlados por uma falsa identidade e por suas consequências.

É seguro identificar-se com o "Eu" que é capaz de fazer a decisão de enfrentar verdadeiramente esse conflito. Essa é a parte de nós que pode observar o que está acontecendo. E, à medida que acordamos e adquirimos um grau mais alto de autoconsciência, podemos tomar decisões e escolher nossas atitudes. Também podemos inverter essa situação e dizer que, à medida que tomamos certas decisões e escolhemos atitudes particulares, nossa consciência desperta e se expande.

A maioria das pessoas falha em colocar em bom uso essa parte da consciência que está disponível imediatamente para elas, utilizando-a onde sentem muito sofrimento e conflito. Não percebemos quanto poder essa parte de nós tem para ajudar a resolver esse problema de identidade. Mas assim que começarmos a fazer isso sistematicamente, uma mudança grande acontecerá em nossas vidas e alcançaremos um novo estágio em nosso desenvolvimento.

Podemos confiar em nosso conhecimento da verdade já existente. E podemos confiar em nossa capacidade de agir com boa vontade. Podemos invocar nossa capacidade de sermos positivos, corajosos e comprometidos nessa batalha para encontrarmos nossa identidade. E podemos escolher como proceder para lidar com esse problema. Na medida exata em que fazemos isso, nossa consciência se expandirá e se tornará cada vez mais impregnada pela consciência espiritual.

Se não estivermos colocando a consciência que já podemos acessar em uso, em como conduzimos nossas vidas, consequentemente a consciência espiritual não se manifestará através de nós. Mas se aplicarmos nossa consciência existente, então inspirações novas e entendimentos de sabedoria profunda emergirão das profundezas do nosso ser.

No entanto, se continuarmos seguindo a linha de menor resistência, cedendo ao envolvimento cego e desistindo de descobrir nossa verdadeira identidade, vamos nos conformar com uma existência lamentável e permanecer presos no velho costume de reagir por hábito e então justificar nosso mau comportamento. Se continuarmos nos entregando a comportamentos compulsivos e nos perdermos em desespero e pensamentos negativos, continuaremos dando voltas em nossa infelicidade e nossa consciência presente não poderá ser colocada em uso.

Como resultado, nossa consciência não se expandirá nem um pouco, nem irá transmutar e sintetizar os traços negativos com os quais agora identifica-se falsamente. A partir daqui, não podemos trazer valores mais profundos, não se não trabalharmos com os valores já disponíveis para nós. Esta é uma lei espiritual da vida que se aplica a todos os níveis do nosso ser. Não devemos considerar isso superficialmente.

Com que área nos identificamos?

Muitos desses ensinamentos tratam sobre o Eu Superior, o Eu Inferior e a Máscara. Esses três termos concisos, na verdade, cobrem uma área ampla, pois cada um compreende muitas variações e subdivisões. Para nossa conveniência, podemos classificar certos aspectos da consciência de acordo com a categoria a que pertence. Portanto, quando nos identificarmos com um aspecto particular ou grupo de aspectos, ficaremos submersos nessa área do nosso ser.

Por exemplo, uma expressão do Eu Superior é a boa vontade. Mas temos uma outra vontade para bem que não é um aspecto do Eu Superior, e podemos confundir os dois facilmente. No entanto, de modo algum eles são os mesmos. A segunda versão é a nossa vontade de sermos bons por uma questão de aparência. Aqui, usamos nossa bondade para negar nossa maldade, ou Eu Inferior. Fazemos isso quando a parte consciente de nós que decide e escolhe não querer aceitar o desafio de enfrentar nossos aspectos negativos.

Nossos aspectos destrutivos—as nossas partes demoníacas—estão obviamente em casa em nosso Eu Inferior. Mas, que tal a culpa enorme que sentimos sobre nossos aspectos destrutivos que ameaça nos punir e até mesmo nos destruir em relação aos aspectos do nosso Eu Inferior—certamente ela é uma expressão do nosso Eu Superior, certo? Não, não é, embora facilmente pareça ser. Na verdade, nossa culpa é mais destrutiva do que nossa própria destrutividade.

Nossa culpa surge completamente de nossa falsa autoidentificação. Se acreditarmos que realmente somos nosso demônio, a escolha parece clara: devemos nos destruir. Porém tememos a destruição e isso nos deixa presos ao nosso demônio. Mas se observarmos o demônio, agora demos um pequeno passo que é apenas o suficiente para começarmos a nos identificarmos com a parte de nós que observa.

Não se esqueça, nenhum de nós está inteiramente consumido por esse conflito. Se o caso fosse esse, não teríamos nenhuma esperança de sair dessa situação. Portanto, não somos nossos aspectos negativos. Podemos encontrar muitos aspectos do nosso ser onde utilizamos o poder do nosso pensamento criativo, expandindo nossa mente e, como resultado, construímos algo produtivo. Mas vamos nos concentrar naquelas áreas que não são tão brilhantes, onde não estamos sendo produtivos ou expansivos.

Enquanto formos incapazes—ou, mais apropriadamente, não tivermos vontade—de notar nossas partes destrutivas, estaremos perdidos nelas. Por isso, não é possível alcançar a autoidentificação apropriada. E, embora nosso desejo de esconder nossa destrutividade seja pior do que o que estamos escondendo, pelo menos mostra que desejamos acabar com nossa destrutividade. Assim sendo, nosso desejo de esconder a destrutividade do nosso Eu Inferior é uma mensagem mal colocada, mal interpretada e mal compreendida vinda do nosso Eu Superior, o qual anseia por liberdade. Portanto, é um modo errado de interpretar o desejo do nosso Eu Real e um jeito errado de aplicar uma solução.

(Aprenda mais em *A DESCOBERTA DO OURO: A busca por nosso próprio eu precioso*, Capítulo 13: Valores de ser versus valores de aparência.)

A nossa tarefa

Vamos nos voltar à parte de nós que observa e ver como podemos ativar e utilizar melhor nosso eu consciente. Pois queremos expandir este aspecto de nós mesmos, abrindo espaço para que a consciência universal se infiltre nele.

Quando começamos nosso caminho espiritual, nosso trabalho é eliminar nossa máscara, abrindo mão de nossas defesas e superando nossa resistência em expor nossos erros tão vergonhosos. Estranhamente, o que sentimos é que reconhecer nossos traços negativos traz uma nova liberdade. Por que isto é assim? A resposta óbvia é que simplesmente ter a coragem e a honestidade de nos enxergarmos na verdade é libertador e cria o alívio tão desejado. Mas também é mais do que isso.

Quando reconhecemos nossa parte destrutiva, uma mudança muito sutil, mas distinta, ocorre em nossa identificação. Antes disso, atuávamos cegamente em nossa destrutividade, então éramos controlados impotentemente por estes aspectos. Esta é uma indicação de que acreditávamos que eles eram quem nós somos.

Porque nos identificamos com eles, não podíamos reconhecê-los. Afinal, eles são inaceitáveis. Mas quando enxergamos o que antes era inaceitável, deixamos de ser inaceitáveis. Agora nos identificamos com a parte de nós que pode e decide olhar.

Então, outra parte de nós assume o controle e pode efetivamente fazer algo a respeito desses aspectos. No começo, pode ser que ela apenas observe-os e procure compreender por que eles estão aqui. Mas agora estamos em uma situação totalmente diferente de antes, quando nos identificávamos *com* os aspectos ruins.

No instante em que os identificamos, deixamos de nos identificar com eles. É por isso que nos liberta apenas reconhecer as piores partes da nossa personalidade, depois de eras de luta com nossa resistência para enxergar nosso eu atual na verdade. Quando fizermos essa distinção clara, será cada vez mais fácil nos tornarmos cada vez mais conscientes de nós mesmos, como estamos fazendo agora.

Quando fizermos isso—localizar, observar e descrever claramente quais são nossos aspectos destrutivos até agora—teremos encontrado nosso Eu Real, com o qual podemos nos identificar com segurança. A partir daqui, temos várias opções, sendo que a mais importante neste momento é a capacidade de identificar, observar e articular. Ao fazer isso, o ódio que sentimos por nós acabará. Mas enquanto negamos esse processo extremamente importante de identificação com nosso Eu Real, parece que não há como evitar odiar a nós mesmos.

O poder que agora utilizamos possui capacidades adicionais. Ele pode reconhecer e adotar novas atitudes livres de autojulgamento, o qual é tão devastador. Essa parte tem a habilidade de julgar a negatividade de uma forma verdadeira. Mas há um mundo de diferença entre esse tipo de crítica que auxilia a acreditar que o que julgamos é a verdade de quem somos. É útil perceber que essa parte de nós mesmos—a parte que reconhece nossa destrutividade—tem outras opções disponíveis, tornando-a muito mais próxima da nossa realidade suprema.

Observe como é diferente a sensação de saber que a tarefa do ser humano é carregar os aspectos negativos conosco com o propósito de transformá-los e reintegrá-los ao todo. Essa perspectiva abre espaço para a verdade sem o sentimento de desespero. Observe como é digno considerar que estamos realizando esta importante tarefa pelo bem da nossa evolução!

Então, quando chegamos a este mundo, trazemos os aspectos negativos conosco. Existem leis significativas que determinam quais aspectos iremos trazer, mas cada pessoa cumpre uma tarefa imensa fazendo este trabalho. Alguém que não se oferece para fazer esse tipo de trabalho pode, de fato, já estar bastante purificado e, portanto, relativamente harmonioso e evoluído. Mas, eles não estão contribuindo para a evolução universal como nós estamos, quando fazemos este trabalho de autorrealização. Nossa tarefa nos dá motivos para sentirmos grande dignidade, que supera o sofrimento momentâneo que se acumula pelo fato de termos perdido de vista quem realmente somos.

Quando lidamos com os reinos que estão além da dualidade, sempre nos deparamos com algumas supostas contradições. Isso é exatamente o que acontece quando nos aproximamos da realidade suprema. Uma delas é o seguinte: devemos reconhecer nossos aspectos ruins como parte de quem somos e assumir a responsabilidade por eles, antes de podermos realmente compreender que eles não são quem somos. É totalmente possível ser responsável por eles e não acreditar que são nossa única realidade.

Somente quando assumimos a responsabilidade por eles, chegamos a esta compreensão maravilhosa de que não somos eles. Em vez disso, estamos carregando algo em nós pelo qual estamos dispostos a assumir a responsabilidade, com o propósito da evolução. Após darmos esse passo importante, estamos prontos para o próximo passo: integração.

Então, para recapitular os passos que demos até agora:

1) Nós estamos meio adormecidos, vivendo em um estado de não saber quem somos e lutando cegamente contra tudo que odiamos em nós mesmos, conscientemente, semi-conscientemente e inconscientemente.

2) Então, começamos a nos despertar, observando e falando claramente sobre o que não gostamos. Podemos sentir agora que este é apenas um aspecto de nós, e não a verdade secreta e suprema sobre quem somos.

3) Cada vez mais somos o "Eu" que observa e tomamos consciência de que podemos fazer novas escolhas. Descobriremos opções e possibilidades com as quais nunca sonhamos antes, não através de mágica, mas experimentando maneiras de ser que ignorávamos. Essas atitudes novas incluem: autoaceitação sem exagerar as coisas como elas são; aprender com nossos erros; perseverar para continuar, mesmo quando não temos sucesso imediato; começar a ter fé nos potenciais desconhecidos que se apresentarão somente quando adotarmos essas atitudes vencedoras.

Depois de começarmos a adotar essas novas maneiras de percebermos a nós mesmos, seremos capazes de avançar para o quarto e último passo:

4) Compreenderemos a razão dos nossos aspectos negativos e destrutivos, e isso os dissolverá para então poderem ser reintegrados.

À medida que nossa consciência se expande e se une com a consciência universal, a realidade espiritual pode se revelar ainda mais. Isso é o que significa nos purificar. Na medida em que fizermos isso, conduzindo nossas vidas dessa forma, a consciência geral do universo se tornará menos dividida em partículas separadas. É assim que todos nós trabalhamos juntos para alcançar a unificação.

(Aprenda mais em *LUZ VIVA*, Capítulo 14: Vergonha: o tipo certo e o errado, e *ESQUELETO*, Capítulo 12: Descobrindo a verdade sobre nós mesmos, incluindo nossas falhas.)

Dando o próximo passo

Quando considerarmos tudo o que acabamos de dizer, entenderemos muitas coisas importantes. Para começar, veremos como é importante reconhecermos nossos traços demoníacos que são baseados em uma distorção da verdade. Assumiremos a responsabilidade por esses aspectos destrutivos de nós mesmos que, paradoxalmente, libertar-nos-ão de nos identificarmos com eles. Saberemos completamente quem somos e veremos que as partes negativas são apenas apêndices, que podemos incorpor novamente a nós mesmos à medida que os dissolvemos. Ao fazer isso, sua natureza e energia de base podem se tornar parte da consciência de que somos, caminhando livremente neste mundo.

Não importa o quão desagradável seja nossa realidade atual, podemos lidar com ela. Ao aceitá-la e explorá-la, não seremos mais aterrorizados por ela. O poder verdadeiro do nosso Eu Real—como ele é neste momento—é que temos a capacidade de perceber o que está acontecendo e fazer escolhas diferentes. Os passos para a compreensão da maior consciência divina que estamos envolvem descobrir e conhecer o *self* de uma nova maneira.

Até que comecemos a dar esses passos, nosso *self* mais verdadeiro e profundo continuará sendo uma teoria e um potencial. Não fará parte da nossa realidade atual. Podemos saber sobre ele, até mesmo acreditar que existe. Mas não seremos capazes de acessá-lo até que utilizemos a consciência disponível para nós, neste momento, para resolvermos nossos problemas do cotidiano.

À medida que passamos por esses quatro estágios, nossa mente consciente se abre para sabedoria e verdade novas. Junto delas virá energia, sentimentos fortes, amor e a capacidade de vencer opostos dolorosos. Nossas vidas serão enriquecidas ao nos reorientarmos para criar mais prazer e alegria.

Quando começamos a nos identificar com nosso Eu Real, ocorre uma grande mudança profunda em que o medo, que parece não ter fim, que sentimos em nossa alma vai embora. Muitos de nós podem não sentir esse medo conscientemente. Mas quando estivermos no limite do nosso trabalho, prontos para atravessar o limiar de um estado para outro—enquanto nos preparamos para a mudança, deixando de estar perdidos, cegos e confusos para nos tornarmos nosso Eu Real—esse medo surge. Mais corretamente, ficaremos conscientes dele.

Para alguns, esse período de transição pode durar semanas. Para outros, pode durar muitas encarnações. A escolha é nossa. Podemos esconder nosso medo ou enfrentá-lo. Se optarmos por enfrentá-lo de frente, passaremos por essa fase de transição mais rapidamente. Não ganhamos nada ao escondê-lo. De qualquer forma, deixará marcas indeléveis em nossa vida.

Entretanto, nossos medos ocultos não são menos dolorosos e limitam menos nossa vida do que a própria experiência do medo em si. Na verdade, é exatamente o oposto que é verdade. O medo somente existe porque ainda não sabemos que existe um Eu Real além dos aspectos negativos que odiamos. Se não tivermos coragem o suficiente para explorar se esse medo é justificado ou não, não podemos descobrir que não é. Desse jeito, nunca aprenderemos a verdade de que somos muito, muito mais do que tememos ser.

Grande parte da humanidade está à beira, desejando dar esse passo. Mas então nós hesitamos. Pois essa beira parece ser um penhasco. E assim, contentamo-nos com uma existência incompleta. Não atravessamos para o próximo estado e o medo fervilha em nossa alma. Então, negamos esse medo, empurramo-lo para baixo da nossa consciência, onde esse medo reprimido causa danos em nossa personalidade. Ficamos cada vez mais perdidos, à medida que nos tornamos mais e mais alienados do núcleo central do nosso ser.

Quando finalmente nos comprometemos a enfrentar nossos medos, o medo em si desaparece. Percebemos que podemos descobrir quem verdadeiramente somos. A vida não precisa ser terrível. Ela pode ser completa e rica, aberta e infinita. Logo que começamos a nos observar, mudamos nossa identidade e não sentimos mais o desejo de nos destruir. Nem precisamos esconder nossa identidade atrás de uma máscara, já que nossa identidade verdadeira não é o demônio odioso ou o ego mesquinho e egoísta. Em resumo, ao nos identificarmos com nosso Eu Real, retiramos o medo da destruição. Esse não é apenas o medo da morte, mas o medo de ser destruído e eles não são iguais.

Fazendo escolhas

Vamos voltar à mente consciente à qual temos acesso neste momento. Ela tem a capacidade de observar o *self*—ou um aspecto separado do *self*—e ela pode fazer escolhas. E a atitude que escolhemos para abordar nossos traços indesejáveis e subdesenvolvidos fará diferença. É a chave para nossa expansão.

Muitas vezes acredita-se que despertar ou expandir nossa consciência é um processo mágico que acontece repentinamente. Mas, não é. A única maneira de se despertar—alcançar a verdadeira consciência espiritual—é prestar atenção ao material em nós que atualmente não está sendo completamente satisfeito. Todos os momentos que estamos deprimidos ou ansiosos, sempre que nos sentimos desesperados ou qualquer outra atitude negativa sobre uma situação, nós temos opções.

Mas será necessário um ato interior de vontade da nossa parte para despertar as forças dormentes e colocá-las em movimento. Quando usamos o potencial que está disponível para nós realizarmos isso, um poder muito maior se revela. Isso acontece de modo gradual e orgânico. Muitas vezes, as pessoas se sentam em uma almofada ou fazem alguma outra prática espiritual, esperando que um milagre aconteça. Enquanto isso, sua mente está emaranhada em negatividade. Ficaremos decepcionados ou desiludidos. Mas aqui está a verdade: nenhum exercício, esforço ou esperança por uma graça jamais nos trará consciência genuína, ou fará nosso Eu Real se manifestar.

Existe um poder imenso em nossos pensamentos. A maioria de nós subestima o que podemos fazer com essa energia criativa. Assim como negligenciamos o poder que temos para recriar uma vida melhor para nós mesmos. Fazer uso desse poder é desafiador, mas também é uma aventura fascinante. Agora mesmo, podemos começar a explorar as partes mais profundas da nossa mente consciente, em busca de maneiras novas e melhores de enfrentar nossas dificuldades. Qual seria uma maneira mais construtiva de reagir? Não somos obrigados a reagir da maneira como o fazemos. Cada um de nós tem muitos pensamentos e, portanto, muitas possibilidades à nossa disposição. Podemos estabelecer um novo objetivo.

Se resistirmos em nos observar e mudar nossa identificação, permaneceremos identificados com o que mais odiamos em nós mesmos. Na medida em que for esse o caso, não poderemos acessar novas opções. Mas se pudermos fazer essa pergunta a nós mesmos: "Que atitude eu quero ter em relação ao que observo em mim e que eu não gosto?" com isso teremos feito grandes avanços.

Na verdade, saber que podemos mudar as nossas atitudes é uma das descobertas mais significantes que podemos fazer nesta fase da nossa jornada espiritual. E isso não requer uma grande revelação do nosso Eu Real. Significa simplesmente que estamos utilizando o que temos para trabalhar e que fizemos disponível a nós mesmos ao longo de todos os milênios em que viemos evoluindo.

Quais são nossas escolhas em relação a nossa postura sobre o que observamos? Podemos continuar completamente desanimados e sem esperança, achando que é impossível mudar e ser diferentes—que isso realmente é tudo que existe para nós. Aliás, é isso que temos feito até agora, apenas sem estar conscientes disso. Ou poderíamos optar pelo caminho que também é errado, mas na direção oposta, imaginando que temos o poder de fazer mudanças drásticas da noite para o dia. Essa opção não é melhor ou mais positiva, já que inevitavelmente também levará ao desapontamento, mas com um extra de negatividade justificada. Tanto o desespero irrealista quanto a esperança mágica irrealista são extremos e cada um leva a um círculo vicioso que nunca pode nos levar ao nosso Eu Real.

Então, essas são as únicas opções? Nossa mente não consegue pensar em mais nenhuma outra opção? Que tal algo assim: "Há grandes chances de eu esquecer e me perder novamente na cegueira durante o percurso do caminho. É um reflexo condicionado, mas isso não significa que vá me atrapalhar. Vou precisar me esforçar cada vez mais para encontrar meu caminho, procurando pela chave. Eu posso fazer e vou fazer isso. Aos poucos, me vou me tornar mais forte e vou descobrir energias e recursos novos que eu não tinha antes.

"Eu não vou mudar de ideia e desistir pelo fato de que demora para construir algo bonito. Eu vou ter paciência comigo mesmo. Eu não vou ter a expectativa infantil que todo meu trabalho seja feito de uma vez. Minha escolha é usar todos os meus poderes para fazer este trabalho, mas também serei realista. Gostaria que meu Eu Real me guiasse. Mas se eu ainda não consigo ouvir o que ele está me dizendo—porque no começo minhas energias podem ser muito densas e minha consciência muito adormecida—vou confiar e esperar, e não vou desistir.

"Eu quero dar o meu melhor para isso que chamamos de vida. Eu vou tentar observar sempre o que não gosto e explicá-lo para que possa identificá-lo com mais facilidade no futuro e não ser identificado com ele. Eu vou procurar maneiras de compreender tudo que descobrir e, eventualmente, serei capaz de superar isso."

Nós temos a opção de escolher uma atitude como essa. Isso não é mágica. É uma escolha, e podemos fazer essa escolha, começando agora. Em cada dilema, temos a opção de observar e identificar, em vez de ficarmos submersos e perdidos. O conhecimento já existe em nós e podemos aplicá-lo em tudo o que encontrarmos. Utilizar o conhecimento a que temos acesso agora ampliará as opções do que podemos saber e sentir.

Quanto mais fazemos isso, mais expandidos nos tornamos. Iremos integrar nossos aspectos separados na força universal da vida e nos tornaremos essa força. Isso acontece melhor se tivermos um diálogo interno composto por três partes. O eu consciente, ou ego, precisa conversar com os aspectos demoníacos, ou Eu Inferior, bem como com o eu divino, ou Eu Superior. Isso permite que o Eu Superior se comunique diretamente com o Eu Inferior. E como qualquer conversa significativa, ambos os lados podem se expressar nesta conversa tríplice.

Podemos levar algum tempo em nosso caminho espiritual antes de estarmos prontos para entrar nesse diálogo. Mas, ao observar a nós mesmos, colocamos as rodas em movimento para que isso aconteça, conforme nosso Eu Real—composto atualmente pelo Eu Inferior e o nosso Eu Superior— se revela. Quando pudermos ouvir essas vozes interiores trabalhando juntas para descobrir a verdade, então saberemos que este é quem realmente somos. É aqui que reside nosso verdadeiro poder. Neste lugar, não há nada a temer.

"Meus amigos, esta palestra requer uma atenção cuidadosa. A maior parte do conteúdo não pode ser compreendida de início porque é difícil. Vocês precisam concentrar sua mente, utilizar sua boa vontade e, também entrar em contato através da meditação com reinos mais elevados de realidade e poder espiritual para ajudá-los a absorver e colocar em uso o que eu disse."
–O Guia Pathwork

(Aprenda mais em *PÉROLAS*, Capítulo 14: Meditando para conectar as três vozes: o ego, o Eu Inferior e o Eu Superior.)

Capítulo 7

Experiência interior e exterior

Muitas filosofias espirituais concordam que a experiência é de muita importância. Poderíamos até dizer que o verdadeiro significado da vida é experienciá-la, em todas as suas diversas facetas—respirar toda a sua profundidade e grandiosidade. Quando um ser espiritual é chamado para esta esfera dualista—para este plano material—somos atraídos para cá conforme onde estamos em nosso desenvolvimento. Nossa consciência é limitada e por isso grande parte da verdadeira realidade não é visível.

A única maneira de experienciar mais a vida é nos expandindo. Para fazer isso é necessário virmos aqui muitas vezes até que todos os nossos bloqueios contra a vida tenham sido eliminados e que tenhamos provado, saboreado e assimilado tudo sobre a vida. Assim, podemos experienciar a totalidade da vida, em todo o seu esplendor.

Geralmente, quando ouvimos a palavra "experiência", pensamos em uma experiência exterior. Entretanto, este não é o verdadeiro significado da palavra. O significado real é experiência interior. Ou seja, podemos ter experiências exteriores de todas as formas, mas se a nossa experiência interior for impedida, a experiência exterior não terá muito significado.

Podemos viajar para longe e para muitos lugares. Podemos experienciar muitos tipos de situações, experimentando todas as "experiências" que pudermos. Podemos olhar a vida de todos os ângulos, experienciando a arte, a ciência e a natureza. Podemos fazer todas essas coisas, aprendendo tudo que nosso cérebro é capaz de dominar. Porém, se a nossa experiência interior estiver morta, todas essas experiências acrescentarão pouco, se acrescentar algo, à nossa vida.

Na realidade, é até possível que as experiências exteriores aumentem nosso desespero. Pois é muito inquietante não compreender a causa do que está acontecendo. Uma pessoa pode ter tudo o que sempre quis e, ainda assim, permanece uma insatisfação incômoda. Elas podem tentar conseguir mais coisas ou correr atrás de mais realizações, mas viver uma vida frutífera se torna cada vez mais difícil. Pois a capacidade interior de vivenciar a vida plenamente não foi cultivada. O solo interior não foi preparado. Pior ainda, foi praticamente destruído.

A importância dos sentimentos

Para que a experiência interior seja possível, precisamos ser capazes de sentir. Se todos os nossos sentimentos estiverem bloqueados, nenhuma experiência interior pode acontecer. Quando amortecemos os nossos sentimentos, amortecemos toda a vida. Como resultado, não podemos sentir nossas vidas. E por isso é que precisamos retornar à existência material diversas vezes até aprendermos a saborear a experiência, da melhor maneira possível, considerando onde estamos em nossa jornada espiritual.

Para saborear a vida completamente, precisaremos eliminar as defesas que construímos para não sentir nossos sentimentos. Isso significa que precisaremos superar nosso medo dos sentimentos dolorosos. Precisaremos aceitar o que tememos, vivenciando aquele sentimento como ele se apresenta neste momento. Há uma grande chance de como nos sentimos agora ser o resultado de sentimentos de muito tempo atrás, que nunca experimentamos plenamente. Eles estiveram estagnados por todo esse tempo e, criando um bloqueio em nosso sistema.

Sempre que tememos um sentimento, bloqueamos a experiência. Ficamos dormentes. A negação e esse tipo de anestesia emocional muitas vezes parecem ser as únicas proteções que temos contra sentir dor e sofrimento. E ainda, enquanto fazemos nosso trabalho de cura pessoal, o que descobrimos é o seguinte: o que realmente está causando nosso sofrimento é nossa luta contra o que tememos.

Independentemente do que nos atingia de fora quando estávamos desamparados e indefesos, não nos afetará se aprendermos a recebê-lo da maneira correta—de maneira saudável. Essa, meus amigos, é a única maneira de nos livrarmos do que é indesejável. Quando ousamos experienciar—dentro de nós—o que quer que venha até nós, não será mais uma ameaça.

Enfrentando nosso pior sentimento

Agora olharemos mais profundamente o significado da nossa experiência emocional interior. Em particular, exploraremos o que acontece quando bloqueamos nossos sentimentos e, portanto, impossibilitamos nossa experiência interior.

De todas as nossas emoções, qual é a mais destrutiva? É o medo. Quando não reconhecemos e transcendemos nosso medo, ele se torna tóxico. O medo é uma energia venenosa que, quando inconsciente, manifestar-se-á indiretamente, tornando-se ainda mais debilitante. E o medo mais traiçoeiro é o medo dos sentimentos. É mais destrutivo do que o medo de algo que está fora nós. Pois, se tememos um perigo real, podemos superá-lo. Em alguns casos, vamos exagerar o medo que temos de alguma situação exterior, o que não seria tão prejudicial, exceto que essa fobia é a expressão de um sentimento que ainda não reconhecemos ou sentimos.

Podemos lidar com qualquer coisa que está fora de nós através de ações exteriores. Com os sentimentos, entretanto, apenas podemos lidar com eles se os vivenciarmos. E eles não podem ser vivenciados quando são negados. Quando temos medo de ser rejeitados, de não conseguir o que queremos, de ter nosso orgulho ferido, ou quando temos medo da dor ou da solidão, em todos esses casos, nosso sentimento primário é o medo.

Somente experienciando o que tememos—por exemplo, a rejeição—sentiremos a dor que ela causa. Desse modo, estamos basicamente lidando com o medo da dor. Quando nos permitimos entrar no medo, podemos sentir a dor. E assim a dor vai ser liberada e desaparecerá, e teremos dominado uma parte da vida que não precisaremos evitar nunca mais.

O que geralmente fazemos é evitar cegamente nosso medo da dor até perdermos a noção de que tememos uma dor específica. Não sabemos mais por que nos sentimos anestesiados e mortos por dentro. Quando fazemos isso, criamos um bloqueio magnético de energia em nossa psique, o qual é uma força poderosa. E esse bloqueio magnético irá atrair para nós exatamente a experiência que queríamos evitar.

Agora, a dor que estávamos evitando chega para nós pelo exterior. Isso acontecerá muitas vezes, até que não possamos mais fugir dela. Essa é uma lei espiritual da vida.

Se chegarmos ao mundo com um medo desses, as circunstâncias da nossa vida irão trazer à tona as mesmas condições das quais fugimos em uma vida anterior. Em outras palavras, se as circunstâncias do início da nossa vida foram difíceis—repleta de dor e privação—e novamente nos protegermos negando a dor, em vez de experienciá-la completamente, mais tarde na vida as mesmas circunstâncias se apresentarão de um modo que replica aquelas condições anteriores.

Isso continuará acontecendo até nos abrirmos para o que tememos e permitirmos que a experiência *aconteça* em nós. Essa é a única maneira de dissolver a dor associada. Ao vivenciar completamente a experiência dolorosa, nós realmente a superamos. Isso dissolve a energia do bloqueio magnético e ela retorna para o fluxo geral de vida dentro de nós. Depois disso, a experiência que temíamos não irá mais acontecer conosco.

É possível que tenhamos evitado temporariamente a experiência que tememos, utilizando com sucesso nossas defesas interiores para desligar a vida de forma tão completa que nada pode nos atingir. E utilizando nossa força de vontade, podemos ter construído uma vida externa bastante agitada que consegue preencher nosso vazio interior, pelo menos até certo ponto. Isso funciona, contanto que não paremos. E, no entanto, isso nada mais é do que uma paz temporária antes de uma tempestade acontecer.

Eventualmente, a crise chegará, dando-nos uma outra chance de superar nosso medo. Pois quanto mais fugimos, quanto mais energia investimos para bloquear o sentimento que tememos, mais potente se torna o bloqueio magnético de energia e mais certamente atrairemos uma crise que pode ser exatamente o que precisamos curar—se escolhermos mudar nosso foco e prestar atenção à nossa vida interior.

(Aprenda mais em *ESQUELETO*, Capítulo 2: A importância de sentir todos os nossos sentimentos, incluindo o medo, e Capítulo 8: Como e por que recriamos as feridas da infância.)

O valor de ser vulnerável

Se quisermos vivenciar prazer, alegria e paz, precisamos não ter medo e estar relaxados. Esta é a única maneira de alcançar nosso potencial e expandir nosso Eu Real. Se nenhuma parte do nosso eu interior tivesse algo a esconder—se não tivéssemos nenhum território interior que achássemos que precisávamos defender e proteger—iríamos desfrutar de todo o nosso potencial para a criatividade e o prazer. Porém se nos protegermos contra qualquer partícula de imperfeição—contra qualquer tipo de experiência interior—então todos os tipos de experiências serão igualmente suprimidas. Não é difícil de enxergar isso.

Se passarmos a vida nos defendendo e nos protegendo contra nosso medo da dor—ou realmente contra qualquer experiência indesejável— tornaremo-nos tensos. Pois se escudar é o mesmo que estar tenso. Mas o prazer e a criatividade requerem um estado de relaxamento. Quando resistimos ao movimento em nossa vida interior, não podemos nos expressar. Nós nos separamos de uma parte vital de nós. Não é surpresa, então, que perdemos contato com nós mesmos e não sabemos mais quem somos e o que estamos fazendo!

Vivemos em um estado de vigia perpétuo, embora não pensemos conscientemente dessa maneira. Assim sendo, o primeiro passo em nosso caminho espiritual será dar uma boa olhada em nossas defesas. Depois de fazer isso, podemos prosseguir para a próxima pergunta: do que exatamente estou me protegendo? O que sempre descobriremos é que estamos nos defendendo de sentir uma dor que já sofremos.

Não somos capazes de ver, obviamente, o que aconteceu antes desta vida atual. Mas tudo bem. Essa vida é tudo o que precisamos ver. Seja quais foram as dores que vivenciamos no início dessa vida, elas são essencialmente as mesmas que sofremos na vida anterior. Os bloqueios de energia acumulados ainda residem em nosso sistema, atraindo os mesmos eventos continuamente. Com os bloqueios presentes também é impossível conhecer novas experiências de forma limpa, como se fôssemos uma nova lousa. Esses novos sentimentos difíceis são simplesmente adicionados a um reservatório em nosso ser. Mas, quando esvaziamos esse reservatório de resíduos, tendo vivenciado tudo o que acumulamos no passado, iremos lidar com as dores novas de uma maneira muito diferente.

Primeiramente, permaneceremos receptivos e vulneráveis durante a experiência, permitindo que a dor passe por nós de modo suave e gentil. Não lutaremos contra a dor e saberemos perfeitamente por que estamos sofrendo. Ao integrar uma experiência dolorosa desse modo, a onda de dor passará de acordo com sua própria natureza—às vezes passará rapidamente e outras vezes será mais lenta—a caminho de se dissolver em nosso fluxo interior de vida.

Como estaremos em um estado receptivo e relaxado, seremos capazes de acessar a inspiração e os recursos que, de outra forma, estariam bloqueados. A orientação virá de dentro, ajudando-nos a encontrar novas ações que farão diferença em nossas vidas e na vida daqueles ao nosso redor. Seremos preenchidos com uma vibração nova e continuamente crescente quando vivermos assim. Que alegria será saber que está tudo bem, em toda parte.

Mas quando evitamos os sentimentos dolorosos que tememos e, em vez disso, tentamos produzir alegria por meio do uso forçado da nossa vontade própria—alegria, entretanto, não podemos ter ao menos que vivamos sem nos proteger dos nossos medos—sendo assim, nossa vontade precisa ser destruída pela vida muitas e muitas vezes. Pois a vida—a força vital emanada do nosso núcleo central—não pode ser manipulada pela nossa mente pequena, repleta de medo e controladora.

Sempre que tentamos utilizar uma corrente forçadamente—"Eu me recuso a vivenciar isso e exijo vivenciar aquilo"—ao invés do fluxo relaxado de consciência, o qual é substância da alma que flui como água, nós inevitavelmente trazemos uma crise para nós, criando mais dor.

(Aprenda mais em *ESQUELETO*, Capítulo 7: Amor, poder e serenidade na divindade ou na distorção.)

A causa de uma crise de identidade

A dualidade com a qual estamos familiarizados como humanos vem principalmente do medo que não vivemos e, portanto, não foi dissolvido. Na realidade, estamos dizendo: "Eu não devo vivenciar isso." E é isso que cria dualidade. Nosso medo gera uma corrente positiva e uma corrente negativa e é essa corrente dividida a base onde se localiza o estado doloroso de dualidade. Tal dualidade se desenvolve mais quando evitamos os sentimentos. Pois ao evitar, nos fechamos para algo, e isso cria um movimento tenso de se agarrar urgentemente na direção oposta que interrompe fluxo da vida.

O ódio e a violência são causados por nossa forte negação interior. Nosso ódio se dissolverá quando desistirmos do nosso medo da dor, vivenciando completamente a nossa dor antiga. A dor em si se dissolverá retornando para seu estado natural de origem, o qual é um rio de vida tranquilo e vibrante que flui através das nossas veias. Cada um de nós é uma parte vital desse fluxo.

Portanto, nosso medo dos sentimentos não apenas bloqueia o que deseja fluir através de nós, mas também nos divide em um estado fragmentado. A única maneira de alcançar um estado de consciência superior e mais unificado é passando pelo que tememos. A unidade nunca pode acontecer se o medo for evitado.

Se o medo dos nossos sentimentos nos fizer bloquear nossa capacidade de sentir, ficaremos empobrecidos—pobres em espírito—e isso cria a necessidade de achar uma substituição. E que melhor substituição existe do que a mente limitada do ego. Em um esforço para não sentir o quão mortos e espiritualmente pobres nos tornamos e, para sentir que existimos, utilizamos nossa mente exterior muito mais do que é natural.

Em outras palavras, se não formos capazes de existir através do nosso eu livre e sensível, nossa vontade e nosso intelecto assumirão o controle, colocando-se exclusivamente no comando da parte de nós com sentimentos amortecidos. Isso nos dará a ilusão temporária de que estamos vivos. Mas essa vitalidade é precária e, a longo prazo, não é tão convincente. Pois a consciência que carece de sentimento, não tem brilho. Em resumo, nossa vida não terá brilho.

Uma vida incompleta como essa parecerá estéril e seca. E mesmo que cheguemos às formulações mais brilhantes com a nossa mente—uma mente que não está unificada com a nossa experiência interna dos sentimentos—teremos momentos secretos em que duvidaremos de que somos reais. Duvidaremos da nossa própria vitalidade.

É aqui que estamos hoje, em nosso estágio atual de evolução. Muitas vezes temos uma mente altamente desenvolvida, mas não somos capazes de viver plenamente. Às vezes denominamos essa condição—estar separado dos nossos sentimentos—de crise de identidade, que é o que acontece quando evitamos e reprimimos nossos sentimentos. Jamais podemos saber quem realmente somos quando nossa mente substitui a coisa real por sua suposta "vida", que é o eu interior e superior que tem a capacidade de sentir.

As armadilhas mentais levam à transferência

O que acontece com nossos sentimentos quando os negamos? Por exemplo, a tristeza. Para onde ela vai? Quando dizemos a nós mesmos: "Eu não preciso ficar triste. Eu não devo ficar triste," estamos essencialmente nos rebelando contra o sentimento de tristeza. A partir disso, desenvolvemos uma ideia errada de que estar triste é uma catástrofe. Se estivermos tristes, morreremos. Nunca expressamos isso completamente—para nós mesmos ou para outras pessoas—mas, mesmo assim, isso desencadeia o medo.

Nós exageramos o que consideramos ser verdade, transformando o medo em pavor. Agora temos o pavor de ficar tristes, e isso cria uma necessidade compulsiva de evitar ficar triste. Se as circunstâncias da nossa vida nos forçar a se sentir tristes—e isso acontecerá, já que inevitavelmente atraímos o que tememos—esse pavor pode produzir tanta perturbação interna que iremos, de fato, desmoronar.

É muito possível que não tenhamos consciência de quanta raiva rebelde em nós está alimentando nosso pavor, ou da ideia errada que agora temos sobre a tristeza, que nos faz lutar tanto contra ela. E agora, quando sentimos tristeza, em nosso atual estado emocional de desligamento, não parece tão ruim. Agora achamos que podemos suportar. No entanto, o problema não era que a tristeza em si não pudesse se expressar.

A verdade da situação é esta: nós podemos facilmente suportar qualquer sentimento puro e direto, não importa qual for ou por que o tenhamos. O que é insuportável—doloroso, desesperador e aterrorizador—é a luta interior criada por nossas ideias equivocadas. Quando é dito na Bíblia: "Conforme o que você acreditar, acontecerá com você," é exatamente sobre isso que estamos tratando. E isso não significa que uma mágica virá dos céus com recompensa para os que creem e punição para aqueles que duvidam. É apenas a descrição das dinâmicas que estamos abordando aqui.

A mente hiperativa cria esta imagem: "Eu vou perecer se tiver que ficar triste," mesmo que não estejamos conscientes de que estamos pensando assim. Com os conceitos mentais que criamos e que sustentam a crença de que não suportamos ficar triste—e que é perigoso—justificamos nossa recusa em nos sentirmos tristes. Uma maneira de fazer isso é criar caso contra as pessoas que nos entristece.

Nossa mente se esforça para justificar por que não deveríamos ter esse sentimento terrível. Assim, contruímos ilusões. E sempre parece ser muito difícil abandonar nossas queridas ilusões.

Sempre que negamos uma experiência original—como sentir a dor da tristeza—esse sentimento é transferido. Então, vivenciaremos esse sentimento em outro lugar, em outras situações, onde se transformará em autopiedade, depressão ou desespero. Esses sentimentos realmente *são* destrutivos e podem, de fato, nos derrubar. Se fosse ao contrário, o sentimento original de tristeza—se o tivéssemos vivenciado completamente e o conectado com o que nos deixou tristes—teria ido embora. Teria seguido seu transcurso natural se não o tivéssemos manipul, negando ou exagerando aquele sentimento.

Como se pode imaginar, é extremamente importante lembrarmos disso e colocá-lo em prática. Caso contrário, nossa distorção de um sentimento fará parte de um círculo vicioso, e é muito difícil sair dele. Outro aspecto de um círculo vicioso causado pela negação da tristeza é a negação da raiva e do ódio pela vida por ela nos deixar tristes.

(Aprenda mais em *ESQUELETO*, Capítulo 9: Imagens e os danos muito profundos que causam.)

Raiva

Vamos conversar sobre a raiva. Se experienciarmos nitidamente a raiva quando alguém nos machuca ou nos fere, ela se resolverá sozinha. Quando as outras pessoas negam sua verdade interior—seus sentimentos verdadeiros interiores—elas causam dor em nós, do mesmo modo que nós causamos dor nas outras pessoas quando não nos permitimos vivenciar os nossos sentimentos. Não importa se essa foi a intenção ou não. E podemos causar dor aos outros tanto pelo que fazemos pelo que não fazemos.

O clima de omissão—de não receber o que precisamos—na vida de uma criança é, na realidade, mais difícil de lidar porque nada realmente ocorreu. Não há nada em que possamos conectar nossa dor, tornando-a mais difícil de reconhecer e sentir, o que a eliminaria da nossa psique. É totalmente normal e saudável reagirmos inicialmente com raiva. Mas precisamos entender que é possível ter uma reação dessas e não agir de modo destrutivo em relação a outras pessoas. Assim, podemos aceitar nossa raiva sem nos julgar ou nos justificar para ninguém.

Podemos dissolver este sentimento se nos permitirmos sentir e seguí-lo até a dor que o causou. Então, tornamo-nos livres. Se, em vez disso, o negarmos, ele se transformará em hostilidade e crueldade. E isso, com certeza, precisaremos encobrir se quisermos nos ajustarmos aos os padrões da nossa sociedade. É assim que nos tornamos cada vez mais alienados do que realmente sentimos, enquanto distorcemos o sentimento original em algo mais difícil de controlar.

Solidão e Desespero

Vejamos o que acontece quando negamos os sentimentos originais de solidão e desespero, quando dizemos dentro de nós mesmos: "Eu nunca deveria ter que sentir isso. Eu deveria ser poupado dessa experiência de sentir desespero." Nesse caso, nossa negação faz com que nosso sentimento de desespero se transforme em amargura, falta de fé e isolamento, com uma angústia por não haver como sairmos dessa situação.

Se vivenciássemos o desespero original como ele é, sem adicionar camadas de conceitos ou conclusões mentais, ele iria desaparecer rapidamente. Ao senti-lo, sem criar nada além do que existe, estamos nos conectando com o que está realmente acontecendo em nós. Isso nos levará através do túnel da escuridão e novamente à luz da vida.

Experienciar o desespero momentâneo de forma pura e nítida não é o mesmo que forçar sutilmente um sentimento de desespero, que é resultante de uma corrente que foi forçada. Uma corrente forçada é o que usamos para manipular a vida e as pessoas que encontramos para substituir aquelas que nos causaram a dor original quando éramos crianças. Essa corrente forçada declara: "Eu exijo que você me dê tudo que estou pedindo. Você tem que me proteger de todos os sentimentos desagradáveis. Eu vou me sentir desesperada como forma de convencê-lo a fazer isso por mim."

Se formos capazes de decifrar e admitir uma mensagem tão irracional vinda do nosso interior oculto, o desespero artificial—que é sempre insuportável—que usamos para manipular os outros dará lugar a um novo *insight*. E isso nos levará de volta ao sentimento original que temos evitado.

Se conseguirmos compreender as nossas mensagens ocultas dessa maneira, daremos um pulo gigante rumo à autoconsciência. Iremos atravessar o túnel dos sentimentos originais e, do outro lado, encontraremos a verdade e as boas-novas da realidade espiritual: finalmente, a vida é segura.

A palavra "finalmente" não se refere a um momento muito distante daqui. Refere-se ao momento final em que temos fé e coragem para realmente explorar o que está dentro de nós e sentir o que está lá para sentir. Chegamos aqui sempre que permitimos acontecer o que está dentro de nós.

Chegamos ao objetivo final quando afrouxamos a armadura que criamos a fim de nos defendermos contra sentimentos desconfortáveis. Quando abandonarmos nossas defesas, vamos sentir e vamos chorar. Vamos tremer e nos contorcer. É assim que sentimos de forma direta e pura o sentimento original. Então, todos os resíduos de sentimentos se esvairão.

Teremos, então, uma experiência nova a cada dia, enquanto a onda da vida fluir por nós. Não viveremos mais atrás de uma parede impenetrável— uma parede pela qual nada pode atravessar, nem para entrar e nem para sair. Esse estado é o verdadeiro isolamento de um ser amedrontado e que não está mais em unidade. Uma pessoas dessas envia uma corrente forçada para o mundo dizendo: "Não, eu não vou sentir isso!" em uma posição de defesa sustentada por uma forte negação.

Medo

Agora vamos nos voltar para o medo. Quando negamos o medo, ele se transforma em uma ansiedade vaga que é muito mais perturbadora, pois agora não temos mais nada em que nos concentrarmos e, portanto, nenhuma maneira de lidar com ele. Mas se enfrentarmos nosso medo diretamente, nós também lidaremos com outros sentimentos, incluindo a dor, a raiva, o desespero e outros sentimentos semelhantes. Dessa forma, há uma saída. Mas, se a ansiedade substituir o medo, ela não oferece nenhuma saída.

Se estivermos perturbados ou vagamente irritados e não conseguirmos identificar exatamente o que aconteceu conosco, não devemos simplesmente ignorar isso, pois apenas criará mais camadas de separação e desorientação. Então, nosso trabalho é focar nas sensações que sentimos, confiando no fato de que existe algo tangível para encontrarmos e lidarmos com ele. Nós apenas precisamos tirá-lo de onde se esconde. Esse é o caminho que leva a uma experiência mais completa dos sentimentos presentes e passados.

Quando esvaziarmos o poço de sentimentos velhos, viveremos verdadeiramente na realidade presente e iremos parar de viver na ilusão de que estamos reagimos ao presente, quando na realidade estamos reagindo a um passado que continuamos a evitar.

※

Transformando dor em prazer

Qualquer pessoa que decida realmente acessar o núcleo central do seu ser pode fazê-lo a qualquer momento. Precisamos apenas tomar a decisão de olhar, sentir, vivenciar e parar de projetar para o mundo exterior o que está dentro de nós. Podemos permitir que os sentimentos aconteçam em nós, até mesmo os sentimentos de decepção, medo e dor. Podemos permitir que eles cheguem à sua resolução, transformando-os de volta no fluxo original de vida. A boa notícia é que, quando nós fizermos isso, não teremos mais medo dos nossos sentimentos e, assim, esses sentimentos difíceis gradualmente deixarão de vir até nós.

Precisamos entender que qualquer coisa indesejável que acontece conosco só ocorre por que dizemos Não a ela. "Não, eu não devo ter essa experiência. O que posso fazer para evitá-la?" Muitos de nós começamos a trilhar um caminho espiritual como este, precisamente porque estamos buscando a melhor maneira de evitar sentimentos indesejáveis. Quando finalmente percebemos que exatamente o oposto é verdadeiro—que devemos entrar de cabeça neles—nós fugimos. Não podemos, ou não queremos, aceitar a verdade de que evitar é fútil. Em vez disso, insistimos em nossa ilusão.

É de extrema importância, então, que nos perguntemos: "Quanto medo tenho deste sentimento em mim? Que sentimento é esse?" Na verdade, nada que acontece fora de nós pode ser tão aterrorizador. Estamos apenas com medo do que ele fará conosco—do que nos fará sentir. Mas, ao entrar no sentimento que queremos evitar, um milagre acontece: a aceitação da dor transforma a dor em prazer. Certamente, essa pode se tornar uma realidade para nós, não algum princípio sobre o qual ouvimos falar.

Quanto menos bloquearmos nosso sentimentos dolorosos, mais—e mais rapidamente—nossa dor se transformará em prazer. Desse modo, podemos testemunhar pessoalmente o processo de unificação de uma dualidade.

Construção e desconstrução

A partir daqui, podemos avançar mais em nosso caminho de autotransformação ao alternarmos nossos sentimentos atuais com uma experiência direta e profunda dos sentimentos residuais. Podemos aprender a parar de lutar contra qualquer sentimento e, dessa forma, vamos—pela primeira vez—perder o medo. Podemos começar neste momento. Quais são os sentimentos que você teme? Enfrente-os verdadeiramente. Agora tente sentir este sentimento que você teme. Deixe acontecer o que você achou que não poderia suportar.

O que estamos tratando aqui não é uma filosofia fora do nosso alcance. Todos esses conceitos podem ser aplicados concretamente, imediatamente. Cada um de nós pode verificá-los por si mesmo, se realmente seguirmos em frente e não pararmos no meio. Todos que já o fizeram atestarão que o que parece, a princípio, um abismo escuro e aterrorizador é, na realidade, um túnel que quando atravessamos encontramos a luz. Todas as pessoas podem vivenciar isso. O abismo nunca pode ser sem fundo, pois a verdadeira natureza da vida não é a escuridão, mas a luz. A verdadeira natureza da vida não é destruição, mas construção.

As forças da vida que são más, destrutivas e demoníacas estão enraizadas em nosso medo de experienciar o que está em nós: nossos sentimentos. Com base nesse medo, construímos todas as nossas defesas destrutivas. Essa é a única razão pela qual existe destrutividade. Ela se instala por causa do nosso medo dos sentimentos—das experiências dolorosas. Isso nos torna isolados e arrogantes, gananciosos e cruéis, egoístas e negadores da vida.

Nossa negação faz com que sejamos falsos no nível mais vital do nosso ser: o nível interior. Porque se negarmos o que sentimos, não seremos verdadeiros com nós mesmos. E essa é a definição de mal, se estivermos dispostos a usar essa palavra. A destrutividade é o que está por trás das paredes interiores que todos nós construímos para não vivenciar a verdade do que está presente em nós.

Somos nós que convertemos energia construtiva em energia destrutiva. Estamos mentindo para nós mesmos quando negamos a experiência do que sentimos, falsificando nosso Eu Real. Tornamo-nos tão falsos que deixamos de saber quem realmente somos. Em nossa negação, criamos a falsa esperança de que podemos eliminar qualquer sentimento indesejável quando o evitamos. Nossa negação também é responsável pela criação de um falso desespero de que o túnel pelo qual precisamos passar é realmente um abismo sem fundo de terror e aniquilação. É assim que desperdiçamos a força vital disponível para nós, opondo-nos à verdade. É assim que criamos nossa própria dor desnecessária.

O processo de limpeza

Nossa relutância em enfrentar nossa dor original leva à formação de exigências insaciáveis e gananciosas. Acreditamos que nos poupará de toda frustração e evitará que sejamos criticados. Exigimos ser sempre amados—e que amem *nosso* modo, o modo que queremos ser amados. Mas até que abandonemos essas exigências irracionais e passemos por nossa dor original, estaremos presos em uma gangorra de submissão e rebelião, o que é um círculo vicioso muito desagradável.

Iremos nos submetermos às exigências igualmente insaciáveis e irracionais dos outros e travaremos uma luta por poder contra eles. Nosso objetivo é fazer com que eles finalmente aceitem o *nosso* comando. Temos vergonha da nossa submissão—odiamo-nos por isso—e então nos rebelamos, acreditando que temos que provar nossa "independência". Em ambos os casos, estamos violando os interesses do nosso Eu Real e não estamos conscientes do que está nos levando cegamente à submissão e à rebelião.

Para sermos realmente independentes, precisamos parar de fazer exigências. E isso só acontecerá quando estivermos dispostos a experienciar qualquer sentimento que chegue até nós, sabendo que somos nós que o produzimos e que o lugar onde realmente existe é dentro de nós.

Há quem afirme que as crianças não são capazes de reagir à dor de outra forma a não ser construindo defesas que as deixem anestesiadas. Isso só é verdade quando, em uma vida passada, a pessoa não vivenciou completamente a dor residual e, portanto, não conseguiu eliminá-la. Considerando quanto uma pessoa tenha feito isso—eliminado a dor residual—então, mesmo na infância, ela poderá vivenciar circunstâncias severas de uma maneira indefesa.

Essa criança suportará a dor e passará por ela até que ela cesse sozinha, e não deixará marca. Isso é o que pode acontecer quando a dor é sentida integralmente. Sentir dor diretamente também nos torna mais resistentes, dando-nos a capacidade de viver uma vida frutífera e produtiva. E, definitivamente, aumenta nossa capacidade de vivenciar sentimentos profundos de prazer.

Este é o princípio vivo por trás de "Não resista ao mal". Teríamos que ser cegos para não ver que as crianças têm uma grande capacidade para isso. Elas podem chorar intensamente em um momento e logo após rir com gosto, tudo porque permitem que a dor siga seu curso natural. É somente quando não vivenciamos a dor que ficamos anestesiados. Tornamo-nos amortecidos e destrutivos e desenvolvemos inúmeras tendências neuróticas. Portanto, não, não podemos dizer que é verdade que as crianças não conseguem evitar de reagir como elas reagem—se autoanestesiando—a situações traumáticas.

A experiência completa dos sentimentos é a higienização da alma. Ela impede a estagnação do nosso eu espiritual, quando permitimos que o poder dentro de nós preencha todo o nosso organismo—nosso ser espiritual, mental, emocional e físico. Este é o metabolismo do nosso *self* total.

Do mesmo modo que o excremento físico que não é eliminado cria doenças no corpo, o resíduo de sentimento que não foi expelido faz com que nossa alma fique doente. O processo de cura que unificará todo o nosso ser envolve: comprometer-se a sentir tudo o que somos capazes de sentir; observar os sentimentos que tememos e os eventos que evocam esses sentimentos; estar disposto a pelo menos tentar enfrentar nossos medos e vivenciar nossos sentimentos.

Esse é o caminho para tornar nossa vida o mais plena possível, permeando-nos com a compreensão de que agora estamos vivendo nossa melhor vida e preenchendo-a com significados profundos.

"Muito amor está sendo derramado sobre todos vocês. Que vocês possam senti-lo!"

–O Guia Pathwork

(Aprenda mais em *ESQUELETO*, Capítulo 19: O grande equívoco sobre liberdade e responsabilidade própria.)

Capítulo 8

Compromisso: causa e efeito

Realizar o trabalho árduo de autodesenvolvimento pessoal requer medidas iguais de coragem, honestidade e humildade. As recompensas que receberemos—em proporção ao nosso investimento—são paz e realização. Nossos problemas começarão a se resolver, o que podemos ter duvidado por muito que fosse possível. Começaremos a construir relacionamentos mais próximos e mais verdadeiros.

A presença de amigos íntimos—pessoas com quem vivenciamos paz, luz, esperança, realização e confiança íntima—ou a falta deles é um bom indicador para nos dizer se algo está errado por dentro. Pois esse indicador é muito exato! As circunstâncias da nossa vida refletem com grande precisão se estamos avançando bem em nosso caminho espiritual. Não existe outra forma de medir que seja mais verdadeira.

Nunca podemos nos comparar a ninguém. Onde estamos neste momento é o ideal para nós. É o lugar exato onde precisamos estar. Saber disso pode iluminar nossa perspectiva e nos dar mais esperança. Outra pessoa, por outro lado, pode estar em uma encruzilhada interior idêntica e, ainda assim, ela pode estar ficando para trás em seu caminho pessoal.

É muito possível que essa outra pessoa não cumpra o plano que esperava realizar durante esta encarnação em particular. Ela, então, estará em conflito—com os outros e/ou consigo mesma. O único indicador confiável para saber como estamos no plano de nossas vidas é este: como eu me sinto sobre mim mesmo, meus relacionamentos e como está minha vida?

Agora, vamos voltar nossa atenção para como devemos proceder quando descobrimos a nossa intenção de permanecer presos na negatividade. Precisamos continuar explorando nossa intenção negativa, assumindo-a com um espírito de honestidade e franqueza. Então, o que vem a seguir—depois de estarmos realmente prontos para deixá-la ir—será trocá-la por intenção positiva.

A chave é que precisamos ter uma compreensão integral do que significa compromisso, por um lado, e causa e efeito, por outro. A princípio, essas duas coisas podem parecer não ter relação com nossa intenção negativa, mas todas são intrinsecamente conectadas e estamos prestes a descobrir por quê.

(Aprenda mais em *ESQUELETO*, Capítulo 17: Superando nossa intenção negativa ao identificarmo-nos com nosso eu espiritual.)

A causa: compromisso

Iremos abordar primeiro o compromisso, começando com o que significa se comprometer. Temos a tendência de espalhar essa palavra como se já soubéssemos o que significa, mas muitas vezes sem ter um verdadeiro entendimento. Sobretudo, significa ter uma atenção concentrada, doando-nos de todo o coração àquilo com que nos comprometemos. Quando estamos comprometidos, damos o nosso melhor no que estamos fazendo, permitindo-nos focar em todos os aspectos do assunto à nossa frente.

Compromisso significa que não evitamos dar tudo de nós—toda a nossa energia e atenção—utilizando nossas melhores faculdades de pensamento, bem como a intuição, as quais podemos nos abrir a elas em meditação. Todo o esforço consiste em utilizar o seguinte: energia física, capacidade mental, sentimentos e vontade. Com cada um deles à nossa disposição, seremos capazes de ativar os poderes espirituais dormentes a serviço de qualquer novo empreendimento construtivo.

Essa abordagem holística apenas poderá acontecer quando tivermos pleno uso de uma força de vontade que não seja destruída por forças contrárias negativas. Em outras palavras, se queremos estar totalmente comprometidos, não podemos ter nenhuma intenção negativa.

O compromisso é um aspecto de tudo que podemos imaginar fazer. Não se aplica apenas a empreendimentos grandes e significativos, como nossa jornada espiritual de autoevolução, a qual é a empreitada mais importante que podemos embarcar na vida. Todas as pequenas tarefas mundanas da vida também exigem compromisso. Conforme for nosso nível de comprometimento com algo, nesse mesmo nível ele nos dará prazer e será livre de conflitos; será gratificante e terá um propósito; terá significado e profundidade; será bem-sucedido; e terá a sensação de ser abençoado.

Sempre que nos empenhamos totalmente—e nem um pouquinho menos—isso só pode ser satisfatório e recompensador. Mas com que frequência esse é realmente o caso? Na verdade, é relativamente raro. Geralmente nos esforçamos pela metade e achamos que está bom, então ficamos confusos e desapontados quando não obtemos os resultados que esperávamos.

É aqui que causa e efeito entram na equação. Quando não percebemos que o efeito é o resultado de uma causa que colocamos em ação sem estarmos comprometidos totalmente, uma divisão ocorre em nossa consciência que ativa inúmeras reações em cadeia negativa. Em nossa confusão, sentimo-nos impotentes e injustiçados. Além disso, nem mesmo estamos cientes de que comprometemos apenas uma parte de nós mesmos, enquanto a outra parte ainda diz Não. E, uma vez que desconsideramos que isso tem relação com o resultado, não podemos fazer nada além de nos sentirmos amargurados.

Passamos a acreditar que o mundo é um lugar desordenado e sem sentido. Isso nos assusta, tornando-nos defensivos, cruéis, desconfiados, insensíveis e ansiosos. Em vez de trabalhar para consertar o verdadeiro problema—a força contrária negativa que inviabiliza nosso comprometimento total—aplicamos nossa força vital para afastar as pessoas, isolando-nos no fracasso e desistindo de nos esforçar.

Quando não conseguimos encontrar a conexão entre causa e efeito—neste caso, entre nossa falta de compromisso e a frustração resultante—procuramos fazer um ajuste, mas o fazemos da maneira errada. O verdadeiro culpado, sempre que houver um comprometimento fraco, é a nossa intenção negativa.

Procurando o problema

Para encontrar nossa intenção negativa, devemos encontrar a voz interior que diz algo como: "Eu não quero dar o melhor dos meus esforços, minha atenção, meus sentimentos, minha honestidade, meu nada. O que quer que eu faça, será porque tenho que fazer, ou porque tenho um motivo oculto, como querer obter um certo resultado sem ter que pagar o preço." É extremamente importante ser capaz de ter consciência de uma atitude interior como essa. É a chave para entender outras conexões que também não podem ser dispensadas ao longo do nosso caminho.

Apenas ter consciência não é o suficiente. Temos que estabelecer a conexão entre causa e efeito. Pois é totalmente possível nos tornar conscientes da nossa intenção negativa, mas deixar de estabelecer essa conexão. Em nosso trabalho em nosso caminho espiritual, devemos procurar onde nos contemos deliberadamente com uma atitude rancorosa, pelo menos até certo nível. Devemos tomar consciência desta verdade fundamental: se há algum aspecto de nossas vidas que lamentamos e que nos causa grande sofrimento, esse é o efeito direto das causas que nós mesmos colocamos em movimento com nossa intenção negativa.

Na maioria das vezes, porém, culpamos outras pessoas e seus erros por nosso sofrimento, ou consideramos ser má sorte, coincidência ou algum "problema" incomensurável conosco que simplesmente não conseguimos resolver.

Portanto, o ponto mais importante de tudo isso é que: nós precisamos explorar o que nos deixa mais infelizes na vida. Com o que nós sofremos? É algo evidente, como um problema com nosso companheiro, ou talvez a falta do companheiro ideal? Em caso afirmativo, podemos nos perguntar: qual é a minha intenção aqui? Então, quando pudermos encontrar a voz dizendo: "Não, eu não quero dar o melhor de mim ao amor ou a este relacionamento" veremos a conexão com nosso sofrimento. Então, teremos conectado a causa com efeito.

Se nosso problema for segurança financeira, podemos procurar interiormente até encontrarmos a intenção negativa que diz: "Eu não quero ser capaz de cuidar de mim mesmo. Porque se eu fizer isso, vou liberar os meus pais. Ou pode-se esperar que eu dê algo que simplesmente não quero dar." É fundamental que vejamos como nossa intenção negativa traz o resultado. E esteja ciente de que isso acontece independentemente de quão furtivo e sutil seja. Muitas vezes, encontramos essa intenção escondida sob uma tensa luta para conquistar algum tipo de realização.

Podemos nos iludir facilmente com tal hiperatividade, achando que assim poderíamos ter o resultado positivo que desejamos. Ao mesmo tempo, continuamos a ignorar o poder da causa negativa oculta que certamente extrairá um efeito. Mesmo depois de ficarmos cientes da nossa intenção negativa, é totalmente possível desconsiderar o quão importante ela é. Mas se nem mesmo estamos cientes disso, agora é um momento bom, quanto qualquer outro, para começar o processo de escavação, retirando as camadas das regiões interiores da nossa mente e procurando pistas sobre o que está causando o efeito indesejável.

Com o que nos sentimos assustados ou inseguros? Com o que nos sentimos inadequados? Percebemos uma tensão ou ansiedade que não podemos explicar? Sentimo-nos culpados, mas não sabemos por quê, então tentamos nos convencer a abandonar essa culpa, já que parece ser tão injustificada? Odiamos nossas fraquezas ou nossa falta de autoconfiança? Amigos, tudo isso são efeitos de alguma intenção negativa que, em certo nível, é deliberada. Devemos encontrá-la e trazê-la à tona.

Por exemplo, consideremos que tenhamos um traço negativo—algo como rancor, maldade, rebeldia, teimosia, ódio, orgulho—e ele nos faz sentirmos culpados. A culpa é uma forma de saída artificial e injustificada. Afinal, a culpa não é um traço positivo, por isso deve levar a atos autodestrutivos. Há uma grande chance de que ela cause todas os males dos quais gostaríamos de nos libertar, como ansiedade ou a falta de autoconfiança. Mas a única maneira de se libertar verdadeiramente dessas coisas é fazer a conexão entre elas e o que as está causando—a intenção negativa. Dessa maneira, podemos abandonar a intenção negativa.

Se não nos tornarmos conscientes dessa conexão, nos sentiremos como uma vítima que está sendo perseguida. Quanto mais inclinados estamos a não admitir nossa intenção negativa, mais tentaremos tirar proveito de estar naquela posição, com a esperança de "convencer" a vida, o destino e outras pessoas a nos dar o que queremos. Com isso, culparemos a autopiedade, os ressentimentos e a impotência para conseguir o que apenas pode vir através de uma intenção positiva.

A intenção positiva requer muito comprometimento—total e sem dúvidas. Se não estamos dispostos a nos investirmos dessa forma, então estamos querendo usar meios falsos para obter os resultados que desejamos. Isso, é claro, aumenta a culpa. E a culpa aumenta nosso medo de olharmos para nós mesmos com honestidade. Consequentemente, convencemo-nos ainda mais de que o problema deve ser um fator exterior. Ou talvez, apenas talvez, seja algo inofensivo dentro de nós. E assim, seguimos nossa vida, dentro de um círculo vicioso.

Realizando a conexão madura

Algumas pessoas, depois de fazer um bom progresso em seu caminho espiritual, têm uma noção de sua intenção negativa. Este é um progresso realmente bom. Mas então tendemos a esquecê-la. Ignoramos que está realmente causando um efeito. Falhamos em conectar os pontos. E seguimos adiante em nosso caminho feliz.

Outros admitem que temos um desejo de continuar com nossa destrutividade. Por exemplo, gostamos de ser odiosos, vingativos e rancorosos. E deixamos de perceber a conexão entre nossa intenção e nossa miséria. Mas como isso não nos traria efeitos indesejáveis vindos de outras pessoas? Não importa o quão bons pensamos que somos em esconder nossa intenção negativa, e não importa o quão fortemente expressamos nossas atitudes positivas—que também estão presentes—o componente negativo vai colorir nossas ações e comportamentos mais do que percebemos. Portanto, nossa intenção negativa afetará invariavelmente a essência da alma de outras pessoas, desencadeando reações inconscientes.

Para a pessoa ordinária, muita percepção está acontecendo no nível inconsciente, então estamos jogando pingue-pongue, recebendo e rebatendo as interações inconscientes com os outros debaixo da mesa, o tempo todo. Enquanto as nossas interações conscientes podem ser cordiais o suficiente, são as interações inconscientes repletas de rachaduras e problemas que ambas as partes consideram misteriosas. Em nossa confusão, respondemos culpando-nos e anestesiando nossos sentimentos, os quais trazem à tona as negatividades nos outros que eles ainda não exploraram.

É assim que as interações negativas continuam, indefinidamente. A única maneira de quebrar esse ciclo é uma pessoa espiritualmente madura revelar suas percepções inconscientes de intenções negativas. E que benção é isso. Essa pessoa será capaz de evitar a confusão mortal que ao contrário surgiria e poderá lidar com a situação.

Ao ver a relação entre causa e efeito em nossas vidas, seremos motivados a abandonar nossas atitudes negativas e passar a cultivar atitudes positivas. É assim que ganhamos maturidade espiritual e emocional. Afinal, o que é maturidade senão a capacidade, de maneira ampla, de unir causa e efeito. Essa habilidade reflete uma quantia significativa de consciência, normalmente obtida através do trabalho de autodesenvolvimento pessoal.

Considere um bebê. Quando ele se machuca fisicamente, ele não tem a capacidade de conectar causa e efeito. Um bebê simplesmente ainda não tem as faculdades mentais para fazer isso. Seja o que for que está causando a dor é totalmente apagado de sua mente consciente. Ele apenas vivencia o efeito, que é a dor.

Depois que o bebê cresce um pouco e se torna uma criança, ela pode começar a conectar causa e efeito quando eles acontecem um após o outro. Por exemplo, uma criança toca no fogo e se queima. Ela entenderá que o fogo é a causa e que a sensação de queimadura é o efeito. Dessa maneira, aprende uma lição de vida: para evitar a sensação de queimadura, precisa evitar tocar no fogo. Neste exemplo, causa e efeito estão muito próximos no tempo. Com esta lição, a criança obteve seu primeiro grau de maturidade na estrada do desenvolvimento humano.

Mas essa mesma criança ainda não pode conectar a relação entre causa e efeito quando há uma distância entre as duas coisas. Um pouco mais adiante, quando ela for um pouco mais velha, será capaz de compreender que, por exemplo, uma dor de barriga está relacionada a comer em excesso algumas horas antes. E com isso, um outro grau de maturidade foi alcançado.

Quanto mais maduros nos tornamos, maior será nossa capacidade de conectar causa e efeito quando a conexão for menos óbvia e ocorrer por um longo intervalo de tempo. Mas se permanecermos imaturos emocionalmente e espiritualmente, não teremos consciência suficiente para ligar causa e efeito de modo realista. Essas pessoas não conseguem ver como suas experiências—bem como seu estado mental—estão conectadas diretamente a um determinado conjunto de causas.

Elas não conseguem ver que suas ações do passado trouxeram efeitos, ou que atitudes interiores escondidas não passarão despercebidas. Elas podem procurar a causa de diversas maneiras, na esperança de encontrar respostas, e podem até procurar dentro de si mesmas. Mas se elas não conseguirem preencher a lacuna entre a causa e o efeito, elas darão voltas e mais voltas em círculos, em vez de se moverem ao longo de uma espiral, que é o verdadeiro movimento de um caminho espiritual.

Causa e efeito no decorrer do ciclo vida após vida

A partir da nossa perspectiva humana, não parece que a relação entre causa e efeito permança intacta de uma vida para a outra. Somente à medida que aumentamos nosso nível de consciência—realizando o trabalho de cura conforme descrito aqui—uma pessoa amadurece o suficiente, espiritual-mente, para perceber que as causas de vidas anteriores estão gerando efeitos aqui e agora. No começo podemos pressentir isso e, mais tarde, saberemos interiormente que isso está ocorrendo de fato.

Um conhecimento interior muito signitificativo que explica pontos-chaves sobre nossa vida é uma revelação que precisamos conquistar através do nosso trabalho pessoal de autocura. Isso não é o mesmo que rebecer uma informação de um vidente a respeito de encarnações anteriores. O conhecimento interior é algo que acontece naturalmente.

A habilidade de uma pessoa vidente de descrever o futuro depende da sua habilidade de perceber as causas na alma de alguém. E os efeitos legais dessas causas não podem deixar de se materializar. Muitas pessoas não entendem o que está realmente acontecendo aqui, e acabam acreditando que algo misterioso ou sobrenatural está se manifestando. Muitas filosofias erradas surgem dessa ideia equivocada. Uma dessas teorias errôneas é a ideia de que nossos destinos são pré-determinados.

A realização do trabalho de autocura é um processo de amadurecimento que nos permite conectar cada vez mais a causa e o efeito. O crescimento da nossa consciência nesse processo traz muita paz e luz! No início, podemos achar muito desconfortável ver como fomos nós que criamos o que lamentamos. Pode ser difícil ver que, se queremos ter experiências diferentes na vida, teremos que desistir daquilo a que nos agarramos com ferocidade.

No entanto, uma vez que percebemos a beleza dessas leis e as aceitamos, uma sensação de segurança e liberdade indescritível surgirá em nós. O conhecimento nos transmitirá, como nada mais poderia, como esse universo é seguro, amoroso e justo.

As coisas que parecem ter um destino além do controle de qualquer pessoa—onde nascemos, qual o nosso sexo, como é nossa aparência, quais são nossos talentos—serão vistos pelo que são: causados e desejados por nós mesmos, às vezes com sabedoria e às vezes com destrutividade. Pois tudo é estabelecido baseado em relações de causa e efeito que se estendem de uma vida à outra.

Este é o mecanismo que determina o que parece ser nosso destino atual, nesta vida. Pois cada um de nós possui ambas as intenções, a negativa e a positiva, em nós. E cada uma dessas coisas cria experiências e estados mentais totalmente únicos. Por que esse princípio mudaria quando uma entidade faz a transição de um corpo para outro? Não há nada de errado com esse princípio. Não são necessárias exceções, interrupções ou mudanças.

Os estágios de um caminho espiritual
Purificação

Este caminho, e outros como esse, pode ser dividido nos seguintes estágios: primeiro, temos muita dificuldade para escavar camadas interiores profundas. Elas são repletas de 1) concepções equivocadas, 2) intenções negativas e 3) dores residuais. A abordagem varia um pouco para cada pessoa, mas, eventualmente, esses aspectos precisam ser explorados um de cada vez.

O movimento de um caminho interior nunca é uma linha reta. Sempre haverá uma quantidade considerável do movimento de ir e vir. À medida que prosseguirmos, exploraremos mais aspectos, mas o trabalho de purificação concentra-se essencialmente nestas três áreas: quando nós somos 1) capazes de trocar as concepções equivocadas profundas pela verdade, quando 2) somos capazes de converter nossa intenção negativa em intenção positiva e quando 3) não nos defendemos mais da experiência de dor, com isso teremos dado um passo considerável. A maior parte da nossa purificação inicial estará completa.

O que é, essencialmente, intenção negativa? É uma defesa contra sentir dor. E as concepções equivocadas? Elas são o resultado tanto de nossa defesa quanto de nossa reação à dor. Portanto, esses três aspectos estão integralmente conectados. É um sinal de maturidade poder experienciar o que nós mesmos produzimos e não lutar contra isso. Uma alma madura se torna leve, ela é receptiva aos seus próprios sentimentos inatos e os saboreia completamente. Esta é a única maneira de eliminar o mal deste mundo. Pois todas as nossas formas de defesa abrigam o mal, o que não é difícil de detectar em qualquer forma de negatividade. O mal, então, nasce das nossas concepções equivocadas.

Nesta estrada evolutiva em que estamos, é tarefa de cada ser humano eliminar o mal ao transformá-lo novamente para o seu estado original de consciência verdadeira e amorosa e de energia pura e limpa. É necessário passarmos por muitas vidas para atravessarmos por essa fase do trabalho—a fase da purificação.

O mal produz dor. Nosso medo dessa dor e as defesas que construímos contra ela produzem mais dor—que na verdade é uma dor ainda pior—e também possui mais maldade. Isto posto, nossas defesas nada mais são do que ilusões que não funcionam. Podemos vivenciar a verdade disso no momento em que nos abrimos totalmente para a experiência da dor. Observe, não estamos tratando aqui sobre a dor falsa, a qual é a dor que também é uma defesa. A dor falsa é retorcida, insuportável e cruel. Ela é o resultado de uma corrente forçada que diz: "Vida, não faça isso comigo!"

Para este tipo de dor falta a vontade madura de apenas deixar a dor real ser o que é. Quando experienciamos uma dor real, paramos de tentar controlá-la, manipulá-la ou escondê-la. A dor simplesmente existe. Dessa maneira, aproximamo-nos do estado de ser, com toda sua paz e bem-aventurança. Poderemos saborear esse estado cada vez mais à medida que retiramos todas as nossas defesas, o que nos libertará para adotar uma intenção positiva de dar o nosso melhor na vida.

A forma falsa de dor, a qual ainda é uma defesa, é repleta de amargura, autopiedade e ressentimentos. Como tal, é uma destruidora de paz. A dor real, por outro lado, é pacífica porque assumimos total responsabilidade—sem automanipulação. Não estamos dizendo: "Coitado de mim, é isso que a vida está fazendo comigo," nem estamos dizendo: "Eu sou tão mau e não tenho esperança que poderei ser liberto." Nenhuma dessas atitudes é verdadeira, o que as torna parte integrante do mal.

Experienciar a dor real e sem defesas é abrir a porta para nossa alma e deixar a luz entrar. Essa é a maneira de expor nosso núcleo central, com seu vasto armazenamento de criatividade, força, sabedoria e sentimento profundo. Quando aprendermos a nos colocarmos à disposição para tudo o que a vida oferece—mesmo se a vida ocasionalmente nos ofereça dor—não precisamos recorrer à intenção negativa.

Depois de eliminar nossa dor residual, caso uma nova dor atual apareça, seremos capazes de vivenciá-la como ela realmente é. Não precisaremos negar ou exagerar essa dor, e não precisaremos criar várias interpretações artificiais sobre o que aconteceu. E naquele dia, nenhuma concepção equivocada, nenhuma intenção negativa, nenhum mal e nenhum sofrimento podem existir.

Este é o estado que põe fim ao medo: não há mais medo da morte, medo da vida, medo de ser, medo de sentir ou medo de amar. E não se esqueça, o medo de vivenciar as grandiosas alturas da vida universal é o maior medo no mundo.

Transcendência através da transformação

Com a existência do mal——que acabamos de identificar como nossas concepções equivocadas, defesas, intenção negativa e negação de experienciar a dor que nós mesmos causamos—a felicidade será insuportável. Portanto, na segunda fase do caminho espiritual, nossa alma precisa se aclimar com a bem-aventurança universal. Mas precisamos evoluir para esse ponto gradualmente. Pois, embora nossa alma esteja agora livre do mal, precisaremos desenvolver a força para aguentar o enorme poder emanado pelo Eu Real.

A energia extasiante e pura do espírito é tão forte que apenas os indivíduos mais fortes e puros podem viver confortavelmente nela. Iremos experimentar um pouco dessa verdade durante nosso processo purificação espiritual, apenas para descobrir como é difícil ter prazer, êxtase e felicidade. Sentimo-nos mais confortáveis na área cinzenta a que nos acostumamos.

O poder do espírito universal não é compatível com a energia vagarosa da dor que ainda não foi vivenciada, das desefas e do mal. Isso explica por que as pessoas que estavam presentes durante a transmissão desses ensinamentos desaguaram em lágrimas em resposta ao fluxo puro do poder espiritual. A rentenção de sentimentos fortes fazia com que pessoas chorassem, pois despertava velhos sentimentos residuais de tristeza, saudade e dor. Por que os sentimentos que ainda não foram vivenciados estão sempre adormecidos dentro de nós.

Apesar das pessoas estarem vivenciando os sentimentos difíceis que vieram à tona, elas também podiam sentir o alimento espiritual, a felicidade e a liberdade que acompanhavam o amor derramado sobre elas. À medida que avançamos, mais felicidade se manifestará, pois ela brota do nosso interior. As nossas lágrimas abrem os canais de felicidade.

Quando permanecemos firmes em nossa defesa, nos tornamos duros e "seguros". Nossa vontade de expor a verdade temporária do mal que mora dentro de nós nos dará a força de que precisamos para deixá-lo ir embora, para que possamos sentir e nos tornarmos mais reais. Justificar nossa rigidez defensiva utilizando dúvida ou julgamento não nos auxilia em nada. Afinal, é assim que nos defendemos da verdade de quem nós somos. Que tolice! Pois nós mesmos nos conduzimos para fora da vida e depois nos queixamos amargamente sobre isso.

Quando estivermos prontos para nos comprometer 100% em sentir o que quer que esteja em nós, então poderemos nos tornarmos livres. E então poderemos nos despertarmos. Ao abrirmos mão das nossas defesas, podemos fazer a transição da dor falsa e amarga para a dor real que é suave, macia e alegre—sim, alegre. Pois a verdadeira dor carrega o embrião da vida com ela. Essa semente logo enraizará em nossa consciência e florescerá, à medida que nos comprometermos com nossos sentimentos e a vivenciar a vida— sem hesitação.

Uma vida feliz é possível, se apenas renunciarmos à nossa teimosia; nossos laços com outras pessoas podem ser enriquecedores e calorosos. Cada um de nós assumiu uma grande responsabilidade como parte de nossa participação no grande plano. Essa responsabilidade não é um fardo; é um privilégio. Por certo, é o maior privilégio que uma pessoa pode experienciar. Não há nada que poderia fazer qualquer um de nós mais feliz, alegre e livre do que vir aqui e ter a chance de nos curar.

Ao considerar esta responsabilidade como um fardo que não é bem-vindo ou uma pressão indesejável é o sinal de imaturidade. À medida que amadurecermos, descobriremos a verdade de que liberdade e autorresponsabilidade não podem ser separadas. Se não estivermos dispostos a nos sentirmos responsáveis, nunca seremos livres.

Interações dolorosas ou positivas

Nossa intenção negativa não é somente nossa, pois gera infelicidade e nós a espalhamos para os outros. Estejamos conscientes ou não do que estamos fazendo, isso deixará uma sombra de culpa em nossa alma. Quando somos desamorosos e retidos, prejudicamos os outros. Podemos até não fazer isso com nossas ações, mas nossas interações invisíveis com as pessoas são igualmente prejudiciais, especialmente quando a outra pessoa ainda não tem discernimento suficiente para entender o que está acontecendo.

O que acontece no nível físico é o resultado, não a causa. O que ocorre em nossa realidade interior é sempre a causa. Isso explica como uma ação exterior aparentemente boa pode terminar com resultados desastrosos, porque a negatividade encoberta arruinou o dia. Por outro lado, uma situação aparentemente ruim pode acabar sendo uma benção, se os motivos subjacentes forem positivos e verdadeiros.

O que acontece no nível em que não há manifestação é de fato mais real do que o que percebemos com nossos cinco sentidos. Como tal, a intenção negativa pode dar um soco mais forte que o próprio corpo físico. Se um indivíduo já fez um trabalho considerável para se libertar de suas defesas, ele não deixará de ser afetado se alguém o machucar, porque ele está consciente. Porém, irá vivenciar essa dor de maneira limpa e ficará ileso no longo prazo. A dor momentânea não se acumulará em um poço de dor residual.

Mas, enquanto ainda estivermos lutando com nossas máscaras e defesas e também não tivermos resolvido nossa intenção negativa, sentiremos uma dor aguda. Vamos nos sentir rejeitados novamente, embora possamos não estar conscientes da nossa reação emocional. A escolha é nossa de tornar nossa dor consciente, embarcando em um caminho de autodesenvolvimento. Ou podemos continuar nos justificando, fortalecendo e reforçando as nossas paredes de defesa.

Quanto mais trabalho espiritual bom fazemos, mais nossa responsabilidade aumenta. À medida que amadurecemos, o impacto do que lançamos no mundo cresce junto conosco. Quanto maior nossa luz, maior será a sombra que projetamos com nossa negatividade. Esta é uma lei espiritual inalterável.

Ao mesmo tempo, à medida que progredimos como indivíduos e coletivamente como grupos, geramos energia positiva que oculta o próprio trabalho. Sim, os resultados dos nossos esforços podem ser vistos em todo o mundo, mas os benefícios invisíveis são muito maiores e, neste ponto em que estamos, ultrapassam nosso poder de compreensão.

Quando auxiliamos nossos irmãos e irmãs, com nosso compromisso de curar em todos os níveis, estamos fazendo algo muito bonito. É assim que cumprimos nossa responsabilidade espiritual. Nossa maneira de estar no mundo—tanto com nossas ações positivas quanto negativas—reverbera e tem efeitos fortes. Precisamos compreender que isso é verdade e deixar esse fato ser um incentivo para realizar este trabalho de cura.

Neste momento, nós completamos o círculo afirmando a importância de nos comprometermos de todo o coração com a nossa verdade e de dar o nosso melhor, bem como abandonar a atitude rancorosa de retenção. Ver tudo isso é um passo importante para querer abdicar da nossa negatividade, permitindo que Deus nos ajude a criar o oposto: uma vida positiva.

"Quando você estiver incomodado, procure a verdade e tudo ficará bem. Sejam abençoados, meus queridos. O amor do universo envolve todos vocês."

–O Guia Pathwork

Capítulo 9

Movendo a mente para levar a centelha da luz divina para as regiões externas

Quando um grupo espiritual se forma, ou qualquer outro tipo de grupo, haverá dificuldades que devem ser superadas. Estas são uma expressão da soma total dos seres que compõem este "corpo". Pois qualquer entidade criada tem seu próprio corpo espiritual e este corpo consistirá em muitos aspectos diferentes, da mesma forma que uma pessoa individual consiste em muitos aspectos diferentes.

Somos todos aspectos, então, da consciência maior, que é uma só. São palavras que soam bem, mas não são apenas palavras. Se nos abrirmos para elas interiormente, poderemos ser capazes de perceber a verdade que, na consciência, nós somos um. Começaremos a ter um vislumbre disso à medida que avançamos em nosso caminho espiritual, aprendendo a reconhecer vários aspectos de nossa personalidade e a lidar com eles.

Veremos que algumas partes de nós estão fora de ritmo com nossa boa vontade consciente, enquanto outras partes estão trabalhando em harmonia. No nível mais profundo, há um aspecto de nossa consciência que supera em muitas maneiras—em beleza, sabedoria, amor e força—até mesmo o melhor de nossas intenções e habilidades para trazer todas as nossas partes de volta à harmonia.

Nós aprendemos a identificar cada parte de nós, uma a uma, e a ver quando nos identificamos com cada uma delas. Dessa forma, temos um vislumbre de quem somos. Quando reconhecemos partes de que não gostamos, podemos trabalhar para aceitá-las e, assim, transformar sua energia. É assim que restauramos as qualidades negativas de volta à sua forma positiva, em vez de nos separarmos delas, o que faz com que se manifestem no mundo onde podemos ver sua destrutividade.

O que estamos falando se aplica a toda criação. Assim como temos partes que constituem nossa personalidade em sua totalidade, fazemos parte da constituição da consciência universal. No entanto, todos temos medo de preencher a lacuna entre nosso ego separado—nossa própria pequena consciência—e a grande consciência abrangente, com base na noção equivocada de que, se assim fizermos, perderemo-nos. Mas isso é completamente falso. Não pode ser verdade. Pois quanto mais percebermos tudo o que somos—quanto mais nos tornarmos nosso Eu Real—mais completos seremos, não menos.

Qual é o objetivo da criação? Por que estamos aqui? Exatamente para preencher essa lacuna, estabelecendo em todos os lugares a consciência de que tudo é uno. "Mas por que existe essa lacuna?" é uma pergunta que repetidamente nos fazemos. Existem muitas explicações, incluindo a história da Queda que, em termos religiosos, se refere à queda dos anjos da graça. Agora vamos explorar outra versão desse mesmo processo sem qualquer conotação religiosa.

(Aprenda mais sobre as partes do *self* em *DESVENDANDO O ROTEIRO*, Capítulo Encontrando os Eus, e sobre a Queda em *RESSUSCITANDO O CRISTO NA PRATICA DO CAMINHO: A história da dualidade, escuridão e um resgate ousadoa*.

Uma visão da criação

O que estamos prestes a aprender sobre cosmologia não é um conhecimento teórico, mas sim um valor prático que podemos usar imediatamente para nosso próprio desenvolvimento pessoal. Essa informação pode nos abrir para verdades cósmicas profundas que estão fora de nós e, se quisermos vê-las, também nos ajudará a perceber essas verdades dentro de nós, como existem agora. Pois isso nos ajudará a entender por que nos identificamos com nosso ego—um aspecto separado da consciência—e por que temos tanto medo de deixar-nos ir e nos fundir com a consciência maior.

Com essas informações, poderemos ver como nosso medo é uma ilusão e que nosso sofrimento não é necessário, pois ele apenas existe por causa da nossa resistência. Se permitirmos, essas palavras podem nos ajudar a abrir portas internas para conhecer e experimentar a verdade imutável e infinita sobre tudo o que existe.

Não é fácil falar sobre a verdade de toda a realidade usando palavras que os humanos podem entender. Pois nossa linguagem é moldada para caber em uma fatia muito estreita de realidade. Os termos que usamos neste espaço tridimensional não estão bem equipados para falar sobre dimensões que não podemos compreender. Como resultado, pode ser fácil distorcer ou entender mal o que está sendo transmitido. Muitos podem achar este ensino confuso, contraditório e difícil de compreender.

Em vez de apenas usarmos a nossa mente egóica, ajudará se pudermos abrir a nossa audição interior, permitindo deliberadamente que nosso coração e alma escutem esta mensagem. Se envolvermos nossa intuição mais profunda, essas palavras penetrarão mais profundamente em nós e haverá um eco de compreensão interior que vai além das palavras.

Portanto, agora vamos mergulhar e falar sobre a criação. Primeiro, vamos falar como a criação "começou". Observe como já somos desafiados a encontrar as palavras certas para usar, pois a criação nunca realmente começou. Mas devemos espremer esse conceito na linguagem humana, onde não há outra palavra para usar. Tente sentir a verdade disso!

O que "começou" a criação foi a centelha divina. Essa centelha pode ter sido muito pequena dentro de um vácuo enorme, mas essa centelha pequenininha era composta da realidade máxima e era divina. Continha tudo o que é consciente, bem como a energia criativa mais poderosa. Continha o mais incrível amor e sabedoria.

O objetivo do criador divino—que é infinitamente bom—era preencher esse vácuo do nada com a centelha que continha tudo. Gradualmente, essa faísca começou a se espalhar e lentamente penetrou na escuridão. Pois a centelha tinha uma luz incrível. Ela preencheu o nada do vácuo com vitalidade brilhante—com tudo o que ela continha.

Esse vácuo formou um infinito nas regiões "externas" e a centelha formou um infinito nas regiões "internas". Aqui, da perspectiva de nossa mente dualista, esbarramos em uma contradição: Como poderia haver dois infinitos? É literalmente impossível transmitir a verdade disso para a consciência humana, que poderia haver um infinito, mas é tanto um vácuo quanto uma centelha interna de luz, com a centelha preenchendo o vácuo.

Essa centelha eterna se espalha pelas infinitas regiões internas. Talvez possamos visualizar isso na forma de uma imagem. Imagine um líquido espesso, dourado e cintilante que está repleto de energia e potencial criativo. Esse líquido contém as sementes para tudo. Ele borbulha com vitalidade. É intensamente consciente, dotado de todos os poderes concebíveis—bem como poderes que nem sequer podemos conceber—para criar mundos e seres.

À medida que se espalha lentamente, seu objetivo é preencher o nada aparente que não tem fim. O todo infinito—o Todo Que É—preenche o vácuo até que não haja mais vácuo. Ele não pode deixar de penetrar todo o vazio, uma vez que o Todo é feito de consciência vibrante e energia poderosa. Como tal, as regiões externas serão inteiramente preenchidas com o mundo interno de luz e vida.

Durante o processo de propagação, a centelha divina—as partículas deste Todo—se perdem e se "esquecem" de onde vieram. Elas se esquecem de sua integridade e conexão originais. Essas partículas começam a acreditar que são pontos—pedaços isolados de consciência—que foram lançados na escuridão. Agora elas lutam para não serem engolidas pela escuridão.

Mas a luta é uma ilusão. O medo é uma ilusão. Pois cada ponto aparentemente isolado não está realmente isolado. A conexão ainda existe, mas no processo de avançar e se espalhar, o Todo é parcialmente diminuído em cada ponto. Nesse estado diminuto, há "momentos" em que a escuridão externa parece mais real do que a vida interior da luz.

O vácuo externo não é mau, pois o mal não é nada. O mal é o que surge quando os pontos—as partículas da centelha divina—perdem sua memória e ainda não se lembraram de que estão conectados e lutando contra o vácuo.

Essa luta feroz em que os pontos lutam contra a existência e vida plena distorce a energia—o que é positivo torna-se negativo—e a realidade divina—a verdade se transforma em falso. Essa transição forma um estado que podemos chamar de mal, mas é um estado temporário.

Este ponto temporário—o aspecto aparentemente separado da realidade divina—deve inevitavelmente ser atraído de volta para o Todo que está continuamente se espalhando. Embora não seja exatamente atraído. É mais que a plenitude da centelha que está se espalhando alcançasse o ponto que se moveu adiante em uma forma diminuída. A natureza em sua plenitude, com todas as suas várias formas, está incluída nesta onda sempre crescente que continua avançando para as regiões externas.

Podemos olhar para nossas vidas e nossas lutas sob essa luz. Por meio de nosso desenvolvimento pessoal, podemos sentir como estamos levando a verdade e a divindade a todo o nosso ser. Esta é a centelha interna que está nos empurrando para penetrar as regiões externas—o mundo externo. Quanto mais todos nós fizermos isso, crescendo na verdade, amor e justiça—na unidade—mais realizamos este processo criativo.

Como pontos individuais, perdemos de vista a nossa conexão com todo esse esquema e nosso propósito nele. Não podemos mais nos identificar com o Todo de que fazemos parte, o que explica a nossa resistência em desistir de nossa luta contra ele. Este é o nosso mal. Se desistirmos de nossas atitudes negativas—que é como expressamos nossa luta contra o vácuo escuro—nos sentimos ameaçados de extinção.

Desistir do nosso mal—nossa luta—é como voluntariar-se para ir para o nada escuro, e confundimos isso com morte física. Mas é para onde devemos ir eventualmente, já que a realidade divina deve ocasionalmente preencher tudo o que existe. Todas as partículas devem se reunir e, então, elas vão redescobrir que sempre estiveram unidas ao Todo. A conexão nunca foi realmente perdida.

Quando nós—como pontos individuais—encontramos nosso terror mais íntimo, estamos cara a cara com nosso medo de que o vácuo nos consumirá. Portanto, embora tudo isso pareça remoto, metafísico e filosófico, não deixa de ter relação com o que está acontecendo em nosso dia a dia. Quando adentramos em nosso interior profundo, encontramos esse medo dominando nossas vidas. Encontraremos também o medo desse vácuo. Finalmente, também encontraremos a consciência total que, na verdade, somos nós e a qual nunca pode morrer. Nós somos a centelha divina que deve continuar lentamente a se desenvolver e a se propagar no vácuo.

Quanto antes abrirmos espaço para essas verdades, abrindo-nos para elas e abrindo espaço para tudo que quer se desdobrar dentro de nós, mais cedo descobriremos quem realmente somos. Mas quando o nosso eu consciente—nossa mente egóica—está convencido de que nossa separação é a única "realidade", confundindo esse estado temporário com a realidade permanente, nossa mente bloqueia a experiência do verdadeiro estado do nosso ser.

Esse é o motivo de estarmos aqui. Esse é o plano da criação e do que se trata a evolução. E para onde tudo isso está indo. A questão é: Podemos ver como cada um de nós faz parte disso? Cada um de nós é uma partícula de Deus—nesse sentido, somos Deus—e cada um de nós tem uma tarefa. O Todo em cada um de nós—o absoluto em nós—está nos encaminhando adiante. Ele está enviando um aspecto de si mesmo adiante, que então aparece aqui como um aspecto da consciência do ego aparentemente separado.

A tarefa para cada aspecto separado é pesquisar suas próprias profundezas para encontrar seu potencial de poder, sabedoria, amor e beleza que são eternos e infinitos. Pois assim como a parte está contida no todo, o todo está contido na parte. Nosso trabalho é tornar todo o nosso ser consciente disso, para que possamos escolher conscientemente nos espalhar no vácuo, preenchendo-o com nossa real natureza.

Quando meditarmos profundamente sobre esses conceitos, veremos como podemos usá-los para compreender nossas vidas. Iremos nos conectar intuitivamente com a verdade contida nessas palavras. Assim que soubermos sua verdade, algo vital mudará dentro de nós. Estaremos motivados a aceitar tanto o que há de positivo quanto de negativo em nós. À medida que começamos a nos unificar, começaremos a ver nosso entorno da mesma maneira. Agora saberemos que todas as pessoas—gostemos delas ou não, se as aprovamos ou não, se são desenvolvidas ou não—são aspectos do todo, assim como nós somos.

Agora também perceberemos que tudo o que é negativo—tanto em nós quanto nos outros—é apenas um aspecto distorcido de uma coisa positiva. Portanto, iremos parar de nos sentir alienados e amedrontados por isso. Mas o que realmente importa é que paremos de nos sentir alienados e amedrontados por nós mesmos. Pois quanto mais tememos partes de nós, mais vamos projetar esse medo nas outras pessoas e na vida. A única maneira de impedir isso é enfrentar o que mais tememos em nós mesmos. *Este* é o caminho!

✳

Movimento em todos os níveis

Vamos explorar alguns exercícios específicos que podem nos ajudar a seguir em frente em nosso caminho. Começaremos com um muito importante que envolve o nível do sentimento. Mas, primeiro, uma breve explicação.

Todos nós nutrimos um conceito errado sobre os sentimentos, que é o de que podemos, de alguma forma, "livrar-nos" dos sentimentos negativos. Portanto, primeiro, precisamos fazer uma distinção clara entre sentimentos residuais, que se tornaram estagnados e que não percebemos que estamos reprimindo, e nossa capacidade inata de experimentar qualquer sentimento, desde que nossa alma esteja em um estado de fluxo livre.

Vamos escolher a raiva. Quanto menos temermos nossa raiva reprimida e aprendermos a aceitá-la, mais assumiremos a responsabilidade por ela e a expressaremos de maneira apropriada, em vez de projetá-la nos outros. Isso nos deixará livres para produzir raiva quando ela for apropriada. Mas se pensarmos que devemos "nos livrar" de nossa raiva, ficaremos confusos e pensaremos que, quando transformamos a energia de um sentimento destrutivo, estamos eliminando-o.

Muitas pessoas têm uma ideia falsa de como é um estado altamente desenvolvido. Achamos que vem completamente sem raiva, fúria, medo, dor ou tristeza. Esta é uma ideia distorcida que leva a uma imagem rígida e irrealista ou a um conceito errado. Pois, na verdade, quanto mais somos capazes de experimentar qualquer sentimento, menos seremos escravizados por ele. Podemos nos tornar conscientes desse estado de fluxo livre—o que atualmente é apenas uma possibilidade—no qual somos flexíveis e temos o controle de nós mesmos para que todos os sentimentos possam ser movidos. O potencial sempre existe em todos.

Mas, quanto menos conseguimos convocar nossos sentimentos, mais teremos medo deles. Como tal, estaremos à sua mercê. Quando for esse o caso, podemos agir de forma destrutiva e descontrolada. Ou isso, ou reprimiremos nossa capacidade de sentir, fazendo com que nossas energias e potenciais criativos estagnem. Este é o tipo de duplo vínculo ao qual todas as dualidades devem eventualmente encaminhar.

O estado unitivo está completamente vivo, então o movimento é um de seus atributos principais. Enquanto o vácuo é fixo, a centelha do Todo está constantemente em movimento. Como humanos, lutamos incessantemente entre esses dois estados. Temos um anseio pelo não movimento, o que resulta no medo do vácuo. A ilusão é que o movimento nos levará para o vácuo, onde a consciência deixará de existir. Não é de admirar que queiramos nos conter e não nos mover. No entanto, a centelha divina em nosso núcleo central está constantemente nos impelindo para frente, para o movimento.

É por isso que, quando percorremos um caminho espiritual, devemos aprender a mover nossos corpos, assim como devemos aprender a mover nossos sentimentos e nossa mente. Precisamos fazer isso para que o nosso espírito possa se mover através de nós. Devemos permitir que o espírito móvel nos mova para que possa se manifestar. Todos os níveis de nossa personalidade—espiritual, mental, emocional e físico—devem se alinhar com a natureza inerente do espírito, que é se mover.

Quando movemos nossos corpos, a energia é capaz de fluir e penetrar em todo o nosso sistema físico. Então, temos mais energia física. Também precisamos mover nossos sentimentos, aprendendo a deixá-los sair. Precisamos nos deixar sentir movidos pela vida. Podemos mover nossas mentes, abrindo-as para novas maneiras de ver as coisas. E é essencial que façamos isso.

Nossas ideias fixas impedem nosso espírito de mover nossa mente, inspirando-a com verdade superiores. Nossa tarefa é permitir isso. Não estamos falando sobre a abertura para conceitos gerais, mas para verdades sobre nossas situações pessoais atuais. Mas o que geralmente acontece é que temos um julgamento ou opinião em que investimos tanta energia que realmente começamos a acreditar que esses são nossos verdadeiros sentimentos. Então, energia negativa é gerada por esses pensamentos rígidos que são inevitavelmente falsos. Pois a verdade é sempre fluida e tem fluxo livre. Confundimos essa verdade limitada com a verdade integral, e esse erro se torna a ferramenta para o autoengano.

Portanto, o que agora acreditamos ser nossas emoções são, na verdade, apenas opiniões fixas. Onde nossos sentimentos deveriam se aflorar, ficamos congelados. É a tarefa desse caminho espiritual—de qualquer caminho genuíno—trazer todo o sistema em movimento harmonioso. Mas isso requer tempo muito bem sintonizado para saber qual é o movimento correto e quando, de modo a não causar nenhum dano.

Precisamos de uma abordagem diferente para cada nível de nossa personalidade. Além disso, precisaremos de uma certa agilidade em nosso corpo, mente e sentimentos antes mesmo de usarmos certos exercícios, caso contrário, distorções podem se instalar. Por exemplo, se tentarmos deliberadamente mover sentimentos presos, provavelmente produziremos dramatizações, falsidade e exagero. Basicamente, usaremos nossa vontade para dar um bom show, na esperança de alimentar a ilusão de que nossa alma é flexível.

A mente pode aprender a se exercitar experimentando maneiras alternativas de ver uma situação. Mas se pularmos em frente, vendo as coisas de forma diferente porque temos um motivo oculto de escapar da culpa, acabaremos justificando por que somos vítimas. Então, podemos escapar disso mergulhando em uma falsa serenidade que tenta encobrir nossos sentimentos negativos. Portanto, é fácil ver como o tempo pode desempenhar um papel importante em nosso trabalho de autoconhecimento.

Lembrando o que dissemos sobre os sentimentos negativos, ou seja, que é uma distorção pensar que podemos nos livrar deles, vamos examinar os sentimentos. Podemos cultivar nossa capacidade de experimentar qualquer sentimento que quisermos. Uma vez que esse for o caso, os sentimentos indesejáveis não terão mais poder sobre nós. Mas nunca podemos deixar nossos sentimentos para trás, de uma vez por todas. Não há nenhum estado futuro que possamos alcançar onde tenhamos realizado todos os nossos objetivos e não tenhamos mais necessidade de nos mover. Esse conceito vem de nosso medo do movimento e, portanto, de nossa rejeição do movimento. Baseia-se na ilusão de que o movimento é indesejável. Mas se estivermos vivendo em um estado de verdade, desejaremos movimento e evitaremos o não movimento.

Olhando para o movimento no nível físico, suponha que tenhamos trabalhado em nós mesmos o suficiente para remover todos os nossos bloqueios musculares, que obviamente estão relacionados aos nossos bloqueios emocionais. Isso significa que agora podemos parar de mover nossos corpos? Obviamente não. Pois se fizéssemos isso, novos bloqueios imediatamente começariam a se formar novamente. Qualquer escolha de permanecer estático e imóvel é baseada em uma ideia errada sobre como a vida funciona. Do nosso mal-entendido, desenvolvem-se sentimentos negativos que, neste caso, seria o medo. Se não olharmos para esse medo para ver do que se trata, cederemos ao medo e ele nos impedirá de avançar em qualquer nível.

A alegria do movimento

Uma pessoa saudável vai querer continuar se movendo, não por razões terapêuticas, mas por pura alegria. Quando a situação é essa, o movimento se torna um prazer, não uma tarefa árdua. Mas se escolhermos pensar no movimento como uma tarefa árdua, ficaremos estagnados, pois é muito tentador ceder ao vácuo.

Mas podemos superar isso. A maneira de começar é movendo a nossa mente em uma nova direção. Devemos tomar a decisão de nos mover em todos os níveis para que nosso espírito possa alcançar e animar cada parte de nós. Nosso espírito está pronto e disposto a levar luz às trevas. Ele quer trazer movimento para onde nos tornamos estagnados. Pois se pararmos de nos mover, começaremos a morrer.

O mesmo se aplica ao nível de nossos sentimentos. É possível que uma pessoa esteja muito avançada em seu desenvolvimento e ainda assim possa odiar. Sim, eles podem ter superado sua dor residual e sua raiva residual pode ter se dissipado. Mas isso não significa que nunca teremos esses sentimentos novamente. Na verdade, é o contrário. Quanto mais trabalho tivermos feito para aceitar os velhos sentimentos residuais—de modo que não os temamos e rejeitemos—maior será a nossa capacidade de permitir que os movimentos da alma se movam. Essas correntes podem ir em qualquer direção a qualquer momento.

Essa pessoa agora pode experimentar qualquer sentimento à vontade. Mas não estamos falando da obstinação rígida. A experiência dos sentimentos deve vir de nossa vontade interior saudável, que flui suavemente. Quando estamos em plena posse de nós mesmos, podemos ser movidos de dentro. Isso significa que podemos, à nossa vontade, produzir ódio e raiva violentos; à vontade, podemos produzir tristeza e dor; à vontade, podemos produzir medo e terror; à vontade, produzir paz e harmonia; à vontade, produzir alegria e prazer; à vontade, produzir amor e compaixão.

Se ainda estamos em um ponto em nosso desenvolvimento em que tendemos a dramatizar demais—usando nossa vontade para criar sentimentos falsos—ainda não estamos prontos para fazer esses exercícios a respeito de nossos sentimentos. Porque devemos primeiro tirar a nossa máscara que esconde nossa vergonha de nossos verdadeiros sentimentos. Além disso, se temos a tendência de usar certas emoções limitadas como forma de nos defendermos de outras emoções, ainda não estamos prontos para praticar com sentimentos sobrepostos. Por exemplo, digamos que usamos o medo como uma defesa contra o ódio, rancor, malícia ou violência. Precisamos trabalhar todos esses sentimentos antes de estarmos prontos para tentar qualquer exercício de sentimento.

Não é difícil ver que as pessoas que estão muito contraídas e alienadas de seu núcleo central não podem produzir nenhum sentimento ou, pelo menos, uma quantia muito limitada. Eles ainda estão entorpecidos e paralisados nesse nível. Em contraste, as pessoas que já se libertaram de suas algemas internas—deixando de lado suas defesas—lidaram com seus sentimentos residuais. Como tal, eles são muito mais flexíveis e podem facilmente decidir se ficam com raiva, tristes ou qualquer outra emoção que desejam sentir.

Cada um de nós precisa avaliar onde estamos a esse respeito e gradualmente nos preparar para fazer os exercícios apropriados. Pois fazer o tipo certo de exercícios de movimento para cada nível nos ajudará imensamente em nosso desenvolvimento. Também podemos recorrer à nossa orientação interior para nos ajudar a saber como usá-los. É importante que entendamos os princípios que atuam aqui.

Praticando movimentos da alma

Quando formos capazes—cada vez mais, com o tempo—de produzir sentimentos, seremos capazes de trazer à tona todos os últimos vestígios de sentimentos a que passamos despercebidos. Mesmo depois de estarmos vazios de velhos sentimentos, devemos praticar manter nossas emoções fluidas para que a substância da nossa alma permaneça vibrante e flexível.

Os movimentos de nossa alma são muito importantes. Na verdade, existem movimentos cósmicos que fluem constantemente dentro de nós, e só podemos nos tornar conscientes deles quando temos a capacidade de nos emocionarmos facilmente. Se estivermos prontos, podemos praticar expressando vários sentimentos. É melhor fazer isso em uma sala cheia de pessoas, pois é mais difícil fazer esses exercícios sozinho. Mas, eventualmente, seremos capazes de fazer isso também.

Uma boa maneira de começar é ouvir interiormente e determinar o sentimento predominante de que temos consciência agora. No início, pode ser apenas fraco, por isso precisaremos aumentá-lo. Agora podemos nos permitir experimentá-lo e expressá-lo intensamente. Então, outros sentimentos começarão a surgir e poderemos explorá-los.

Às vezes, a pessoa que está nos ajudando—um terapeuta, conselheiro, treinador ou ajudante de algum tipo—pode sugerir um certo sentimento para enfocar. Outras vezes, nossa própria inspiração pode nos orientar. Queremos sempre levar nosso trabalho para nossas meditações, pedindo para sermos guiados e inspirados.

Finalmente, se quisermos ficar alinhados com nosso centro, devemos nos tornar fluidos e flexíveis. Aqui está um exercício que podemos fazer para relaxar nossa mente. Podemos aceitar qualquer situação em que nos encontremos e que nos incomode. Qualquer perturbação ou desarmonia servirá. Agora podemos olhar para a construção mental que produzimos. Quais são as conclusões rígidas e fixas que usamos para nos convencer de que estamos certos? Como as estamos usando para eliminar a dúvida?

Usando nossa mente ativa, investigamos a situação e vemos que posição escolhemos. Agora podemos decidir pensar em outras escolhas alternativas que poderiam ser feitas. Brinque com as alternativas. Novamente, podemos deixar nosso espírito nos inspirar, guiando-nos para novos canais. Podemos ver que não seremos aniquilados se abandonarmos nossa visão fixa original, que previamente fixamos no lugar com uma única interpretação. Essa visão fixa é, em grande medida, a razão pela qual estamos enfrentando esse conflito para começar. Precisamos ver isso.

Nosso primeiro movimento é descobrir em que realmente acreditamos neste momento. Depois de fazer isso, nossas crenças já estão um pouco mais flexíveis. Porém, esta não é a única crença. Podemos tomar consciência de outras crenças. Precisamos ampliar nossa visão sobre o assunto específico que estamos obstinadamente protegendo com nossas opiniões rígidas.

Gostamos de pensar que nossos julgamentos e opiniões resultam de uma situação específica que nos incomoda. Nós realmente gostaríamos que isso fosse verdade. Mas, na verdade, é o contrário. Enfrentamos situações perturbadoras em nossa vida devido à tendência de abrigar ideias, opiniões e julgamentos particulares. Por trás disso existe uma intenção ou motivação particular.

Ao permitir que nossa mente se torne mais flexível, podemos experimentar uma nova perspectiva. Fazer isso pode nos ajudar a enfrentar nossa posição atual com menos resistência. Pois qualquer tendência que tenhamos em direção a um determinado grupo de opiniões e julgamentos espera em prontidão para atacar o próximo conjunto de circunstâncias que podem ativá-los. Em outras palavras, com nossa mente fixa e inflexível, estamos prontos para ver o mundo de uma determinada maneira. Esta é a causa raiz de vários problemas psicológicos.

À medida que fazemos nosso trabalho de cura, ano após ano, ficaremos cada vez melhores em termos de agilidade mental. Ao nos tornarmos mais fluidos e flexíveis em todos os níveis, restauraremos nosso bem-estar. Colocaremos todos nós—nosso estado mental, emocional, físico e espiritual—em alinhamento com a verdade de quem somos em nosso centro divino. Este deve ser o nosso lema para o nosso trabalho, à medida que procuramos encontrar e tornar-nos o nosso Eu Real.

✳

Trabalhando com nossas falhas

Para as pessoas que estão familiarizadas com os ensinamentos do Guia sobre as falhas primárias da obstinação, orgulho e medo, aqui está um exercício adicional que podemos praticar e que nos ajudará a lidar com essa difícil tríade.

Tomando a mesma situação incômoda que veio à mente antes, vamos agora examiná-la do ponto de vista do orgulho. De que forma estamos agindo por orgulho? Agora podemos tentar visualizar essa situação, focalizando nossa atenção em como seria abrir mão de nosso orgulho. Se parece que a única alternativa é se sentir humilhado, é hora de começar a sondar em busca de outras opções possíveis.

Podemos recorrer à nossa orientação interior para nos ajudar a ver a nós mesmos nesta situação com dignidade, em vez de humilhação. Precisaremos dar um passo voluntário em um novo território se quisermos nos ver caminhando de um modo que harmonize dignidade com humildade, deixando de lado o orgulho e a humilhação da submissão. Se estivermos prontos para trilhar esse caminho no mundo, nosso espírito divino começará a produzi-lo de dentro. Todavia, para que isso aconteça, devemos primeiro nos tornarmos receptivos a ele.

Agora podemos seguir o mesmo processo com a obstinação. Começamos imaginando-nos tendo um novo tipo de reação em que não somos fracos e explorados, nem somos obstinados. Somos capazes de nos afirmar, mas também podemos abrir mão e ceder. Para qualquer situação, podemos encontrar o equilíbrio adequado vindo de nosso centro. Contudo, para que venha à tona, nossa mente precisará ser flexível e aberta o suficiente para as novas possibilidades entrarem. Também precisaremos cultivar nossa conexão com nosso centro espiritual para que possamos confiar nele e na orientação interior que ele envia. Observe, também, que exigirá uma certa dose de coragem para superar a ansiedade que virá à tona quando tentarmos, pela primeira vez, abrir mão de nosso orgulho e obstinação.

E agora, por último, mas não menos importante, precisamos lidar com nosso medo. O medo não irá a lugar nenhum, a menos que abandonemos nosso orgulho e obstinação. Visto que, como podemos saber, pelo menos em teoria, o medo é produto do orgulho e da obstinação. O medo também vem de nossa incapacidade de confiar no universo. Pois é evidente que passamos a acreditar que as únicas coisas que podem nos proteger do perigo são nosso orgulho e nossa obstinação.

A implicação é que o universo não é seguro e estamos presos a essa proteção insignificante—nosso orgulho e obstinação—como nossa única proteção. É hora de questionar essa premissa perguntando, internamente: "Isso é verdade?" Podemos experimentar uma nova alternativa e nos abrir para outra forma possível de estar no mundo, que é permitindo que a realidade divina flua através de nós.

Eventualmente, talvez hoje ou talvez muito tempo a partir de agora, mas este dia chegará. Deve chegar. E vai nos penetrar com um estado de consciência em que não há orgulho, nem obstinação, e também não há medo. Quando esse dia chegar, teremos transcendido todos os nossos conflitos— dentro e fora de nós mesmos.

Agora, vamos tentar fazer um exercício para a verdade, abrindo-nos para a possibilidade de que o universo nos dará, com prazer, tudo o que precisamos. Por um momento, sente-se com este pensamento: "Quem e como eu seria se confiasse no universo? O que poderia acontecer se, neste caso específico que está me perturbando, eu desistisse de meu medo—que está enraizado na desconfiança—e também abandonasse meu orgulho e minha obstinação?" Podemos fazer esse exercício ativamente, permitindo que nosso núcleo central nos dê um gostinho do estado que poderíamos alcançar se reagíssemos à vida sem orgulho, obstinação e medo. O que temos a perder?

"O universo é bom e bonito, e não há nada a temer, nem dentro nem fora, não importa o quanto possa parecer o contrário, devido às suas distorções atuais. Deixe o amor fluir em você para que possa emanar de você. Seja abençoado, esteja em paz."

–O Guia Pathwork

(Aprenda mais em *ESQUELETO*, Capítulo 13: As falhas ubíquas da vontade própria, orgulho e medo.)

Capítulo 10

Os três estados de consciência

Nesta dimensão dualista, falamos de estados de consciência e energia como se fossem duas coisas distintas. Mas isso não é correto. Para começar, é importante perceber que tudo, em toda a criação, está permeado de consciência. Portanto, toda energia contém alguma variedade e grau de consciência. Dito isto, a consciência é o que cria energia. Na verdade, a energia da consciência direta—a energia de nossos pensamentos, sentimentos, intenções, atitudes e crenças—supera, em muito, qualquer outro tipo de energia, seja elétrica, física, biológica ou atômica.

Cada pensamento, então, é energia e nossa experiência dessa energia é o que chamamos de sentimento. Portanto, não pode haver pensamento—nem mesmo o pensamento mais estéril e separado—que também não contenha um sentimento. Podemos imaginar que um pensamento muito puro e abstrato pode estar completamente divorciado de qualquer conteúdo sentimental, mas não é o caso. Na realidade, é exatamente o oposto. Quanto mais puro e abstrato é um pensamento, mais sentimento deve estar ligado a ele.

Na verdade, precisamos analisar a diferença entre um pensamento abstrato e um que está separado. Não podemos confundir os dois. Um pensamento abstrato vem de um estado espiritual altamente integrado. Um pensamento separado é uma defesa contra sentimentos e partes do eu que consideramos indesejáveis.

Entretanto, mesmo o pensamento mais separado nunca pode ser totalmente destituído de sentimento ou conteúdo energético. Sob a superfície, pode haver um sentimento de medo ou apreensão—algum tipo de ansiedade sobre algo que a pessoa espera evitar. E quando tais sentimentos estão presentes, o ódio por si mesmo geralmente também faz parte do pacote.

Abaixo da superfície de um pensamento puramente abstrato, haverá uma corrente de energia—um sentimento—de paz absoluta. Isso vem da compreensão inerente das leis espirituais que estão vinculadas ao pensamento e, portanto, destinadas a produzir alegria. Um pensamento mais subjetivo é menos puro. Portanto, quanto mais subjetivo for um pensamento, mais ele será tingido de sentimentos negativos.

O que exatamente é um pensamento subjetivo? É um pensamento derivado de nossos desejos e medos pessoais. Vem do nosso ego, o estado separado que acredita que sou eu contra o outro. Tal pensamento, então, não é verdadeiro.

Vamos examinar, por exemplo, desejos. Nesta terra de dualidade, o desejo—como tudo—desempenha dois papéis. Para usar um paradoxo, poderíamos dizer que, do ponto de vista espiritual, o desejo é "indesejável". Afinal, um desejo muito intenso—um desejo que emana de nosso ego e de suas distorções—nos afasta de nosso núcleo central. Esse tipo de desejo é cheio de orgulho, obstinação e medo, e carece de confiança no universo. Muito desejo, neste sentido, contrai nosso sistema de energia, criando tensão e impedindo o fluxo da força vital.

É por isso que os ensinamentos espirituais frequentemente aconselham a ausência de desejo como a condição necessária para se conectar com o eu divino. Esse estado é então apreciado para a realização de nosso eu espiritual.

É, no entanto, igualmente verdade que se não tivermos desejo, não podemos expandir. Não é possível se aventurar em novas terras espirituais—em novos estados de consciência—sem desejo. Se não houver desejo, não pode haver purificação. Pois o que nos motivaria a perseverar e reunir a coragem necessária para tatear no escuro, o tempo suficiente, para encontrar o caminho para sair de nosso sofrimento? Só o desejo pode fazer isso. Esse tipo de desejo tem fé na possibilidade de obtermos a coragem, a paciência e o compromisso necessários para alcançar um estado melhor.

Este é um exemplo do tipo de confusão dualista que criamos ao dizer que é certo ou errado ter desejo. Pois realmente depende de qual tipo de desejo estamos falando. Se esperamos transcender o estado dualista limitado de consciência que está preso em pensamentos dolorosos e confusos, precisaremos ver além desse tipo de situação ou isso/ou aquilo. Precisamos treinar nossos olhos para ver a verdade e a distorção que existe em ambos os lados.

No momento em que pudermos ver isso, os opostos não existirão mais. E, naquele instante, passamos para um estado de consciência mais profundo e amplo. A partir daí, seremos capazes de ver além das limitações da dualidade. Isso se aplica a muitas áreas de nossas vidas. Raramente, ou nunca, é algo bom ou ruim em si mesmo. O que importa é como ele se manifesta e quais são as verdadeiras motivações subjacentes.

Para que as pessoas superem obstáculos, devemos ter o desejo de fazer isso em nosso coração. Devemos querer acabar com a tentação de nos enganarmos, pois é isso que nos impede de descobrir o conhecimento abstrato alinhado com a verdade. Novamente, tenha cuidado para entender as palavras usadas aqui. Não estamos falando agora de pensamento abstrato que é mecânico, amortecido, separado, insensível, superficial ou defensivo.

Como poderia ser possível para a consciência—que é o nosso conhecimento interior—ser isenta de sentimentos? Mesmo o conhecimento intelectual—que é como podemos nos referir ao conhecimento isento de sentimentos—precisa ter sentimentos relacionados a ele. E embora as pessoas possam usar esse conhecimento para escapar do aspecto sentimental da vida, ele ainda contém sentimento, mesmo que não reconheçamos esses sentimentos.

Portanto, mesmo que não tenhamos consciência disso, a consciência também é sempre um sentimento. Um pensamento mecânico, separado e fragmentado, então, pode desencadear uma série de reações energéticas em cadeia em nossa psique. A própria escolha sobre o que pensar rigina-se de movimentos de energia tão fortes e cria um afeto. Então, como começamos dizendo, consciência e energia devem ser uma.

Se olharmos para o ser humano comum, podemos achar difícil acreditar que isso seja sempre verdade. Mas quando vamos um pouco mais fundo, vemos que quaisquer pensamentos que tenhamos, eles se conectam com um sentimento. Vale a pena repetir, porque é tão crítico que entendamos isso: o conhecimento separado e seco deve sempre conter sentimentos.

Frequentemente, o medo será o sentimento subjacente, enquanto o estado energético na superfície pode ser o tédio. O tédio é um estado energético negativo. Se olharmos mais atentamente para os lugares profundos de nossa alma, o tédio é sempre acompanhado em algum lugar pelo medo—talvez medo de nós mesmos e de como nos encaixamos no cosmos. Mas com o tempo, à medida que nos tornamos mais honestos conosco e paramos de dramatizar, começaremos a entender melhor a relação entre nós e o universo.

Primeiro estado: falta de consciência

Podemos organizar os estados de consciência em três grupos diferentes. Começamos no estado menos desenvolvido, que é o estado de sonolência. Nesse estado, um ser não sabe que existe. Não há autoconsciência. Animais, plantas, minerais e matéria inanimada estão nesta fase. O ser pode ser capaz de se mover, sentir e crescer e, em certa medida, pode até pensar. Mesmo assim, está abaixo do limiar de ter autoconsciência. Existem, no entanto, padrões intrínsecos que esse ser deve seguir para a criação e autocriação.

Um organismo abaixo do estado de autoconsciência segue caminhos significativos e com propósitos que se alinham com leis específicas. Portanto, embora haja um estado de consciência aqui, não há autoconsciência. Vamos considerar a vida de uma planta, que segue seu próprio plano intrínseco. Sua consciência agora está adormecida, mas tem um plano que a imprime com ciclos legais pelos quais ela vive, cresce, morre, reincorpora-se, renasce, expressa-se e segue neste mesmo ciclo de vida. Isso não acontece por acidente ou "por si só". Requer um plano incrivelmente inteligente que só pode surgir da consciência. Isso não pode acontecer por meio de um processo morto ou desconectado.

Quando olhamos para os minerais, pode parecer que essa matéria inanimada deve ser completamente desconectada. Mas, na verdade, a consciência desse ser está apenas temporariamente congelada. Isso acontece quando a consciência cria em uma direção específica que desacelera a centelha de vida até que ela se petrifique. A energia fica condensada em uma crosta tão espessa que a energia subjacente parece ser invisível ao olho humano. Existem algumas pessoas, porém, cuja consciência é tão expandida que elas podem perceber a energia altamente potente que ainda se esconde dentro, mesmo quando parece não haver consciência. Elas também podem captar a consciência contida na matéria inanimada aparentemente "morta".

O que um ser neste estado de sonolência está essencialmente "dizendo?" Pode dizer: "Não quero saber quem sou. Não quero saber como me relaciono com o mundo ao meu redor." Uma declaração como essa é um agente criativo e foi feita deliberadamente por uma consciência que tem tal atitude. Essa declaração resulta em uma cadeia de eventos que certamente, mas gradualmente leva a um estado de desaceleração e condensação. Isso finalmente endurece e forma uma "crosta", fazendo com que pareça morto. É disso, amigos, que a matéria é feita. Ela decorre de uma sequência de eventos que cria matéria inanimada com base em uma afirmação negativa que vai contra a verdade.

No entanto, depois que o processo de endurecimento começou, a consciência é capaz de usar a matéria para um propósito positivo que afirma a vida. Assim, uma consciência livre pode então "comunicar-se" com a consciência que está alojada na matéria endurecida.

Essa breve explicação nos dá uma ideia de como é possível que a consciência possa existir mesmo em um objeto inanimado. De uma perspectiva científica, descobrimos que a energia existe dentro da matéria, então essa parte não é novidade para nós. O que ainda não descobrimos é esta parte sobre como a consciência também está contida na matéria.

Estamos cientes de que podemos alcançar a consciência de plantas, animais e outras pessoas com nossa própria consciência. É em um grau menor que podemos atingir a consciência dentro de objetos inanimados usando a consciência mais ativa e forte de nossa mente humana. Mas a matéria ainda é maleável e podemos imprimi-la com nossa consciência humana.

Visto que a consciência tem a capacidade de criar e inventar, podemos moldar e dar forma às substâncias que estão dentro da matéria. Portanto, se precisarmos de um objeto—como um prato, vidro, peça de mobília ou joia—desejamos ter esse objeto. Nosso desejo molda a matéria inanimada—com sua energia e consciência—que recebe a direção da consciência mais forte e conectada e se funde com ela de uma certa maneira. Este é o processo que cria um objeto.

Portanto, cada objeto que usamos e desfrutamos está cumprindo sua tarefa. Mesmo neste estado "amortecido", o núcleo desta consciência está procurando expressar sua divindade por meio de seu serviço amoroso e verdadeiro. Mesmo neste estado separado, ele está se movendo em direção de ser, "respondendo" à consciência criativa. Como tal, está cumprindo seu propósito no grande plano de evolução.

No final das contas, mesmo o mais morto de todos os materiais mortos não está realmente morto. Pois tal objeto contém energia, portanto tem um campo de energia. Esta é sua antena—sua estação receptora. É isso que ele usa para reagir, já que sua consciência ainda é muito limitada para ser mais do que um reator. Não pode iniciar nada neste estágio, então não pode criar da maneira que um humano pode. Mas é definitivamente um reator.

Talvez descubramos que temos uma relação próxima com certos objetos. Nós os estimamos, precisamos e gostamos deles. Eles fazem bem para nós. Podemos até pensar que os amamos porque eles atuam muito bem para nós. Eles nos prestam um bom serviço, alegria ou beleza. Este é um círculo inofensivo e benigno em funcionamento, no qual é difícil dizer quem o fez começar.

Pense em um carro de que gostamos, por exemplo, ou em um instrumento que usamos. Seja o que for, nós amamos esse objeto! Podemos até usá-lo para apoiar nosso crescimento espiritual de alguma forma. Portanto, um objeto puramente utilitário não é tão utilitário assim. Cuidamos dessa máquina ou item. E nossa gratidão o faz responder, embora seja tudo o que pode fazer. Com sua consciência pequena e limitada, ele está preparado apenas para reagir e responder, para ser moldado e marcado. Mas nossa apreciação afeta seu campo de energia.

Existem outros objetos em que é o contrário—eles nunca funcionam bem. Ficamos incomodados com eles e, portanto, os detestamos, e eles respondem de acordo. Embora experimentemos uma separação da consciência deles, isso é discutível. Afinal, todo o universo está impregnado de consciência. A separação, então, entre objetos e entidades só é verdadeira na superfície. Abaixo da superfície, há uma interação constante acontecendo.

Em resumo, o primeiro estado é a consciência sem autoconsciência, que inclui animais, plantas, minerais e matéria inanimada. Todos contêm consciência e têm processos de crescimento e mudança, embora aconteça mais lentamente nesta fase do jogo.

Segundo estado: autoconsciência

No segundo estado, existe a autoconsciência. É aqui que os humanos estão. O que queremos dizer com autoconsciência? Significa que somos capazes de pensamentos como: "Eu sou", "Eu penso", "Eu sou capaz de tomar uma decisão", "O que eu penso tem um efeito" e "Eu posso alcançar outros seres com meus sentimentos." Este segundo estado é o ponto de partida para a responsabilidade própria.

Estarmos cientes de que podemos afetar o mundo ao nosso redor nos torna responsáveis por nossas atitudes e pela maneira como pensamos, agimos e respondemos. Podemos escolher essas coisas e devemos levar essa responsabilidade a sério. Devido ao fato de que nosso nível de consciência está agora mais expandido, há mais opções disponíveis para nós do que antes. Nesse estado de consciência—estando acima do limiar da autoconsciência—podemos fazer escolhas. Os seres no estado anterior têm um padrão implantado na substância da alma que seguem cegamente. No estado humano, podemos recriar o plano. Ao fazê-lo, valemo-nos de possibilidades mais amplas de nos expressarmos que estão de acordo com nosso nível de desenvolvimento.

É claro que, nesse estado, existem graus amplamente variados de autoconsciência. Existem humanos que ainda não estão cientes de si mesmos e de seu poder de fazer mudanças, criar coisas novas e afetar os outros. Eles têm uma capacidade limitada de diferenciar e um poder igualmente limitado de agir por conta própria e de pensar. Os conceitos apresentados aqui não fariam muito mais sentido para eles do que para um animal. Esses ensinamentos seriam essencialmente sem sentido para eles.

Existem outras pessoas cuja consciência já está muito mais desenvolvida. Elas estão bem cientes de que têm o poder de escolher, criar e criar um efeito. Eles assumem a responsabilidade por sua escolha de pensar de uma forma ou de outra e são responsáveis por suas decisões. Para essas pessoas, essas palavras farão sentido e serão inspiradas e encorajadas por elas. Entre essas duas categorias estão pessoas de vários graus de consciência.

Mas mesmo aqueles no primeiro grupo, cuja consciência é menos desenvolvida, estão cientes de que existem. Eles percebem que têm necessidades e, até certo ponto, podem descobrir como atendê-las. Eles estão cientes de que podem agir. Talvez seu escopo seja bastante limitado, de modo que seu poder de afetar os outros seja mais reduzido do que seria para alguém mais desenvolvido, mas, mesmo assim, eles estão muito à frente de um animal. E embora os animais possam estar despertos o suficiente para pensar, eles carecem completamente de qualquer tipo de autoconsciência.

Ser um humano e ter algum nível de autoconsciência nos leva a uma dimensão autocriada que inclui o tempo. Portanto, para nós, despertou um senso de passado, presente e futuro que não existe nos estados inferiores de consciência. Como em muitas áreas de desenvolvimento, existem semelhanças entre os pontos mais altos e mais baixos da curva. Nesse caso, a maioria das pessoas tem noção de tempo.

Por outro lado, animais, plantas, minerais e objetos não têm noção de tempo. Eles não têm consciência de si mesmos e de sua capacidade de progredir e, portanto, existem em um estado de ser atemporal. Os humanos, por outro lado, existem dentro de uma estrutura de tempo. Portanto, em vez de existir em um estado de ser, existimos em um estado de vir a ser. É o que acontece, embora já tenhamos autoconsciência. À medida que subirmos na curva do desenvolvimento, voltaremos a um estado atemporal de ser, mas agora nossa consciência estará desperta.

※

Terceiro estado: consciência universal

Este terceiro e último estado é o nível mais alto de consciência dos três estados. Poderíamos chamar isso de consciência universal ou talvez até consciência cósmica. Tal estado está além do estado de ser humano. Nesse estado, tudo é um. Não há mais separação. Nesse estado de consciência, tudo é conhecido: o eu-Deus próprio é conhecido e o eu mais íntimo é conhecido.

O eu-Deus de outras entidades também é conhecido neste estado, bem como a verdade do ser. Nesse estado, uma entidade vive em um estado de ser, mas agora, neste nível de desenvolvimento, o estado de ser vai além da autoconsciência. Chegou a uma consciência universal. Outra maneira de dizer isso é que o eu é visto como parte de tudo o que existe.

※

Fazendo a transição entre estados

Se ponderarmos o significado mais profundo de tudo isso, levando-o à meditação, entenderemos significativamente mais sobre o esquema maior de vida do qual fazemos parte. O estado "inocente" de ser só existe em pureza. Mas essa pureza pode existir em um ser que ainda está cego, inconsciente e impotente, assim como existe em alguém que readquiriu o estado de inocência por meio de seu trabalho árduo de descer e, ao mesmo tempo, ascender à autopurificação. Nesse ponto, o poder se reúne com o eterno agora em um estado atemporal.

Enquanto a alma ainda não estiver purificada, a potência inexplorada de sua consciência é protegida por sua falta de consciência. À medida que avançamos em nosso caminho de autodesenvolvimento, esse poder aumenta de acordo com nossa habilidade de ser verdadeiro—conosco e com os outros. Pois se pudéssemos estar cientes de nosso poder de criar enquanto ainda temos más intenções, poderíamos causar danos em maior grau do que curaríamos. Nesta condição presente, cura é o que acontece quando permitimos que resultados negativos se tornem nosso remédio.

Quando permitimos que o mal se manifeste através de nós, ele causa resultados que parecem injustos. Só nos parece assim por causa de nosso estado limitado que é preso ao tempo, fazendo-nos perder o controle das conexões. Se nos tornássemos cientes de como todos os pontos se conectam, veríamos como toda negatividade—que pode nos parecer muito cruel e injusta—é o remédio criado por nós mesmos com o propósito final de cura, de alcançar a purificação e, portanto, alcançar um estado de êxtase.

Em última análise, o mal não destrói, embora possa fazê-lo temporariamente dentro da estrutura que acabamos de mencionar. Se fosse possível que a consciência se expandisse sem o progresso simultâneo da autopurificação, o mal seria capaz de destruir o divino. Então, como uma forma inerente de evitar que isso aconteça, a negatividade fecha nossos órgãos perceptivos. Como resultado, a cegueira, a surdez, a mudez e o entorpecimento se instalam. Portanto, quando estamos mergulhados na negatividade, inevitavelmente teremos uma consciência inferior.

A única maneira de sair desse estado de ignorância e limitação em que estamos totalmente impotentes—separados do centro onde toda a vida está conectada—é por meio de nossos esforços consistentes para nos conhecer, onde estamos agora. Esse deve ser nosso objetivo, em vez de ter o objetivo de conhecer o universo e o que se passa fora de nós. Esse conhecimento virá mais tarde, quase como um brinde. Mas perseguir isso é perseguir a ilusão.

※

O despertar

O processo de nos conhecermos acontece lentamente, um passo de cada vez. Não nos é pedido para fazer feitos impossíveis. Apenas é pedido o que é possível: que lidemos com o que está bem diante de nossos olhos—se estivermos dispostos a fazer a escolha de enxergar. Usando nossa boa vontade e melhores intenções, podemos descobrir tudo o que devemos saber sobre nós mesmos a cada passo do caminho.

Não existe uma fração de tempo na vida de ninguém em que isso não seja possível. Sempre que nos encontramos em um estado de desarmonia, não estamos tão conscientes quanto poderíamos estar. O processo de nos tornarmos mais conscientes nos pede para tatear na escuridão. Procura intensa será necessária. Isso, de fato, é parte de nossa tarefa na vida.

Muitas vezes, olhamos na direção errada para encontrar respostas sobre nossa desarmonia atual. E muitas vezes, também resistimos a olhar porque tememos algo "pior" do que realmente está lá. Se, em todos os momentos, reunirmos coragem e determinação para ver as coisas até o fim, descobriremos que não é assim.

Qualquer que seja o estado desarmônico em que nos encontremos agora—um estado de ansiedade, infelicidade, depressão, inquietação, medo ou dor—é sempre um reflexo de que há algo que devemos saber sobre nós mesmos, mas escolhemos—sim, nós literalmente escolhemos—não saber. Essa escolha resulta em um campo de energia potente e negativo.

Os passos que somos encorajados a seguir neste caminho espiritual nos ajudam a desativar esses campos de energia negativa, mudando a consciência que eles contêm. Nosso primeiro passo é fazer a transição de "Eu não quero saber" para uma atitude que diz: "Eu quero saber". A próxima etapa é seguir em frente. Podemos embarcar nesse tipo de aventura de descoberta a qualquer hora que escolhermos.

Quando estivermos apenas começando nesta fase de nossa jornada evolutiva, precisaremos eliminar os pontos cegos que temos sobre nós mesmos. Do contrário, o eu não consegue descobrir respostas sobre ele. Não podemos despertar enquanto não olharmos para o que estamos escolhendo. Devemos ver o que agora pensamos, sentimos, precisamos e desejamos. Assim que tivermos isso em mãos, podemos aumentar o poder de nossa capacidade de mudar o que atualmente é indesejável e destrutivo.

À medida que avançamos, trabalhando dessa forma, chegaremos a um período em que nos conheceremos muito bem, mas ainda não teremos plena consciência dos outros. Então, nos perdemos no que eles criam. Ainda estamos cegos para o que eles estão fazendo—para a natureza exata da negatividade deles—então ficamos confusos e perturbados.

Se nos concentrarmos em nos limparmos ainda mais, em busca de mais e mais honestidade, teremos uma consciência clara dos outros e do que eles estão fazendo. Isso nos trará paz. Também nos mostrará a saída de conflitos emaranhados com eles. Ao longo do caminho, começaremos a enxergar aspectos—positivos—sobre nós mesmos que não tínhamos percebido antes. Frequentemente, a única coisa que pode trazer à tona esses aspectos anteriormente ignorados é uma crise com os outros.

A primeira fase desse processo de despertar é a autoexploração. A segunda fase será expandir nosso conhecimento sobre outras pessoas. A primeira e a segunda fases geralmente se sobrepõem. A terceira fase nos leva além do estado humano, para a consciência universal. Esse é o caminho orgânico que seguimos quando estamos nesta jornada espiritual.

Podemos interpretar a palavra conhecimento de várias maneiras. Podemos ter adquirido conhecimento em um nível puramente mecânico, mas tal conhecimento não contém sabedoria, *insight* ou percepção verdadeira. Não nos deixa maravilhados e admirados, e também não nos dá alegria ou paz. Este é um conhecimento seco e isolado.

O conhecimento que adquirimos por meio de nosso crescimento espiritual é um tipo diferente de conhecimento. Com esse tipo de conhecimento, ocorre uma espécie de compreensão que reúne nosso entendimento fragmentado. Esse conhecimento profundo e sensível unifica as coisas e, de fato, traz-nos paz e alegria, entusiasmo e admiração.

Uma revelação nos preenche que resolve todas as desarmonias. Experimentamos e nos relacionamos de uma maneira nova. Mas, amigos, isso não acontece em nosso primeiro dia de caminhada espiritual. Só vem muito mais tarde. No início, teremos apenas vislumbres disso, e apenas ocasionalmente. Quando nos movemos para uma posição, por exemplo, de ajudar os outros, isso se manifestará muito mais plenamente.

Quanto mais expandirmos, mais seremos preenchidos com esse tipo de conhecimento. À medida que isso acontece—mais e mais, pouco a pouco—o conhecimento cósmico emerge de dentro. Isso vai além do pessoal. É atemporal e nos dá uma consciência profunda do fluxo da vida em que estamos fluindo, junto com todos e tudo mais.

Seremos cheios de uma paz indescritível—imbuída de alegria e segurança—e de gratidão por tudo o que existe. Essa é uma consciência que devemos adquirir por meio de nosso trabalho de cura pessoal. Não podemos almejar diretamente a consciência cósmica, mas ela virá se fizermos este trabalho. Esta é a última etapa de nossa jornada, alcançando esse estado de autoconsciência expandida. Isso é o que estamos cultivando quando usamos essas ferramentas espirituais.

A escolha do ego

Este ensino é projetado especificamente para nos tornarmos conscientes de quão poderosos são nossos pensamentos. Dada a sua potência, tudo o que decidimos pensar e cada atitude que decidimos tomar tem um grande potencial. Nossos pensamentos criam experiências e reações, dentro e fora de nós. Dentro de nós, eles gerarão um novo campo de energia ou prenderão um antigo no lugar, reforçando-o. Depende apenas se é um pensamento novo ou uma versão reciclada de algo antigo.

Isso pode ser aplicado quer o campo de energia existente seja construtivo ou destrutivo, real ou falso. Quando nos tornarmos verdadeiramente conscientes dessa potência, começaremos a nos comportar com mais responsabilidade e nos tornaremos mais capazes de criar. É assim que nos aproximamos do estado em que sabemos que a consciência de Deus está em tudo.

O trabalho do ego é decidir qual caminho seguir. Isso significa que, agora mesmo, em nossa mente pensante está o potencial de expressar a consciência de Deus da maneira que quisermos. Portanto, se nossa experiência no momento for negativa, precisamos nos certificar de descobrirmos o que e como isso foi criado. O que, em nós, o criou?

Cada um de nós tem a capacidade de descobrir a verdade sobre o quão poderosa é a nossa consciência. Podemos começar assumindo o compromisso agora—e, é claro, teremos que nos comprometer continuamente—de ser verdadeiros. Em qualquer preocupação diária que nos intriga, confunda ou perturbe, podemos observar nossas reações. Nossas reações emocionais estão sempre nos dando uma pista sobre onde procurar.

Quando sentimos resistência para olhar, podemos olhar para a resistência. Podemos admitir nossa resistência—em vez de encobri-la, como frequentemente somos tentados a fazer—e, ao admitirmos, deixamos entrar uma nova luz. Apesar de nossa resistência, podemos admitir nossa resistência. Também podemos ter fé na verdade.

Mais e mais, nós nos libertaremos das algemas que estão agora nos mantendo confinados em um estado que é inferior ao que temos o direito. A liberdade é nosso direito de nascença, e também a alegria. Em todas as situações possíveis, podemos continuar a ter o compromisso de encontrar e estar na verdade. Em todas as situações concebíveis, sempre há uma saída.

"Com esta mensagem e recomendação, abençoo a todos com profundo amor—o amor do universo—por todos vocês, meus amigos muito amados. Fiquem em paz."
–O Guia Pathwork

217

Capítulo 11

A era da nova consciência

"Bênçãos, amor e saudações a todos vocês, meus queridos. Com imensa alegria reiniciamos nosso contato nesse período de trabalho. A alegria em nosso mundo é grande. Essa alegria pode se comunicar com você se você se abrir para ela. Ela se relaciona com o que muitos de vocês realizaram individualmente e em grupo. Mas a alegria também diz respeito ao que está por vir. Mais crescimento e liberação, paz e alegria virão para aqueles de vocês que realmente se dedicam ao seu próprio caminho interior."

–O Guia Pathwork

Muitas fontes espirituais estão entregando mensagens sobre uma imensa força cósmica que está varrendo este planeta. Uma força foi liberada neste universo com o objetivo, não de nos varrer, mas de nos limpar. Há uma onda acontecendo em nosso mundo, levando-nos em direção à verdade espiritual. Novos valores estão abrindo caminho através das velhas paredes de resistência. Vamos ver o que essa força cósmica significa em termos de comunidade espiritual, nossa individualidade, e nossa cura e crescimento pessoal.

A Terra, como planeta, é uma entidade, e cada pessoa que vive aqui é uma célula. É muito parecido com as células do corpo humano. Cada célula, no planeta Terra, é um centro de energia com consciência, assim como as células de um corpo são conscientes e possuem energia. Agora, a entidade que chamamos de Terra está crescendo. Está em uma encruzilhada interior, da mesma forma que uma pessoa em crescimento chega a encruzilhadas interiores.

Em algum ponto do nosso caminho, cada um de nós descobre que uma parte nossa está pronta para se expandir. Nesta parte de nós mesmos, estamos dispostos a arriscar e expor nossos segredos. Queremos entrar em um novo modo de vida, com uma nova visão sobre nós. Nesta nova modalidade, não vamos abandonar o que é antigo, mas transformar o que não é compatível com este novo fluxo puro. Vamos incorporar a substância pura tecida no velho eu, em uma versão expandida de nós mesmos. Isso criará uma nova versão de nós mesmos.

O que percebemos é que outra parte nossa, nosso Eu Inferior, tentará obstruir esse movimento. Essa parte teme e desconfia—e portanto resiste—a esse tipo de crescimento. É a consciência do nosso ego que decide com qual parte nos alinharemos.

É inevitável que em tal conflito haja crise, criada pela parte resistente, pois ela obstrui a força evolucionária que não pode ser interrompida. Quanto menos formos capazes de reconhecer o que está acontecendo nesta luta, mais negaremos e racionalizaremos o verdadeiro significado do que está acontecendo. E isso resultará em uma turbulência igualmente grande em nossas vidas que nos assustará.

Por outro lado, quanto mais podemos reconhecer a luta pelo que ela é, mais seremos capazes de nos alinhar com os princípios do Eu Superior e mais rapidamente a crise pode ser resolvida. Então, a crise se transformará em uma experiência de alegria antes inimaginável.

Uma crise, então, é saudável e inevitável. Sem crise, o crescimento não pode ocorrer, mas na medida em que resistimos ao crescimento, criamos crise. Nosso Eu Inferior não é apenas desonesto, egoísta e traiçoeiro, mas também ignorante. E essa ignorância nos torna teimosos e pouco perceptivos, além de negativos e destrutivos.

O planeta Terra também tem um Eu Inferior. Como o de uma pessoa, o Eu Inferior da Terra não é apenas negativo, egoísta, desonesto e ganancioso, é também ignorante—com uma vingança. Ele também resiste ao que sua alma está preparada, que é mover-se para um nível superior de consciência. E então deve haver crise nesta terra.

Os movimentos de expansão nem sempre acontecem sem seus exageros e distorções, sem seus mal-entendidos e fanatismos. E assim podemos ver a Terra passando por uma crise enquanto se expande para novas formas de ser. Em suma, os movimentos expansivos, às vezes, perdem o momento de como lidar com uma grande nova onda de consciência, evitando o confronto com alguma matéria não purificada. Quando, como indivíduos, abusamos do processo de crescimento dessa maneira, isso será particularmente caro para a pessoa e muito decepcionante.

Essa força cósmica tentou chamar a atenção da humanidade muitas vezes, de muitas maneiras, mas em grande parte não entendemos seu significado. Frequentemente, surge um movimento espiritual tentando seguir a pressão que vem de dentro, contudo o trabalho de limpeza necessário não acontece dentro da alma.

Por séculos, o mundo espiritual tem nos preparado para essa expansão, investindo muita energia. Muitos estão sendo chamados, porém nem todos a seguem. Pois nem todos estão dispostos a atender ao chamado que vem de dentro. Seria melhor reconhecermos isso claramente, deixando em aberto a possibilidade de que o chamado volte. Mas se em vez disso, dermos desculpas, preferindo aceitar ilusões e delírios como se fossem razões válidas para nossa decisão, então nossa alma vai permanecer em um estado de confusão.

(Aprenda mais em *PÉROLAS*, Capítulo 15: Qual é o verdadeiro significado espiritual da crise?)

Servindo e liderando

Agora mesmo, a Terra, como uma entidade geral, está passando por uma luta como esta. Se estivermos resistindo à luz da nova consciência que está surgindo, temos o risco de nos tornarmos cegos e surdos para o que está acontecendo. Muitas pessoas têm capacidade mental e desenvolvimento espiritual para seguir o movimento que está acontecendo, mas optam—por orgulho, obstinação e medo—não seguir o movimento ou perceber o que está acontecendo.

É claro que existem, ao mesmo tempo, pessoas que estão em tal estágio de seu desenvolvimento espiritual que não estão prontas para saber que existem outros níveis de realidade que não podemos ver com nossos olhos. Alguns podem acompanhar o movimento, entretanto, mesmo que não entendam bem o que está em jogo.

Aqueles que seguem o movimento descobrirão uma alegria profunda e muitas bênçãos, e não terão necessidade de temer nada. Eles serão capazes de se alegrar. Seguindo o fluxo do influxo, eles permanecem em harmonia com o universo. Eles se movem com o processo e não tentam obstruí-lo. Essas pessoas são necessárias como canais físicos da consciência de Cristo à medida que penetra cada vez mais no planeta, encaminhando-nos para uma nova era.

Esses indivíduos, que renovam continuamente sua decisão de se dedicar completamente ao processo que está se desenvolvendo, não apenas tornarão suas vidas plenas e significativas, mas se tornarão úteis para toda a evolução cósmica.

Para que esta onda cumpra seu propósito, uma purificação profunda deve acontecer. Começamos fazendo nosso próprio trabalho. Então, entramos em uma nova fase de crescimento na qual nos tornamos prontos para participar de um movimento coeso que varre todo o nosso mundo. Em outras palavras, há mais em jogo aqui do que apenas nossa realização individual.

Por "mais", não estamos sugerindo que a realização individual não seja tão importante. Nossa felicidade individual, integridade e capacidade de andar livremente no mundo, sem obstruções, são de vital importância. Nossa realização pessoal—que não podemos desfrutar a menos que nos purifiquemos para não nos alienarmos da verdade de quem somos—é a coisa mais importante que existe. Ao mesmo tempo, há algo mais em jogo. Não há contradição aqui.

Talvez possamos colocar assim: Só podemos encontrar satisfação total para nós mesmos quando servimos a uma causa maior. Muitos de nós praticamente tropeçamos nessa verdade, à medida que avançamos em nosso caminho espiritual. A orientação dos eventos que ocorrem nos ajuda a perceber—às vezes mais intuitivamente, às vezes mais intelectualmente—que há uma grande tarefa à qual estamos servindo simultaneamente enquanto nos realizamos.

O que descobrimos é que esse serviço maior aumenta nossa própria realização, da mesma forma que nosso serviço exige que nos tornemos pessoas felizes. Começamos a sentir que nossa própria realização está em servir. E podemos servir apenas por meio da autorrealização. Mais uma vez, se isso parece uma contradição, é apenas porque temos uma percepção falha das coisas.

Pois o que parecem ser opostos podem coexistir bem como partes complementares de um todo. Eles existem em unidade, então uma pessoa individual só parece se opor ao todo.

À medida que fazermos nosso trabalho espiritual, aprenderemos a perceber mais consciente e deliberadamente como é importante para cada um de nós trabalhar a serviço da onda da consciência de Cristo que está se infiltrando em nós agora. Para aqueles de nós que desejam seguir esse movimento, ele mudará drasticamente nossas vidas e nossa consciência.

Veremos, daqui para frente, que existem velhos valores e novos valores. Haverá uma velha consciência e uma nova consciência. Veremos que nossa própria realização pessoal é uma ferramenta que podemos usar para servir. Pois pessoas frustradas não podem servir. Pessoas infelizes não podem assumir a tarefa de enriquecer a vida dos outros e de si mesmas. Elas não podem dar um exemplo desejável.

Pois como pode alguém que é pobre enriquecer os outros? Quem é pobre também não pode fingir. Pois os seguidores sabem. Eles sabem, bem no fundo, se os que estão liderando estão verdadeiramente satisfeitos ou se apenas fingem.

Somente pessoas que estão firmes em si mesmas, totalmente centradas em sua própria consciência de Deus, podem criar para si mesmas vidas que atendam aos seus desejos, que avivam os outros e que ensinam sua consciência aos outros. Existem muitas tarefas diferentes neste mundo, mas todos que servem nesta causa também devem ensinar e liderar. Eles representam a nova consciência e vivem os novos valores, tanto pela instrução quanto pelo exemplo, pois transmitem alegria, amor e a capacidade de uma pessoa ser o melhor de si.

A grande dicotomia

Como muitas pessoas, a maioria de nós que está fazendo esse trabalho de limpeza espiritual sente a compulsão de ser bom. Tememos ser egoístas, por isso usamos algum tipo de máscara para encobrir nosso egoísmo e nossos pequenos modos mesquinhos. Essa máscara nos obriga a cumprir padrões mais elevados para que pareça que somos, de fato, uma pessoa muito boa. Frequentemente, haverá uma mensagem e uma onda genuína vinda de nosso Eu Superior que se entrelaça com os fios de nossa máscara, criando uma capa de falsa bondade.

O que descobrimos, à medida que nos aprofundamos em nosso trabalho de autodescoberta, é que uma parte de nós tem vendido nosso verdadeiro interesse próprio—desistindo de nossos direitos reais—em um esforço para agradar a alguma autoridade fictícia. Não estamos fazendo isso com o espírito de puro serviço, mas sim com o propósito de servir nossos próprios interesses. Queremos que essa autoridade faça algo por nós que não é correto esperar e que é algo que deveríamos fazer por nós mesmos para nos tornarmos plenamente nós mesmos.

Repetidamente, devemos ver como estamos fazendo isso até encontrarmos forças para desistir dessa esperança secreta. Precisamos abandonar essa forma falsa de serviço do tipo dar para receber, tornar-nos mais autor-responsáveis e, como resultado, aprender a ser mais autoafirmativos. Essa é a maneira de encontrar o equilíbrio. Devemos parar de trapacear e fingir que não. E quanto mais fazemos isso—à medida que paramos com a falsa bondade—mais podemos esperar por receber o melhor que a vida tem a oferecer.

Quando começarmos a viver honestamente, nossa culpa irá embora. Mas enquanto permanecermos dependentes—e consequentemente submissos—não teremos individualidade e ainda não estaremos prontos para servir a uma causa maior. Faremos mau uso de nosso serviço e colocaremos nossa energia em manter nossa máscara escorada. A resposta? Devemos aprender a ser egoístas.

Claro, como já discutimos, existe um tipo certo de egoísmo e um tipo errado. O tipo certo estabelece e preserva nosso direito de nos desenvolvermos da melhor maneira possível, não importa qual seja a opinião de alguém sobre nós e sua possível motivação para nos explorar. Com esse tipo de egoísmo—que tem raízes na independência—seremos capazes de reconhecer e desviar qualquer exigência de exploração, pois não nos submeteremos mais a nossa agenda oculta.

Quando uma pessoa tem o tipo certo de egoísmo, ela se sente merecedora de ser feliz, pois nunca o deseja às custas de outra pessoa. É apenas a forma distorcida de egoísmo que separa o interesse do eu do interesse dos outros. O tipo certo unifica o eu com os outros.

No início, é bastante complicado resolver todos os mal-entendidos. Mas, uma vez que tenhamos percorrido certa distância ao longo do movimento espiralado de nosso caminho, não haverá mais dicotomia entre o eu e o outro. Quando nos libertamos da culpa real causada por nossos fingimentos e nosso ocultamento—pela agenda oculta que estamos disfarçando e a negatividade que isso continua se perpetuando—não nos sentiremos indignos de nos tornarmos o nosso melhor. Não hesitaremos em ser a pessoa mais feliz e profundamente realizada. Então, nosso serviço não será algo que faremos para compensar nossa culpa.

Este caminho espiritual específico foi projetado para preparar o maior número de pessoas possível para o grande evento que agora está varrendo o nosso universo. Isso requer almas livres de culpa que sejam fortes e que possam agir por motivos reais—não falsos. É por isso que nosso trabalho neste caminho começa revelando ambos os nossos egoísmos, o falso e o verdadeiro, em um esforço para nos ajudar a nos tornarmos altruístas, sem sacrificar a realização pessoal.

O nosso Eu Inferior, com seus objetivos inferiores, deve ser sacrificado com frequência. Mas desistir de nosso Eu Inferior é realmente um sacrifício? Apenas parece ser. O que finalmente acontece é a realização verdadeira. Então, nosso eu exterior—a consciência do ego—não mais irá contra o nosso eu-Deus próprio.

Porém, só podemos atingir esse estado quando aprendermos a abandonar nossa máscara de falso serviço. Devemos expor nosso egoísmo míope que vem de nosso eu menor. Então, e somente então, depois de aprendermos o egoísmo saudável, chegamos a uma verdadeira abnegação que não é de forma alguma contraditória.

Quando as pessoas se alinham com ensinamentos espirituais que enfocam o serviço muito cedo no processo, há o perigo de que alguns usem os ensinamentos para escapar de seu trabalho—de seu egoísmo oculto. Para compensar, eles oferecem serviço sendo um mártir, o que nunca é benéfico para a alma. Sempre que nos recusamos a realmente nos tornarmos responsáveis e independentes, não estamos enfrentando nosso egoísmo oculto e, portanto, qualquer serviço que oferecemos é distorcido.

Se olharmos nosso trabalho de cura pessoal sob essa luz, veremos mais claramente a dinâmica geral. Podemos representar nosso trabalho usando uma certa figura simbólica, que é amplamente usada em expressões espirituais por ser uma forma de pensamento recorrente. Consiste em três círculos em um desenho em forma de mandala: O Eu Superior é representado pelo círculo central, o qual é cercado pelo Eu Inferior, que é cercado pela nossa Máscara e nossas defesas. Podemos aplicar isso ao nosso trabalho individual e também ao trabalho de uma comunidade espiritual, bem como à humanidade como um todo.

Cura através da comunidade

Quando uma comunidade espiritual se formar, haverá pessoas que representam o Eu Superior do grupo. Elas serão as que mais se responsabilizarão pela comunidade, que trabalharam mais profundamente e se expuseram. Estas são as pessoas que estão começando a colher os frutos tangíveis da realização, tendo viajado através de suas camadas externas.

Mais e mais, elas aprenderam a não temer nenhuma parte de si mesmas. Elas passaram a aceitar a si mesmas—tudo delas mesmas, incluindo as partes boas e ruins—unindo assim o que antes estava dividido. Essas pessoas irão se identificar, cada vez mais, com seu Eu Superior, uma vez que agora podem ver a diferença entre esta parte e a Máscara, a qual é preenchida com o pensamento desejoso de que se pode esconder as distorções e inverdades do Eu Inferior.

Dessa forma, esses líderes aprenderam a ouvir a verdadeira voz de seu Eu Superior e cada vez mais aprenderam a confiar nela. Encontraremos evidências desse tipo de liderança no número crescente de membros do grupo. Podemos ver isso na natureza das novas pessoas que estão aparecendo, prontas para ouvir, compreender e seguir a nova força cósmica. Veremos isso nas conexões profundas que se formam entre os membros. Quanto mais cada membro trabalhar para remover seus bloqueios e obstruções—resolvendo conflitos e esclarecendo problemas—mais esse aprofundamento continuará em todos os níveis. O crescimento em tal ambiente não é uma coincidência. É uma expressão natural do desenvolvimento dos membros do grupo.

Assim, várias pessoas formarão um núcleo interno, que funcionará como o Eu Superior da comunidade. Isso significa que essas pessoas são perfeitas? Claro que não. Mas elas são perfeitamente capazes de estabelecer um canal para seu Eu Superior—para sua luz interior. Essas pessoas são cada vez mais capazes de se comprometer completamente com a vontade de Deus e de sentir a importância da consciência de Cristo que está varrendo o planeta. E elas terão o que é preciso para servir a essa causa.

Vivendo e trabalhando juntas dessa maneira, essas pessoas estarão se protegendo de uma forma notavelmente eficaz contra o ataque que certamente virá do movimento contrário. Ao nos imunizarmos contra o movimento contrário do próprio Eu Inferior, somos imunizados contra o Eu Inferior do planeta.

Então, haverá outros que estarão trabalhando diligentemente em seu caminho espiritual, mas que ainda estão lutando. Essas pessoas ainda estão na fase de aceitação de seu próprio Eu Inferior. Elas estão se esforçando para saber como ele funciona ao penetrar na ocultação de sua Máscara.

Em meio a essa luta, existe uma grande tentação de se esconder, e também existe o hábito de esconder que é preciso superar. Esses são obstáculos fortes. Outros obstáculos fortes incluem culpa e medo de expor a verdade. Podemos eliminar a ilusão do medo apenas testando-o gradualmente até que possamos perceber que esse processo é confiável. Algumas pessoas terão dificuldade em encontrar o canal para seu Eu Superior e, portanto, não vão querer nada com isso. Elas terão medo e não confiarão. Essas pessoas colocarão toda a confiança em suas velhas, habituais e destrutivas defesas.

Então, é claro, haverá aqueles que ainda se identificam fortemente com sua Máscara. Essas pessoas passarão pelos momentos mais difíceis e procurarão motivos para julgar esse processo e descreditá-lo. Isso não as deixará mais felizes, mas, mesmo assim, elas procederão desta forma. Elas têm um grande interesse em não crescer e um medo de crescer que é igualmente forte. Elas não desejam descobrir o quão sem motivo é seu medo.

Essas pessoas não são necessariamente novos amigos, pessoas que acabaram de ingressar em um grupo espiritual. Pois o desenvolvimento nem sempre é uma questão de tempo. Esses nossos amigos precisarão perceber que estão se identificando com sua Máscara e devem começar a fazer o trabalho de viajar por suas camadas interiores.

Vale a pena delinear isso aqui para que as pessoas possam descobrir, por si mesmas, onde estão. Da mesma forma que alguns já aprenderam a assumir responsabilidade por seu Eu Inferior—superando a vergonha e o admitindo—essas pessoas agora devem aprender a assumir a responsabilidade por seu Eu Superior e não ter vergonha disso. Precisamos admitir, de fato, onde já chegamos.

Então seremos capazes de nos entregarmos ainda mais plenamente. Então seremos capazes de nos comprometermos totalmente para nos tornarmos parte do grande movimento. Também poderemos sentir a beleza e a emoção disso, bem como a honra e o privilégio. Servir como parte de uma causa maior purificará qualquer egoísmo que ainda resida em nós e nos deixa com medo.

Acreditamos que não podemos dar tudo de nós para uma causa maior porque temos medo de fazê-lo. Mas, na verdade, funciona ao contrário. Temos medo porque ainda nos apegamos a um pequeno pedaço de egoísmo aqui ou ali. Dar-nos conscientemente a uma causa maior que está varrendo o planeta inteiro é, em si, um processo de limpeza.

A nova consciência

A onda desta nova consciência que está chegando está trazendo consigo novos valores baseados nessas novas verdades. Na verdade, eles não são "novos", pois sempre existiram em pessoas altamente desenvolvidas que encarnaram para realizar uma tarefa específica e que não eram amplamente conhecidas. A grande diferença agora é que todo o planeta está crescendo e entrando em sua própria consciência divina.

A primeira coisa que devemos fazer, a esse respeito, é obter uma compreensão consciente de que nossa vida deve ir além dos limites de nossa personalidade imediata. Também devemos compreender que essa expansão nos levará à felicidade, embora um pré-requisito para experimentá-la também seja a felicidade. Não há nada que separe a expansão da felicidade. Não seremos privados se escolhermos seguir a vontade de Deus. Portanto, nos próximos anos, devemos nos tornar proficientes em confiar—nos entregar totalmente ao Deus interior—todos os dias, em todas as questões, em qualquer empreendimento, em cada decisão que tomarmos, mesmo em relação às opiniões que escolhemos adotar.

Com essa nova consciência, não tomaremos decisões superficiais usando apenas a cabeça, na esperança de obter a satisfação imediata de nossos desejos. Com a nova consciência, tomaremos decisões de uma maneira totalmente nova. A nova consciência já está ciente de que nosso eu exterior não tem as respostas; que está cheio de preconceitos e distorções altamente coloridas.

A nova consciência consulta o Eu Superior em todas as coisas e está disposta a esperar pacientemente e em silêncio para receber uma resposta. Não é opinativo. É feliz em aceitar enquanto não sabe e permanece aberto. Não tem interesse em obter uma determinada resposta. Isso abre espaço para a possibilidade de que a resposta possa ser qualquer coisa. O que vier pode ser o que se deseja, ou pode ser exatamente o oposto, mas de qualquer forma, ele confia que, aconteça o que acontecer, será bom.

Esse é o tipo de abordagem que não tem opinião fixa—se esvazia. Esta é a marca registrada deste novo sistema de valores que já começou a varrer o planeta. Claro, isso vai entrar em conflito com o antigo sistema de valores, que funciona apenas no nível superficial. Os antigos valores se concentram nas pequenas emoções imediatas e assumem uma visão estreita que envolve nem mesmo querer considerar o que é possível ou ampliar as percepções.

Esses velhos valores entrarão em conflito com os novos à medida que surgirem em cada um de nós. Em nossas comunidades, o conflito será entre aqueles que se alinham com a nova consciência e aqueles que se alinham com a velha. Conforme isso se desenvolve, ficará cada vez mais claro onde nos posicionamos. Não será suficiente afirmar: "Eu pertenço à nova consciência", enquanto continuo a agir da maneira antiga. Podemos dizer o que quisermos, mas nossas ações e a maneira como abordamos as decisões serão o teste decisivo, revelando a que campo pertencemos.

Muitas pessoas que estão trilhando o caminho espiritual já assumiram o compromisso e já estão sendo apanhadas pela extraordinária onda de nova luz dourada que está varrendo a Terra. Essa luz só é insuportável para aqueles que a recusam. Eles são os únicos capazes de perceber o contramovimento negativo e, portanto, são cegos para a própria luz. Sentem um forte desconforto quando a luz se aproxima e não interpretam sua reação corretamente. A luz traz a maior alegria para aqueles que desejam recebê-la, que estão dispostos a se doar a ela, que lutam pela luz e a servem.

"Sejam abençoados, meus queridos."
–O Guia Pathwork

Capítulo 12

Criando a partir do vazio

Agora é a hora da chegada de uma nova era. A chegada deste evento exigiu que muitas pessoas estivessem prontas para ele—independentemente daqueles que trilham um caminho espiritual consciente estarem cientes desta preparação ou não. Portanto, estamos eliminando nossas impurezas—e ainda estamos fazendo esse trabalho—tornando-nos disponíveis para uma força poderosa que está sendo liberada no universo—no universo interior.

Muitos canais e professores espirituais têm conhecimento deste evento, mas muitos interpretaram incorretamente como esse evento seria. Eles tiveram a ideia de que aconteceria por meio de cataclismos geológicos que afetariam os humanos no nível físico. Mas isso não é verdade. As mudanças, que já estão em progresso há décadas, são mudanças em nossa consciência. E é exatamente nisso que estamos trabalhando aqui.

À medida que fazemos nosso trabalho de autodesenvolvimento pessoal para nos purificar, tornamo-nos cada vez mais prontos para a iluminação interior, para a chegada dessa força de despertar com sua natureza autoperpetuadora. Sua chegada não tem precedentes, já que não houve nenhum outro momento na história da humanidade em que essa força estivesse tão disponível como agora.

Se estivermos fazendo nosso próprio trabalho de cura, o que experimentamos será o resultado desse poder pousar em um canal receptivo. Mas se esse poder atingir um canal que não esteja receptivo, surgirá uma crise. Estamos falando de uma tremenda força criativa altamente benéfica e que pode nos ajudar a prosperar de uma forma inteiramente nova. Mas se a bloquearmos, mesmo que apenas parcialmente, colocaremo-nos sob grande estresse—psíquicamente, fisicamente, emocionalmente e espiritualmente. Isso é o que devemos tentar evitar.

Vamos agora discutir o quão importante é estar receptivo à energia e à nova consciência que chega com esta força. Esta é a consciência de Cristo e está se espalhando por toda a consciência humana onde quer que possa entrar. Mas para que possamos recebê-la, devemos também compreender outro princípio importante: *o vazio criativo*.

Preparando a mente

Os seres humanos são famosos por criar uma mente agitada, o que fazemos por meio da hiperatividade, tanto dentro quanto fora de nós. Fazemos isso porque temos medo de estar vazios—de que talvez não haja nada dentro de nós que nos sustente. Raramente temos consciência desse pensamento, mas quando estamos percorrendo um caminho espiritual como este, chegará o momento em que nos tornaremos conscientes desse pensamento assustador.

Então, nossa primeira reação é algo como: "Eu nem quero reconhecer que isso me assusta. Prefiro continuar ocupando minha mente para não ter que enfrentar o terror de perceber que não sou nada por dentro—que sou apenas uma concha que precisa do sustento de fora de mim."

Obviamente, tal autoengano é fútil. Portanto, é extremamente importante que enfrentemos esse medo de frente e lidemos com ele de forma aberta. Para fazer isso, devemos criar uma atmosfera interna que nos permita estar vazios. Do contrário, continuaremos nos enganando, o que é um desperdício, pois esse medo não se justifica. Mas nunca seremos capazes de viver em paz conosco mesmos se não soubermos o que tememos, e com nosso evitamento torna totalmente impossível descobrir: Seja o que for que tememos, não precisamos temer.

A humanidade está, há séculos, envolvida em um processo de condicionamento para tornar nossa mente um lugar muito ocupado. Portanto, quando essa agitação para temporariamente, confundimos o silêncio com o vazio. Nossa mente de repente parece vazia. À medida que o ruído diminui, o que precisamos fazer é acolher e abraçar o vazio, pois este é o canal mais importante para receber o nosso eu-Deus interior.

Para que possamos cultivar esse vazio e transformar esse processo em um trabalho criativo, precisamos compreender algumas leis espirituais e psíquicas. Algumas dessas leis vão parecer que se contradizem.

• Se não podemos nos permitir estar vazios, nunca podemos ser preenchidos.

• A partir do vazio, uma nova plenitude surgirá. (No entanto, não podemos simplesmente fingir que nosso medo não existe; como tudo mais, devemos superar nosso medo.)

• Nosso trabalho é questionar nossos medos e, ao mesmo tempo, precisamos acolher o vazio, pois esta é a porta que conduz ao divino. (É compreensível que pareça uma contradição, mas, na verdade, não é. Precisamos adotar as duas atitudes.)

• É muito importante que nos tornemos receptivos e tenhamos expectativa, mas sem impaciência ou pensamentos desejosos e não devemos ter ideias preconcebidas. (É difícil até mesmo explicar isso usando palavras humanas. É apenas algo que devemos tentar sentir. O que queremos é ter uma expectativa positiva, livre de noções preconcebidas sobre o que vai acontecer e como deve acontecer.)

• Devemos ser específicos, porém nossa especificidade precisa ser neutra e leve. (Portanto, somos desafiados a ser específicos de uma certa forma, mas não de outra. Se ficarmos confusos com isso, agora seria um bom momento para pedir ao nosso ser interior para transmitir um entendimento para a nossa mente. Isso será mais eficaz do que tentar entender com o nossa mente egóica.)

O problema é o seguinte: O funcionamento da mente maior supera em muito a imaginação da mente egóica, sendo mais específico apenas nos atrapalharia. No entanto, nossa mente externa deve saber o que quer. Também precisamos estar preparados para o que queremos, para alcançá-lo, reivindicá-lo e saber que merecemos o que queremos e que não faremos mau uso. Além disso, nossa mente externa precisará ser capaz de mudar constantemente, para que possa se adaptar ao grande escopo da consciência de Deus interior.

Nosso objetivo é que nossa mente exterior se torne vazia e receptiva, enquanto, ao mesmo tempo, mantemos nossa mente aberta e pronta para qualquer coisa. Nessa condição, nossa mente será capaz de se conectar com a quietude interior—que, a princípio, aparece-nos como um vazio.

À medida que esvaziarmos nossa mente e alma—em um espírito de paciência, juntamente com expectativa positiva e perseverança—uma nova plenitude surgirá. Então, essa quietude interior começará a cantar, por assim dizer. Energeticamente falando, essa quietude será quente e leve. Uma força surgirá de dentro que não conhecíamos antes. Todos os problemas em nossas vidas—do menor ao maior—serão vistos deste ponto de vista sábio que é inspirador e repleto de orientação.

Devemos realmente nutrir esse vazio criativo, ouvindo-o gentilmente com nosso ouvido interior. Isso não é algo a ver com urgência, mas sim com a receptividade de quando e como seremos preenchidos. Esta é a única maneira de avançar na busca de nosso sustento e divindade interiores. Devemos nos tornarmos um receptáculo para receber este tremendo poder universal que está sendo liberado e que aparecerá em nossas vidas ainda mais do que já experimentamos.

Este momento de evolução é um momento significativo na história. Todos nós precisamos compreender o que está acontecendo para que possamos ajudar a perpetuar uma mudança profunda na forma como percebemos e pensamos sobre os novos valores e leis que agora estão se espalhando pelo mundo. Devemos abrir o caminho de fora e de dentro, criando tantos receptáculos para a consciência de Cristo quanto pudermos.

Nossa mente pode ajudar ou atrapalhar esse processo. Como podemos perceber, nossa mente é limitada apenas pela nossa ideia de que é limitada. Em qualquer grau que limitemos nossa mente, não podemos perceber o que está além dela. Na verdade, a mente é infinita. Nosso objetivo, então, é estender o limite de nossa finitude até que possamos atingir o infinito que está além da mente egóica e que está dentro de nós—bem aqui, agora.

Quando fazemos isso, nossa mente se funde com a consciência infinita de nosso universo interior, onde já somos um com tudo o que existe e ainda assim somos infinitamente nosso eu pessoal. Como as coisas estão agora, carregamos nossa mente conosco quase como se fosse um fardo, pois se tornou um circuito fechado.

Damo-nos um pouco de liberdade para ter opiniões particulares, ideias e possibilidades que abrimos espaço com nossa educação e com o que nossa sociedade permite. Nosso circuito mental limitado inclui as coisas que escolhemos aprender e o conhecimento que adquirimos por meio de nossas experiências pessoais e por fazer parte da consciência de grupo.

Na medida em que nos expandimos e crescemos, alargamos o circuito fechado de nossa mente. Mas ainda é um circuito fechado. Portanto, as ideias limitadas que temos sobre nós mesmos ainda nos sobrecarregam e restringem nosso mundo. É necessário então—se queremos nos abrir para o vazio criativo—que comecemos a questionar todas as coisas que pensamos ser impossíveis para nós. Então, encontraremos os limites de nossa mente.

Onde quer que nos sintamos desesperados e tenhamos medo, devemos também ter uma ideia da finitude a que nossa mente se prendeu. Como resultado, estamos bloqueando o grande poder que está aqui para todos os que estão prontos para recebê-lo honestamente.

Mais uma vez, estamos diante de uma aparente contradição. Por um lado, precisamos abrir nossa mente limitada, abrindo-nos para novas possibilidades e novas ideias. Isso é o que estamos aprendendo a fazer na meditação. O que vamos descobrir é que sempre que abrimos espaço para alguma nova possibilidade que desejamos, ela entra em nossa vida. Também descobriremos que, quando ela não acontece, há algum motivo para a estarmos negando.

Devemos começar a perfurar este circuito fechado. Observe, não podemos simplesmente dissolver nossa mente imediatamente, porque precisamos dela para viver. Mas, ao perfurar nossa mente, o fluxo de uma nova consciência e energia pode chegar até ela. Em qualquer lugar que não tenha sido perfurado, ficamos trancados dentro de seus limites estreitos, que nosso espírito está rapidamente superando.

Por outro lado, nossa mente deve se tornar neutra. Deve descansar e não se apegar a opiniões fixas. É isso que nos permitirá ser receptivos à nova grande força que agora está varrendo o universo interior de todas as consciências.

Abrindo a mente

Como fazemos para perfurar a mente? Podemos começar dizendo a nós mesmos que estamos apegados a crenças limitadoras. Precisamos parar de tomar essas crenças como certas. Então, precisamos desafiar essas crenças limitadas. Isso significa que devemos nos dar ao trabalho de realmente pensar sobre elas, observando e confrontando-nos. Precisamos praticar isso e sermos bons nisso.

Devemos começar a ver não apenas que temos uma crença falsa, mas que temos uma intenção negativa de nos agarrar a ela. É assim que mantemos o circuito fechado e, desse modo, nos privamos da abundância interior pela qual ansiamos profundamente.

É importante que, ao realizarmos essa tarefa de nos abrirmos para a consciência universal maior, não pensemos nisso como algum tipo de processo mágico que vai nos ajudar a contornar o processo de aprendizado e crescimento. Sim, nosso objetivo final é ser preenchido e sustentado por esse poder, porém nossa mente externa precisará passar pelas etapas de aquisição do conhecimento necessário para que isso aconteça.

Podemos ver como esse processo funciona nas áreas de arte e ciência. Uma pessoa não pode ser inspirada como um grande artista—independentemente de quanta genialidade ela tenha—se ela não desenvolver a destreza técnica necessária e aprender o ofício. Portanto, se nosso Eu Inferior infantil espera encontrar um atalho para o universo maior, na esperança de evitar o tédio de aprender as cordas, então esse canal permanecerá fechado para nós. Pois, no final, isso equivale a trapaça, e Deus não será trapaceado.

Quando trapaceamos, duvidamos seriamente de que exista algo além de nossa mente. Afinal, quando tentamos usar "mágica" para mimar nosso eu preguiçoso e autoindulgente, não recebemos nenhuma inspiração. Nenhuma mesmo. Pois existe uma lei espiritual em ação aqui que opera da mesma maneira na ciência, ou realmente em qualquer campo, como na arte: O esforço é sempre necessário no início.

Como essa lei espiritual funciona quando se trata de inspiração em relação à nossa vida pessoal e às decisões que tomamos? Aqui, novamente, nosso ego não pode deixar de realizar o trabalho necessário para se tornar um canal adequado para a consciência universal, ou consciência de Deus. É isso que fazemos quando realizamos o trabalho deste caminho espiritual.

Devemos nos conhecer verdadeiramente. Isso significa que devemos conhecer nosso Eu Inferior vendo nossas fraquezas e sabendo onde tendemos a ser desonestos. Devemos aprender onde somos corruptíveis. É um trabalho árduo, mas precisa ser feito. Se continuarmos evitando isso, nosso canal nunca será confiável. Em vez disso, seremos preenchidos com um pensamento desejoso que se origina de nossa "natureza de desejo", e nosso canal pode revelar uma "verdade" que é completamente não confiável porque é baseada no medo e na culpa.

Somente trabalhando em nosso desenvolvimento pessoal da maneira como aprendemos em um caminho espiritual como este, chegaremos ao ponto em que não confundiremos pensamento desejoso e credulidade com fé ou misturaremos dúvida com discriminação. Um grande músico pode se tornar um canal de inspiração superior—o que o faz tocar sem esforço—somente depois de passar horas e horas praticando e fazendo exercícios com os dedos. Pessoas inspiradas por Deus devem fazer as coisas da mesma maneira que trabalham em seu processo de purificação, revelando profunda auto-honestidade e autoconhecimento.

Esta é a única maneira de se tornar um receptáculo compatível com verdades superiores e novos valores. Então estaremos preparados para sermos influenciados para uso em um propósito mais elevado—aquele que enriquece o mundo e a nós mesmos. Mas também, ao mesmo tempo, temos que cultivar um campo interno de neutralidade. Se quisermos nos dedicar a cumprir a vontade de Deus, devemos ter uma atitude que diga: "Tudo o que vem de Deus está bom para mim, quer eu o deseje ou não."

Ter muito desejo, então, pode nos atrapalhar tanto quanto não ter nenhum desejo, o que geralmente reconhecemos como resignação e desespero.

Se nos recusarmos a suportar frustrações de qualquer tipo, criaremos tensão dentro de nós mesmos e construiremos estruturas internas de defesa que selam o veículo da mente. Como tal, o circuito permanece fechado. É por isso que nós, como receptáculo, temos que permanecer neutros. Mas, desistindo de nosso Sim ou Não obstinado, forte e rígido, abriremos caminho para desenvolver uma confiança flexível e sermos guiados por Deus.

Nosso objetivo é nos tornarmos dispostos, flexíveis, maleáveis, confiantes e sempre prontos para fazer uma mudança que não prevíamos. Pois quando se trata da vida divina que flui de nosso interior, não há nada que seja fixo. Portanto, o que é certo para nós hoje pode não ser certo amanhã.

Nossa mente passou a acreditar que a segurança reside em regras fixas. Contudo, nada poderia estar mais longe dessa verdade. No entanto, essa própria ideia de um universo flexível faz com que nos sintamos inseguros. Esta é uma daquelas crenças sobre as quais estávamos falando que precisa ser questionada e mudada. Imagine como seria responder para sempre cada nova situação com uma nova inspiração. Nisso reside um novo tipo de segurança que ainda não encontramos.

A coisa certa a se fazer em uma situação pode não ser a certa em outra. Esta é a lei desta nova era que se opõe às velhas leis "estáveis" que dizem que o que é fixo e imutável é o que é seguro.

Seguindo as leis espirituais

Precisaremos estudar essas novas leis que pertencem a este novo feito na vida criativa. Precisamos trabalhar com elas. Estas não são apenas palavras para absorvermos—devemos torná-las nossas. E isso pode não ser fácil, pois as leis espirituais estão cheias de contradições aparentes.

Portanto, precisamos adquirir novos conhecimentos, expandir nossa mente e permitir-nos conceber novas possibilidades verdadeiras. Ao mesmo tempo, devemos esvaziar nossa mente e nos tornarmos neutros. Isso só parece ser uma contradição da perspectiva da mente que está presa na dualidade, ou consciência dualista. Mas do ponto de vista da nova consciência—que é a luz dourada se espalhando por nosso universo interior—essas atitudes não são contradições de forma alguma.

Já que quando algo é verdadeiro, compatível com as leis espirituais superiores da vida, os opostos que são mutuamente exclusivos nos níveis inferiores de consciência são reconciliados. Sempre funciona assim. Coisas que produzem conflitos no nível inferior—o nível da dualidade—irão interagir e ajudar umas às outras no nível superior, que é o nível da unidade.

À medida que avançamos, é importante descobrirmos a verdade sobre a unificação, onde dualidades não existem mais e as contradições simplesmente param de se contradizer. Neste novo mundo, experimentaremos duas coisas, que antes víamos como opostas, como sendo ambas aspectos válidos da mesma verdade. Quando entendermos o que está acontecendo aqui e começarmos a aplicar este princípio às nossas vidas, aos nossos valores e à nossa visão de nossas vidas, então estaremos realmente prontos para receber a nova consciência que está sendo liberada em esferas que estão muito além desta.

Continuando com o tema das contradições aparentes, dizer que não devemos abordar nosso canal divino com uma atitude de querer que nos poupe do esforço de crescer e curar, não nega a necessidade de sermos passivamente receptivos. É mais que devemos mudar nosso equilíbrio. Em lugares onde nossa mente esteve hiperativa, agora precisamos aquietar nossa mente e deixar as coisas acontecerém. Em áreas de nossas vidas em que insistimos em estar sempre no controle, agora devemos soltar as rédeas, abrir mão do controle e deixar que esse novo poder interior assuma a liderança.

Por outro lado, nas áreas de nossas vidas em que temos sido autoindulgentes e preguiçosos—sempre buscando a linha de menor resistência e, como tal, tornando-nos dependentes de outras pessoas—somos agora aqueles que precisam assumir. Nessas áreas, é hora de nutrir ativamente os princípios que nos ajudarão a estabelecer uma conexão direta com nosso Deus interior. Também precisamos expressar ativamente na vida as mensagens que recebemos do nosso eu-Deus. Portanto, precisamos reverter nossa relação com a atividade e a passividade.

Esta é a maneira de transformar nossa mente em um instrumento. É assim que a mente se abre e perfura seus limites, adquirindo novas ideias—não novos conceitos rígidos, mas leves—com as quais pode brincar por algum tempo. Ao vestir uma nova leveza em como percebemos o mundo, tornamos nossa mente flexível. E essa mobilidade mental é o que nos torna tão receptivos quanto podemos ser ao que, a princípio, parecia ser o vazio.

Trabalhando com o vazio

Então, como vamos abordar esse vazio? Qual é a sensação? De que se trata? Mais uma vez, esbarraremos nas limitações da linguagem humana, pois é quase impossível comprimir uma experiência de vazio em palavras. No entanto, vamos fazer o nosso melhor para falar sobre isso e aprender sobre algumas ferramentas. Tente ouvir também com seus ouvidos interiores.

Observe que, à medida que ouvimos o "abismo" que está dentro de nós, a princípio parecerá um grande abismo negro que está vazio. O que surge é a sensação de medo. Observe como esse medo parece nos preencher. Vamos olhar para esse medo. O que é isso? É tanto o medo de descobrir que estamos realmente vazios, quanto o medo de descobrir que temos uma nova consciência—um novo ser que está evoluindo bem aqui dentro de nós.

Mesmo que ansiamos por isso, também temos medo disso. Temos medo de ambas as possibilidades. Queremos tanto a nova consciência que temos medo da decepção de não consegui-la. Mesmo assim, tememos encontrar essa consciência, porque ela pode nos impor obrigações e mudanças. Precisaremos nos segurar a nós mesmos e percorrer através desses dois medos. Nesse caminho, a ferramenta que aprendemos para lidar com esse medo é questioná-lo. Precisamos questionar nosso Eu Inferior.

Eventualmente, apesar do medo, estaremos prontos, porque conectamos todos os pontos. Agora sabemos, por exemplo, o que nosso Eu Inferior deseja e descobrimos por que temos intenções negativas. Então, apesar de qualquer medo remanescente, devemos tomar a decisão de, silenciosa e calmamente, mergulhar no vazio. Portanto, a razão de esvaziar nossa mente é para que possamos encontrar o vazio lá no interior.

Se não fugirmos, descobriremos que, vejam só, o vazio começará parecer, não cheio como poderíamos pensar, mas vivo. Esta é uma nova vitalidade que nossa velha mente artificialmente cheia tornou impossível. Enquanto estamos neste espaço, também notamos que havíamos nos tornamos artificialmente sem brilho. Nós tornamos nossa mente cheia e rígida. Estávamos com a mente rígida com o barulho, e nosso canal para o divino estava rígido porque, com nossas defesas, tínhamos contraído nossa energia em duros nós.

Tínhamos matado nossa vitalidade por meio de nossa plenitude artificial. E isso, por sua vez, deixou-nos mais necessitados. Porque sem acesso à nossa luz interior, nunca poderíamos nos sentirmos preenchidos, não no sentido real. Criamos um círculo vicioso ao nos esforçarmos para obter satisfação de fora de nós mesmos, uma vez que nos recusamos a dar os passos necessários para permitir que a satisfação venha até nós—de dentro.

Tememos a vitalidade, em certo sentido, mais do que o vazio. E faríamos bem em enfrentar isso. O que geralmente acontece é que nos tornamos vazios o suficiente para sentir o gosto inicial de vitalidade e, então, fechamos a tampa com força novamente. Então, começamos negando nosso medo, porém depois também negamos que estamos realmente muito infelizes por falta de vitalidade em nossa vida. No entanto, o medo é o que causa a falta de vitalidade. E a única maneira de fazer o medo ceder—para abrir nossa vitalidade—é nos permitirmos estar criativamente vazios.

Como é essa vitalidade? É como ter todo o nosso ser interior—tanto a nossa energia quanto o nosso corpo—tornando-se um "tubo interior" que é vibrantemente vivo. A energia vai passar por esse tubo, o sentimento vai passar por ele, assim como outra coisa que é vibrante, que vem à tona, mas que não podemos nomear.

Se não nos permitirmos fugir disso, seja lá o que for essa coisa inominável, mais cedo ou mais tarde ela começará a oferecer instruções continuamente—como encorajamento, orientação e verdade—de dentro. A sabedoria que carrega será especificamente orientada para servir à nossa vida, agora, onde quer que mais precisemos. Então, o que é esse vazio vibrante e vivo? É Deus falando conosco.

O dia todo, onde quer que seja necessário, Deus fala conosco. No início será vago, mas com o tempo ficará mais forte. Se realmente quisermos ouvir e entrar em sintonia, discerniremos o que está dizendo. Precisamos praticar usar nosso ouvido interior para sermos capazes de reconhecê-lo. Com o tempo, conseguiremos reconhecer—conhecemos essa voz! Essa voz vibrante que fala em tons de sabedoria e amor—falando especificamente para nós, não de forma generalizada—é uma voz que sempre esteve lá, mas nos tornamos condicionados a não ouvi-la. Para não a escutar.

E neste condicionamento, nós nos apertamos, fechando aquele "tubo interior". Agora é hora de abri-lo e deixá-lo nos preencher com a música vibrante e viva dos anjos. O que queremos dizer com "música dos anjos?" Não significa literalmente, embora isso também possa ser possível. Mas o que a maioria de nós precisa ouvir mais é a orientação direta para nos ajudar a tomar decisões sobre qual atitude ou opinião devemos considerar em qualquer situação particular.

E instrução como essa está em paridade, em sua glória, com a música dos anjos. Dificilmente se pode descrever a maravilha desse tipo de plenitude. Este é um tesouro que está muito além das palavras. Isso é o que estamos sempre procurando. Ansiamos por isso, entretanto geralmente não temos consciência de que estamos procurando, projetando erroneamente nosso anseio em substitutos que esperamos que possam nos preencher, vindos de fora.

É hora de voltar nossa atenção para o que sempre existiu dentro de nós. Nossa mente e nosso exterior nos confundiram e complicaram nossas vidas por muito tempo. Portanto, fazer esse contato é como encontrar a saída do labirinto—um labirinto que nós mesmos criamos. Agora, temos o que precisamos para reconstruir nossa paisagem interna, desta vez sem o labirinto.

Vivendo em plenitude

Agora surge a pergunta: "Como é uma pessoa nesta nova era?" A nova pessoa será um receptáculo para a consciência divina. Essa inteligência universal é a consciência de Cristo que permeia toda a vida, incluindo cada partícula de cada ser. A nova pessoa não funciona a partir de seus pensamentos habituais.

Século após século, nós, humanos, temos desenvolvido nosso intelecto. Isso teve que ser cultivado para que a mente egóica pudesse cumprir seu papel de ajudar na evolução da humanidade. Mas agora, com nossa ênfase exagerada, ultrapassamos o alvo. Isso não significa que agora é hora de voltar a ser cego, apenas seguindo nossa "natureza de desejo" emocional. Em vez disso, significa que é hora de despertar. É hora de nos abrirmos para uma esfera superior de consciência dentro de nós e deixar essa luz brilhar. Nosso verdadeiro eu está pronto para se revelar.

Houve um tempo na história em que era muito difícil para as pessoas pensarem. Não podíamos resolver situações, avaliar ideias, manter informações, lembrar o que nos ensinaram—em resumo, não sabíamos como usar nosso cérebro. Naquela época, o uso de nossas faculdades mentais era tão difícil para nós como agora parece ser para entrar em contato com nosso Eu Superior.

Nesta nova era, a nova pessoa terá estabelecido um novo equilíbrio interior. E neste novo sistema, não queremos deixar de fora o intelecto. É um instrumento importante que deve continuar a nos servir e agora se tornar unificado com a consciência maior. Por muito tempo, as pessoas acreditaram que as habilidades intelectuais representam a forma mais elevada de desenvolvimento. Muitos ainda acreditam nisso. Essas pessoas não fazem nenhum esforço, então, para se aprofundar em sua natureza interior, onde, se procurassem, encontrariam um tesouro muito maior.

Dito isso, muitos movimentos espirituais desenvolveram essa prática, inativando e descartando completamente a mente. Isso é tão indesejável porque em vez de nos unificar, cria divisões. Embora cada um desses extremos tenha alguma validade, cada um deles se perdeu em meias-verdades.

Vejamos outro exemplo. No passado, as pessoas eram irresponsáveis e indisciplinadas, comportando-se mais como animais para satisfazer seus desejos imediatos. Elas foram movidos por seus desejos e emoções, não por moral ou ética. Portanto, durante esse estágio de nosso desenvolvimento, desenvolver nosso intelecto foi útil e cumpriu uma função. Nossa inteligência poderia servir como uma ferramenta afiada para aprender e fazer escolhas.

No entanto quando para aí, a coisa toda se transforma em uma farsa. Pois é isso que acontece quando uma pessoa não é movida por sua divindade—ela se torna uma farsa. Da mesma forma, é uma boa ideia praticar temporariamente a inativação da mente, e fazer isso também é recomendado como parte destes ensinamentos. Mas tratar nossa mente como se fosse o diabo—e, portanto, tentar expulsá-la de nossa vida—é realmente não entender o caso.

Sempre que somos apanhados em qualquer um dos extremos, não estamos satisfeitos. Pois precisamos ter todas as nossas faculdades funcionando em um bom estado se quisermos expressar nossa divindade. Sem nossa mente, transformamo-nos em uma ameba passiva. Por outro lado, quando a mente é creditada como nossa faculdade superior, transformamo-nos em um robô hiperativo. A mente seria nada mais do que uma máquina computadorizada.

Só podemos estar verdadeiramente vivos quando somos capazes de casar a mente com o espírito, permitindo que a mente expresse o princípio feminino de vez em quando. Até agora, associamos a mente com o princípio masculino, que tem tudo a ver com ação, impulso e controle. Na nova era, a mente deve expressar o princípio feminino de receptividade.

Tornar-se receptivo não significa que agora nos tornamos passivos. De certa forma, seremos mais ativos, pois nos tornaremos mais independentes do que éramos antes. Pois quando nossa mente recebe inspiração da consciência de Deus dentro de nós, devemos colocar isso em ação. Mas nossas ações serão harmoniosas e sem esforço—e não como uma contração.

Quando permitimos que nossa mente seja receptiva, estamos permitindo que nossa mente seja preenchida com o espírito superior que reside dentro de nós. A partir daqui, funcionaremos de forma completamente diferente, pois a vida será para sempre nova e excitante. Nossas rotinas não se tornarão tediosas. Nada ficará obsoleto. Nada será redundante. Pois nossos espíritos estão sempre vivos e sempre mudando e se renovando. Este é o tipo de energia e experiência que pode fluir cada vez mais de nosso centro, onde o novo influxo está se movendo tão fortemente.

A nova pessoa, então, tomará decisões a partir dessa nova consciência, uma vez que ela trabalhe para se tornar verdadeiramente um receptáculo— para ser receptivo ao ser espiritual que está emergindo de dentro. Esses resultados soam como utopia para uma pessoa que ainda não começou a vivenciar isso. Mas, assim que entrarmos neste trem, também começaremos a experimentar uma alegria e expansão jamais sonhadas. Problemas que pensávamos serem insolúveis começarão a se desfazer. E assim vai continuar.

Não há fim para nossa realização. À medida que começarmos a servir a uma causa maior, criaremos significado em nossas vidas que nos despertará para a produtividade e a criatividade de viver. Alegria, amor e felicidade estão sempre incluídos nisso.

Já passou o tempo em que as pessoas só podem viver para suas pequenas vidas egoístas. Não podemos continuar assim. Qualquer pessoa que insista em viver dessa maneira ficará excluída de um poder, o qual não é confiado a ela. Pois tal poder se tornará destrutivo em uma mente que ainda está voltada para servir apenas ao egoísmo imediato.

Esse tipo de egoísmo sempre vem da falsa crença de que só somos felizes quando somos egoístas e, se formos altruístas, seremos infelizes. Em nosso trabalho, o primeiro equívoco que precisamos enfrentar e desafiar é essa falsa crença.

Se fizermos isso, criaremos uma vida para nós e nosso ambiente de uma maneira que a humanidade nunca conheceu. Pessoas em todo o mundo têm se preparado silenciosamente para isso, enquanto fazem seu trabalho de cura pessoal. A partir da matéria escura e cinzenta do pensamento sem verdade, esses são os núcleos dourados que surgirão.

Cada pessoa tem agora a oportunidade de fortalecer seu canal interno, de se abrir para esta nova realidade. Isso é o que estávamos esperando. Isso nos trará a paz e o entusiasmo que sempre desejamos. É hora de entrar nesta nova fase, de entrar com alegria, com coragem e um Sim no coração. Precisamos sair da atitude que ainda temos, como se tivéssemos sido derrotados. Não estamos derrotados, a menos que esse seja o papel que queremos atuar.

Mas podemos nos elevar e cada um de nós pode se tornar quem realmente é. Então, e somente então, experimentaremos o melhor da vida.

"Que todos vocês sejam abençoados, meus queridos. As bênçãos lhes darão o sustento de que precisam para percorrer o caminho por inteiro com todo o seu ser e se tornar vivo, ativado, e realizado pelo Deus interior. Fiquem em paz."

–O Guia Pathwork

Capítulo 13

Mudança das leis externas para leis internas nesta nova era

"Saudações, meus queridos amigos. Bênçãos para cada um de vocês. O amor divino se estende até vocês, penetra profundamente em seus corações e os envolve. Deixe-o lhes dar a paz da realidade suprema que vocês podem e encontrarão no íntimo do seu ser, se vocês forem até o fim desse caminho consigo mesmos."
–O Guia Pathwork

Este planeta e as pessoas nele estão passando por um processo de cresci-mento. Cada semente contida neste plano de autoevolução final carrega seu próprio plano de realização, e cada semente se desenvolverá de sua própria maneira orgânica. Experienciamos esse fenômeno ao fazemos nosso tra-balho de cura e crescimento pessoal conforme somos orientados a fazer neste caminho.

Repetidamente, observamos o desenvolvimento de um processo orgâni-co que opera independentemente de nossa mente consciente e de nossas expectativas. Um plano como este segue em estágios, com novas energias liberadas cada vez que fazemos a transição para um novo estágio.

Vamos dar uma olhada em como esse fenômeno se manifesta no nível material, que é o nível mais superficial. Por exemplo, o que acontece no crescimento externo de uma pessoa quando ela passa por fases de crescimen-to muito distintas. Para um bebê, quando eles estão prontos para aprender a andar e falar, capacidades latentes se desenvolvem neles. Para que isso aconteça, novas energias devem estar disponíveis para eles.

No nível físico, esta é a primeira grande mudança que ocorre depois que encarnamos. A próxima grande fase de expansão acontece quando uma criança sai de casa e vai para a escola. Este grande passo não é apenas físico, mas também envolve uma expansão interna. Este é um passo para o mundo que envolve o desenvolvimento do potencial interno da criança para lidar com outras pessoas que vivem fora de casa. O crescimento continua dessa forma por toda a vida de uma pessoa.

Depois que uma pessoa cresce totalmente fisicamente, é mais difícil perceber essas transições. No entanto, elas são tão reais e distintas. Cada nova fase envolve mudanças, crescimento e a capacidade de se expressar de forma mais criativa para que possamos lidar melhor com o mundo—tanto o mundo externo quanto o interno. Os médicos sabem que ocorrem mudanças em nosso sistema celular a cada poucos anos. Na verdade, os componentes químicos da estrutura externa mudam completamente. E mesmo que não percebamos que isso está acontecendo, é real.

As mudanças que acontecem nos outros níveis do nosso ser—mental, psíquico, emocional e espiritual—são ainda mais dinâmicas. Durante cada estágio, damos um passo ordenado para cumprir o plano da semente, e o plano da semente libera automaticamente novas energias. Quando estamos seguindo nosso plano, essas energias nos fornecem o impulso de que precisamos. Elas nos ajudam a expandir, mudar e crescer, para que possamos alcançar uma nova dimensão. Esse movimento começa de dentro e se move para fora, procurando abraçar mais a realidade. Afinal, o objetivo da realidade interior é alcançar e transformar a realidade exterior, seguindo sua própria beleza ilimitada, perfeição e possibilidades infinitas de expressão.

Mas quando o movimento de saída é obstruído—como quando a consciência egóica atrapalha o processo, ignorando seus impulsos e agindo de maneira insensível a eles—então as energias não conseguem se desenvolver de maneira natural e harmoniosa. É quando essas energias, que são originalmente construtivas, tornam-se destrutivas de acordo com nossa visão humana das coisas.

Na verdade, o objetivo da destruição é destruir a obstrução, a falsidade que ela contém e a maneira como está infringindo o desenvolvimento livre do divino. Nosso trabalho é dissolver os bloqueios que as inverdades em nossa consciência causaram, as quais atrapalham a liberação das energias. Como isso se parece no nível superficial da vida? Crise dolorosa, turbulência e destruição. Precisamos descobrir que esses eventos desagradáveis não são eventos aleatórios. Nós os colocamos em movimento e é importante começarmos a ver e entender isso.

Se nossa consciência estiver de acordo com as leis divinas, ou seja, se estivermos na verdade e nosso sistema estiver aberto, as energias se moverão de forma harmoniosa e orgânica. Mas onde quer que nossa consciência não esteja na verdade, as energias se invertem e se voltam contra o eu.

Não estamos sendo perseguidos. Este processo funciona da mesma maneira em todos os lugares, abrangendo todos os seres em toda a criação. Isso significa que se aplica a indivíduos da mesma forma que se aplica a entidades. E este planeta que chamamos de lar, a Terra, é uma entidade. Portanto, está sujeito às mesmas leis de crescimento e passa pelos mesmos estágios de crescimento e desenvolvimento.

Tanto para uma pessoa quanto para um planeta, experimentamos períodos distintos de expansão. Para ambos, as energias inerentes no plano da semente devem ser fortes, pois ao serem liberadas devem ser capazes de possibilitar a expansão. Como tal, é fácil detectar as manifestações positivas que acompanham essas energias: Novos potenciais se revelam; mudanças são feitas; a criatividade é renovada; novas abordagens são feitas que revelam um nível mais elevado de maturidade; há uma maior sensação de bem-estar; há uma visão elevada de como podemos nos expressar. Tudo isso acontece de acordo com o plano da semente.

Mas quando resistimos às novas energias porque não percebemos que são um influxo de forças divinas, o resultado é a crise e a destruição. Todas as revoluções radicais, bem como todas as reações nas quais regredimos a comportamentos imaturos, nada mais são do que bloqueios. O primeiro é uma projeção externa de emoções reprimidas que agora estão sendo enfaticamente mal direcionadas.

※

Dores de crescimento

A Terra agora está passando por um estágio de expansão, revelando um novo influxo de energias da consciência de Cristo. Então, como tudo isso se aplica ao que está acontecendo agora? Podemos ver primeiro o que acontece quando uma pessoa está pronta para atingir a idade adulta, mas bloqueia isso. As energias adultas que são liberadas nos sistemas—físico, emocional e psíquico—criam uma crise. De modo geral, a maioria das pessoas ignora o que está acontecendo.

A mesma coisa vale para o nosso planeta. Ele está pronto para entrar na idade adulta e se esforçando para se desenvolver. Ao mesmo tempo, o planeta abriga elementos que resistem e querem ignorar esse processo.

Da mesma forma, podemos ver grupos de pessoas que estão alheias a esse movimento de crescimento interior. E há outros que estão bem cientes da realidade interna e veem a realidade externa como ela é: apenas um reflexo da interna. Portanto, quer estejamos falando de pessoas ou planetas, existem partes menos evoluídas que estão focadas apenas na imagem exterior e estão presas em um estado de separação. Já que eles não podem perceber a unidade de todos os seres, eles agem de maneiras que os separam ainda mais. Isso direciona sua mente para a crueldade, maldade, ganância, egoísmo e falta de preocupação.

Uma vez que todas essas coisas são baseadas na ilusão, elas inevitavelmente precisam mostrar que são dolorosas e inviáveis. Isso é o que está sendo destruído por qualquer novo influxo de energia divina. É preciso uma maturidade considerável para uma alma compreender o significado interior de tal crise e ver o verdadeiro significado desta verdade.

A cegueira que não consegue perceber a unidade é distinta. Baseia-se no que parece ser uma diversidade de interesses entre as pessoas. Quando uma pessoa é cega assim, ela negligencia—até mesmo se recusa a ver—qualquer ponto além do que está bem na frente dela. Eles ficam presos em um ponto e não conseguem ver além dele, então perdem todos os pontos de conexão que realmente nos unem.

Há muito, muito tempo, quando o planeta ainda estava nos primeiros estágios da consciência adolescente, as pessoas precisavam aprender a fazer uma distinção grosseira entre o bem e o mal. Tínhamos de aprender o que era comportamento social e o que era antissocial, entre quais eram atos construtivos e quais eram destrutivos. Nessa fase do nosso desenvolvimento, era inevitável que todo o planeta estivesse preso em um estado totalmente dualista, incapaz de perceber qualquer coisa além da dualidade.

Mas essa também foi uma etapa necessária e nos preparou para a próxima era, na qual agora entramos. Agora é a hora das pessoas encontrarem força de caráter—para não cairem em tentação—para descobrir que não sacrificamos nada ao crescer. Pois nossos interesses reais nunca podem diferir dos interesses reais dos outros.

Antes, não podíamos fazer esse tipo de distinção. Não podíamos nem distinguir o bem do mal ou entre atos construtivos e destrutivos, especialmente se nela houvesse algo para nós. Durante os períodos iniciais, as pessoas permitiam que o impulso e o desejo as governassem. Se fosse gratificante imediatamente, parecia "bom" e não pensávamos além disso. A consciência estava, naquele ponto, em sua infância. Somente agora, como a era anterior está terminando, podemos travar a luta para fazer certas escolhas quando os interesses parecem ir em direções diferentes.

O estado subdesenvolvido cria cegueira e a cegueira cria dor. Essa dor então se torna seu próprio remédio e sua própria lição. Esta é uma lei espiritual divina que poucos são capazes de reconhecer. Se formos capazes de desistir—de sacrificar—o que achamos ser do nosso próprio interesse, porque vemos que não fazer isso prejudicará outras pessoas, estaremos preparados para entrar no próximo estágio de desenvolvimento, em que teremos uma visão mais clara. Isso se aplica a todo o planeta.

Todavia muitas pessoas ainda só veem o mundo de uma forma dualista.

Afinal, a dualidade está profundamente cravejada em nossa consciência. Então, tudo parece exigir uma escolha entre o eu ou o outro. Esta forma de ver as coisas, que não é pautada na verdade, cria conflitos—com os outros e na nossa consciência—e as consequências disso são muito difíceis de conviver.

Desnecessário dizer que muitas pessoas ainda não conseguem fazer um aparente sacrifício em um esforço para preservar a bondade, o comportamento construtivo e a decência. Porque no fundo de sua psique, parece que elas estão agindo contra si mesmas. Como tal, quando tentamos sacrificar, mas ainda estamos imersos em uma consciência dualista, faremos isso em nosso próprio prejuízo. Neste caso, nosso sacrifício é feito dentro de um quadro de ilusão e não é realmente uma expressão de bondade, amor, decência ou honestidade.

Além disso, se nos parece que esses atributos extraem de nós um grande sacrifício, então não deveria ser uma surpresa que precisamos experienciar um sacrifício. Pois experienciamos de acordo com o que acreditamos. À medida que passarmos por nosso processo de purificação, veremos como nos sentimos privados e ressentidos quando não conseguimos agir de acordo com nosso comportamento destrutivo e, ainda assim, nos sentimos autor-rejeitados e culpados quando cedemos às tentações do nosso Eu Inferior, com seu exigente apelo para que nossos desejos imediatos sejam sempre atendidos.

Os movimentos do pêndulo

Na era que está acabando, os costumes das sociedades dependiam de uma visão limitada da realidade: baseavam-se na dualidade. Este foi um campo de testes para nós. Em todo o momento, estávamos enfrentando um conflito por causa de uma coisa ou outra. Essa era chegou ao fim. Se nos sacrificamos pelo bem de todos—para fazer a obra de Deus—agora descobriremos que isso não é necessário. Agora podemos alcançar um nível mais profundo da verdade, pois agora podemos ver que o que prejudica o outro, nos prejudica, e o que nos prejudica, prejudica o outro.

Se estávamos agindo principalmente de um nível egoísta e destrutivo, precisaremos mudar o coração para que as novas energias liberadas no plano interior do planeta sejam construtivas e criativas para nós. Do contrário, essas energias criarão tensões insuportáveis que explodirão em uma crise.

Neste estágio de desenvolvimento deste planeta, não podemos mais manter a velha estrutura. Não podemos suportar as restrições e tensões da nossa velha consciência limitada. Precisamos descobrir uma nova visão na qual possamos perceber a verdade: Somos um com os outros. Precisamos buscar essa nova visão, que está por trás da visão limitada que o ego está tão acostumado.

Esta nova visão vem com uma enorme sensação de paz e segurança, autoexpressão e alegria. Não é uma ilusão cheia de pensamentos desejosos; esta é a realidade absoluta.

Como todos sabemos, a humanidade não é um pedaço do mesmo tecido. A distinção entre pessoas que continuam imersas na velha consciência e aquelas que podem compartilhar da nova percepção não é simples ou fácil de fazer. Muitas pessoas estão à beira de uma mudança e só precisam de ajuda e orientação para adentrarem o novo mundo.

Mesmo as pessoas que já abraçam a nova consciência de Cristo, e que estão, em geral, perto de permitir que a nova consciência se expresse por meio delas, possuem áreas internas que mantêm a velha visão—a visão dualista limitada e estreita da vida. Normalmente nos referimos a essas áreas como nossos "problemas". Talvez esses ensinamentos lancem uma nova luz e mais abrangente sobre as coisas. Pois é muito simples chamá-los de nossos problemas. Eles são a expressão de um obstáculo à expansão e ao crescimento.

Algumas pessoas já estão preparadas para esta era de nova consciência. E então, nesse sentido, podemos dizer que essa nova consciência já está aqui. Essas pessoas são as pioneiras e criarão uma nova civilização. Já houve iní--cios feitos em vários lugares do mundo.

Ao mesmo tempo, há um grande número de pessoas que ainda não chegaram nessa nova consciência, mas são capazes de atingir esse estado, o que exigirá um intenso trabalho interior. A maneira de fazer isso é apresentada por meio desses ensinamentos. Mais pessoas precisam se envolver neste tipo de preparação em todo o mundo. E isso vai acontecer.

Aqueles de nós que estão fazendo nosso trabalho de cura espiritual têm uma tarefa muito importante. Somos chamados a fazer nosso próprio trabalho de purificação, passando por nosso próprio processo de crescimento, para que tenhamos uma visão mais ampla. Então, o estado de nossa consciência—conforme se manifesta atualmente—mudará, de acordo com nosso plano da semente. Quando isso acontecer, poderemos ajudar outras pessoas a fazer o mesmo. Não é necessário, então, fazer uma delimitação estrita entre quem está no velho e quem está no novo.

Existem outros que, nesta fase, não estão prontos para fazer o trabalho. Atualmente, falta-lhes a disciplina necessária. Então há outro grupo—mais pessoas do que imaginamos—que podem ser capazes de fazer isso, mas infelizmente não o fazem. Dito isso, há muitos que podem e desejam aprofundar sua consciência, de acordo com seu projeto de vida.

Este trabalho espiritual ainda não se espalhou suficientemente neste pla--

no. Precisa de mais ênfase e isso vai acontecer. O trabalho deve ser feito. Devemos libertar Deus dentro de nós mesmos e devemos libertar Deus dentro da consciência geral de toda a humanidade. Não podemos deixar todos apenas permanecerem onde estão.

Em eras anteriores, a consciência de Deus sempre foi projetada externamente. Então, o pêndulo teve que se movimentar para o outro lado, colocando uma ênfase no eu. As pessoas desistiram do Deus externo e começaram a assumir a responsabilidade por si mesmas. Para fazer a transição do Deus externo para Deus interno—para preencher a lacuna no espaço e no tempo— houve um período de transição em que o ateísmo e o agnosticismo surgiram. Isso tinha que acontecer, para preparar as pessoas para alcançarem a individualidade total e a autonomia total.

No início, isso tinha que ocorrer apenas nos níveis externos. Porque a individualidade e a autonomia plenas só podem existir quando nossa unidade com Deus for encontrada e o Deus interior for liberado. Quando isso acontecer, estaremos vivendo na verdadeira realidade.

* * *

Seguindo o plano

No nível do planeta, quando o plano da semente evoca energias poderosas e elas são resistidas, o desenvolvimento será afetado. Certos aspectos da consciência do planeta se desenvolverão de maneira diferente dos aspectos que estão prontos para abraçar o novo desenvolvimento. Essa divisão é inevitável, orgânica e até necessária.

As pessoas que estão cegas para o significado do evento—para a realidade que foi causada por uma obstrução ao movimento progressivo—se sentirão como uma vítima da crise e insistirão que tudo está perdido. Contudo, aqueles que apreciam a verdade da situação não a temerão. Eles estarão cientes de que está acontecendo uma mudança que pode, no momento, dificultar o ajuste à nova situação. Mas porque estão cientes, eles percebem que terão liberação e a alegria.

A mesma coisa ocorre no nível do indivíduo. O que descobriremos ao fazer nosso trabalho de cura espiritual—se estivermos realmente dispostos a olhar o que encontramos—é que, sem sombra de dúvida, qualquer crise pessoal decorre de nossa própria negação da verdade. Violamos nossa própria divindade. E é por *isso* que estamos tendo dificuldades. É por *isso* que estamos sofrendo. Na verdade, estamos bloqueando o imenso fluxo de energia poderosa que flui através de nós e para nós, sustentando nosso crescimento espiritual.

Agora, com essa consciência, temos uma chave maravilhosa em nossas mãos. Com ela, podemos encontrar os lugares em nossa consciência onde bloqueamos o fluxo desse poder curativo, invertendo-o de forma que se volte contra nós. Neste caminho, aprendemos a harmonizar todo este processo, entregando-nos totalmente ao Cristo que desperta em nós, no plano da nossa realidade interior. E este é exatamente o mesmo processo que deve acontecer no nível do planeta.

Muitas pessoas visitaram centros espirituais—centros de retiro e similares—e experienciaram a verdade desse processo. Elas encontraram vida e crescimento, bem como alegria, dor e paz autêntica ao fazer isso. É tentador acreditar que esta vida—a vida que vivemos durante essas curtas estadias—é bonita e significativa demais para ser real. A realidade não pode ser realmente assim, pensamos. Achamos que isso é demais.

Portanto, quando voltamos às nossas vidas diárias, chamamos isso de nossa vida "real". Amigos, nada poderia estar mais longe da verdade. Aquilo a que nos referimos como "vida real" é uma vida muito ilusória, onde tudo virou de cabeça para baixo. Nesta versão da vida, preocupamo-nos apenas com o mundo exterior, que é o nível mais superficial da vida. É tudo com o que lidamos. Como resultado, a vida se fragmenta em padrões sem sentido.

No novo mundo, aprenderemos a fazer conexões entre causa e efeito— entre esses fragmentos de consciência e como os criamos. Aprenderemos a desvendar a vida interior mais profunda e real, responsável por criar nossas circunstâncias externas. Trabalhando dessa forma, vamos nos aproximar da realidade. Com o tempo, viveremos em mais harmonia, em uma realidade mais verdadeira.

Depois de nos conectarmos com nossa realidade interior, seremos mais capazes de lidar com as questões superficiais que resultam da ilusão. Isto é, supondo que não caiamos na armadilha de ver a dualidade como a única realidade que conta. Pois assim que fizermos isso, mais uma vez distorceremos a verdade.

Chegou a hora de começar a viver neste novo tipo de civilização e cultura. As forças que trabalham para construir esta nova realidade estão, ao mesmo tempo, destruindo tudo o que atrapalha este movimento. Pois não é possível crescer e criar sem também destruir o que é destrutivo. O que quer que agora seja obsoleto, deve ser abandonado. Mas a consciência destrutiva se apega à sua destrutividade, opondo-se a esse movimento purificador.

Quando estávamos em um estado de consciência menos desenvolvido, essas atitudes obsoletas podem ter tido seu lugar. Porém continuar perseguindo-os agora não faz sentido. Todos descobriremos que isso é verdade quando fazemos nosso trabalho individual. As atitudes e reações que tínhamos quando éramos bebês e crianças pequenas eram compreensíveis—adequadas até. Mas então nos agarramos a elas, como se ainda tivessem valor para nós sendo adultos.

Na medida em que ainda estamos fazendo isso, estamos criando obstáculos que levam a conflitos e crises. Vamos acabar frustrados e infelizes, e isso nos leva a tornarmo-nos destrutivos—*para que o velho possa desmoronar e possamos reconstruir*. Se nos dispusermos a abandonar nossas atitudes obsoletas e antigas e encontrar outras novas e mais adequadas, as crises dolorosas e a destruição associada não serão necessárias.

Quando nos dispomos a mudar nossa postura interna, a mudança externa pode acontecer de maneira orgânica e harmoniosa. Todavia quando negamos e nos contemos deliberadamente—quando escolhemos nos iludir que tudo está bem por dentro, ou que provavelmente não tem importância, ou é muito difícil, então eu não posso fazer isso—cortejamos a crise e convidamos a dor.

Isso se aplica a toda a humanidade exatamente da mesma maneira que se aplica a uma pessoa. O que cada pessoa é, em relação a toda a humanidade, é o mesmo que uma atitude ou reação é a toda a nossa personalidade. Assim como descobrimos que nossa luta interna se deve às nossas partes conflitantes—parte de nós quer crescer e parte de nós quer permanecer como está—o mesmo ocorre com o planeta Terra. Partes do planeta querem crescer e outras partes querem permanecer como estão, negando que haja até mesmo um conflito. Nesta comunidade global, da qual todos fazemos parte, há alguns que querem mudar e há alguns que resistem.

Se formos capazes de compreender esse ensino, podemos ser encorajados a nos comprometer com a mudança em um nível mais profundo do nosso ser. Pois a mudança é uma das características marcantes desta nova era em que vivemos.

Mudança para nova regras

Antes de nos aprofundarmos na importância da mudança nesta nova era, vamos voltar ao conceito de bem e mal, definido como aquilo que é construtivo e está em sintonia com a verdade e a lei divina, e aquilo que a ela se opõe. No passado, vivendo em um mundo mergulhado na consciência primitiva da dualidade, precisávamos de leis rígidas; precisávamos saber o que fazer e não fazer; precisávamos de mandamentos e proibições.

Pois uma consciência infantil e autoindulgente precisa que regras sejam impostas de fora. Sem elas, haveria um caos completo. Sem regras, as pessoas agiriam de acordo com seus impulsos destrutivos em um grau muito maior. Mas tal severidade trouxe uma superficialidade à vida das pessoas, e também uma certa rigidez.

Além disso, é tentador obedecer cegamente a essas regras e evitar pensar por nós mesmos, pois isso significaria que precisamos lutar com a questão mais complicada da moralidade interior. Obedecendo às regras cegamente, encorajamos a preguiça em nosso pensamento. Escolhemos o caminho de evitar responsabilidades e não participar do esforço de busca e descoberta necessário para descobrir as verdadeiras respostas—para alcançar a iluminação.

É por isso que esses ensinamentos enfatizam, continuamente, que é um erro acreditar que uma ação é certa e outra errada. Este é, na maioria das vezes, um pensamento errado. Como temos sido ensinados meticulosamente em muitos outros ensinamentos desta fonte, na maioria das vezes, qualquer das alternativas que seguimos pode estar de acordo com motivos sinceros ou motivos desonestos. É apenas separando nossos motivos desonestos de ambos os lados que abrimos nosso canal interior para Deus e obtemos a orientação de que precisamos.

Precisamos ter a coragem necessária para buscar esse entendimento. E isso é um trabalho árduo. É mais fácil apenas obedecer às regras externas. Este tipo de investigação, porém, será exatamente o que é necessário nesta nova era de nova consciência que está se espalhando mais e mais por todo o planeta conforme a humanidade cresce e desperta.

Existe outra maneira pela qual a abordagem dualista da vida cria confusão e distorção da verdade. Há alguns que afirmam que é desejável adotar uma determinada atitude em relação à vida, e a atitude oposta é então supostamente indesejável. Outro grupo de pessoas sentirá que é o contrário. Cada lado recorre ao fanatismo, ao exagero e à distorção para defender sua opinião.

Algumas pessoas dizem que a vida introspectiva é o único caminho a seguir. Ser extrovertido é prejudicial e até errado. Outros dizem que exatamente o oposto é verdadeiro, acreditando que é sempre melhor ser ativo. Então, qualquer coisa passiva ou receptiva é rejeitada. Muitas outras abordagens da vida são divididas assim ao meio. Filosofias inteiras são baseadas em tais divisões. Tratados inteiros foram escritos usando meias verdades para apresentar um lado de um tema.

Muitas questões encontram esse destino hoje. Daqui para a frente, essas divisões rígidas baseadas no pensamento curto, entre ou este, ou aquele, não vão mais funcionar. No entanto, esse tipo de polarização foi um subproduto inevitável de um sistema que funciona com base em regras. Novamente, essas regras eram necessárias no passado para impedir que as pessoas se destruíssem, cegamente, voluntariamente e egoisticamente. Pois isso é o que acontece enquanto permanecemos em um estado de alienação emocional e, então, não sentimos a dor de outra pessoa ser real.

O que seguir

A questão aqui não é que a humanidade já esteja desenvolvida o suficiente para não precisarmos de regras externas. Obviamente, isso não é verdade. Como sabemos, mesmo apesar das regras existentes, há quem intencionalmente prejudique os outros com seu comportamento cruel, egoísta e irresponsável. Mas, quer estejamos falando de uma pessoa ou de um planeta, isso se aplica apenas às partes mais escuras e subdesenvolvidas—o Eu Inferior da entidade.

À medida que nos desenvolvemos cada vez mais, as regras desaparecem naturalmente, abrindo caminho para uma nova consciência e moralidade interior. À medida que a consciência Crística evolui internamente, ela gradualmente leva a humanidade, pouco a pouco, a um estado em que as regras são supérfluas. Pois nosso Deus interior conhece a verdade. Deste lugar interior, sabemos o que é o amor e conhecemos a realidade divina. Uma vez que começamos a viver neste lugar, nossa personalidade pode começar a agir a partir de nosso centro mais íntimo.

Já podemos ver isso, pelo menos em um pequeno grau. À medida que percorremos um caminho interior psicológico para explorar nossas emoções, as regras externas não se aplicam. O que descobrimos em nosso caminho interior é a beleza das leis divinas trabalhando em perfeição absoluta, junto com a justiça e o amor verdadeiro. Nosso Eu Inferior infantil—às vezes chamado de Eu Inferior Pequeno—em nós pode se rebelar cegamente contra essas leis. Mas, uma vez que nos despertamos, seremos impressionados pela grandeza do esquema divino em que tudo está bem. Se decidirmos ver o plano que está sendo executado—ler o roteiro que temos seguido—e seguir em frente, veremos que não há nada a temer.

Nós sabemos, bem no fundo, qual é a nossa verdade interior. Ninguém pode nos dizer isso. Nesse nível, não existe uma única ação que é certa ou errada. E, no entanto, ao mesmo tempo, às vezes nosso plano interior quer que sigamos uma determinada direção; nosso eu divino está nos dizendo que *precisamos* ir por aqui, e não por ali. Mas isso não pode vir de fora.

Somente depois de nos aprofundarmos muito em nós mesmos, encontraremos a verdade suprema. Então, e somente então, seremos capazes de transcender as regras. Assim, podemos deixar de aderir à opinião pública, ao interesse próprio do Eu Inferior, à fachada que cobre o Eu Inferior, à necessidade de aprovação, à necessidade de ofender os outros e à rebelião.

Ajuda e orientação externas, entretanto, podem ter grande valor em nosso caminho. Pode nos guiar a nos aprofundarmos o suficiente em nós mesmos para vermos o quanto estamos investidos nessa falsa visão da realidade—na ilusão dualista. Podemos facilmente nos perdermos em nosso labirinto interno, mas alguém fora de nós muitas vezes pode ver o labirinto que não conseguimos ver e, portanto, pode nos ajudar a encontrar a saída. Entretanto nosso objetivo final é realizar nossa própria lei interior, uma vez que encontramos nosso Deus interior. Nossa realidade atual nos impulsiona a seguir nessa direção.

As leis externas correm paralelamente às leis internas. Muitas leis externas manifestam-se diretamente da lei divina, mas perdemos o fio condutor de sua origem divina. Então, elas são, agora, estruturas desconectadas. Às vezes, a conexão é óbvia. Por exemplo, atos destrutivos como matar, furtar ou roubar, de alguma forma, os direitos de outra pessoa são claramente paralelos à lei interior. Mas quando as situações ficam mais complicadas, a lei interna pode não ser tão simples de ver. Aqui é onde o uso da nossa nova abordagem pode ajudar, pois traz à tona a verdade e a realidade da lei divina como ela existe em um nível interno.

Podemos, às vezes, descobrir que a lei externa é completamente contrária à lei interna de Deus. Aqui está um exemplo simples disso: Se uma pessoa vive em um país onde o governo é corrupto, pode ser exigido que as pessoas cometam atos que vão contra a humanidade—em outras palavras, que vão contra Deus. Seguir a lei externa, neste caso, é ir contra a lei divina. É preciso muita coragem para defender a verdade interior sob tais condições e desafiar as leis externas.

Mas as pessoas podem se perder em um labirinto de confusão e, então, encontrar refúgio seguindo a lei externa. Para elas, essa pode ser a maneira mais fácil—possivelmente até a melhor. Da mesma forma, alguém pode usar mal essas palavras para justificar um desejo do Eu Inferior de desafiar uma lei externa. Devemos sempre estudar nossos motivos cuidadosamente para enxergar a verdadeira situação. Não existem regras nos dizendo o que seguir, quando devemos quebrar as regras ou como proceder para segui-las.

A consciência Crística que varre o planeta não é uma revolução. Não é uma rebelião. Não se trata, em si, da destruição dos velhos métodos. É uma questão de mudança. É uma reorganização de valores eternos que já existiam na velha consciência, mas que agora devemos expressar de uma nova maneira.

A consciência de Cristo, com sua nova moralidade interior, irá lentamente mas certamente apagar os mandamentos exteriores, regulamentos exteriores e leis exteriores—escritas e não escritas. Com certeza, as leis ainda serão necessárias por um bom tempo, em termos de anos terrestres, mas é nessa direção que as coisas estarão se movendo. Por enquanto, precisamos dessas leis para proteger cada um de nós do Eu Inferior dos outros. Porém quando tivermos superado o Eu Inferior, não precisaremos que nos digam que não devemos machucar ninguém. Saberemos disso e não teremos desejo de fazê-lo.

Na medida em que permitirmos que Deus desperte em nós, as leis exteriores desaparecerão. As novas leis da moralidade interior são totalmente flexíveis. Cada caso é diferente. Mas, para defendê-los, precisaremos de coragem e da honestidade do autoconhecimento, para que não possamos ser corrompidos por motivos sorrateiros e traiçoeiros do Eu Inferior. Precisamos aprender a olhar para cada situação individualmente e lidar com ela como se fosse algo completamente novo. Isso é o que os adultos podem fazer. E a maturidade é agora o objetivo da humanidade. Mas não estamos sendo maduros quando resistimos às mudanças.

Precisaremos de uma atitude flexível para prosperar no novo mundo que está em constante mudança. Pois mudança e liberdade são inseparáveis. O que mais é inseparável? Rigidez e escravidão. Se quisermos viver em um mundo que é simples, onde não temos que procurar ou colocar qualquer energia para esclarecer uma situação difícil—se quisermos tudo entregue em nossas mãos—teremos de lidar com regras inflexíveis que nos escraviza e nos confina.

Só podemos ser livres se vencermos nossa rebelião contra a autoridade—porque encontramos nossa própria autoridade interior e nossa própria honestidade. Isso exigirá que aceitemos a mudança. E a flexibilidade. Situações que parecem iguais na superfície podem, na verdade, ser bem diferentes e exigir uma abordagem diferente. A liberdade, então, depende totalmente de nossa capacidade de mudar.

"Encontre aquela parte no interior que pode criar um eco para as palavras que eu dei a vocês agora. Deixe que essas palavras os nutram e fortaleçam onde vocês mais precisam. Abra espaço para a nova consciência que surge cada vez mais à medida que se espalha no plano interior e abrace totalmente o movimento. Sigam em frente com isso! Acredite que isso só tem a melhorar vocês e sua vida. Todos vocês estão sendo abençoados com verdade e com amor. Seja o seu Deus."

–O Guia Pathwork

(Aprenda mais em *PÉROLAS*, Capítulo 10: Duas reações rebeldes à autoridade, e *PEDRAS FINAS: Uma coleção brilhante e límpida de 16 ensinamentos espirituais*, Capítulo 6: Encontrando o equilíbrio interior em vez de depender das regras externas.)

Capítulo 14

O pulsar da vida em todos os níveis

Uma nova era começou. É, entre muitas coisas, um momento de conectar-se em muitas áreas, em muitos níveis, de muitas maneiras. O lugar principal para se conectar é nos níveis internos, dentro da personalidade. Mas também devemos nos conectarmos nos níveis externos, para que eventualmente as diferenças entre religiões, nações e similares desapareçam. Isso significa que a individualidade irá embora? Absolutamente não. Acontecerá exatamente o oposto.

Em um sentido muito prático, estamos agora saindo da dualidade. Durante a era da dualidade, havia muita diversidade nos níveis externos, enquanto conformidade e unidade eram mais frequentes *dentro* de uma pessoa. Eliminando a verdadeira expressão individual. A era da unidade agora traz um quadro diferente. As diferenças externas desaparecerão à medida que perderem sua importância. Não vincularemos nossa identidade pessoal à nossa nacionalidade ou religião. Como tal, não seremos impedidos de encontrar a unidade de nossa alma com o Todo por causa de um foco rígido nas diferenças.

O que ganhará importância na nova era serão nossas diversas expressões divinas. De grupos unificados, surgirá uma consciência de grupo que permitirá que indivíduos claramente definidos evoluam. E essas pessoas serão capazes de trazer uma unidade ainda maior ao processo de grupo. Vamos agora voltar nossa atenção para como o pulsar da vida e da consciência trabalha nos bastidores para dar suporte a esse desenvolvimento.

Tudo no universo é pulsação divina. À medida que o espírito universal pulsa na matéria, a matéria torna-se viva pelo pulso do divino. O movimento do divino, à medida que se expande e se contrai, abre caminho para entrar no vazio. A vida eterna avança com cada movimento de expansão, avivando o vazio, ou vácuo, com espírito. No encontro "momentâneo" do vazio com a substância divina, a matéria é criada.

Este pulso de que estamos falando é um aspecto da vida que conhecemos bem neste plano físico. Nossos próprios corpos físicos estão vivos e nós temos pulso. O coração, os pulmões e a corrente sanguínea pulsam. Estamos bastante familiarizados com esse fenômeno. O que não estamos tão familiarizados são as pulsações bem mais calibradas que acontecem na mente, em nosso sentimento e no corpo. Além disso, há uma pulsação de vida que é um impulso espiritual, que se expande no vazio, transformando o vazio em vida.

Cada manifestação de vida—seja ela uma pessoa ou um tipo diferente de organismo—é uma pulsação. Pois a vida penetra tudo o que existe, assim é em todos os organismos. Enquanto um ser está vivo, esse pulso de vida universal se expande nele. É um único pulso. Mas a pulsação nem sempre é a mesma. De acordo com o ritmo da entidade, haverá uma batida de pulso particular que segue leis particulares.

Existem sistemas de pulsação no corpo físico que ainda não descobrimos. Para cada molécula, poro, célula e órgão tem seu próprio sistema de pulso. Da mesma forma, as camadas de consciência têm diferentes batidas de pulso, sistemas de pulso e leis de pulso.

Nossa própria vida é uma pulsação única no relógio universal. E cada planeta tem seu próprio sistema de pulsações. Uma estrela aparece, uma estrela desaparece, com um pulsar de talvez bilhões de anos. Mas é claro que o tempo é uma ilusão. Percebemos essa ilusão conforme observamos diferentes períodos de tempo. Portanto, achamos difícil ver como um único pulsar de sangue através do nosso coração é da mesma natureza que a pulsação de um sistema planetário.

Os três movimentos de pulsação

Existem três movimentos—movimentos universais—que abrangem cada pulso que faz a vida se manifestar. São eles: os movimentos de expansão, contração e estático. Vejamos isso em termos da pulsação da vida de uma única pessoa. Durante o movimento de expansão, a vida penetra no corpo da matéria. Então, durante a contração, a vida retorna à sua fonte ao se retirar para o reino interno. A vida então se reabastece durante o movimento estático, regenerando-se. As potentes energias do núcleo restauram a entidade para que mais uma vez ela esteja pronta para se lançar para frente. É assim que ele cumpre seu plano inato. E fará isso continuamente, expandindo-se cada vez mais no vazio, até que a divindade preencha completamente tudo o que existe.

No caso do corpo humano, ele possui um sistema de pulsação principal—o coração. Espalhando-se por todos os sistemas e órgãos do corpo, de modo que, juntos, eles formam a totalidade do corpo de uma pessoa. Se um desses sistemas de pulsação não funcionar corretamente, a vida será prejudicada. Não é diferente em todos os outros níveis do nosso ser, e cada nível tem uma maneira principal do pulso se apresentar.

Nosso corpo dos sentimentos, nossa consciência, nossa vontade—todos esses sistemas têm um pulso principal, que faz com que ele apareça, ou se apresente, na matéria. Além disso, cada pulso tem sistemas de pulso alojados que devem funcionar adequadamente para que possamos estar saudáveis.

Se houver um pulso forte e cheio, seremos capazes de ver isso em uma pessoa, pois os aspectos divinos são "bombeados" para uma entidade da mesma forma que o coração bombeia o sangue para o corpo. Isso se apresenta como inteligência, talento, beleza, saúde, bondade. Se houver alguma imperfeição—falta de inteligência, falta de talento, falta de atratividade, saúde doentia, problemas, pobreza e outros—isso revela um pulso fraco da penetração divina.

O que é responsável por um pulso forte? Nossa consciência interna e vontade interna, é claro. Quando um ser aparece na matéria, a consciência subjacente pode ou não estar fortemente motivada para cumprir uma determinada tarefa. Isso afetará se o pulso é forte e pleno ou não. Se uma determinada consciência está apenas parcialmente disposta a cumprir seu próprio destino—seguir seu plano da semente—o pulso será fraco.

Assim, os ritmos de cada sistema de pulsação—de um ser humano ou outro tipo de ser—dependem da vontade, intenção e determinação da entidade, em todos os níveis de seu ser. Se o pulso estiver fraco, isso causará um movimento de contração mais rápido—isto é, o desligamento da vida. Uma curta duração de vida é uma demonstração disso.

Podemos ver então que o regulador principal da vida é a consciência, pois ela pode influenciar o pulso. À medida que fazemos nosso trabalho de cura em um caminho espiritual como este, vamos mergulhar profundamente nos vários níveis intrincados da nossa consciência interior. Ao fazermos isso, nos damos conta de uma intencionalidade que geralmente está bastante oculta.

Em outras palavras, podemos ver nosso pulso na maneira como nossa vida se desenvolve, e essa é uma expressão direta da nossa intencionalidade interior, muitas vezes oculta. O nível de força do pulso do nosso espírito—que é o que dá vida ao nosso corpo, a casca de matéria em que vivemos—determina nosso bem-estar, vitalidade, criatividade, satisfação, perfeição e grau de confiança, para citar alguns aspectos.

Cada pulso é uma força de expansão. Com muita frequência, os níveis inconscientes da nossa personalidade interferem no pulso do nosso espírito. Mas temos o poder de mudar isso. Podemos fortalecer nossa pulsação e, assim, estender nossa vida.

Quando vemos uma pessoa cujo pulso vital principal é fraco, vamos observar falta de energia, falta de vitalidade, falta de criatividade, falta de saúde, falta de qualquer atributo divino realmente. À medida que o movimento pulsante se retira, voltando para a realidade interior da pessoa, a matéria que havia sido vivificada se dissolve em suas partículas. Essas partículas nunca retornarão ao estado em que estavam quando a vida pulsava através delas.

Pois a força vital retornou à sua fonte e esperará para se expandir quando a pulsação cósmica impulsar novamente, dando vida a outra matéria, criando uma nova forma e sempre trabalhando para preencher o vazio. Este é o plano de evolução e continuará até que a vida divina permeie toda a existência— até que tenha pulsado plenamente em tudo o que existe. Este é o processo de evolução: constantemente impulsionando, crescendo, expandindo e então recuando. Está sempre impulsionando para frente e depois recuando.

Portanto, o movimento de recuo é uma parte natural da pulsação. Contudo temos a capacidade de regular esse movimento. E ao fazer isso—pelo uso de nossa atitude e intenção interiores—podemos fortalecer o pulso. Nunca perca de vista este fato: tudo o que existe é consciência, mesmo a menor partícula invisível. E então tudo é uma expressão pulsante: cada emoção, cada pensamento, cada autoexpressão, cada nível de consciência, cada expressão da nossa vontade. Tudo o que existe.

Olhando ao redor, podemos ver que há uma grande variedade no nível de pulsação de vida entre as pessoas. Quando encarnamos na matéria—quando uma pessoa nasce—manifestamos muitos aspectos da consciência. Nosso eu divino escolhe quais aspectos trazer, enquanto outros aspectos de nossa consciência não se manifestam. Escolheremos alguns aspectos "acabados" de nosso ser eterno, os quais já purificamos. No entanto, também escolheremos alguns aspectos inacabados para incorporar à pessoa que nos tornaremos nesta vida. Ao todo, isso criará nossa personalidade. Portanto, muitos aspectos divergentes coexistem neste planeta.

Quando fazemos nosso trabalho de cura pessoal, muitas vezes ficamos surpresos ao descobrir alguns desses aspectos divergentes em nós mesmos. Em nosso nível de consciência, estamos convencidos de que só pensamos de um jeito sobre certos aspectos de nós mesmos, dos outros ou da vida. Porém quando descascamos as camadas e entramos em nós, encontramos pensamentos que são completamente opostos. Também encontramos sentimentos, atitudes e expressões de nossa vontade indo em direções opostas nos níveis mais profundos do nosso ser.

Portanto, é de extrema importância permitir que elementos inconscientes com os quais ainda não estamos familiarizados entrem em nossa percepção consciente. Esta é a única maneira de incorporá-los em nosso processo de purificação e transformação. Se não fizermos isso, nosso trabalho ficará pela metade.

✳

Criando um pulso forte

Na era anterior, não era apenas o suficiente, mas era nossa tarefa como humanos nos concentrarmos em nossa consciência externa e no nível de nossa vontade volitiva. Nosso trabalho era purificar e fortalecer o aspecto externo de nossa personalidade—nosso ego—como um pré-requisito para o que viria a seguir. Era absolutamente necessário fortalecermos os níveis externos de nossa personalidade. Naquela época, tudo o que se esperava de nós era que nossa mente consciente e nossa vontade aprendessem a serem puras e boas. Agora a humanidade atingiu o fim dessa velha era e é hora de dar o próximo passo para algo novo.

O desenvolvimento que realizamos com sucesso no plano consciente abriu certos canais em nós que, pelo menos até certo ponto, alcançaram a realidade interior do nosso eu divino. Portanto, aqueles com disciplina suficiente para fazer o trabalho no nível consciente podiam—e podem—estabelecer canais de conexão com Deus em seu interior. Mas quando uma pessoa não dá atenção ao material que existe em níveis inconscientes, o pulso enfraquece.

O pulso só pode ser forte na medida em que toda a consciência de uma pessoa estiver em harmonia com o divino. A desarmonia influencia a confiabilidade de um canal, bem como sua largura, profundidade e escopo. É possível ter um canal que é confiável apenas em uma área específica de nossa vida, enquanto permanece limitado em outras.

Portanto, é bastante correto prever que nesta era de unificação, durante a qual a autopurificação ocorre em níveis internos, a idade média dos seres humanos se tornará muito mais longa. Porque, por meio do trabalho de purificação interior de uma pessoa, o pulso de sua vida é fortalecido. A expectativa de vida se estenderá muito além do que atualmente acreditamos ser possível.

Simplificando, quando toda a nossa personalidade está operando em harmonia consigo mesma, quando não temos mais níveis divergentes, quando nos tornamos totalmente conscientes de todo nosso ser, então a pulsação pode ocorrer com muita força. Nosso espírito será capaz de avivar a matéria plenamente, energizando-a e vitalizando-a.

Atualmente, no atual estágio de desenvolvimento da humanidade, mesmo nas melhores circunstâncias, apenas alguns níveis do nosso ser são conscientes. O que permanece em nossos níveis inconscientes impede a pulsação divina de se expandir ainda mais. Cada um de nós trouxe certos aspectos negativos para esta encarnação com a intenção específica de torná-los conhecidos por nós mesmos. Se não nos conscientizarmos desses aspectos negativos, é inevitável que eles nos enfraquecerão e causarão doenças ou, muito possivelmente—em um nível que é inconsciente—vontade de morrer. Quando isso acontece, nosso tempo de vida se torna mais curto do que precisava ser.

Portanto, nesta nova era, é absolutamente necessário descobrir o que existe nos níveis inconscientes de nossa personalidade. Para completar o processo que está se desenvolvendo, precisamos incluir o que esses níveis inconscientes estão mantendo—atualmente em distorção e esperando para se materializar. Já passou o tempo em que bastava apenas prestar atenção ao que estava acontecendo no nível consciente do nosso ser. Agora, para que uma comunidade, um grupo ou um indivíduo cresça harmoniosamente e cumpra sua tarefa completamente, precisamos seguir abordagens mais sutis e intrincadas.

Haverá limitações em nossas vidas em qualquer grau em que os aspectos da nossa personalidade permaneçam inconscientes. Seremos limitados não apenas na maneira como nos expressamos na vida, mas na maneira como nos conectamos com o divino e com nossas próprias necessidades. Nosso eu consciente pode ser bastante puro e, nesta parte de nós mesmos, podemos ser um lindo canal. Mas se estivermos ignorando o material inconsciente, esse canal externo será limitado. Como resultado, seremos limitados em nossa percepção de nossas próprias necessidades reais, incluindo as necessidades de nosso Eu Superior e de nosso corpo.

Falsas necessidades irão então se instalar, predominando e nos confundindo. Quando isso acontecer, nossa mente não será capaz de distinguir quais necessidades são reais e quais são falsas. Para permanecer saudáveis, precisamos nos sintonizar com as necessidades de nossos corpos físicos e espirituais. Mas só podemos confiar em ter a percepção refinada necessária quando tivermos a coragem de percorrer todo o caminho—para ver, familiarizar-nos com e aceitar todos os aspectos de nós mesmos que trouxemos para esta vida como nossa tarefa.

Portanto, devemos construir uma ponte para nos conectar com esses aspectos. Fazemos isso tendo coragem, sabedoria interior e fé, que ativamos por meio do nosso compromisso com o nosso caminho espiritual. O que nos impede? O que nos impede de fazer conexões com as camadas internas de nossa consciência? O medo. Mais especificamente, o medo de si mesmo, que é o maior fator que nos impede. Quando tentamos espiritualizar nosso ser de maneiras que evitam conhecer as partes menos desejáveis de nós mesmos, nosso trabalho não pode ser concluído. Pois se tememos algumas partes de nós mesmos, nós nos dividimos.

A maioria de nós nem percebe que tem esse medo de si mesmo. Na verdade, somos rápidos em racionalizar para afastar esse medo. Como tal, perdemos contato com nossas necessidades reais e, em vez disso, criamos falsas necessidades: a necessidade de evitar partes de nós mesmos e a necessidade de escapar. Assim como podemos criar falsas necessidades no nível do corpo—que aparecem como vícios em drogas, álcool, estimulantes prejudiciais ou alimentos nocivos—também nossos corpos emocionais e mentais podem ser poluídos pela falsa necessidade de fugir de algum nível de nosso ser interior. Nossa consciência então tropeça nessas falsas necessidades.

À medida que nos tornamos mais reflexivos—mais conscientes—abrimo-nos para outras formas possíveis de ser. Começamos a aprender—talvez como um primeiro passo significativo—que realmente existem partes de nós que tememos. Simplesmente reconhecendo esse medo e não o empurrando para o lado, começamos a construir uma ponte. É assim que começamos a nos conectarmos com nosso ser interior que, até agora, permaneceu um estranho para nós.

O que se segue a partir daqui não é mais tão difícil. Uma vez que sabemos qual é o nosso medo, podemos começar a questioná-lo. Podemos desafiar nosso medo. E quando fazemos isso, criamos um novo pulso forte em um novo nível de nossa alma. É assim que deixamos a vida entrar em nosso espírito onde antes não era possível por causa do nosso medo—ou, mais corretamente, por causa da negação do nosso medo. Nossa negação é o que impede que a batida cheia do pulso de nossa encarnação anime todo o nosso ser, incluindo cada partícula de nossos corpos mental, físico e emocional.

Quando aprendemos a superar nosso medo interior e, dessa forma, a dissolver nossas defesas internas—defesas que podem ser bastante complicadas, sutis e sofisticadas—abrimos espaço para uma nova expressão de vida que quer penetrar todo o nosso ser. Nós nos abrimos para uma pulsação inteiramente nova.

Conexões internas estão se formando agora em nosso mundo. Elas são necessárias para o movimento espiritual que deseja completar sua espiritualização total de nossas personalidades interiores. Então o poder da palavra de Cristo—o poder da consciência de Cristo—pode chegar desimpedido em todos os níveis da nossa personalidade. É para isso que o Mundo Espiritual está trabalhando—e nos inspirando. As aberturas estão sendo criadas de muitas maneiras diferentes, mesmo que, às vezes, pareçam desconectadas da realidade espiritual que estamos familiarizados.

Por exemplo, cerca de um século atrás, recebemos um influxo do campo da psicologia. É verdade que, embora esse conhecimento tenha algumas limitações, ele, no entanto, apontou para nós os níveis divergentes da personalidade. Sem esse entendimento, a purificação total e a unificação espiritual não poderiam acontecer de uma forma genuína e realista. Portanto, esse desenvolvimento foi divinamente inspirado, pois era necessário para a grande tarefa à nossa frente.

O Mundo Espiritual não se contenta mais com a purificação no nível consciente. Neste momento, é necessário mais. Assim como agora estamos vendo o Eu Inferior das nações expostas, que são reflexos simbólicos do nosso mundo interior, o mesmo deve acontecer com cada pessoa. Ver o que está se tornando visível pode nos deixar tristes a princípio, mas como pode ocorrer a verdadeira purificação se não nos conscientizamos da tristeza que sempre existiu sobre os aspectos limitados e impuros?

Eles devem vir para a frente da nossa percepção consciente. Nosso Eu Inferior existe e devemos levar isso a sério—não por temê-lo, mas por enfrentá-lo. É possível fazer isso da maneira certa, confiando e sabendo que essas energias destrutivas são fundamentalmente divinas e, portanto, podem ser transformadas. Elas são essenciais e podem ser alteradas.

Nosso trabalho é garantir que nenhuma parte de nós permaneça negada, rejeitada e desconectada. Pois damos grande poder a qualquer parte que negamos. Essa parte negada se manifestará indiretamente e conseguirá de alguma forma privar-nos de algo de que precisamos: nossa saúde, nossa vitalidade, nossa felicidade. Ou bloqueará a inspiração de alcançar nossa mente consciente com mensagens que são extremamente importantes para recebermos.

"Meus amados amigos, anjos de Deus estão preenchendo este recinto. É verdadeiramente um espaço interior que se reflete, do seu ponto de vista, no exterior. Esses anjos cooperam e estão profundamente preocupados com a tarefa que cada um de vocês tem que cumprir, que está esperando por vocês em um momento de grande significado, expansão interior e propósito.

Cada um de vocês pode ser, e muitos de vocês serão, veículos, de uma forma ou de outra, de novas verdades e novos caminhos. Cada uma de suas tarefas é da maior importância, e a felicidade de cada um de vocês é da maior importância. Sua felicidade será uma expressão natural de sua devoção à verdade de sua transformação e de sua devoção à tarefa que os espera.

Portanto, a felicidade será um resultado e, ao mesmo tempo, um pré-requisito. Pois apenas os alegres podem dar alegria; somente aqueles na verdade podem trazer a verdade; apenas os amorosos e amados podem dar amor. Permita-se experimentar isso todos os dias e todas as horas de sua vida. O amor do universo permeia tudo o que é, tudo o que sempre foi e tudo o que sempre será, tudo o que você é, todos os níveis do seu abençoado ser."

–O Guia Pathwork

(Aprenda mais na Parte I em COMPREENDA ESTES ENSINAMEN-TOS ESPIRITUAIS: O Trabalho de Cura, em *DESVENDANDO O RO-TEIRO*, Capítulo Descobrindo o Tesouro, e em *FAZENDO O TRABALHO: Curando nosso corpo, mente & espírito ao conhecer a si mesmo*.)

Capítulo 15

Causa e efeito nos vários níveis de consciência

Não é fácil falar sobre causa e efeito neste nível tridimensional. Mas vamos tentar. Podemos começar dizendo que no nível mais baixo de desenvolvimento—na escala de consciência—não há causa e efeito, ou pelo menos não parece haver. À medida que elevamos nosso nível de consciência, somos capazes de ver novos horizontes. A partir da nossa nova perspectiva, somos capazes de ver como os efeitos estão conectados a causas que antes nem sabíamos que existiam. Quando subirmos a colina e chegarmos ao ponto onde a consciência se torna completamente infundida por Deus, causa e efeito não existirão mais.

Aqui vemos que, mais uma vez, as formas inferiores de consciência têm algo em comum com as formas superiores. Mas há uma enorme diferença no que elas contêm, em termos de atitudes, sentimentos e pensamentos subjacentes. Podemos compreender facilmente que a consciência primitiva vê o mundo como uma série desconexa de eventos que não têm relação com causa e efeito. Pode ser mais difícil para nós entendermos como nos reinos mais elevados eles não existem. E essa realidade é quase impossível de transmitir usando palavras humanas.

Aqui na Terra, toda ação tem sua consequência. Isso não é tão difícil de perceber. Não é tão fácil ver que existe a mesma relação entre nossos pensamentos ou nossas atitudes interiores sutis e as circunstâncias gerais da nossa vida. Mas quanto mais desenvolvidos nos tornamos, mais seremos capazes de perceber causa e efeito nesses níveis menos óbvios de consciência. Nesse caminho espiritual, tais percepções tornam-se gradualmente mais aguçadas e, de fato, isso é fortemente enfatizado.

Se cometermos alguma ação visível—digamos que matamos outra pessoa—as consequências serão óbvias. Mas também estamos matando outra pessoa quando a difamamos. Fazemos isso por meio de nossas acusações questionáveis, cegueira, teimosia ou má vontade; quando nos recusamos a dar a outra pessoa o benefício da dúvida; quando não tentamos usar uma comunicação honesta ou dar oportunidade para criar uma realidade diferente. Esse "assassinato" secreto tem consequências tão graves quanto uma morte física.

No início, os efeitos desse tipo de ação podem ser difíceis de perceber. Mas, à medida que elevamos nossa consciência, começaremos a ver que há uma conexão definitiva entre causa e efeito, mesmo que a causa não tenha sido uma ação visível, mas um pensamento oculto que havíamos ignorado anteriormente.

Em nosso estado atual de consciência, vivendo neste mundo tridimensional, muitas vezes nos encontramos, em muitos aspectos, *no meio*. Nosso mundo não é totalmente ruim, mas também não é totalmente bom. Nossas personalidades também não são totalmente más, mas também não são totalmente boas. Não vivemos no paraíso, mas também não vivemos no inferno. Nossas vidas representam os dois extremos.

Muitos de nós não acreditam que existam outros reinos—outros mundos—e, portanto, também duvidamos que existam outros estados de consciência. Mas, em virtude do fato de estarmos *no meio*, esta é uma indicação clara de que nossa esfera não pode ser a única realidade que existe. Se há algo de bom em nós e em nosso mundo, então maiores graus de bondade devem existir. Portanto, só faz sentido que exista um plano que seja totalmente bom. O mesmo, é claro, aplica-se ao mal. Se há um pouco de mal em nós e em nosso mundo, devem existir esferas de consciência onde há mais mal e, eventualmente, onde tudo é ruim.

Também estamos *no meio* sobre causa e efeito, ou mais corretamente, em nossa percepção de causa e efeito. O que muda conforme desenvolvemos *não* é o objeto de nossa percepção. O que muda, à medida que crescemos, é a nossa visão.

Uma ação não pode ser revertida. Quaisquer que sejam as consequências momentâneas, elas são irreversíveis. Mais tarde, podemos ser capazes de modificar a ação, talvez percebendo que foi um erro e tentando corrigi-la. Podemos ver a corrente interna que nos levou a tomar aquela ação e podemos usar isso como material para elevar nossa consciência e ampliar nossa percepção e visão. Trabalhando dessa forma, podemos neutralizar os efeitos de uma ação negativa. Mas, no momento em que acontece, a ação é irreversível e as consequências não podem ser anuladas.

Se houver consequências naquele momento que resultem da ação, podemos ser capazes de eliminá-las com o tempo, depois de algum *tempo*. Assim, podemos começar gradualmente a ver a relação—a conexão—entre causa e efeito e tempo.

Nosso estado de desenvolvimento cria uma realidade que corresponde a ele. Nossa realidade atual contém três dimensões: tempo, movimento e espaço. O que também experimentamos é um certo grau de causa e efeito. Se não conseguirmos ver como nossas ações levam a consequências específicas, não seremos capazes de usá-las como as ferramentas indispensáveis que podem nos ajudar a desenvolver nossa alma.

Por exemplo, se não acreditamos que um pensamento negativo leva a resultados específicos e tangíveis, por que estaríamos motivados a corrigir nosso pensamento? Mas se, ao longo do tempo, percebermos que há um efeito, podemos corrigir o pensamento para que, mais uma vez, com o *tempo* possamos eliminar os efeitos. Não é diferente com nossos pensamentos, ações e atitudes positivas e verdadeiras. Todos eles têm efeitos correspondentes que são desejáveis.

Se permanecermos inconscientes da ligação entre causa e efeito em todas as áreas de nossas vidas, acreditando que os efeitos são casuais e apenas coincidências, não trabalharemos para melhorar as causas que criamos. Não seremos capazes de perceber que o poder supremo no universo é a bondade e o amor e, portanto, a verdade disso não será capaz de nos apoiar e fortalecer.

Agora, digamos que somos coagidos por nossas forças interiores a fazer algo destrutivo impulsivamente. Isso pode causar dor e remorso instantâneos. Desejamos estar em um estado de ser onde possamos desfazer esse ato. Queremos viver como se nunca tivesse acontecido. No entanto, sabemos que, neste mundo em que vivemos, isso é impossível.

Como pode ser, então, que não haja causa e efeito nos reinos superiores? Talvez possamos sentir, no fundo de nós mesmos, a possibilidade de que "por baixo" deste nível atual de causa e efeito, exista um nível no qual somos completamente intocados pela causa que colocamos em movimento e pelo efeito que provocamos. Qual é essa parte que não é afetada? Este é o nosso Eu Superior, a parte divina de nós mesmos que não participa de nenhum dos nossos pensamentos negativos. Também não faz parte das nossas ações e atitudes destrutivas.

Porém as camadas de nossa personalidade que ainda estão atoladas em falsas percepções—e que, portanto, mantêm atitudes mentirosas e desamorosas e praticam atos destrutivos—têm de se livrar desse atoleiro. E isso só pode acontecer com o *tempo*. Portanto, tempo, causa e efeito são manifestações diferentes da mesma realidade e estão intrinsecamente conectados. Os dois não podem ser separados.

✴

Fazendo a conexão

Talvez estejamos começando a ver que este mundo tridimensional—com sua causa e efeito, com sua dualidade, com sua limitação de tempo, espaço e movimento—está diretamente ligado às distorções, impurezas e limitações de nossa percepção e visão. Nossa percepção tridimensional é, em si mesma, uma visão falsa do mundo. Podemos adicionar a essa equação falsa a limitação de tempo, espaço e movimento, juntamente com a luta que vem com a dualidade, junto com a lei de causa e efeito.

Mas quando somamos tudo isso da maneira certa, temos as ferramentas corretas de que nossa alma precisa para transcender todo este reino de consciência. Agora começamos a ver que nossa *percepção* é a causa de certas ações, que inevitavelmente levam a certos efeitos. Mas esses efeitos podem ser o remédio exato de que precisamos para superar nossas percepções distorcidas...as quais criam as causas...que, por sua vez, criam os efeitos.

Existem estados de consciência—os estados mais elevados—onde apenas as causas mais elevadas, melhores, mais belas e mais criativas são colocadas em movimento. Aqui, neste estado iluminado de consciência, causa e efeito são imediatamente—quase simultaneamente—discernidos. Em tal esfera, não há intervalo de tempo entre causa e efeito. Então a causa *é* o efeito. O pensamento *é* a ação.

Mesmo a atitude mais secreta e sutil cria consequências instantâneas. Não há espaço entre um efeito e sua causa. Como tudo se torna um, neste nível de ser, causa e efeito verdadeiramente tornam-se um.

É por isso que, durante certos momentos de graça, podemos sentir o reino profundo, no qual não importa o que aconteça, permanecemos intocados. Não importa o que aconteça, somos inalteravelmente puros. Não importa o que aconteça, somos divinos. Somos bons em nossa essência. Pois nossa essência *é* a essência de tudo. É Deus.

Por outro lado, existe um estado de consciência primitivo onde até o ação mais óbvia parece isolada, sem consequências ou conexão, sem causa e sem efeito. Quando uma pessoa primitiva mata alguém, ela pode realmente acreditar que sua ação não terá consequências, seja para a vítima ou para ela mesma. Portanto, não ocorrerá a essa pessoa buscar a causa interior para descobrir o que criou seu desejo de cometer aquela ação. Como tal, a ação nunca se torna o remédio que poderia, com o tempo, curar a doença do mal.

Entrega total a deus

Entregar-se a Deus é um movimento inato de nossa alma. Este é nosso destino final. Se não fizermos isso, não poderemos cumprir nossa tarefa e não poderemos nos realizar. A questão é: temos que realmente nos entregarmos a Deus? Todos nós lutamos com esta questão central. E, no entanto, nossa resistência em seguir esse chamado da nossa alma é o que causa todo o nosso desconforto: nossa dor, nosso sofrimento, nossa ansiedade e nosso descontentamento.

Então, como este tópico se relaciona com causa e efeito? É assim: entregar-se a Deus, ou nossa relutância em se entregar afeta todas as partes concebíveis da nossa vida, internas e externas. Vamos esclarecer mais sobre isso.

Quais são alguns dos efeitos naturais de se entregar completamente a Deus? Como esse *é* nosso movimento natural da alma, então entregar-se a Deus é cumprir nosso próprio destino. Isso trará equilíbrio a nossa vida e harmonizará todo o nosso ser.

Em nosso corpo mental, seremos governados pela verdade, tendo compreensão realista e visão e percepção claras. Em nossa mente, estaremos em paz. As confusões se dissiparão e as percepções conflitantes se resolverão. A frustração então desaparecerá. Com esse tipo de iluminação, teremos *insights* sobre os conflitos aparentes que farão com que todas as peças dos grandes quebra-cabeças de nossa vida se encaixem.

No nível das nossas emoções, nossa reconciliação mental dos opostos criará uma forma inteiramente nova de ser, sentir e reagir. Por exemplo, não nos parecerá mais que amar nos enfraquece ou nos humilha. Muito pelo contrário, descobriremos que amar cria dignidade e um senso saudável de orgulho.

Quando desejamos nos entregar a Deus, evitamos uma das maiores armadilhas de ser humano: a tentação de nos entregar a estruturas superiores de poder negativas. Mas no minuto em que resistimos—obstruindo o movimento natural de nossa alma para nos entregarmos a Deus, que é o nosso destino—devemos nos submeter a um substituto. Vamos acabar em uma falsa entrega. Amigos, é muito importante que entendamos isso.

Se tememos alguém em posição de autoridade—não importa se essa autoridade está realmente abusando de seu poder ou apenas imaginamos isso—é porque dependemos dessa figura de autoridade de maneiras tangíveis e intangíveis. Por causa de nossa dependência e medo, respondemos nos submetendo e nos vendendo e então nos odiando por isso, ou nos rebelando cegamente contra a autoridade em um esforço para evitar odiar a nós mesmos. Estamos tentando preservar nossa dignidade.

Mas nesta situação, esta não é uma dignidade verdadeira. Isso nada mais é do que uma reação cega baseada em reflexos emocionais e que despertou sentimentos turbulentos dos quais mal temos consciência. Em qualquer caso, não temos certeza do que está acontecendo. E como não temos uma percepção verdadeira, não podemos dizer se a autoridade é realmente abusiva ou se apenas estamos agindo como crianças.

Se estivermos genuinamente nos entregando a Deus em todas as áreas da nossa vida, podemos enxergar facilmente uma autoridade indigna pelo que ela é: alguém que deseja nos dominar, abusar de nós, explorar-nos e pisotear nossa dignidade. Não importa se essa pessoa é nosso chefe ou um companheiro de quem dependemos financeiramente e cujo amor ansiamos e precisamos. Se nossa entrega a Deus é nosso posicionamento de base—nossa ênfase principal e nossa atitude primária—confiaremos em Deus e saberemos que confiar em Deus é totalmente justificado.

A partir daqui, seremos capazes de ter a coragem de arriscar perder o que sentimos que precisamos. Quando colocamos Deus acima de tudo, temos uma visão clara para ver quando uma autoridade humana é abusiva, e então podemos fazer a escolha de pagar o preço necessário para ganhar nossa liberdade. Teremos que desistir de tudo o que essa autoridade provém para nós, mas seremos capazes de fazer isso se nossa dignidade for mais importante. Nossa autonomia só pode crescer a partir do rico solo da entrega interior total a Deus.

Entregar-nos a Deus terá, então, outra consequência. Precisamos fazer uma mudança. Pois vamos precisar mudar nossa situação se quisermos ter nossas necessidades reais realizadas sem nos escravizarmos como estávamos fazendo. Isso pode significar conseguir um novo cargo, um novo chefe ou um novo parceiro. Mas as novas autoridades que atrairemos na vida serão, como nós, pessoas autônomas que estão seguindo seu chamado de colocar Deus acima de tudo.

Eles não precisarão abusar do seu poder, pois não estarão exercendo um poder construído nas costas das pessoas necessitadas. Também é possível descobrirmos agora que as mesmas pessoas—nosso chefe ou nosso cônjuge—estão reagindo de maneira diferente a nós, com nossa atitude nova e aprimorada. A mudança em nós pode gerar uma mudança neles, uma vez que eles também podem ter tido um conflito entre seu Eu Superior e o Eu Inferior. Ao resolver seu conflito interno, eles podem descobrir um novo respeito por nossa dignidade e nos libertar, permitindo que o relacionamento se torne um dar e receber mútuos.

No caso de ser nossa própria percepção que está distorcida—supondo que toda e qualquer autoridade está decidida a nos humilhar e abusar—então nossa entrega total a Deus irá trazer à tona nossa concepção equivocada e seremos capazes de ajustar nossa percepção para corresponder à realidade. É assim que desfazemos qualquer compulsão que tenhamos de nos rebelar contra a autoridade legítima, a qual é o tipo que somente nos pede para contribuirmos com a parte que cabe a nós para termos um empreendimento mútuo.

Por trás de nossa rebelião à autoridade, muitas vezes está nosso próprio desejo de ter poder sobre os outros. Secretamente, queremos ser aqueles que abusam do poder. Podemos nunca ter pensado nisso assim, mas é o que acontece quando deixamos nossa vontade própria comandar o show. Frequentemente, embutidos em nossa obstinação distorcida estão sentimentos de impotência e humilhação sempre que nossa vontade própria não é realizada. Isso nos leva a acreditar que temos duas opções: nos tornarmos a maior potência do mundo—Deus—ou sermos aniquilados.

Em um esforço para evitar ser totalmente aniquilados, podemos tender a reverenciar poderes substitutos, em vez de nos curvarmos à vontade de Deus. É por isso que podemos escolher nos submetermos a outra pessoa que é aparentemente mais forte do que nós: um chefe, um parceiro, um ditador. Esperamos que, ao servi-los, iremos obter uma posição superior.

Ou talvez vamos transformar o dinheiro ou um cargo neste poder que buscamos. Esses então se tornam nossos deuses substitutos. Ou talvez nos sintamos poderosos quando nos mantemos distantes das outras pessoas, nunca abrindo completamente nosso coração, mas sempre nos fazendo ser desejados. Ao fazer isso, aproveitamo-nos das necessidades neuróticas e das concepções equívocadas das outras pessoas.

Ambos os casos—submissão à autoridade substituta, bem como rebelião contra toda autoridade—são efeitos. Eles são o resultado de uma causa que nós mesmos colocamos em ação quando negamos e obstruímos o movimento natural da nossa alma de nos entregarmos a Deus. Mas assim que reconhecemos Deus como a autoridade máxima, tudo se encaixa.

Caso contrário, se nos recusarmos a fazer isso, ficamos confusos sobre qual autoridade realmente precisamos e devemos servir. Não seremos capazes de dizer quando é apropriado seguir a liderança deles ou quando devemos nos afirmarmos, posicionarmo-nos, pois a autoafirmação é necessária.

Quando nossa postura primária é entregar-nos a Deus, somos capazes de ver claramente o que é o quê. Com uma visão adequada das coisas, podemos seguir com uma ação correta que não estará ligada a um conflito interno. Admitiremos que temos necessidades, que precisamos de um líder ou autoridade em certas partes de nossa vida, que também temos um papel importante a desempenhar e, ao aceitar nosso papel, temos um senso elevado de nós mesmos. Sentimos a verdadeira dignidade.

Deste lugar, quando seguimos um líder, não perdemos nossa alma. Porque a nossa alma pertencerá a Deus, e Deus a devolve para nós mais limpa, mais forte e com ainda mais autonomia. Quando nos recusamos a nos entregarmos a Deus e sua vontade, resistimos ao nosso próprio destino e criamos uma culpa real que permeia nosso ser e nos enfraquece. Muitos de nossos padrões de autopunição—dúvida, hesitação, fraqueza—resultam diretamente disso.

Não importa quantas explicações psicológicas possamos encontrar—e em certos níveis, podem ser perfeitamente verdadeiras—nunca poderemos reverter e transformar esse padrão autodestrutivo, a menos que nos curemos espiritualmente. E só podemos fazer isso quando entregamos tudo de nós mesmos—em todas as áreas das nossas vidas, em todos os aspectos—para o grande criador, Deus.

Quando fazemos isso—e é claro que não é um evento único, mas devemos fazer repetidamente, diariamente, em relação a todos os problemas da nossa vida—encontraremos uma nova força e senso de identidade que nunca sabíamos que tínhamos antes. Isso quase parecerá um paradoxo. No fundo, sempre havíamos temido que, se nos entregássemos a Deus, nos perderíamos. Agora descobrimos que—como uma realidade muito real e palpável—as palavras de Jesus eram verdadeiras: devemos perder-nos *em Deus* a fim de nos encontrarmos.

※

Agressão positiva

Com nossa nova força, teremos espontaneamente a sabedoria de saber quando ceder com graça e quando usar a agressão positiva. A partir do nosso saber instantâneo fluirá a ação apropriada. Movimentos enérgicos, positivos e agressivos substituirão a negação e a rebelião destrutiva infantil. Saberemos, intuitivamente, quando ceder graciosamente, fluindo e aceitando—mesmo quando nossa vontade própria não gostar. Isso substituirá a submissão humilhante e abnegada baseada no medo e na incapacidade de confiar na vida.

Em qualquer caso, seremos capazes de fazer escolhas diferentes de uma maneira totalmente nova. Enquanto, no passado, poderíamos ter submetido-nos por fraqueza, agora podemos ceder *ou* aceitar, e manter nossa dignidade de qualquer maneira. Ou talvez descubramos que a agressão positiva é necessária. Então seremos capazes de nos defendermos por nós mesmos, em vez de nos rebelarmos cega e destrutivamente como já podemos ter feito antes.

Desta vez, podemos agir com um novo espírito, por motivos diferentes e com uma visão mais clara. Portanto, nossa postura terá um efeito totalmente diferente sobre os outros, pois o tom da nossa agressão mudará. Pode acontecer também que percebamos que o que a situação realmente exige não é lutar, mas ceder. Vemos que é justo, necessário, justificado, certo e bom para todos os envolvidos. Agora entendemos que não houve injustiça ou abuso, então não há necessidade de agressão.

A agressão positiva, no entanto, não é usada apenas com o propósito de expor a injustiça e o abuso. Não é apenas uma ação que realizamos em resposta a algo, é também uma ação inicial. Seja dentro ou fora de nós, no mundo, esse tipo de ação—agressão positiva—é necessária para expandir, para movimentar, para criar, para melhorar. Sem esse movimento enérgico, não podemos transformar nosso material negativo.

Esse movimento orgânico e saudável não nos esgota nem exige esforço. Em vez disso, é uma liberação que energiza todo o nosso ser. Mas isso só acontece quando nossa agressão orgânica e apropriada se alinha com a vontade de Deus. A nova realidade positiva pela qual lutamos só poderá acontecer quando nos libertarmos das confusões que acompanham nossa negação dos movimentos da nossa alma—do nosso chamado interior de nos entregarmos a Deus.

Quando entrarmos na nova realidade, não precisaremos perguntar se devemos nos defender e nos afirmar ou ceder e aceitar. Não duvidaremos da natureza daqueles de quem precisamos e de quem dependemos. Não questionaremos os motivos da autoridade. Não teremos que nos agarrar ao nosso intelecto, que nunca poderia nos dar o *insight* que desejamos. Desfrutaremos da espontaneidade. O conhecimento de que precisamos pousará em nosso colo, forte e claro, sem dúvida persistente.

Fluiremos do centro de nós mesmos, onde Deus vive e reina, onde Cristo é rei e onde tudo está bem em nosso mundo: em nossas ações, em nossas percepções, em nosso conhecimento, em nossas reações e em nossos sentimentos. A paz e o foco único que desejamos reside nesta chave: entrega total a Deus. Amigos, usem esta chave.

"Meus amados amigos, as bênçãos estendidas a todos vocês são direcionadas especificamente, neste momento, para ajudá-los a se entregar Àquele que os sustentam, que os contém, que os protegem e dão segurança, que infunde Sua verdade e Seu amor em todo o seu ser, para que você se tornem um instrumento para Ele. Façam isso uma realidade. Sejam abençoados."

–O Guia Pathwork

Capítulo 16

Os três aspectos do novo influxo divino

"Bênçãos, meus queridos e amados amigos. A luz de Deus envolve todos vocês. Esta luz contém tudo que vocês precisam. Tentem percebê-la, tentem sentir sua realidade. Ela está sempre lá para vocês, e na medida em que vocês refinam seu ser interior por meio do processo de purificação, vocês não podem deixar de se conscientizar dessa luz que flui por todo o universo, por toda a criação. Aqueles entre os filhos de Deus que escolheram fazer o melhor de suas vidas através desse caminho são especialmente abençoados. Pois com esta oportunidade de purificar-se e servir a Deus, eles preenchem uma grande necessidade no Plano da Salvação."

–O Guia Pathwork

O termo Nova Era tem sido muito utilizado. Algumas pessoas o utilizam com o entendimento correto, outras conseguiram transformá-lo em um clichê. Isso é inevitável. Acontece com os conceitos verdadeiros devido à tendência das pessoas a serem preguiçosas e superficiais, usando um rótulo para não terem que sentir a realidade de uma determinada verdade. Mas para aqueles que podem evitar essa armadilha, eles não devem desistir de usar um termo que transmite uma ideia verdadeira.

É devido a essa tendência que palavras diferentes são usadas nesses ensinamentos para expressar a mesma verdade. Além disso, de tempo em tempo, o verdadeiro significado de uma palavra específica é dado em um esforço para manter vivo seu conceito verdadeiro. No que diz respeito à Nova Era, já foi afirmado que em vários intervalos da história, nosso mundo é varrido por um novo influxo que vem fluindo através dele. Quando isso acontece, é porque a humanidade cresceu o suficiente para estar pronta para este evento. E é isso que está acontecendo agora.

À medida que entramos totalmente nesta nova era, a consciência do espírito de Cristo está agora permeando este mundo, tentando penetrar a consciência de cada pessoa em um grau cada vez maior. Quando esse novo influxo poderoso chega, ele é acompanhado por certas coisas que podem não ser agradáveis, aceitáveis, bem-vindas ou mesmo construtivas. Os eventos que estão acontecendo na Terra agora, que a maioria das pessoas considera absolutamente indesejáveis, são resultado direto do influxo desta energia. Mas, na verdade, sem isso, a expansão e o crescimento da consciência inerentes a esta nova era não poderiam acontecer.

Nossas mentes ainda estão muito voltadas para o futuro imediato. Acreditamos que o que é certo e bom neste momento também será certo e bom eternamente. Se algo parece ser mau agora, também deve ser mau a longo prazo. Porém, raramente este é o caso. Às vezes, o que parece ser uma manifestação totalmente negativa, foi realmente necessário para que o desenvolvimento completo acontecesse. Isso se aplica a cada pessoa da mesma forma como se aplica à humanidade como um todo ou, em outras palavras, à entidade que é a Terra.

Comunicação

Existem alguns elementos específicos que acompanham esse novo influxo. Um deles é a comunicação, que se desenvolve conforme a consciência evolui. À medida que um ser espiritual se desenvolve, existirá também a capacidade de se comunicar, que inclui a capacidade de ouvir e nos expressarmos de maneira apropriada e adequada. Se nosso desenvolvimento for prejudicado, nossa capacidade de comunicação será limitada.

Assim, vemos muitas pessoas que não podem ou nem tentarão expressar em palavras o que estão pensando e sentindo. Esses indivíduos têm muito orgulho ou, então, exigem que os outros os compreendam sem precisar se esforçar para serem compreendidos. Pois fazer com que sejamos compreendidos requer algum trabalho. Mas a arte da comunicação pode e deve ser aprendida por todos. Para fazer isso, é preciso nossa cooperação, usando nossa boa vontade e intencionalidade positiva.

Vamos examinar isso um pouco mais, começando pelo nível mais externo. Não é por acaso que um dos principais resultados da tecnologia de hoje é a comunicação. Mesmo que este nível de comunicação se aplique apenas a eventos externos, ele ainda tem um grande impacto nos níveis internos das nossas almas. Em primeiro lugar, aproxima-nos bastante. Em eras passadas, havia uma sensação muito maior de separação por causa da distância entre as pessoas. A incapacidade de se comunicar criava a ilusão de que outras pessoas eram inerentemente diferentes—estranhas. Os inimigos, portanto, não eram confiáveis. Mas quando descobrimos que, em relação aos princípios básicos da vida—sofrimento e saudade, viver e morrer—os outros são iguais a nós e muito do medo é eliminado. Então a ilusão e a inimizade vão embora. Isso contribui bastante para o movimento crescente da humanidade em direção à unidade.

Nosso crescimento espiritual é alimentado por nosso conhecimento do que está acontecendo no mundo. No passado, nosso isolamento e separação faziam o mundo parecer vasto—vasto demais para que pudéssemos compreendê-lo. Nossas tragédias pessoais pareciam únicas, então não tínhamos o senso de irmandade. Hoje, mesmo as pessoas menos espiritualizadas são capazes de experienciar o mundo inteiro de uma maneira diferente. O planeta não parece tão estranho. Apenas saber sobre os eventos que estão acontecendo em outras partes do mundo neste momento cria uma consciência geral expandida e isso tem um impacto no desenvolvimento de uma alma.

A tecnologia, então, não se opõe a viver uma vida espiritual ou a se desenvolver espiritualmente. Muitas vezes, ela é mal direcionada e abusada e por isso é vista como um obstáculo à nossa espiritualidade. Mais uma vez, podemos ver como tudo na Terra e no universo é uma expressão da vontade divina. É assim que a criação pode servir e serve ao grande plano. Não é possível criar algo aqui que não tenha raízes no Mundo Espiritual. Todo mal—todas as manifestações demoníacas—só podem ser criações divinas mal utilizadas. Elas são sempre distorções e nunca podem criar a si mesmas.

Agora temos a capacidade de testemunhar os eventos que estão acontecendo com os irmãos e as irmãs em todo o mundo, e nossa capacidade de compartilhar suas experiências com eles tem um impacto importante em nós. Além disso, nossa capacidade de nos movermos com bastante rapidez de um canto do mundo para outro nos permite abordar as leis do mundo espiritual, onde o movimento é um com o pensamento e, portanto, simultâneo.

A comunicação é de fato um subproduto altamente importante ao tornar-se mais avançado espiritualmente. À medida que evoluímos, também melhoramos nossa capacidade de comunicação em níveis mais sutis. Podemos seguir abordagens psicológicas que aumentam nossa consciência de nós mesmos e, quando nos compreendemos melhor, podemos nos comunicar melhor. Enquanto estivermos no escuro sobre nossos próprios sentimentos, nossas necessidades e nossas reações verdadeiras—sem mencionar o desconhecimento do que está acontecendo com outras pessoas—não é possível criar uma ponte com elas de forma significativa.

É essencialmente o mesmo para uma criança que, quando muito nova, não sabe realmente que está solitária ou sofrendo. A criança não sabe que precisa de mais amor, atenção ou compreensão. Se a criança pudesse articular tudo isso, seria apenas um pequeno passo para compartilhar esses sentimentos com alguém. Portanto, sem comunicação adequada, permanecemos no escuro, vivendo em uma névoa de confusão e isolados dos outros. O espírito de Cristo representa o oposto disso. Ele conduz à luz da consciência, da irmandade e da comunicação.

Claramente, para ter uma comunicação verdadeira com o outro, devemos ser capazes de nos comunicar conosco. Devemos ser capazes de acessar níveis internos que não podíamos alcançar antes. Portanto, o autoconhecimento é a fundação, a base. Pois como podemos comunicar algo que não sabemos? É por isso que neste caminho espiritual é enfatizado principalmente o autoconhecimento e a autoexploração. Mas não devemos parar por aí. O autoconhecimento é apenas a primeira parte do caminho.

A partir daqui, aprenderemos organicamente a dar o próximo passo na arte da comunicação. Teremos que abandonar o estado de semi-acordados e optar por pensar, praticar e observar a nós mesmos. Não funcionará mais supor que alguém simplesmente deva saber como nos sentimos. Será necessário um esforço para amavelmente entrar em contato, explicar e procurar pacientemente nos labirintos do mal-entendido.

Quanto mais praticarmos isso, mais espontânea será nossa comunicação. Seremos automaticamente capazes de ser exteriormente o que, no passado, só éramos capazes de ser interiormente e em segredo. Imagine a enorme diferença que tal mudança poderia fazer em nossas comunicações. Não é verdade que muitas vezes pensamos que alguém está sendo mau quando, na realidade, a outra pessoa tem medo de nós e usa a frieza como defesa? Se soubermos disso, nosso próprio medo, raiva e falso orgulho serão removidos. Se soubermos disso, talvez possamos ver essa pessoa de uma maneira totalmente nova. Isso, por sua vez, pode ajudá-los a dissolver as defesas negativas deles e que estão nos alienando.

É assim que a comunicação funciona para aproximar as almas. Ela derruba a parede de medo que cria ódio entre as pessoas. A comunicação, então, é parte integrante de uma boa vida.

Aprendendo a arte da comunicação

Isto posto, tentar nos explicar não é suficiente. A *maneira* como nós nos revelamos é o que torna a comunicação uma arte. Se comunicarmos nossa explicação de uma forma que acuse e culpe, apenas construiremos uma parede maior. Mas se, em vez disso, concentrarmo-nos em simplesmente dizer ao outro o que sentimos e o que precisamos, compartilhando nossas opiniões e impressões com um espírito aberto e questionador—sem insistir que nossas percepções são verdadeiras—então seremos capazes de encontrar a verdadeira compreensão. Podemos nos comunicar de uma forma que estabeleça a verdade ao mesmo tempo em que somos claros e permanecemos na luz. Ao praticar a comunicação, aprendemos a habilidade de nos comunicarmos bem e, dessa forma, promovemos a unidade e o amor.

Se não tivermos nenhuma ponte nos conectando aos outros, como podemos parar de nos sentirmos solitários? Se não superarmos a concepção equívocada de que os outros são nossos inimigos, como podemos perder o medo das pessoas? A única maneira de conseguir o que queremos é nos darmos ao trabalho de nos explorarmos adequadamente para sabermos o que realmente sentimos.

Frequentemente, acreditamos que nos sentimos de um jeito, mas não é exatamente isso que está acontecendo. Precisamos tentar nos explicarmos, e isso vai parecer que estamos correndo um risco. Além disso, raramente pode ser feito de uma única vez. Devemos entrar em um diálogo contínuo, usando toda a boa vontade que pudermos reunir para abandonar a culpa e livrar-nos de nosso orgulho. Isso, em um nível emocional, é o que a comunicação eficaz envolve.

É assim que podemos trabalhar juntos para estabelecer a grande unidade entre todas as pessoas. É assim que nos libertaremos do ódio e do medo, que nada mais são do que guerra em todos os níveis. Em outras palavras, será por meio da comunicação que ajudaremos a trazer o Reino dos Céus para a Terra.

Além disso, existe um nível mais profundo de comunicação que temos ignorado. Neste momento está obscuro, mas assim que voltarmos nossa atenção para ele, ele se mostrará claramente para nós. Pois toda interação humana nos ajudará a alcançarmos nosso objetivo final: amor, compreensão, verdade, irmandade, unidade. No final, até mesmo nossas interações mais negativas e desafiadoras servem a esse propósito.

Sempre que duas entidades—podem ser indivíduos ou grupos coletivos—se emaranham em uma interação negativa, estão cumprindo um propósito mais profundo. Isso acontece mesmo quando o resultado é desagradável. Pois o Eu Superior de cada pessoa está sempre envolvido e trabalhando muito. Não é muito correto dizer que o Eu Superior criou a interação negativa, mas é capaz de usar o que já existe—que é a negatividade—com o propósito de dissolver a negatividade.

A única maneira do material negativo ser dissolvido e transformado é, primeiro, permitindo que ele se manifeste totalmente. Portanto, mesmo que ambas as partes estejam completamente no escuro sobre como estão contribuindo para o conflito, e mesmo que estejam presas à presunção e unilateralidade, elas estão servindo a um propósito mais elevado. Expor a falsidade, que atualmente está escondida da sua visão, será significativo, pois toda a verdade dessa difícil interação será reconhecida.

Então, quando há um conflito, há uma interação do Eu Superior acontecendo simultaneamente sob a interação do Eu Inferior. É importante nós assimilarmos e contemplarmos esse fato.

Se imaginarmos duas pessoas ou grupos de pessoas lutando, uma guerra está ocorrendo na superfície. Os dois se acusam e se odeiam. Eles só desejam ver o pior um do outro e querem prejudicar um ao outro. Mas, ao mesmo tempo—em outro nível mais profundo—essas duas entidades concordam. Em seu eu mais profundo, eles estão cientes de que tudo o que acontece na superfície está servindo a um bem comum. E nosso bem comum é sempre servir à verdade, ao amor e à unidade.

Neste caminho espiritual, quando duas pessoas estão em conflito e são capazes de trabalhar profundamente para alcançar a verdade, muitas vezes há uma reconciliação maravilhosa na qual os dois estão unidos no amor. Essas são as mesmas duas pessoas que estavam se odiando e culpando uma a outra. Podemos testemunhar a maneira sequencial—no tempo—em que a conciliação acontece neste plano de existência. Primeiro o ódio, depois a busca pela verdade, depois a unidade e o amor. Nos níveis mais profundos do nosso ser, essas sequências não existem. Em nossa consciência profunda, verdade, unidade e amor existem simultaneamente.

Ao seguir adiante, precisamos levar isso em consideração. Fazer isso nos ajudará a perceber que em todas as situações—independentemente de quão negativa pareça e quão desesperadamente confusos nos tornamos—o conflito também contém, simultaneamente, verdade interior, unidade interior e amor interior. Compreendendo isso, seremos capazes de passar por interações difíceis com maior facilidade no nível do tempo sequencial. Então ódio/busca/verdade/unidade/amor seguirão um ao outro em rápida sucessão. Ou pelo menos mais rápido.

Este influxo da consciência de Cristo está trazendo mais leis e valores espirituais ao planeta Terra. Muitas leis e valores espirituais são conhecidos por muitos através das religiões, mas poucos os compreendem verdadeiramente e os experienciam em profundidade. Muito poucos os vivem em seus níveis mais internos. A humanidade continua a distorcer e confundir essas leis e isso faz com que as pessoas as rejeitem. Pois, quando estão distorcidas, não fazem sentido. Portanto, as pessoas as desconsideram totalmente ou as obedecem hipocritamente em um nível superficial que não atinge seu núcleo central.

Quanto mais nós, humanos, evoluimos, maior pode ser o influxo da luz de Cristo. Com esta luz, seremos capazes de tecer verdadeiros valores espirituais no tecido de nossa consciência humana coletiva.

Começamos este ensinamento falando sobre a lei da irmandade. Sem irmandade, não podemos ter amor. E sem amor, não podemos ter irmandade.

Enquanto o amor é união, o ódio é isolamento, discórdia e divisão. O amor, por outro lado, significa compreensão mútua.

Mas para que o entendimento aumente, precisamos ter boa vontade e precisamos nos esforçarmos. O amor então não acontece por mágica. Não é um milagre, nem é união. Não podemos ter união com Deus enquanto não formos capazes de ter união com nossas irmãs e irmãos—mesmo aqueles que agora consideramos nossos inimigos.

É possível que, no nível superficial, não nos tornaremos amigos deles. Porque para que isso aconteça, ambos os lados têm que realmente desejar estar em união e verdade. Mas ainda é possível nos tornarmos conscientemente conectados com o Eu Superior deles no nível interno.

Não se esqueça, o amor—que é a união com Deus e com os outros—é o que resulta da comunicação. E a comunicação só pode resultar de um esforço sério. Nosso trabalho é nos comprometermos em focar nossa energia e nossa atenção em nos fazermos compreendidos da melhor maneira possível e também compreender os outros.

Para que tudo isso aconteça, precisaremos esvaziar nossa mente de todas as ideias preconcebidas em que nosso Eu Inferior investiu. Teremos que abandonar nossa desconfiança e sentimentos de ódio. Precisaremos abrir nossos ouvidos internos e aprender a ouvir. Precisaremos ajudar os outros a ver nossa boa vontade e nosso desejo de ser verdadeiros. Precisaremos amadurecer, percebendo que as outras pessoas não sabem o que estamos pensando, sentindo, desejando e querendo dizer.

Precisamos nos explicarmos da maneira mais profunda e sincera que pudermos. Se andarmos no mundo assim, seremos capazes de resolver todos os problemas entre nós e os outros. A partir disto, chegará uma autoestima profunda e uma grande força.

Mas, primeiro, devemos estar dispostos a sacrificar nossa teimosia. Devemos abrir mão do nosso orgulho e prazer em criar caso contra alguém. Devemos deixar de lado o medo de descobrir que somos maus e estamos errados. Devemos estar dispostos a deixar tudo isso de lado. É assim que contribuiremos para um fluxo cada vez maior de informações sem precedentes na história da humanidade. Esta é a maneira de anunciar um aspecto essencial da consciência de Cristo—usando nosso próprio *self* e convidando nossos irmãos e irmãs para se juntarem a nós. Quando fazemos isso, estamos realmente trabalhando como servos do plano de Deus.

Devemos resistir à tentação de nos mantermos presos no isolamento e no ressentimento. Devemos também resistir à tentação de culpar e acusar. Devemos nos tornarmos neutros—pelo menos por um tempo—até que tenhamos a chance de esclarecer as coisas e descobrir a verdade. Não tema a verdade. Ela realmente contém a chave para nos libertarmos.

A verdade nos livrará de nossas autoacusações secretas e, ao fazer isso, libertará os outros de nossas acusações. Podemos muito bem descobrir imperfeições neles e em nós, mas quando começarmos a ver nossas falhas sob uma nova luz, essa nova conotação nos libertará da necessidade de magoar e envergonhar qualquer pessoa—inclusive nós mesmos.

※

A consciência de grupo

Este novo influxo da consciência de Cristo está varrendo nosso planeta com uma força fantástica, mas nem sempre vemos como ele está se manifestando. Ele começa, primeiro, alcançando a consciência interna da humanidade. Onde quer que haja a menor abertura, a luz entra. Então a consciência começa a mudar, nem que seja um pouco e vagarosamente. Talvez tenhamos uma nova maneira de pensar sobre a vida. Talvez queiramos começar a compreender a nós mesmos e a nossa vida de uma forma mais profunda.

Mesmo as pessoas que não estão tão prontas e nem tão desenvolvidas podem dar uma mão ao Grande Plano, embora talvez involuntariamente. Elas se tornam instrumentos, mesmo que seu instrumento esteja apenas sintonizado com a negatividade. Por meio de suas ações, elas afetam aqueles ao seu redor, e isso então influencia para criar novas condições. É o Eu Superior delas, como já foi dito, trabalhando em conjunto com o Plano, permitindo que a vontade negativa externa contribua com algo positivo para o quadro geral.

Esse novo influxo começou com o início da Nova Era. Na nova era em que estamos entrando agora, essa energia afetará os eventos externos, muitas vezes da maneira mais obscura. Algo que parece totalmente indesejável— uma ocorrência negativa—se mostrará, na realidade, um evento necessário. É o que nos moverá a estabelecer novos valores e restabelecer a vida de uma forma que seja baseada nas premissas espirituais da verdade e do amor. Outra maneira de dizer isso é que a destrutividade avançou tanto que não pode mais ser moldada, alterada ou transformada. Ela precisa ser destruída antes que possamos construir uma estrutura nova e melhor.

É assim com muitos eventos destrutivos desse tipo na Terra. Precisamos esclarecer a diferença entre eventos que são totalmente desnecessários, uma vez que se opõem à vida—eles são expressões do mal—e aqueles que estão na categoria que acabamos de descrever. A distinção nem sempre é clara. Mas, à medida que treinamos nossa visão interior e vemos como a criação realmente trabalha, veremos tudo com mais clareza.

Se olharmos ao redor, poderemos ver que esses valores estão surgindo por toda parte, abrindo laboriosamente o caminho através dos nossos emaranhados de valores antigos e obsoletos. Essas são nossas atitudes destrutivas que aplicamos à vida. Os novos valores estão apenas brotando, portanto são plantas novas e delicadas. Podemos nutri-los com nossa coragem, com nosso comprometimento a uma causa maior, com nossa tão necessária auto-honestidade, tudo o que promove nosso desenvolvimento e, portanto, expande nossa consciência. Quanto mais cuidarmos do que está tentando crescer, mais fortes essas novas plantas se tornarão em nosso planeta.

Esse processo—que se baseia em uma estrutura celular—começa com uma única célula. Esta é a consciência individual que precisa ser mudada. Mas essa mudança não pode acontecer no vácuo do isolamento. Sempre funciona em conjunto com outras pessoas. Pois a consciência individual reside na consciência maior, o todo coletivo.

A maneira de medirmos nosso desenvolvimento e valores individuais é observar nossas interações com os outros. Por meio da comunicação, nossas interações podem ser melhoradas e curadas até que não haja mais separação. Quanto mais cada célula da consciência se purifica, tornando-se mais e mais alinhada com a vontade divina, mais afetamos toda a entidade terrena. As células se fundem e formam uma estrutura, embora cada uma continue sua vida individual.

Muitos de nós sentimos muita ambivalência em relação a essa fusão. Por um lado, tememos abandonar o que chamamos de nossa individualidade. Acreditamos que nossa singularidade—nossa manifestação particular do divino—depende de nossa separação. Assumimos—falsamente—que, se nos tornarmos um com o todo, abriremos mão do que nos torna únicos. Na realidade, funciona ao contrário.

Portanto, todos nós estamos lutando contra o destino inerente de todos os seres criados—o impulso em direção à unidade. Lutamos e resistimos, para nosso próprio desgosto. Pois nosso desejo de experimentar a unidade nunca será aliviado até que alcancemos a unidade. Esse desejo em nossa alma é desesperador, e a dor de não satisfazer nosso desejo é insuportável. Mas não saber desse desejo e não sentir essa dor é ainda pior. Nossa confusão, apatia e falta de vida se tornam uma dor secundária. Jamais poderemos entender esse estado, porque é o resultado de reações em cadeia longas e tortuosas que se originaram exatamente da dor de negar a unidade.

A Era de Aquário em que entramos, também chamada de Nova Era, trouxe a formação de grupos e, portanto, o surgimento da consciência de grupo. Esta é a primeira vez que um processo assim existe. Claro que poderíamos dizer que a humanidade como um todo é um grupo em grande escala, e nossas sociedades não poderiam existir sem pelo menos algum grau de consciência de grupo. Mas, até agora, as pessoas têm se preocupado principalmente com seus próprios interesses, mesmo que essa preocupação consigo mesmo afete negativamente o resto do mundo.

Não é que essa atitude tenha desaparecido. Longe disso. Porém agora há uma consciência nova e crescente de que, se não buscarmos nada além do nosso próprio interesse—até a queda dos outros—estaremos ultrapassando o ponto de violar os valores, as moralidades e as leis espirituais. Estamos começando a ver que somos nós que devemos sofrer. Ao adotar uma atitude egoísta, sofreremos tanto, senão mais, do que aqueles que desprezamos com nosso egoísmo limitado.

Nossa família humana não pode existir sem um espírito de grupo. Mas a maioria das sociedades do mundo ainda não deu a ênfase adequada aos valores espirituais. Dessa forma, as pessoas não estão cientes desse novo influxo e avançam com os velhos valores e padrões. Mas são baseados em objetivos de visão limitada e no desejo por resultados imediatos.

Não é por acaso que nas últimas décadas novos grupos de todos os tipos surgiram, e muitos deles estão mal orientados. Eles estão sendo influenciados por espíritos malignos e suas forças destrutivas. Não pode ser de outra maneira neste plano de existência. Onde quer que haja um influxo divino, as forças demoníacas enviam sua egrégora para influenciar e corromper aqueles que ainda não foram purificados. Eles fazem isso tentando-os. Seu objetivo é destruí-los.

Ao mesmo tempo, novas comunidades que representam novos valores devem se espalhar, e isso não muda aquele fato. Essas novas comunidades se tornarão modelos para novos modos de vida. A questão é que devemos estar despertos e não devemos negligenciar nosso trabalho de autopurificação. Esta é a nossa chave para a segurança. Se continuarmos fazendo nosso trabalho meticulosamente—trabalhando com espírito de satisfação em serviço à vontade de Deus—então as forças do mal não serão capazes de nos confundir. Encontraremos respostas e permaneceremos limpos, mesmo se nosso Eu Inferior aparecer de vez em quando.

✳

Exposição

Há outro elemento importante chegando com esse novo influxo: a exposição. Mais uma vez podemos ver esse aspecto se manifestando tanto nos indivíduos quanto no coletivo. É tão óbvio que seria difícil passar despercebido. Através dos desenvolvimentos na psicologia e, mais recentemente, por meio das pessoas realizarem um trabalho espiritual profundo, a exposição do *self* atingiu profundidades nunca antes vistas. As exceções são o pequeno número de iniciados que formaram pequenos grupos de seguidores em diferentes culturas.

Agora estamos prontos para expor níveis mais profundos de nós mesmos, muito mais do que já havíamos exposto antes. Mesmo aqueles com o mínimo de autoconhecimento alcançaram um certo grau de consciência, de modo que esses níveis mais profundos agora podem ajudar a determinar suas vidas. Neste momento, muitos de nós podem considerar isso comum, mas nem sempre foi assim.

É através da combinação da comunicação e exposição que agora temos uma maior capacidade de explorar a nós mesmos. Nossa vontade de explorar é o que abre as portas para a comunicação e nossa capacidade de comunicar leva à unidade—para nos alinharmos com a grande força do espírito de Cristo que está varrendo nosso mundo.

É claro que nossa recusa em expor nosso eu interior leva ao isolamento. E assim a resistência à exposição persiste. O que significa quando recusamos a exposição? É sempre um sinal de que queremos sustentar uma estrutura apodrecida—uma estrutura que precisa ser demolida e substituída. Em nossa má vontade reside um desejo claro de continuar vivendo uma mentira. Qual é a saída? Dedicar-nos à verdade. É isso que nos trará a coragem de que precisamos para nos expormos e mudarmos.

Se não a fizermos de boa vontade, será feito por nós, pois os segredos serão expostos por meio de forças externas. Ocorrerá uma crise que os trará à superfície. Uma vez que o novo influxo é colocado em movimento, sua força não pode ser interrompida. Quanto mais oposição encontrar, mais dolorosa será a crise.

Agora podemos observar isso claramente na vida pública. Recentemente, temos visto destrutividades que estavam escondidas sendo expostas e, então, comunicadas ao público. Mais uma vez, é óbvio que algo novo está acontecendo. Nunca vimos isso acontecer antes neste mesmo grau ou da mesma maneira. E está continuando. Podemos ver que algo novo foi colocado em movimento. Por meio de uma combinação de comunicação e exposição, o mundo inteiro agora sabe de crimes políticos que teriam sido mantidos em segredo no passado.

À medida que a consciência de grupo evolui, há uma grande interação se desdobrando que permite toda a humanidade se juntar ao drama do desenvolvimento. É importante começarmos a ver os eventos mundiais por meio dessas lentes. Este é exatamente o processo que seguimos quando fazemos nosso trabalho pessoal de autodesenvolvimento: expomos nosso Eu Inferior, compartilhamos o que descobrimos e então comunicamos isso aos outros. Existe alguma maneira melhor de estabelecer conexões íntimas que criam confiança e geram amor?

Constantemente, temos olhado os paralelos entre o desenvolvimento de nós mesmos como indivíduos e o desenvolvimento do planeta. Tudo o que aprendemos a aplicar a nós mesmos também se aplica, de alguma forma, no nível do coletivo. Uma exposição como esta nunca existiu aqui antes. Conforme as máscaras começam a cair, os aspectos do Eu Inferior começam a aparecer e com menos habilidade de serem ocultados como no passado. Portanto, agora podemos ver eventos e intenções como realmente são, sem toda a camuflagem de mentiras que causa tanto sofrimento e confusão.

Portanto, podemos ver então que a exposição—um resultado direto da consciência de Cristo varrendo nosso planeta—é uma parte importante do novo influxo. Se esperamos nos desenvolver espiritualmente sem nos expormos, nossas ações incompletas acabarão nos levando a um impasse. Ao mesmo tempo, se a exposição não for impregnada de amor, nosso trabalho será autodestrutivo. Aqueles que merecem o nosso respeito é quem tem coragem de realizar a exposição de boa vontade. Não devemos permitir que aqueles que recusam realizá-la de boa vontade destruírem seu ambiente e influenciar situações utilizando-se da omissão.

É nossa convicção interior de servir a uma causa maior que nos dá a força e a coragem de que precisamos para trazer o que precisa ser exposto à luz e realizá-lo de maneira apropriada. Em outras palavras, precisamos trabalhar de maneira amorosa. À medida que nos expormos mais e mais a nós mesmos—e, posteriormente, também aos outros—mais descobriremos nosso verdadeiro valor incrente. E saberemos que é o nosso Eu Superior—a parte de nós que já está desenvolvida—que torna a exposição possível.

É o mesmo com a entidade do planeta. É o Eu Superior da Terra que está orquestrando toda a exposição que agora vemos na frente política. Não devemos pensar na Nova Era como uma força vaga e genérica. Ela é, em si, uma consciência. Conforme a necessidade surge, aspectos específicos se manifestam em várias partes do mundo.

Como acontece com todos os tipos de consciência, a consciência desta nova era é composta de muitos aspectos que criam um todo harmonioso. Acabamos de examinar seus três aspectos: comunicação, consciência de grupo e exposição. Além disso, examinamos os paralelos intrínsecos entre a maneira como esses aspectos particulares se manifestam nos níveis do coletivo e do individual.

Aqueles de nós que têm trabalhado com os ensinamentos deste caminho espiritual—ou outro semelhante—são bem versados no nível individual. Este tem sido nosso foco o tempo todo. Embora ainda possamos ter alguma resistência para ser trabalhada e alguns obstáculos para superar, em princípio estamos de acordo com a forma como esse processo funciona. Entendemos seu valor e vemos por que é necessário. Quando formos capazes de observar o mesmo processo ocorrendo no nível coletivo, nosso trabalho individual se aprofundará.

"Olhem para este belo mundo com os olhos que veem o todo, que compreendem a obra do Senhor por trás de tudo o que existe. Que seus corações sejam preenchidos com o frescor do poder curativo da vida que flui da Fonte que abrange tudo o que já foi criado e será criado. Esta Fonte reside exatamente em seu próprio núcleo central, mesmo quando você é incapaz de se conectar com ela ou de sentir sua realidade por causa das suas confusões e do seu sofrimento momentâneo. Ela está sempre presente.

Todos vocês estão envoltos pela grande força que flui com vigor renovado por todo o seu universo. Sejam abençoados, meus amados. Sigam com seu compromisso até o fim, nunca desistam de sua devoção em servir a Deus."

–O Guia Pathwork

Capítulo 17

Espaço interior, vazio focado

"Meus amados amigos, vocês estão abençoados de corpo, alma e espírito. Seu caminho é abençoado a cada passo da jornada. Vocês podem, às vezes, duvidar disso quando as coisas ficam difíceis. Mas quando isso acontece, não é porque as bênçãos são negadas a vocês. É porque vocês encontram partes da sua paisagem interior que precisam ser percorridas com sucesso. Para atravessar terrenos interiores difíceis, é necessário entender o que isso significa para o seu próprio ser e, assim, dissolver os obstáculos que vocês encontram em seu caminho."

–O Guia Pathwork

Neste momento, muitas pessoas se sentem tão confortáveis com o termo "espaço interior" quanto com o termos espaço exterior. Mas a maioria das pessoas pensa no espaço interior como apenas um símbolo do estado de espírito de uma pessoa. Este não é o caso. O espaço interior é, na verdade, um mundo real—uma vasta realidade. De fato, este é o universo real e o espaço exterior é uma imagem espelhada dele—um reflexo. Esta é a razão pela qual a realidade exterior nunca pode ser compreendida. A vida não pode ser verdadeiramente absorvida, experienciada e entendida quando a vemos apenas de fora. É por isso que a vida é tão frustrante—e frequentemente tão assustadora—para tantos.

Não é fácil entender como é possível que o espaço interior possa ser um mundo—*o* mundo. A dificuldade reside no contínuo tempo/espaço limitado da nossa realidade tridimensional. Percebemos tudo o que tocamos, vemos e experimentamos de uma perspectiva limitada. Nossas mentes estão condicionadas a perceber as coisas de uma determinada maneira e, neste momento, não somos capazes de perceber a vida de outra maneira. Mas isso não significa que nosso jeito atual seja o certo, o único ou o caminho completo.

O objetivo de qualquer caminho espiritual é perceber a vida de uma forma que vá além do reflexo externo. Nosso objetivo é focar nas novas dimensões que descobrimos no *espaço interior*. Em algumas disciplinas espirituais, isso pode ser claramente declarado como sendo a intenção e, em outras, pode ser que nunca a mencionem como tal.

Mas quando alcançamos um certo ponto de desenvolvimento em nosso caminho de purificação, uma nova visão desperta, às vezes gradualmente e às vezes mais repentinamente. Mesmo quando parece acontecer de repente, isso é apenas uma ilusão. Todo despertar acontece como resultado de muitos passos dados em um caminho espiritual e de muitas batalhas internas.

Os cientistas descobriram que cada átomo é duplicado no universo exterior, como o conhecemos. Este é um reconhecimento importante. Como vimos a entender, o tempo é uma variável que depende de qual dimensão é experienciado. É o mesmo para o espaço. Da mesma forma que não existe um tempo objetivo, fixo, não existe um espaço objetivo, fixo. Portanto, nosso ser real pode viver, mover-se e respirar—e atravessar vastas distâncias—dentro de um átomo, de acordo com nosso sistema exterior de medidas.

Assim como a relação com o tempo muda em diferentes dimensões, a relação de medidas muda quando um espírito se retira para o mundo interior. Isso explica por que parecemos perder o contato com o que chamamos de pessoas "mortas". Nossa consciência muda porque eles agora vivem na realidade interior, que para nós, só pode ser uma ideia abstrata. No entanto, o que é realmente abstrato é o espaço exterior.

Quando uma pessoa morre, o espírito—que está vivo—não vai para o céu, como assumimos erroneamente, mas sim se *retira* para o mundo interior. Nosso espírito não sai do corpo e flutua no espaço exterior. Quando alguém com percepção extrassensorial vê algo assim, o que está vendo é apenas a imagem espelhada de um evento que está acontecendo na paisagem interior.

Durante muito tempo, a maioria dos humanos procurou por Deus no céu. Então Jesus Cristo veio e tentou nos ensinar que devemos buscar Deus dentro de nós, porque Deus vive nos espaços interiores. Sendo assim, todos os exercícios e práticas de meditação nos orientam a focar no espaço interior.

Em um ensinamento anterior, falamos sobre o valor de um exercício de meditação no qual não pensamos. Simplesmente nos tornamos vazios. A maioria dos que tentam esse exercício descobre como é difícil realizá-lo. A mente humana muitas vezes está completamente preenchida com seu próprio material e, portanto, pode ser muito difícil acalmá-la. Existem várias abordagens que podemos adotar. Na religião oriental, a abordagem geralmente envolve longas práticas e muita disciplina. Se combinarmos isso com estar sozinho e sentar-se, imóvel e em silêncio, podemos eventualmente produzir um estado de calma interior.

Mas *neste* caminho espiritual, tomamos uma abordagem diferente. O objetivo desses ensinamentos não é nos tirar do nosso mundo. Nosso objetivo é exatamente o oposto: nós queremos estar *no* nosso mundo, da melhor maneira possível. Queremos criar, compreender e aceitar de uma forma produtiva e construtiva.

Só seremos capazes de fazer isso quando nos conhecermos e compreendermos verdadeiramente e por completo. Para fazer isso, temos que atravessar os espaços difíceis interiores, mas isso nos deixará mais preparados para atuar nesta realidade tridimensional. Pois então não haverá uma divisão entre nosso espaço interior e nosso mundo exterior.

Nossa percepção da verdade exterior aumentará quanto mais a verdade interior reinar. Compreenderemos o mundo exterior quando nossa compreensão do nosso eu interior aumentar. Seremos capazes de reestruturar—transformar—nossa vida exterior assim que aprendermos a remodelar tudo o que há de imperfeito ou defeituoso em nós.

Nossa visão se expandirá e teremos uma maior apreciação da beleza da criação quando formos capazes de ver nossa beleza interior como uma manifestação do divino. Estaremos em paz neste mundo na medida em que encontrarmos paz interior. Isso será verdade, mesmo na presença das dificuldades da vida.

Em outras palavras, não precisamos encontrar o cume de uma montanha isolada para chegar ao espaço interior. Nesse caminho, tomamos uma rota diferente para chegar ao nosso destino. Passamos diretamente pelo que parece ser o nosso maior obstáculo: as imperfeições dentro de nós e ao nosso redor. Ao abordá-las, lidamos com elas, até que percam sua aparência assustadora. Este é o nosso caminho.

O vazio focado

Embora possa ser um exercício útil sentar-se e focar no vazio interior, essa não deve ser nossa única abordagem para a autorrealização. Da mesma forma, lidar com problemas exteriores em nosso mundo nunca deve ser nossa única abordagem para nossa própria salvação ou a salvação deste mundo.

O *vazio focado* aumentará—espontâneamente e deliberadamente—à medida que enfrentamos e removemos nossos obstáculos interiores. Nos estágios iniciais, teremos que experienciar o nada e o vazio. Pois quando nossa mente se silencia, primeiro nós encontramos o vazio, e é isso que torna a tentativa tão assustadora. Parece confirmar nossa suspeita de que somos de fato apenas nosso eu mortal exterior e que não há nada dentro.

É por isso que nossas mentes se tornam tão barulhentas e ocupadas, em um esforço para eliminar a quietude que parece sinalizar...nada. Aqui, novamente, será necessário coragem para percorrer por inteiro este túnel de incerteza. Devemos correr o risco de estar nesta grande quietude, que a princípio parece desprovida de tudo o que significa consciência e vazia de sentido.

Muitas pessoas experimentaram como a voz do nosso Deus interior—nosso Eu Superior—transmite inspirações em nossa mente quando menos pensamos nisso. Isso não acontece durante a meditação ou oração, nem mesmo logo depois. Ele espera até que nossa mente esteja suficientemente relaxada e livre da sua vontade própria para que a voz interior seja ouvida. Funciona da mesma maneira em relação a experienciar o universo interior, que é o mundo real.

O vazio focado permite que o que estava escondido apareça. Isso inclui erros, distorções e outros materiais do Eu Inferior. Eventualmente, ele nos colocará em contato com a realidade do nosso Eu Superior e com o mundo eterno e vasto, onde ele habita. Dessa forma, o vazio focado nos conecta com todos os níveis do nosso ser. Precisaremos viajar por muitos estágios e fases. Só podemos atingir os estágios posteriores quando uma certa quantidade de purificação e integração tiver sido realizada.

Então enquanto o vazio *focado* é uma elevação da nossa consciência, o vazio *não focado* é uma redução da nossa consciência. Quando não estamos focados, não estamos sintonizados e nossa mente vagueia. Isso pode nos levar ao vazio sem sentido. Seus estágios finais são o sono ou outros estados de inconsciência. Em contraste, no vazio focado, estamos totalmente presentes—conscientes e concentrados.

Se nos concentrarmos exclusivamente em nosso mundo interior—excluindo nosso mundo exterior—criamos uma divisão. Pior, descartamos o motivo pelo qual encarnamos. Pois como podemos completar nossa tarefa—seja ela qual for—se não usarmos nosso mundo exterior para esse propósito? Se não fosse necessário que viéssemos para esta dimensão, não teríamos vindo aqui.

Portanto, precisamos usar nosso tempo aqui, colocando nossas condições interiores e exteriores em um relacionamento saudável e significativo um com o outro. E é exatamente isso que aprendemos a fazer neste caminho. Todas as nossas experiências na vida estão relacionadas à nossa personalidade—a todos os vários níveis de nós mesmos. É sempre o ser interior que cria as condições exteriores, uma verdade que rapidamente passamos a ver quando começamos a fazer nosso trabalho.

Se não relacionarmos regularmente o nosso mundo interior com a nossa vida exterior, isso criará um desequilíbrio e o resultado não será bom. Por exemplo, às vezes vemos pessoas que estão fazendo muitas obras boas exteriores perderem o rumo tão facilmente quanto aquelas que não pensam nas outras pessoas. Isso acontece porque nossas boas intenções e boas obras exteriores devem surgir de um foco interior se quisermos evitar criar desarmonia e uma divisão perigosa em nossa personalidade.

Através do vazio focado, finalmente chegamos à luz eterna. Se estivermos dispostos a simplificar bastante as coisas, podemos dizer que passaremos por estágios básicos. Observe que, na prática, esses estágios se sobrepõe e não acontecerão nessa sucessão organizada, conforme descrito aqui com o objetivo de esclarecer o trabalho.

1) Sentiremos a agitação e o barulho da nossa mente.

2) À medida que silenciarmos o barulho, encontraremos o nada, o vazio.

3) Começaremos a ver conexões entre aspectos do nosso eu interior e nossas experiências exteriores. Com nosso novo entendimento sobre os níveis de nós mesmos que não havíamos reconhecido antes, um novo material do Eu Inferior aparecerá. Esta não é apenas uma experiência do Eu Inferior—este é um raio de orientação divina. Pois reconhecer o Eu Inferior é sempre uma manifestação de orientação do nosso Eu Superior.

4) As mensagens do Eu Superior começarão a se manifestar diretamente. Também poderíamos dizer que nosso canal está aberto. Dessa forma, agora receberemos encorajamento, conselhos e outras palavras destinadas a fortalecer nossa coragem e nos dar fé. Nesta fase, a orientação divina está atuando principalmente por meio da nossa mente. Esta não é necessariamente uma experiência totalmente emocional e espiritual. Podemos ficar entusiasmados e alegres com essa manifestação, mas estamos reagindo ao que nossa mente recebeu de conhecimento, absorveu e achou convincente.

5) Nesta fase final, temos uma experiência total, direta, que é espiritual e emocional. Todo o nosso ser é preenchido com o Espírito Santo. Agora nós *sabemos*, não através da nossa mente, mas através de todo o nosso ser. Quando sabemos algo através da nossa mente, o conhecimento é *indireto*. Foi *transmitido* para nós. Esta é a mente humana de que precisamos para atuar neste nível de consciência. O *conhecimento direto* é diferente.

A fase final contém muitos estágios. Pois existem possibilidades ilimitadas—possibilidades verdadeiramente infinitas—em como podemos experimentar o mundo real. Um deles é simplesmente o *conhecimento total*, o qual atinge todas as fibras do nosso ser e todos os níveis da nossa consciência. Também podemos experienciar o mundo real por meio de visões de outras dimensões, mas elas nunca são apenas uma visão. Uma experiência total sempre afetará uma pessoa por inteiro.

Cada percepção sensorial é completa no mundo real, ao contrário do que experienciamos em nosso mundo fragmentado. Portanto, ver não é apenas ver, é também ouvir, sentir, cheirar e degustar—além das muitas percepções sobre as quais nada sabemos neste nível de ser—todas reunidas em uma. Neste quinto estágio, conhecer, sentir e perceber estão agrupados com ouvir e ver, em um pacote abrangente. Cada capacidade que Deus criou está incluída. Não podemos nem imaginar as possibilidades ilimitadas—para não mencionar a riqueza e variedade—ao ter todas essas capacidades.

O estado ideal para ser preechido pelo Espírito Santo é o vazio focado. O que é o Espírito Santo? É o mundo completo de Deus, em toda a sua glória e magnificência. Não temos palavras adequadas na linguagem humana para transmiti-lo. Não é possível descrever o que existe além dos limites do medo, da desconfiança e da dúvida, após a morte, o mal e o sofrimento são vencidos. Mas podemos alcançar todo o esplendor e plenitude do Mundo Espiritual cruzando o limiar do vazio focado.

Praticando o vazio focado

Muitos iniciam uma prática, como a prática do vazio focado, com a expectativa de resultados imediatos. Na verdade, é realmente necessário não ter nenhuma expectativa. Pois as expectativas criam tensões que impedem o relaxamento interior e exterior que procuramos. Além do mais, as expectativas são irrealistas. Podemos levar muitas encarnações para atingir o quinto estágio. Portanto, em vez de nos preparar para o desapontamento—que pode provocar reações em cadeia de outras emoções negativas, como medo, dúvida e desânimo—é melhor abrir mão de todas as expectativas.

Em nosso trabalho, queremos ter paciência, humildade e respeito em nossa abordagem em cada estágio. Pois essas experiências nos abrirão para o vasto espaço interior. Muitos mundos, universos e esferas existem, com montanhas, mares e planícies infindáveis. Precisamos saber que esses espaços interiores não são abstratos ou simbólicos. Eles são mais reais do que o mundo exterior, objetivo, que muitos acreditam ser a única realidade.

No espaço interior, a forma de medida não é a mesma que aqui no mundo exterior. Existe uma relatividade diferente entre medida e tempo/espaço/movimento. Se conseguirmos captar uma sensação vaga e nebulosa sobre isso, já mudará nossa perspectiva e nos ajudará a ir mais longe em nosso caminho. Não precisamos sentar por horas e horas e praticar o vazio focado. Não é esse o objetivo. Mas cada vez que rezamos e meditamos, podemos nos esforçar e tentar atingí-lo até certo ponto.

Então, qual *é* o objetivo principal? Queremos alcançar a autonomia, em todos os sentidos da palavra. Tudo na vida depende da nossa capacidade de nos respeitar e descobrir nossos valores. Devemos descobrir nossa capacidade de amar e alcançar a realização que desejamos. Precisamos cumprir a tarefa que combinamos quando decidimos encarnar. Queremos sentir Deus vivendo em nós e ao nosso redor.

Precisamos desenvolver a habilidade de ser um verdadeiro líder e também um seguidor. E, por último, mas não menos importante, queremos desenvolver a capacidade de se desprender da nossa mente e encontrar o espaço interior, o qual é o nosso verdadeiro lar. Pois somente encontrando nosso verdadeiro lar interior podemos encontrar a vida eterna. Esta é a única maneira de remover todos os nossos medos, para sempre.

Assumindo a responsabilidade própria

Não podemos nos entregar à vontade de Deus até que estejamos com posse integral de nós mesmos. Ao mesmo tempo, não podemos nos encontrarmos e ser a nossa totalidade, a menos que nos entreguemos a Deus incondicionalmente. Para resolver esse paradoxo, é importante olharmos para nossa resistência de alcançar esse estado importante de autonomia.

Muitas vezes, o que realmente desejamos é uma figura de autoridade que irá assumir o controle quando a vida se tornar perigosa; quando temos que pagar o preço por nossos erros; quando temos que experienciar as condições que criamos com nossas imperfeições. Muitas pessoas anseiam por uma "vida perfeita" onde não temos que lidar com nada disso. Nos iludimos pensando que podemos evitar cometer erros e evitar pagar o preço quando os cometemos. Esta é uma ilusão perigosa, especialmente porque é tão sutil e podemos facilmente encobri-la. Ao racionalizar essa ilusão, podemos também negá-la.

Se nos sentirmos confusos sobre nós mesmos, nossas vidas ou com o que está acontecendo ao nosso redor, isso é um sinal de que estamos sofrendo dessa ilusão e, intencionalmente, evitando crescer. Se estamos nos rebelando contra figuras de autoridade, isso é um sinal de que ainda ansiamos pela autoridade "certa". Queremos que uma superpessoa venha nos proteger dos problemas da vida, para que não tenhamos que experienciar nossa realidade. Porém, quando somos autônomos, não precisamos mais nos rebelar contra a autoridade. Não estamos mais confusos. Podemos ver claramente o que é verdade e o que não é, então podemos decidir concordar ou não concordar. Não precisamos recorrer à rebelião ou a uma submissão medrosa.

Então como chegamos lá? Qual é o caminho para a clareza e a capacidade de tomar boas decisões? Devemos estar dispostos a investigar, pesquisar, questionar, explorar e estar receptivos. Seguir esse caminho exige paciência para resolver os problemas da nossa vida. Não existem respostas rápidas e prontas.

A pessoa dependente, infantil, detesta ser paciente e não quer trabalhar para saber mais, porque isso significa trabalho. A pessoa dependente e infantil quer respostas fáceis e é rápida para tirar conclusões precipitadas. Quando temos medo de cometer um erro, não questionamos nossas conclusões precipitadas. Em vez disso, insistimos firmemente que estamos certos e isso fecha a porta para a verdade e a clareza. O resultado? Confusão interior, que gera experiências confusas. Se não conseguirmos conectar os pontos e ver como criamos essas experiências negativas e confusas, a vida parecerá injusta e muito difícil. Então, exigimos uma autoridade perfeita para consertar as coisas.

Mas quanto mais afirmamos que queremos ser independentes, mais suspeitas são nossas verdadeiras intenções. Quanto mais sentimos a necessidade de provar que somos um agente livre e que não podemos ser influenciados, mais provável é que estejamos fugindo da autonomia real. A verdade é que não estamos dispostos a assumir total responsabilidade por nossas decisões, nossas experiências ou nossa vida.

Quanto maior nossa rebelião contra aqueles em posição de autoridade que dizemos estar nos negando nossos direitos, mais nos ressentimos secretamente deles por não cumprirem nossas exigências impossíveis. E quais são essas demandas? Que não tenhamos que cometer erros e pagar qualquer preço por eles; que não tenhamos que lidar com as consequências dos nossos erros, decisões imprudentes, negatividades ou distorções. Queremos receber uma chave infalível que nos dê esse tipo de mágica e nos permita permanecer livres para sempre.

Qual é a nossa ideia de liberdade? Ser capaz de fazer o que quisermos, seja ou não desejável para os outros ou para nosso Eu Real. Nunca queremos ser frustrados ou disciplinados. Quando não somos capazes de alcançar esses objetivos, culpamos as figuras de autoridade e depois nos ressentimos delas. Então, nós as acusamos de fazer o oposto do que esperamos que façam. Para ser mais específico, nós as culpamos por bloquear nossa liberdade ao estabelecer limites. Recusamo-nos a ver que essas são as leis da vida—essas são as limitações da realidade. Deliberadamente, embora inconscientemente, criamos confusão distorcendo as limitações, como se ter limites significasse que estamos escravizados.

Devemos começar a ver como e quanto estamos nos apresentando na vida assim. Então, precisamos nos fazer algumas perguntas sérias. Estou disposto a assumir a responsabilidade própria, com tudo o que ela requer? Posso aceitar que ainda sou imperfeito e que ainda irei cometer erros? Quando cometer erros, estou disposto a pagar o preço por eles? Quanto mais dispostos estivermos a pagar o preço, menor ele será. Na verdade, o preço se tornará uma ajuda para progredirmos, uma lição necessária, um limiar.

Podemos ganhar a força para trilhar este caminho somente com nossa disposição de nos entregarmos à vontade de Deus. Então seremos capazes de realmente nos posicionarmos no núcleo da vida enquanto ela se desenvolve ao nosso redor, sem negá-la, sem fugir dela e nunca usando a espiritualidade como forma de escapar dela.

Quando nossa entrega a Deus é genuína, toda confusão dualista se dissolverá e seremos capazes de estar em plena autonomia. Seguindo nosso caminho, esclareceremos qualquer confusão sobre se tornar um indivíduo e ser um membro de uma comunidade. Não ficaremos confusos entre entregar-se e a independência real. Pois a verdadeira individualidade permite que nos tornemos um ser social que está em paz com o que nos cerca. Aprenderemos como estar intimamente conectados com os outros e como sempre contribuir com eles.

Quando nos tornamos uma pessoa verdadeiramente autônoma, podemos ser um líder forte e também um seguidor voluntário, pois nossa visão será clara e nosso ser estará centrado na realidade divina.

O que mais nos impede de atravessar esses portais é que queremos evitar a autorresponsabilidade por inteiro. Não estamos dispostos a ser responsáveis. Nossa liberdade é diretamente dependente disso. Nossa capacidade de se desprender da força e não da fraqueza, depende disso.

Claro que a autonomia, como tantos outros aspectos, é uma questão de nível. Algumas pessoas conseguem se sustentar sozinhas quando se trata de ganhar a vida. Podemos até fazer isso de uma maneira que geralmente gostamos. Nesta área da nossa vida, podemos aceitar que haverá desafios a enfrentar, pode haver tédio ou conflito. Em tempos difíceis, estamos dispostos a dar o nosso melhor. E é exatamente por isso que podemos apreciar o nosso trabalho e ser bem-sucedidos.

Mas pode haver outras áreas, talvez menos perceptíveis, em que ainda dependemos de outras pessoas e não somos o nosso próprio *self*. Nosso trabalho é explorar essas áreas. Alguns sinais reveladores são se podemos distinguir entre aqueles em quem podemos confiar e aqueles em quem não podemos, e como nos sentimos sobre as figuras de autoridade em nossa vida. Para qual lado nossos sentimentos intensos se inclinam? É perfeitamente possível direcionarmos nossos sentimentos positivos para aqueles em quem não podemos confiar, enquanto vemos com suspeita as pessoas que estão encorajando nossa autonomia e que merecem nossa confiança.

Se não formos capazes de confiar em nós mesmos, nunca seremos capazes de identificar quem é confiável. E por que não podemos confiar em nós mesmos? Porque não sabemos quais partes de nós merecem nossa confiança. Frequentemente, insistimos que a parte infantilizada—a parte mais míope e destrutiva—é a nossa parte mais independente. Gostamos de acreditar que fazer o que nos dá mais prazer no momento e sempre seguir a linha de menor resistência equivale a autonomia. Pode ser assim ocasionalmente, mas certamente nem sempre é assim.

Só podemos confiar em nós mesmos se tivermos aprendido a ouvir a voz da verdadeira autoridade interior. Ela é a única capaz de dizer não a satisfação instantânea que, em longo prazo, nos derrota. Para viver uma vida saudável, plena e satisfatória, devemos ter a maturidade verdadeira. Isso é o que cria a base para a autorrealização espiritual. Sem maturidade, nossa espiritualidade, mais cedo ou mais tarde, se distorcerá, por mais boas que fossem nossas intenções quando iniciamos neste caminho.

Por outro lado, não é possível alcançar a independência e saúde total apenas por meios psicológicos. Para alcançar nossos objetivos, precisamos aprender que existem várias vozes diferentes no interior e que podem ser ouvidas. Precisamos aprender em quais vozes confiar e quais rejeitar. Teremos de explorar tudo para descobri-las interiormente, ou nossos objetivos permanecerão elusivos e tudo isso será uma bela teoria.

No início, a voz do Eu Superior será a mais difícil de ouvir. No entanto, esta é a voz que devemos ouvir e não o clamor barulhento da outra voz—aquela que nunca quer tolerar qualquer frustração.

A única maneira de uma comunidade se tornar autônoma, segura e criativa como entidade de grupo é os membros da comunidade ganharem autonomia. Na nova era em que estamos entrando, tudo tenderá a se mover nessa direção. Na medida em que os indivíduos se desenvolverem—alcançando maturidade emocional, mental e espiritual—sociedades inteiras podem ser transformadas.

Quando a atitude geral de uma sociedade atinge esse estado, mesmo aqueles que vêm das esferas mais baixas—com ignorância espiritual ou uma intenção destrutiva—não serão capazes de causar estragos na Terra. Sua influência negativa irá derreter como neve ao sol. Este não é o caso agora. Muitas pessoas anseiam por líderes que permitem tudo e nada proíbem, e que fazem promessas de eliminar as dificuldades da vida.

Somente quando as pessoas tiverem verdadeira autonomia, elas serão capazes de ter um contato profundo, realista e intenso com a consciência de

Cristo de uma maneira extensa. Se permanecermos imaturos, a estrada ficará bloqueada, as vozes confusas e a experiência inacessível. Então, a ideia de se entregar a Deus parece confusa. Pois o desejo de se entregar à falsa autoridade—alguém que permite tudo, não impõe limites para seguir a linha de menor resistência, não impõe frustrações e oferece esse tipo de utopia—cria medo em nós. Pois sabemos em nosso ser interior os perigos de tal entrega.

Como diz a Bíblia, os mais fracos se renderão aos falsos profetas. Quando estamos em um estado inacabado em nosso desenvolvimento—lutando apenas parcialmente pela autonomia—sentimos medo de todas as formas de se entregar. O que realmente tememos e desconfiamos é o nosso próprio desejo por um profeta falso que prometa o que nunca deveria prometer.

Essas promessas podem não ser expressas com muitas palavras, mas estão implícitas nas mensagens comunicadas. Essas mensagens se conectam com a consciência daqueles que estão mais vulneráveis devido ao quão relutantes eles estão em assumir a responsabilidade por suas próprias vidas.

Tudo isso se resume em que não importa o quanto estejamos dispostos a nos entregar à vontade de Deus,—desejando a orientação de Deus em qualquer forma que ela nos seja dada—nossa resistência em nos entregarmos não pode ser superada se não formos capazes de assumir a responsabilidade por todos os aspectos do nosso ser.

Do ponto de vista da evolução, o espírito pode penetrar na matéria conforme as leis espirituais forem seguidas e a verdade for encontrada. O nível de responsabilidade própria de uma pessoa é a chave. Mais o espírito pode nascer na carne—mais vida pode penetrar na matéria—quando nosso eu espiritual fica mais forte.

Quanto mais o nosso ser real nasce em nosso corpo, talentos podem se revelar, dos quais nada sabíamos antes. De repente, uma nova sabedoria pode se manifestar, uma nova compreensão pode aflorar, uma nova capacidade de sentir e amar pode surgir. Tudo isso vem do nosso Eu Real que vive no espaço interior. É esse o mundo real.

À medida que abrirmos espaço para que esses aspectos sejam introduzidos na vida da matéria, estaremos cumprindo nossa parte no esquema da evolução. Essas atitudes divinas não podem crescer em nós de fora. Elas não podem ser colocadas em nós. Elas só podem florescer em nosso mundo exterior quando abrimos espaço para nosso ser interior, que ainda não se manifestou totalmente.

É esse o resultado do nosso processo de crescimento, quando assumimos o trabalho árduo que temos para fazer neste caminho. Depois de termos feito algum avanço em nosso desenvolvimento, o foco no vazio interior ajudará nosso progresso. Então, devemos descobrir que o vazio é uma ilusão. A verdade que descobriremos é uma plenitude—um mundo rico cheio de glória. Se entrarmos em contato com ele, poderemos receber tudo o que precisamos dessa fonte interior e transpor para a nossa experiência exterior.

Viva uma vida espiritual

Ao longo dos séculos, Cristo veio muitas vezes, em muitas formas diferentes, como várias pessoas iluminadas. Mas ele nunca veio tão completamente e plenamente—tão livre—como em Jesus. Portanto, aqui também é uma questão de até que ponto o espírito flui para a matéria. O máximo do espírito, da vida e da consciência só pode se manifestar na matéria desobstruída.

Eventualmente, chegaremos ao ponto em nossa evolução nesta esfera—neste planeta que chamamos de Terra—quando a matéria se renderá ao espírito tão completamente que a matéria será totalmente espiritualizada. A matéria não será mais uma obstrução ao espírito. Teremos preenchido completamente o vazio com vida.

Não há aspecto da nossa personalidade que seja insignificante em termos de evolução e criação. Não existe isso de um "aspecto meramente psicológico". Cada pensamento, cada sentimento, cada atitude, cada reação, reflete o quanto podemos participar da grandeza da vida. Quando soubermos disso, acharemos mais fácil nos dedicarmos totalmente a esse trabalho. Aprenderemos como unificar cada dualidade, para que nossa vida espiritual e nossa vida terrena se tornem uma.

"Abram espaço para uma vida desobstruída, para um espírito desimpedido! Deixem que ele preencha cada parte do seu ser, para que vocês finalmente saibam quem vocês realmente são. Vocês todos estão abençoados, meus queridos."

–O Guia Pathwork

Capítulo 18

O que é Pathwork®?

Esta coleção impressionante de ensinamentos espirituais foram selecionadas por Jill Loree do material coletivamente conhecido como os materias espirituais do Pathwork. Os ensinamentos do Pathwork estão contidos em cerca de 250 palestras que foram ministradas nas décadas de 1950, 60 e 70 por uma nova-iorquina nascida em Viena chamada Eva Pierrakos. Os ensinamentos são incomparáveis em sua sabedoria, escopo e praticidade e, portanto, também em sua eficiência.

Seguindo os ensinos do Pathwork, embarcamos em uma jornada espiritual de autodescoberta ao longo da vida, que nos permite curar nossas feridas emocionais, compreender o funcionamento da vida e promover harmonia e equilíbrio dentro do nosso próprio ser, bem como com os outros e com Deus.

Talvez a coisa menos interessante a se saber sobre essas palestras é que elas foram canalizadas. Este fato relevante, embora insignificante, está geralmente entre as primeiras coisas reveladas quando se tenta explicar o Pathwork. É um ponto de interesse relevante porque este material é sempre de grande interesse para as pessoas que têm uma mente curiosa e gostariam de compreender a origem desses ensinamentos. Ao mesmo tempo, é insignificante porque realmente não importa de onde vieram. Como o Guia costumava dizer, você não deve acreditar em nada—não importa quem o disse—a menos que faça sentido para você.

Quem é o Guia Pathwork?

O Guia é a entidade que está realmente falando, utilizando Eva como médium, ou canal, através da qual ele se comunicou. Devido à dedicação de Eva ao seu trabalho—também a sua disposição para realizar o seu próprio trabalho—o material evoluiu e se aprofundou continuamente ao longo dos 22 anos em que ministrou palestras mensalmente.

A palavra Pathwork, cuja tradução literal é "Trabalho do Caminho", é uma marca registrada pertencida à Fundação do Pathwork, uma organização sem fins lucrativos. Ela foi definida no decorrer da trajetória por Eva e outros seguidores do Guia pautada no fato dele sempre falar em "estar no caminho" e no fato de ser um trabalho árduo seguir esse caminho.

Na verdade, todos os seres humanos estão em um caminho espiritual, saibam eles ou não. Hoje, entretanto, muitas mais pessoas estão se conscientizando de sua jornada espiritual. Por mais difícil que seja olhar diretamente para as nossas próprias culpas e negatividade, em algum momento percebemos que não podemos continuar evitando olhar a nós mesmos e esperar encontrar soluções. O que, de certa forma, é o ponto central dos ensinamentos do Guia: a única maneira de atravessar as nossas dificuldades na vida é ter responsabilidade própria.

Todas as palestras estão, agora, disponíveis on-line nos seguintes formatos: transcrições, gravações de áudio gratuitas e, com uma taxa, as gravações originais de Eva:

www.pathwork.org
www.pathworkbrasil.com.br

Capítulo 19

O que é Phoenesse®?

O Guia oferece ensinamentos profundos que são apenas válidos se colocados a serviço a fim de compreender e destravar as desarmonias, grandes ou pequenas, do nosso dia a dia. É preciso aplicar ativamente os ensinos do Guia para ser servido por eles. Essa é a verdadeira chave.

Porém, as palestras são longas—cerca de 10 a 12 páginas cada uma—e densas, então é necessário um vigor mental para as ler. É onde a Phoenesse pode ajudar.

Fazendo o Trabalho

Inspirado diretamente pelo Guia, a Phoenesse oferece uma abordagem leve para esses ensinamentos espirituais atemporais. Phoenesse—pronunciada "fin-ess"—é uma marca registrada de serviço da Phoenesse LLC, fundada por Jill Loree.

Em *Real.Claro.*, uma série de 7 livros, Jill Loree reescreveu aproximadamente 100 dos ensinamentos utilizando uma linguagem mais fácil e os organizou em tópicos. Os *podcasts* de cada ensinamento também estão disponíveis on-line.

Na série *Auto.Conhecimento.* Como se Curar, Jill Loree oferece uma visão geral, identificando as várias partes do *self* e apresentando como realmente fazer este trabalho curativo.

Os assinantes podem ler os ensinamentos do Guia em português no site da Phoenesse:

www.pt.phoenesse.com

phoenêsse®

299

Capítulo 20

O que é O Guia Fala?

Após cada palestra, os participantes eram encorajados a fazer perguntas. Além disso, uma vez por mês, Eva e o Guia realizavam sessões dedicadas a Perguntas & Respostas. Diferentemente das palestras originais, as quais eram preparadas por um grupo de seres espirituais, o próprio Guia respondeu a essas perguntas. Por esse motivo, as P&R contêm uma energia diferente das palestras, o que—além de serem mais curtas—as tornam mais fáceis de digerir.

As P&R eram relacionadas à palestra recém proferida, a problemas pessoais ou, simplesmente, a clarear a compreensão da vida em geral. Elas oferecem uma sabedoria e perspectiva que têm o potencial de mudar a visão de mundo de uma pessoa. Jill Loree classificou as milhares de perguntas em tópicos para tornar as respostas mais acessíveis, e todas estão disponíveis para leitura gratuita em:

www.oguiafala.com
pt.theguidespeaks.com

Sobre a autora

Jill Loree
Fundadora de Phoenesse

Uma neatnik com um senso de humor pronto, o primeiro trabalho de Jill Loree como uma lanchonete de cervejaria no norte de Wisconsin foi um primeiro sinal de que as coisas só poderiam melhorar.

Ela iria servir pizzas e bartend enquanto estava na faculdade, antes de descobrir que o ponto ideal de sua carreira de vendas e marketing de 30 anos seria a publicidade business-to-business. Uma verdadeira geminiana, ela é formada em química e um talento para escrever. Seu cérebro dispara tanto do lado esquerdo quanto do direito.

Dito isso, sua verdadeira paixão na vida tem sido seu caminho espiritual. Criada na fé luterana, ela se tornou uma pessoa profundamente espiritual nas salas dos Alcoólicos Anônimos, um programa de recuperação espiritual, iniciado em 1989. Em 1997, ela foi apresentada à sabedoria do Pathwork, que ela descreve como "tendo percorrido a porta de um quarto degrau e encontrei a biblioteca inteira. "

Ela completou quatro anos de Pathwork Treinamento de Helpership em 2007 seguido por quatro anos de aprendizado e discernimento antes de entrar em seu Helpership completo em 2011. Ela foi professora no Programa de Transformação oferecido no Sevenoaks Retreat Center em Madison, Virginia, operado pela Mid-Atlantic Pathwork, onde também liderou atividades de marketing por mais de dois anos e atuou no Conselho de Curadores.

Em 2012, Jill completou quatro anos de treinamento de cabala em um curso chamado de Jornada da Alma, obtendo certificação para cura prática usando as energias incorporadas na árvore da vida.

Nada mal para um ex-capitão do time de pompons que já jogou com Dolly em *Olá Dolly!* Ela agora é a orgulhosa mãe de dois filhos adultos, Charlie e Jackson, que nasceram e foram criados em Atlanta. Jill Loree tem o prazer de ser casada com Scott Wisler, mas continua a usar o nome do meio como sobrenome (é pronunciado *loh-REE*) Em seu tempo livre, ela gosta de ler, escrever, ioga, golfe, esqui e caminhadas, principalmente nas montanhas.

Em 2014, ela se separou conscientemente do mundo corporativo e agora está dedicando sua vida a escrever e ensinar sobre espiritualidade, cura pessoal e autodescoberta.

www.pt.phoenesse.com

phoenêsse®
FIND YOUR TRUE YOU.

Outras obras de Phoenesse

Compreenda esses ensinamentos espirituais

Jill Loree

Aprenda sobre **a autotransformação**

Compreenda esses ensinamentos espirituais

Leia uma visão geral dos ensinamentos do Guia Pathwork sobre auto-desenvolvimento pessoal no site de Phoenesse. Essa sabedoria profunda é apresentada em três partes:

• O TRABALHO DE CURA: Aprenda sobre o trabalho de encarnação como um ser humano nesta terra de dualidade, e os passos que podemos dar para desatar nossas dificuldades e nos livrar do sofrimento.
• A PREQUELA: Aprenda sobre as séries de eventos que aconteceram no Mundo Espiritual que nos trouxeram para esta difícil dimensão.
• O RESGATE: Aprenda o que aconteceu quando perdemos o nosso livre arbítrio, como o recuperamos e a quem devemos agradecer.

pt.phoenesse.com

$$\frac{\cdot}{\cdot}\!\!\bigcirc\!\!\frac{\cdot}{\cdot}$$

REAL.CLARO.
Uma série de sete livros com 100 ensinamentos espirituais

A série de livros *Real.Claro.* oferece uma nova abordagem a ensinamentos espirituais atemporais e transmite ideias profundas através de uma leitura fácil e leve. É a sabedoria do Guia Pathwork nas palavras de Jill Loree. Cada um dos livros é escrito com um toque de leveza porque, como Mary Poppins afirma: "Uma colher de açúcar ajuda o remédio a descer."

RESSUSCITANDO O CRISTO NA PRÁTICA DO CAMINHO: A história da dualidade, da escuridão e da ousada salvação

Existe uma história mais antiga que o próprio tempo e que segue viva nas nossas memórias celulares. Ela é a base na qual todas as outras verdades repousam, é a origem dos opostos, ilumina a realidade das trevas em nosso ser e relata os esforços hercúleos feitos em nosso favor. Este livro conta essa história. (Disponível gratuitamente na Amazon.)

A DESCOBERTA DO OURO: A busca por nosso próprio eu precioso

A jornada para encontrar a pepita incrível do Eu Real é muito parecida com garimpar ouro. Ambos combinam a atração do potencial e o entusiasmo de ver uma possibilidade brilhante, com a necessidade de ter a paciência de um santo.

É uma grande ajuda ter um mapa de nossa paisagem interior e uma lanterna para ver os cantos escuros. É isso o que Jill Loree criou nesta coleção de ensinamentos espirituais chamada *A Descoberta do Ouro*.

ABRE-TE SÉSAMO: Decifrando os enigmas da Bíblia

Para muitas pessoas, a Bíblia é um quebra-cabeça, lembra o Charada provocando o Batman com seus enigmas desafiadores. Mas, e se nós pudéssemos conhecer o significado real de algumas passagens enigmáticas deste livro sagrado? Qual é a verdade escondida por trás do mito de Adão e Eva? E a tal Torre de Babel?

Abre-te Sésamo é uma coleção de respostas detalhadas para uma variedade de perguntas feitas ao Guia sobre a Bíblia. (Disponível na Amazon.)

ATRAÇÃO: Relacionamentos e seu significado espiritual

O Guia nos diz que os relacionamentos são a jornada mais bonita, desafiadora e geradora de crescimento que existe. Eles são a porta pela qual passamos para conhecer a nós mesmos, a outra alma e, portanto, a Deus.

Todos nós sentimos essa atração para nos conectarmos. Mas, agora, com o suporte desses ensinamentos sábios do Guia, podemos aprender a seguir nosso coração e obter o máximo dos nossos relacionamentos, adentrando mais plenamente na vida.

PÉROLAS: Uma coleção para abrir a mente com 17 ensinamentos espirituais refrescantes

Nesta coleção clássica e prática, Jill Loree une ensinamentos espirituais atemporais, cada um cuidadosamente polido com um toque de leveza. Os tópicos incluem: Privacidade & Sigilo • Oração do Senhor • Sistemas Políticos • A Superstição do Pessimismo • Preparação para Reencarnar • Nossa Relação com o Tempo • Graça e Déficit • O Poder das Palavras • Perfeccionismo • Autoridade • Ordem • Pensamento Positivo • As três Faces do Mal • Meditação para Três Vozes • O Significado Espiritual da Crise • Liderança • Deixar ir e Deixar Deus.

PEDRAS FINAS: Uma coleção brilhante e límpida de 16 ensinamentos espirituais

Clara e radiante, colorida e profunda, cada joia brilhante nesta coleção de ensinamentos espirituais, retirados principalmente das últimas 50 palestras de quase 250 no total, oferece um raio de luz que ajuda a iluminar nossos passos para alcançar a unidade.

ESQUELETO: A espinha dorsal com 19 ensinamentos espirituais fundamentais

Esta coleção é como os ossos de um corpo—uma estrutura em torno da qual o restante do corpo de trabalho pode se organizar. Com certeza, há muito que precisa ser preenchido para que ganhe vida, mas com *Esqueleto*, agora temos partes fundamentais no lugar certo.

ESSÊNCIA: Excertos de *Pérolas*, *Pedras Finas* e *Esqueleto*

Essência oferece uma dose diária de ensinamento espiritual curto e doce extraído de três livros *Pérolas*, *Pedras Finas* e *Esqueleto*. Inspirações significativas e frases memoráveis são tecidas juntas para criar uma nova obra que relembra muito a forma original. Como a semente que contém o potencial para ser a árvore de carvalho, essas versões abreviadas incorporam a essência dos ensinamentos do Guia Pathwork. A sabedoria neles contida nos dá a visão de que precisamos para evoluir.

LEIS ESPIRITUAIS
Princípios orientadores para avançar na vida

Quais são as leis que regem esta preciosa terra? Acontece que existe um número infinito de leis que governam tudo o que acontece. E enquanto Leis Espirituais não pretende ser abrangente em cobrir todos eles, esta amostra de ensinamentos do Guia do Pathwork faz um bom trabalho ao explicar como essa esfera funciona.

Entender isso nos ajudará a compreender a verdade de que por trás de nossas provações existe um método. Que alguém ou algo está por trás da vida, elaborando um plano. Portanto, reúna-se e preste atenção, porque existem diretrizes importantes sobre as quais todos gostaríamos de saber mais, e o martelo está prestes a cair.

.

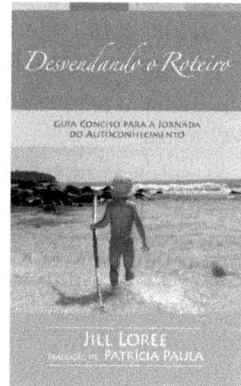

AUTO.CONHECIMENTO.
Uma série de três livros com ensinamentos espirituais

A série de livros *Auto.Conhecimento. Como-se-Curar* traz uma revisão geral dos ensinamentos do Guia de maneira resumida e dicas práticas sobre como aplicá-los em seu dia a dia.

DESVENDANDO O ROTEIRO: Guia conciso para a jornada do auto-conhecimento

Agora, pela primeira vez, ensinamentos espirituais poderosos do Guia Pathwork estão disponíveis em um livro conciso. Jill Loree escreveu *Desvendando o Roteiro* para entregar uma perspectiva clara e de alto nível sobre autodescoberta e cura, dando-nos o mapa que precisamos para seguir neste caminho de mudança de vida rumo à unidade.

O objetivo desta jornada espiritual é estabelecer contato com nosso núcleo divino, para que possamos fazer a transição, deixando de viver em dualidade para descobrir a alegria de estar em unidade. Pois, mesmo que acreditemos que somos vítimas de um universo injusto, a verdade é que sempre estamos nos protegendo contra a dor, e através dessa abordagem defensiva na vida nós inconscientemente criamos nossas circunstâncias atuais de vida. Mas podemos fazer novas escolhas.

Pouco a pouco, na medida que vamos saindo do transe em que estávamos, começamos a perceber causa e efeito, e a ter responsabilidade pela condição de nossas vidas. Gradualmente, nossas vidas se transformam. Podemos, novamente, sentir a nossa natureza essencial e nossa conexão eterna com tudo o que existe. (Disponível na Amazon.)

"Vocês descobrirão que vocês causam todas as suas dificuldades. Vocês já pararam de considerar estas palavras como mera teoria, mas quanto mais progredirem, mais entenderão verdadeiramente o como e o porquê vocês causam suas dificuldades. Ao fazerem isso, ganharão a chave para mudar sua vida."
-O Guia Pathwork, Palestra #78

CURANDO O FERIDO: Como ajudar usando orientação espiritual

O trabalho de curar nosso eu interior fraturado exige um pouco de sutileza, muito empenho e a ajuda habilidosa de alguém que já trilhou esse caminho antes. Ser um *Helper* significa aplicar tudo o que aprendemos em nossa própria jornada de cura para ajudar a guiar outras pessoas através do processo de reunificação de seus lugares ocultos e fragmentados.

Isso pode parecer simples, mas certamente não é fácil. Também não é fácil ser um *Worker*, aquele que faz esse trabalho de cura espiritual. Agora, com *Curando a Ferida*, todos podem entender as habilidades importantes que um *Helper* precisa ter para garantir que os *Workers* encontrem o que procuram.

FAZENDO O TRABALHO: Curando nosso corpo, mente e espírito ao conhecer a si mesmo | Por Jill Loree com Scott Wisler

Muitos de nós sentem que pode existir mais na vida: que mais momentos significativos e mais experiência satisfatórias são possíveis. Bem, estamos corretos. E, felizmente, as ferramentas para fazer isso acontecer não são realmente um segredo. Elas apenas não são óbvias. Aqui está o ponto crucial do problema. Devemos perceber o que não desejamos ou não fomos capazes de ver antes.

Verdade seja dita, ninguém sai vivo do planeta Terra. Mas podemos ter uma vida melhor aprendendo a fazer o melhor uso do nosso tempo aqui. E isso acontece no dia em que começamos a fazer o trabalho. Então, mãos à obra. (Leia gratuitamente *online*.)

Caminhante
Uma Autobiografia

Caminante é um livro de memórias sobre a jornada espiritual de uma mulher para abrir seu coração e desenvolver compaixão. Em meio a tudo isso, sua própria coragem seria sua companheira constante.

Começa com uma jovem criada em uma família luterana cantora, onde as coisas pareciam boas do lado de fora. Mas por dentro, Jill Loree estava lutando. Mais tarde, ela iria "trilhar a triste estrada do destino feliz", como diz o Grande Livro do AA, ficando sóbria aos 26 anos e pegando apenas uma ficha branca. Isso não é nada, considerando que a maioria das memórias de infância de Jill Loree são infundidas com a bebida de seu pai. Sua mãe, por outro lado, tinha uma tendência controladora e co-dependente que não terminava. Parece triste, certo?

Neste livro de memórias espiritual, no entanto, Jill Loree artisticamente levanta a história da vala e encontra a graça tecendo nas entrelinhas. *Caminante* também se funde em um toque de poesia—dela própria, de seus filhos e até de seu pai—adicionando coração, profundidade e leveza à narrativa. Sua sagacidade gentil e ritmo de escrita rápido mantém as coisas em andamento. Fiel ao título, não há necessidade de se sentar e se lamentar na miséria.

Hoje, o caminho espiritual de Jill Loree está preenchido com a luz de Cristo, que é o que ela descobriu emerge do âmago do ser depois de limpar os detritos acumulados na juventude—assim como o Guia do Pathwork disse que aconteceria. Essa é a mensagem mais profunda que ela agora adora compartilhar e que transparece nesta narração calorosa da história de sua vida.

LUZ VIVA
Em buscar e encontrar a verdadeira fé

Que presente maior poderíamos dar a nós mesmos do que despertar e trazer à tona a consciência crística que habita em nós? Para tornar-se uma luz viva. Na realidade, cada vez que ouvirmos a verdade, encontraremos a luz de Cristo dentro de nós. E não há nada maior para descobrirmos do que isso e, assim, encontrarmos a verdadeira fé. Pois é nesse momento que saberemos que realmente não há nada a temer. (Leia gratuitamente *online*.)

pt.phoenesse.com/livros-espirituais/Luz-Viva

O GUIA FALA (The Guide Speaks)
A coleção completa de perguntas e respostas

Por Eva Pierrakos
Organizada por Jill Loree

Em *O Guia Fala*, Jill Loree revela essa coleção fascinante de milhares de Perguntas & Respostas respondidas pelo Guia Pathwork, todas organizadas alfabeticamente em tópicos. Também estão incluídas, neste website, questões importantes sobre medo, ódio, raiva, saúde, relacionamentos e muito mais.

www.ogulafala.com
pt.theguidespeaks.com

PALAVRAS-CHAVE
Respostas do Guia Pathwork® às principais perguntas

Jill Loree também agrupou suas perguntas favoritas sobre religião, Jesus Cristo, a Bíblia, reencarnação, o Mundo Espiritual, morte, oração, meditação e Deus em uma única coleção das "Melhores Perguntas". Você pode ler essa coleção *online* em português ou pode baixar em inglês: *Keywords: Answers to Key Questions Asked of the Pathwork® Guide.*

"Existem tantas perguntas pessoais e gerais que vocês precisam fazer No final, elas se tornam uma e a mesma. As palestras que apresento também são respostas a perguntas não ditas, perguntas que surgem de seu interesse interior que está à procura e que deseja conhecer e estar na verdade. Elas surgem de sua vontade de encontrar a realidade divina, mesmo que essa atitude esteja no nível consciente ou inconsciente.

Porém existem outras perguntas que precisam ser feitas intencionalmente no nível consciente, ativo e externo, a fim de cumprir a lei. Pois, apenas quando vocês batem na porta, ela pode ser aberta; apenas quando vocêm pedem, vocês podem receber. Essa é a lei."

– O Guia Pathwork em P&R #250

www.pt.theguidespeaks.com/Palavras-chave-do-Guia-Pathwork

Outras obras de Phoenesse

Outras obras de Phoenesse